ALEX STOCK

POETISCHE DOGMATIK

GOTTESLEHRE

2. NAMEN

FERDINAND SCHÖNINGH

PADERBORN · MÜNCHEN · WIEN · ZÜRICH

Bibliografische Information Der Deutschen Bibliothek

Die Deutsche Bibliothek verzeichnet diese Publikation in der Deutschen Nationalbibliografie; detaillierte bibliografische Daten sind im Internet über http://dnb.ddb.de abrufbar.

Einband: Evelyn Ziegler, München

Gedruckt auf umweltfreundlichem, chlorfrei gebleichtem
und alterungsbeständigem Papier ∞ ISO 9706

(Verlag Ferdinand Schöningh GmbH & Co. KG, Jühenplatz 1, D-33098 Paderborn)

Internet: www.schoeningh.de

Printed in Germany. Herstellung: Ferdinand Schöningh, Paderborn

ISBN 3-506-72945-4

INHALT

EINLEITUNG

1. STUFENGEBET

Ohne

das größte ereignis
im menschenleben
sind die geburt und der tod
Gottes

vater Vater unser
warum hast du
wie ein böser vater
nachts

spurlos und ohne zeichen
ohne ein wort

mich verlassen
warum habe ich
Dich verlassen

ein leben ohne gott ist möglich
das leben ohne gott ist unmöglich

Du
hast mich als kind genährt
ich aß Deinen leib
ich trank Dein blut

vielleicht hast du mich verlassen
als ich die arme zu öffnen
das leben zu umarmen
begann

ich habe die arme
im leichtsinn geöffnet
habe Dich gehen lassen

vielleicht aber bist du geflohen
um nicht länger
mein lachen zu hören

Du lachst nicht

vielleicht aber hast du mich
den kleinen finsteren bestraft
für den hochmut
dafür
daß ich einen neuen menschen
eine neue sprache
erschaffen wollte

du hast mich verlassen
ohne mit den flügeln zu rauschen
ohne blitze zu schleudern
wie eine feldmaus
wie wasser das im sande versickert

beschäftigt zerstreut
habe ich Deine flucht
Deine abwesenheit
nicht bemerkt

ein leben ohne gott ist möglich
das leben ohne gott ist unmöglich
T. Różewicz[1]

Man schreibt vor oder nach GOTT
GOTT ist die blanke Gegenwart.
E. Jabès[2]

2. ÜBERSICHT

De divinis nominibus, Über die Göttlichen Namen ist der Titel einer berühmten Schrift des Dionysius Areopagita, die die neuplatonische Ansicht, daß die Gottheit sich in ihren Namen offenbare, in die Welt der biblischen Offenbarung transponiert.[3] Die mittelalterliche Theologie hat das Werk vielfach kommentiert, selbst aber mit fortschreitender scholastischer Methode das dionysische Namensdickicht gelichtet, ja in eine Art französischen Garten umgewandelt. Wohlgeordnet in den Beeten der Quaestionen liegt die ganze Namenspracht nun an den langen Alleen der Logik. Das Namensthema ist präzise konzeptualisiert. Es geht um das Wesen Gottes und die ihm wesenhaft zukommenden Eigenschaften. Und nach der Einheit des Wesens (*de deo uno*) geht es um die Differenz der Personen (*de deo trino*). Das bei Dionysius noch wuchernde Namensfeld ist logisch in Ordnung gebracht. Diese Struktur der Gotteslehre bleibt bis in die neuscholastischen Dogmatiken des 19./20. Jh.

erhalten. Ihre philosophische Grundanlage läßt prinzipiell auch nichtscholastische Ausführungen zu.

Die zeitlose Ruhe dieses Systems wurde seit dem 18. Jh. zunehmend von den Beben des historischen Bewußtseins erschüttert. Die Namen sprangen aus ihren konzeptuellen Fassungen an ihre geschichtlichen Orte, nahmen statt des kühlen Glanzes ewiger Wahrheit die Farben der Geschichte an. Sollte noch zusammenhängend *de divinis nominibus* gehandelt werden, mußte man die Entstehung und Entwicklung der Namen einbetten in das Kontinuum einer Geschichte der Offenbarung Gottes. So wurden in Wiederaufnahme patristischer Heilsökonomik heilsgeschichtlich orientierte Dogmatiken entworfen, die den Gang der biblischen Geschichte und der ihr folgenden Dogmengeschichte zum Leitfaden einer fortschreitenden Offenbarung und Erkenntnis des dreifaltigen Gottes nahmen.[4] Beide Modelle, die Namen Gottes offenbarungstheologisch zu ordnen, konnten sich noch arrondieren durch religionsgeschichtliche Ausweitung oder zeitdiagnostische Aktualisierung der Gottesfrage.

So kommt das Thema der Namen Gottes mit elaborierter Wucht auf jede neue Gotteslehre zu und bietet zugleich, seiner Herr zu werden, zwei wohlerprobte Wege an. Nun hat die Poetische Dogmatik die Gotteslehre bereits angefangen. In einem ersten Band wurde unter dem Titel „Orte“ eine weiträumige Topographie unternommen.[5] Das Reden von Gott wurde in seiner Ortsgebundenheit und Ortsbestimmtheit untersucht, im Wortsinn erörtert, in szenographischen Studien des Vorkommens Gottes in einer offenen Weltlandschaft. Hat man so einmal vor Ort begonnen, kann man nicht mehr umspringen, indem man in höchster Höhe des Begriffs oder fernster Ferne der Zeit ansetzt. Man bleibt am Boden, in der Nähe, beginnt sozusagen auf der Straße. Der erste Teil steht unter der Überschrift „Vokativ“ und beginnt mit „Interjektionen“. Nicht der Begriff Gottes, noch der Urakt seiner geschichtlichen Offenbarung steht am Anfang, sondern der elementare Akt der Expression und Anrufung. Vor aller Bestimmung durch Offenbarung oder Begrenzung durch Begriffe gilt die Aufmerksamkeit der Sprache in ihrer emotionalen Körperlichkeit, im Seufzen der Kreatur, und auch im Jauchzen, woraus sich in neun Facetten ein Fächer des Gebets entfaltet.[6] Dabei geht es nicht um eine allgemeine Religionsphänomenologie des religiösen Aktes, sondern um die Erkundung einer bestimmten religiösen Lebenswelt und ihrer besonderen Textierung. Aber in diesem Besonderen ergibt sich zwangslos etwas in Gotteshinsicht Gemeinsames mit Menschen auf dem ganzen Erdenrund, ihren Vokativen.

Aus dem Vokativ entwickelt sich die Dialektik von Nennen und Kennen. So geht der zweite Teil über zum Nominativ, zu den Namen Gottes selbst. Es geht um die wenigen großen Namen und die vielen kleinen, die Gott mit den Namen von Menschen und ihren Geschichten verbinden. Auf der Spur der Namen gerät man in die Schrift, durch alle Unstimmigkeiten Raum der Stimme, Offenbarung Gottes im Gebirge einer komplexen Literatur. Offenbarung behauptet Identität in den Differenzen der Geschichte, Wahrheit in geschichtlicher Zufälligkeit, was Zweifel und Konkurrenzen auf sich zieht. Die Namen bilden ein Gefüge in sich und suchen zugleich den einzelnen, der überkommene Nominative zu Vokativen macht. Das Nennen Gottes gleicht einem Spiralnebel eher als der Sonne am hellichten Tag.

Der dritte Teil kommt dann, mit „Bedenken", zu dem, was der poetisch-theologischen Verfahrensweise am fernsten zu liegen scheint, der philosophischen Theologie. Aber zur Gegebenheit Gottes in der christlichen Religion gehören auch Gottesbegriff und Gottesbeweis. Sie sind anders als in der scholastischen Tradition hier, wie die Schlußstellung zeigt, nicht grundlegend, aber als gegeben aufzunehmen. Anspannungen und Erschütterungen des Namens Gottes kommen in dieser intellektuellen Grenzzone der Religion zur schärfsten Ausprägung. Der abstrakteste Teil ist zugleich der bilderreichste geworden. Die Bilder sind allesamt Porträts. Die Arbeit des Gedankens ist die von Menschenköpfen, die ihren Ort haben und ihre Zeit und sich zu einem virtuellen Colloquium versammeln um das Mysterium des Namens.

Die Zeitgenossenschaft, ihre Fremdheit gegenüber Gott und seinen Namen ist in dem Maße immerzu gegenwärtig, in dem der Autor selbst zu ihr gehört. Sie wird nicht zeitdiagnostisch eigens expliziert, weil solche Explikation, ob sie nun soziologisch oder geschichtsphilosophisch („ihre Zeit in Gedanken gefaßt") vorgenommen wird, zwangsläufig mit Generalisierungen operiert, die dann als unausweichlicher Zeithorizont erscheinen, auf den die Theologie sich auf Teufel komm raus beziehen muß. In solcher wissenschaftstheoretisch schwer ausweisbaren Fremdbestimmung verliert sie leicht ihren Selbststand.

3. VERFAHREN

Das methodologische Problem hat die Poetische Dogmatik von ihrer ersten Seite an begleitet. Wenn ein Unternehmen sich den schulmäßigen Titel „Dogmatik" aneignet und dennoch nicht nach den Regeln der Schule verfährt, stellt es sich von selbst.

Die Poetische Dogmatik hat mit dem Prädikat „poetisch“ eine riskante Nähe zur Kunst gesucht. Von der schönen Kunst heißt es in Kants „Kritik der Urteilskraft“, daß „sie sich selbst nicht die Regeln ausdenken (kann), nach der sie ihr Produkt zustande bringen soll“, und daß somit der „Urheber eines (solchen) Produkts“ (...) selbst nicht weiß, wie sich in ihm die Ideen dazu herbei finden, auch es nicht in seiner Gewalt hat, der gleichen nach Belieben oder planmäßig auszudenken, und andere in solchen Vorschriften mitzuteilen, die sie in Stand setzen, gleichmäßige Produkte hervorzubringen.“[7] Da es nun aber auch, wie Kant sagt, „originalen Unsinn“[8] geben kann, muß dem, was Anspruch auf den Titel „schöne Kunst“ erhebt, wenn nicht im vorhinein, so doch im nachhinein Reguläres ablesbar sein; „die Regel muß von der Tat, d.i. vom Produkt abstrahiert werden“[9]:

> *„so gibt es doch keine schöne Kunst, in welcher nicht etwas Mechanisches, welches nach Regeln gefaßt und befolgt werden kann, und als etwas Schulgerechtes die wesentliche Bedingung der Kunst ausmachte. Denn etwas muß dabei als Zweck gedacht werden, sonst kann man ihr Produkt gar keiner Kunst zuschreiben; es wäre ein bloßes Produkt des Zufalls. Um aber einen Zweck ins Werk zu richten, dazu werden bestimmte Regeln erfordert, von denen man sich nicht frei sprechen darf.“*[10]

Wissenschaft kann sich nicht mit dem Etikett der Kunst („poetisch“) gegenüber den Ansprüchen des schulmäßigen Diskurses immunisieren. Aber wo sie über das schulmäßig Bewährte hinausgeht, verfährt sie analog zur Kunst. Die Regeln sind nicht allesamt vorgefaßt, sondern ergeben sich erst mit und aus der Arbeit.

Der Poetischen Dogmatik wurde keine ausgeführte wissenschaftstheoretische Grundlegung vorausgeschickt, die methodologische Reflexion entwickelte sich im Fortgang der inhaltlichen Arbeit selbst, in den Vorworten der einzelnen Bände und nachgetragenen Artikel.[11] In den vier Bänden der Christologie erwies sich die materiale und formale Orientierung an der Liturgie und Ikonographie als methodologische Erkennungsmelodie, wobei das eine oder das andere der Kritik jeweils die Hauptsache zu sein schien: „Das *Modell* der Poetischen Dogmatik ist die Liturgie.“[12] – „Seine ganze Arbeit an einer *Poetischen Dogmatik* steht letztlich – bei aller Liebe zu Dichtung und Musik – im Dienste der Aufwertung des Bildnerischen.“[13]

Im Übergang zur Gotteslehre scheint dies nicht mehr ganz so offen zu Tage zu liegen. Der Hauptfestkalender des Kirchenjahres hat eine vorrangig christologische Imprägnierung, so daß sich der Konnex von

Liturgie und Christologie hier von selbst ergibt. Dennoch bleibt für die Gotteslehre die *praxis pietatis*, ihre Texte und Räume ein elementarer *locus theologicus*. „Keine Dogmatik ohne Poesie. Ohne Poesie bleibt sie blind und leer."[14] – Diese Regel bleibt auch erhalten, wo ausgebaute liturgische Formulare nicht den Rahmen abgeben können. Die Bebilderung der Gotteslehre ist unvergleichlich geringer als die der Christologie, als ob der Bilderreichtum der christlichen Religion sich christologisch erschöpfe. Aber vielleicht kommt so zum Vorschein, daß eine *teologia per immagini*[15] allem faktischen Bildergebrauch zuvor und zugrunde Anschaulichkeit und Sinnfälligkeit des Denkens meint.

Da berührt sich das poetisch-theologische Verfahren offenkundig mit dem der Phänomenologie. E. Lévinas hat die bei Husserl in Freiburg erfahrene phänomenologische Inspiration einmal so beschrieben: „Was uns die Phänomenologie beigebracht hat, ist, daß die philosophischen Begriffe und Dinge, von denen wir in der Regel sprechen, solange Abstrakta bleiben, bis wir nicht präzise die menschliche Situation umschreiben, in der diese sich zum ersten Mal zeigen. Wie kommt es denn überhaupt zu diesen Begriffen und Dingen? Die Phänomenologie geht vom Menschen aus, um von dort aus die wirkliche Konkretheit der Begriffe zu rekonstruieren. Ohne diese notwendige Konkretheit bleibt das Auge desjenigen, der diesen Begriff besitzt, geschlossen, blind. Diese phänomenologische Situierung der Begriffe scheint mir außerordentlich wichtig, rekonstruiert sie doch gewissermaßen den Geburtsort der Ideen, die ursprüngliche Situation und Konstellation in der sie einen Sinn haben."[16] Was das für die hier anstehende Gotteslehre bedeuten könnte, deutet sich in einer von H. Jonas überlieferten Anekdote an: „Als einmal einer meiner Freunde in einem philosophischen Gespräch mit Husserl angesichts seiner Methode und dem Gebot der absoluten Ausweisung jeder Behauptung, jedes Begriff in einer wirklichen Anschauung ihn fragte: ‚Wie steht es nun mit Gott als möglichem Gegenstand philosophischer Reflexion?', war Husserls Antwort mit unnachahmlicher Klassik: ‚Ja, wenn er ein Datum ist, dann werden wir ihn eben beschreiben; wenn er kein Datum ist, kommt er eben nicht vor'."[17] Gott könnte damit ausfallen für die Phänomenologie, wenn er nicht doch in der Referenz von Gebeten und Geschichten, Liedern und Bildern und sogar Beweisen eine unbestreitbare Gegebenheit wäre, ein „Datum", das man in seiner konkreten Situierung beschreiben kann. An diesen Befund hält sich die Poetische Dogmatik. Beschreibung ist keine Erklärung, es ist der Versuch, Gegebenheiten nachzuzeichnen, die Bildung der Namen Gottes in diesem Fall, die dafür aufgewandte Arbeit der

Sprache des Menschengeschlechts. Das verlangt Aufmerksamkeit fürs Detail. „Le bon Dieu est dans le détail", lautet eine Flaubert zugeschriebene Maxime, die sich A. Warburg als Motto seiner mikroskopischen Kunstbetrachtung zueigen gemacht hat: „Der liebe Gott steckt im Detail".[18]

Das im Konkreten Entdeckte ist nachträglich nicht ins große Ganze zu verallgemeinern, aber doch so zusammenzustellen, daß in der Komposition Ideen zur Darstellung kommen. Es ist ein Verfahren, das eher der Kunst eignet. Soweit es erlaubt ist, solche Darstellungsweise vom Feld der Kunst auf das der Wissenschaft zu übertragen, kann man Kants „Kritik der Urteilskraft" beiziehen mit dem Satz „unter einer ästhetischen Idee aber verstehe ich diejenige Vorstellung der Einbildungskraft, die viel zu denken veranlaßt, ohne daß ihr doch irgend ein bestimmter Gedanke, d.i. Begriff adäquat sein kann, die folglich keine Sprache völlig erreicht und verständlich machen kann."[19]

Als relativ äußeres, fast mechanisches Kompositionsschema liegt schon dem ersten und nun auch diesem Band der Gotteslehre ein triadisches Metrum zugrunde. Darin klingt nicht nur die trinitarische Grundstruktur des christlichen Gottesglaubens an, sondern auch, was Dionysius Areopagita über die zwischen dem unsichtbaren Gott und den Menschenkindern vermittelnden Engelhierarchien sagt: „Alle himmlischen Wesen hat die Gotteskunde mit neun ihr Wesen kennzeichnenden Namen benannt."[20]

A. VOKATIV

1. INTERJEKTIONEN

Wenn Menschen entsetzt sind oder entzückt, sagen sie oft einfach *Gott!*, *Gott, wie schön!* oder *Gott, wie schrecklich!*. Wenn etwas, zum Glück, gut gegangen ist, sagt man *Gott sei Dank, gottdank! gottlob!*, und wenn einen etwas bedrückt, *ach Gott!* Und *um Gotteswillen, o Gott, o Gott!*, wenn plötzlich etwas Schreckliches passiert. Oder *mein Gott!*, *Herr Gott noch mal!*, wenn einem der Kragen platzt; und wenn man etwas beklagt und bedauert: *leider Gottes!* Menschen, die etwas beteuern, beschwören möchten, sagen: *bei Gott! weiß Gott!*, *so wahr mir Gott helfe!*, und wenn sie etwas abwehren möchten, was bedrohlich auf sie zukommt: *Gott bewahre! Gott behüte!*, und wenn sie etwas verwünschen: *Gott verdammt!*, *Gott verflucht!*. Wenn man etwas anheimstellt, was das eigene Vermögen übersteigt, sagt man: *Gott weiß wo / wann / wer / wie!*, *So Gott will!*, *Gebe Gott!*, *gottbefohlen!*, und wenn man jemanden begrüßt, einen guten Tag wünscht, *Grüß Gott!* und wenn man sich verabschiedet, *Adieu! Gott befohlen!*.

So oder so ähnlich kommt Gott vor im alltäglichen Reden, beiläufig, immer wieder[1]. Aber hat das etwas zu tun mit dem, wovon die Theologen zu reden haben? Ist es von Belang für ihren *sermo de Deo?* – Eher nicht, meint einer der großen Sprachmeister der modernen evangelischen Theologie. „‚Gott' hat als Wort unserer Sprache von sich aus nichts mehr zu sagen. In der Sprache, die wir sprechen, funktioniert es zwar noch in einigen abgeschliffenen Redensarten mit einer gewissen Selbstverständlichkeit. ‚Herr Gott nochmal', ‚Ach, du lieber Gott', ‚Gottchen' ‚Du mein Gott' – das kommt uns noch von selbst über die Lippen. Von Gott plappern – das können wir noch, im kommunistischen Osten ebenso gut wie im kapitalistischen Westen."[2] Weil es nichtssagendes Geplappere ist, lohnt es nicht, darauf einzugehen. Ernsthafte Theologie muß mit ihrem Reden von Gott anders anfangen, strenger, wesentlicher. Sie soll dem Mann auf der Straße nicht so aufs Maul schauen.

Die älteren Katechismen, denen es auch um das Alltagsverhalten der Gläubigen ging, hatten freilich schon ein Auge auf diese Art Gottesvorkommen. Bei der Operationalisierung des 2. Gebots heißt es da: „Gegen dieses Gebot sündigt, wer den Namen Gottes oder andere heilige Namen leichtsinnig oder im Zorn ausspricht, besonders bei Verwünschungen (Fluchen)"[3], oder: „Im Alltag heißt das, daß man Gottes Namen (und andere heiligen Worte) nicht mißbrauchen darf zu Fluchen und Äußerungen im Zorn, aber auch nicht als gedankenlose Redensart."[4] Den kirchlichen Kontrollinstanzen des Lebensmilieus ist dieser Gebrauch von „Gott" also schon als religiös relevant erschienen, er berührte Gott, seinen Namen, der in Ehren zu halten war. Es war nur eben heidnischer Frevel und Leichtsinn, den es auszutreiben galt, woran wohl richtig war, daß es sich hier nicht um einen aus genuin christlichen Wurzeln entstandenen Gebrauch von „Gott" handelte.

Aber vielleicht ist diese religiöse Konnotation doch mittlerweile verschwunden oder jedenfalls so verblaßt, daß ihr keine nennenswerte Bedeutung mehr zukommt. Hat sich nicht im Sprachbewußtsein eingestellt, was ja im Sprachgebrauch immer schon möglich war, daß „Gott" in diesen Redewendungen auch entbehrlich ist, daß man statt *O Gott* und *Ach Gott* auch einfach *Ach* und *O* sagen kann, statt *leider Gottes* und *Grüß Gott* einfach *leider* und *Grüß dich*, statt *gottlob zum Glück*, statt *so wahr mir Gott helfe* einfach die Hand zum Schwur erhoben? Aber dieses redensartliche Verblassen läßt doch die Frage zurück, warum sich „Gott" so überzufällig häufig gerade in diesen Niederungen eingenistet hat.

Wovon hier die Rede ist, fällt in das Gebiet, das in der Grammatik „Interjektionen" heißt. Interjektionen sind „zwischengeworfene" Äußerungen, die normalen Sätzen vorangestellt, eingeschoben, angehängt werden, oder, wenn man sich eine entsprechende Situation dazudenkt, den Wert eines ganzen Satzes haben.[5] Es sind „stilisierte und konventionalisierte Affektlaute"[6], die den Äußerungen ein emotionales Profil geben.

An ihrem Grund scheinen reine Expressivlaute zu liegen, wie Stöhnen, Schreien, Kreischen. „In Momenten quälender Spannung, in Überraschungssituationen sprechen wir halblaute oder laute Worte aus, zu keinem anderen Zweck als dem der inneren Entspannung."[7] Die auf den Sprecher selbst bezogen „kathartische Wirkung"[8] wäre also das erste. „Die Sprachlaute zeigen nur die seelischen Erlebnisse an, wie der Blitz anzeigt, daß eine elektrische Entladung stattgefunden hat. Oft sind es weniger die Worte selbst als die begleitenden Gebärden und Mienen des Sprechers, sowie die musikalischen Elemente der Rede (Stärke oder Schwäche der Lauthervorbringung, leidenschaftliche Akzentuierung, Tempo, Rhythmus und Melodie), die die seelischen Zustände des Sprechers kundgeben."[9] Spricht man vom „Kundgeben", so ist man über den rein monologischen Ausdruck der Emotion schon in eine kommunikative Situation übergegangen. Ein Hörer wird vorausgesetzt, der die Äußerung aufnehmen kann und „in Rückwirkung auf den Sprecher die kathartische, erleichternde Wirkung der Aussprache erhöht“[10], auf sie also eingeht, in emotionaler Zustimmung oder, indem er einen Appell daraus vernimmt, in irgendeiner Form des Handelns; der Ausruf wird zum Anruf. „Kundgabe und Kundnahme (...) sind korrelative Begriffe.“[11] „Bestimmt man die Sprache als Verständigungsmittel, so ist die Kundgabe die zeitlich erste aller Sprachfunktionen. Sie hat aber selbst wieder eine Vorstufe: ein elementares Expressionsbedürfnis (...). Somit kommt der Ausdruck genetisch vor der Kundgabe.“[12]

Im Feld der Interjektionen stößt man also auf die genetisch älteste Schicht der menschlichen Sprache. A. Kremer-Marietti hat die Interjektion „den wahren Kern der Sprache (genannt), die animalische Wurzel des Diskurses“.[13] Da ist das sprachbegabte Lebewesen Mensch nahe an seiner Genese, lautet ein Ursatz der biblischen Anthropologie doch: „(...) und hauchte ihm Lebensodem in die Nase; so ward der Mensch ein lebendes Wesen“ (Gen 2,7). Wir sind elementar atmende, „pneumatische“ Lebewesen. Wir beginnen alle das Leben mit einem Schrei und enden mit einem letzten Atemzug, einem Seufzer, der, wie bei Jesus, auch ein großer Schrei sein kann (Mk 15,37). Dem ersten Schrei, in dem wir uns auf die Luft der Welt einstellen, folgen bei den Menschenkindern noch lange keine Worte und Sätze, sondern unlustiges Schreien und Krähen oder zufriedenes Lallen und Juchzen. Und dem letzten Atemzug geht oft viel wortloses Ächzen und Stöhnen vorauf. In gewisser Weise sind die vielen artikulierten Worte und Sätze unseres Lebens nur das verbale Zwischenspiel zwischen dem ersten Schrei und dem letzten Seufzer. Im Atem der elementaren Interjektionen sind die Menschen ihrer kreatürlichen Verwandtschaft mit „allem, was Odem hat“ (Ps 150,6) am nächsten. Daß sie mit ihrem Reden einstimmen in das Krähen und Gurren, Brüllen und Heulen, Bellen und Fauchen, das die Lebewesen längst angestimmt haben, wird im phonetischen Urakt der Interjektionen hörbar. Wo die Menschen zum Ausdruck ihrer Emotionen über ihre eigene Kehle hinaus noch die außermenschliche Natur bemühen, Saiten und Häute, klingendes Holz und Metall zu Hilfe nehmen, schließen sie ihre Tonkunst an den Wind an, der seit Urtagen (Gen 1,2) die Dinge nicht nur bewegt, sondern auch stimmt. So ist der seufzende und jauchzende Mensch ein kleines Sprachrohr der kosmischen Emotion.

Die grammatisch marginale Interjektion ist also eine kosmo-logisch nicht unerhebliche Stelle, und wenn sich daran in der sprachlichen Artikulation so auffällig das Wort „Gott“ geheftet hat, so bezeugt das vor aller hochsprachlichen Definition einen urtümlichen Zusammenhang zwischen diesem Wort und dem Atem der Emotion.

M. Buber hat die Vermutung geäußert, daß Gottesnamen aus solchen Urlauten, Urrufen hervorgegangen sind, auch der Name des Gottes Israels, „Jahu, Ja-huwa“: „Solch ein Name, der einen ganz mündlichen Charakter hat und eigentlich noch der Ergänzung durch eine Gebärde, etwa des emporgestreckten Armes bedarf (...), mehr zum Ausgerufenwerden als zum Angerufenwerden geeignet.“[14] Wäre also „Gott“ oder, was immer ihm verbal entsprechen mag, bevor es ein Name oder gar ein Begriff wurde, ein Ausruf, ein „Affektlaut“, in dem Menschen zum Ausdruck bringen, daß ihre Empfindung mit dem Lauf der Welt in Spannung geraten ist, daß das Weltkontinuum sich ungewöhnlich verdichtet hat oder unerwartet gerissen ist?

Wenn aus diesem Ausdruck des Gefühls eine Kundgabe wird, bildet sich der Laut selbst um zu einem Namen, der mit dem Ausruf angerufen wird. Das Namenrufen ist nicht mehr bloß eine in die Welt hinausgeschrieene Expression. Es unterstellt einen Adressaten, der hört, ein Subjekt, das auf den Ruf handelnd eingehen kann. Der Namensruf konstituiert und aktiviert eine Beziehung zwischen Individuen. Diesen Ruf, auch den Rufnamen „Gott“, können natürlich andere Menschen hören und so oder so darauf eingehen, beim Wort genommen, meint er aber einen Adressaten, der nicht so sichtbar da ist, wie der Mensch nebenan, und doch irgendwie imstande ist, zu hören und vielleicht, so oder so, zu handeln. Das entspräche der vermuteten Etymologie des germanischen Wortes „Gott“, verstanden als ursprüngliches Partizip „ghu-tom“ vom Verbstamm „ghu“ – rufen: Gott, das gerufene Wesen.[15] Das erste, was bei diesem Hervorgang des Namens aus dem Laut angenommen wird, ist, daß da über die Ohren von Menschen hinaus, jenseits und unabhängig von ihnen, jemand ist, der hören könnte, was aus ihnen herausbricht. Dieses „jemand“ impliziert noch keine monotheistische Behauptung, es unterstellt nur einen Hörraum meiner Stimme jenseits der Menschen. Für F. Heiler stellt „der wort- und formlose Schrei an die Gottheit (...) zweifelsohne eine Urform des Gebetes dar“.[16]

Mit all dem soll dem heutigen Gebrauch der gotthaltigen Interjektionen nicht eine geheime Frömmigkeit unterstellt werden, die er vielleicht nicht hat und haben will. An diesen von der verfaßten Religion nicht regulierten, alltäglichen Redekonventionen ist aber ein elementares Sprachgebaren zu entdecken, das den ausformulierten Gebeten der höheren Religion als kreatürlicher Atem zugrundeliegt. Wenn der *sermo de Deo* der Theologie die Welt beim Wort nimmt und das Volk nicht verachtet, hat sie hier diesen alten Zusammenhang zwischen Gott und Emotion und den Urstand dieses Wortes im Vokativ zu bedenken:

> *„Jeder Name ist Vokativ zuerst und Nominativ viel später. ‚Juppiter' blieb ein Vokativ im heidnischen Rom selbst für die Theologen, und deshalb ist von den frommen Heiden immer noch viel für den wahren Glauben zu lernen. Es gibt heute so viele Theologen, die Gott für einen Nominativ halten. Sie drehen sich nicht auf seinen Anruf um. Die Grammatik führt uns alle in die Irre. Sie erklärt den Nominativ für den Ausgangspunkt des Sprechens. Wie könnte aber der Ausgangspunkt etwas anderes als der Vokativ sein, kraft dessen wir Gott anwesend machen und den Teufel abwesend! Eben deshalb heißt der Teufel doch der ‚Gott sei bei uns.' – Nun hat Gott eingewilligt, durch das Gehege unserer Zähne hindurchgezerrt zu werden. Die Theologie, der nominative Gott und die Bibelkritik werden von Gott als nachlässigere Haltungen unseres Daseins zugelassen."*[17]

2. SEUFZER UND OPIUM

„Religion ist der Seufzer der bedrängten Kreatur, das Gemüt einer herzlosen Welt", das ist der erste Teil jenes berühmten Satzes aus K. Marx' Schrift „Zur Kritik der Hegelschen Rechtsphilosophie", dessen zweiter Teil eigentlich Karriere gemacht hat: „wie sie der Geist geistloser Zustände ist. Sie ist das *Opium* des Volkes."[18] Da ist, ehe das religionskritische Rauschgiftdezernat zuschlägt, doch eine religionsphänomenologische Grunddiagnose erfolgt, die die Religion als solche und ganze in der Interjektion gründet, in der schmerzlichen Empfindung einer widerwärtigen Welt, im „Seufzer der bedrängten Kreatur". Nicht im Entzücken, in der Erfahrung überwältigender Schönheit, in der Präsenz des Glücks, sondern in der Abwesenheit von alldem, in der Absenz, in der Entbehrung, im Mangel, den man schmerzlich empfindet, weil er nicht sein sollte. Der Schmerz mißt sich an der Sehnsucht nach einer freundlichen Welt; in ihm treibt die Erinnerung an das Paradies.

Religion ist der Ausdruck dessen, daß die Kreatur, der Mensch in der Welt, wie sie ist, nicht zu Hause ist. Es ist die Not, die beten lehrt. So weit, so gut. Doch dann bringt die Religion – sie überhaupt, heidnisch, jüdisch, christlich, das ist offenbar ganz gleich – diese Grundempfindung auf eine falsche Bahn. Statt die Weltverhältnisse zu ändern, die die Kreatur seufzen lassen, betäubt sie das Seufzen, verabreicht das süße Opium „illusorischen Glücks" mit Verheißungen, die jenseits der irdischen Wirklichkeit liegen. Da setzt die Kritik der Religion ein: „Die Aufhebung der Religion als des *illusorischen Glücks* ist die Forderung seines wirklichen Glücks."[19] „Wir wollen hier auf Erden schon / Das Himmelreich errichten"[20], wie H. Heines Hafenmädchen verführerisch singt. „Die Kritik der Religion ist also im Kern die Kritik des *Jammertals,* dessen *Heiligenschein* die Religion ist."[21] Nicht das Jammern im Tal soll beruhigt werden, der Jammer des Tals soll beseitigt werden „mit dem kategorischen Imperativ, alle Verhältnisse umzuwerfen, in denen der Mensch ein erniedrigtes, ein geknechtetes, ein verlassenes, ein verächtliches Wesen ist".[22] Diese Revolution gewinnt ihre Energie aus der „Lehre, daß der Mensch das höchste Wesen für den Menschen sei"[23], nicht ein Gott, der mit seinem Trost allen Aufstand beschwichtigt. „Es rettet uns kein höh'res Wesen, / kein Gott, kein Kaiser, noch Tribun. / Uns aus dem Elend zu erlösen, / können wir nur selber tun"[24], wie es in der deutschen Fassung der zur Zeit der Pariser Commune 1871 entstandenen „Internationale" heißt. Praktischer Atheismus ist Voraussetzung und Konsequenz der Revolution: „Die Internationale / erkämpft das Menschenrecht."[25]

Die christliche Religion hat sich gegen diese Marxsche Kritik gewehrt, im Laufe des 20. Jh. aber auch zunehmend darauf gehört. In der Radikalität des weltrevolutionären Programms entdeckten Theologen prophetische Substanzen, die das herrschende Christentum verschüttet hatte, den Gott des Thomas Müntzer, der sich gegen das „sanftlebende Fleisch zu Wittenberg"[26], dessen „beschissene Demut"[27] gegenüber den Fürsten er schmäht, auf die Seite der „armen, elenden, erbermlichen, jamerlichen Cristenheit"[28] schlägt und die unterdrückten Bauern im Namen des lebendigen Gottes zum Kampf gegen ihre Unterdrücker ermutigt und anführt; den Gott des „Magnificat", der die Mächtigen und Reichen vom Thron stürzt und die Armen erhöht, was nun nicht mehr, wie im monastischen Stundengebet, vor allem spirituell zu verstehen war, sondern materiell, politökonomisch; den Gott der Propheten, des Amos und Micha, die Gerechtigkeit einklagten gegen die Ausbeuterklasse der Stadt; und schließlich und vor allem den Gott des Moses, des Exodus. Die Urdefinition des Gottes Israels fand sich in der von der gängigen Herrschaftssprache unterdrückten Präambel des Dekalogs: „Ich bin Jahwe, dein Gott, der ich dich aus Ägypten, dem Sklavenhause, herausgeführt habe; du sollst keine anderen Götter neben mir haben" (Ex 20,2). Der einzig wahre Gott, an den man sich zu halten hatte, war der Gott der Befreiung, einer realen Befreiung aus eben solchen Verhältnissen, wie sie K. Marx als „Jammertal" im Auge hatte, nicht als vertröstende Erlösung.

Der atheistische Marxismus rührte in der christlichen Theologie einen Gott auf, dessen höchstes Interesse der Mensch, die Befreiung der Menschheit war. Was in der Mitte des 19. Jh. als Todfeindschaft angetreten war, zeigte nach einem Jahrhundert Neigung zur Kampfgemeinschaft: „(...) wenn christlich die Emanzipation der Mühseligen und Beladenen wirklich noch gemeint ist, wenn marxistisch die Tiefe des Reichs der Freiheit wirklich substanziierender Inhalt des revolutionären Bewußtseins bleibt und wird, dann wird die Allianz zwischen Revolution und Christentum in den Bauernkriegen nicht die letzte gewesen sein – diesmal mit Erfolg."[29]

Was ist Gott in dieser Allianz? Ist er selbst jenes „nicht mehr entfremdete Humanum"[30], von dem auf der letzten Seite von Blochs „Atheismus im Christentum" die Rede ist, das im „Seufzen der bedrängten Kreatur" sich selbst suchende Reich der Freiheit und Gerechtigkeit, dem ein Name nur zusteht, wenn er die Chiffre der weltimmanenten Triebkraft auf dieses Ziel hin ist? Keine transzendente Person jedenfalls, die immer nur als opiatische Hinderung dieser autonomen Emanzipation der menschlichen Gattung fungieren würde?

Der Kommunismus hat die christliche Religion so bedrängt, weil er den dezidierten Atheismus mit der biblischen Option für die Armen und Unterdrückten und der Vision des Himmelreichs verband. Das weltrevolutionäre Reich der Freiheit pervertierte dann selbst zu einem Sklavenhaus, und daß in diesem neuen „Jammertal" die „Seufzer der bedrängten Kreatur" ausgerechnet in den einst so sicher als Opiumhöllen ausgemachten Gotteshäusern Freistätten fanden, gehört zu den geschichtlichen Belegen für B. Brechts berühmtes Moldaulied: „Es wechseln die Zeiten. / Die riesigen Pläne / Der Mächtigen kommen am Ende zum Halt"[31]. Die Eskalation des Exodus brachte hier ganz Ägypten zu Fall.

Das Siegeslied der so entfesselten Religion wurde aber nicht zu laut, weil hier auch Hoffnungen der Armen und Geringen begraben wurden, deren Anwalt zu sein das Evangelium in Anspruch nimmt. So ist die Religion von neuem und unter neuen Herren, was sie nach Marx' Diagnose ja auch konstitutiv war, „Gemüt einer herzlosen Welt". Das Jahrhundert-Fegefeuer des Sozialismus hat ihr aber die Gefahr, zugleich „Geist geistloser Zustände" zu sein, spürbar eingebrannt. Das nachhaltige Bemühen der Religion, der bedrängten Kreatur kein Opium mehr zu sein, hat das Anästhesieproblem der Menschheit freilich eher verschoben als gelöst. Die Betäubung des Jammers hat viele Mittel und Agenturen außerhalb der alten Religionssphäre gefunden. Selbstverständlich reizt es nun die Theologie, an diesen „Ersatzreligionen" jene Kritik zu üben, die Marx einst der überkommenen Religion angedeihen ließ. Die verschleierte Ausbeutung des Jammers der Menschen kritisch aufzudecken, ist eine Aufgabe der Theologie ebenso wie es eine Falle des Ressentiments gegen allzu erfolgreiche Nachfolger sein könnte. Darum kann man, statt sich auf das falsche Andere zu fixieren, auch die Wahrheit des Eigenen zu erforschen versuchen, also in der Überlieferung noch einmal genauer nachzusehen, was es denn mit dem Ach und Weh da auf sich hat.

3. WEHGESCHREI UND EXODUS

Die Urgeschichte des „Seufzens der Kreatur" ist in der biblischen Überlieferung der Exodus der Kinder Israels aus Ägypten[32]: „Da zwangen die Ägypter die Israeliten zum Sklavendienst und machten ihnen das Leben sauer mit harter Arbeit in Lehm und Ziegel und mit allerlei Arbeit auf dem Felde, lauter Arbeiten, zu denen man sie mit Gewalt antrieb" (Ex 1,13). Ursache der Bedrückung ist, dem Bericht des 2. Buches Moses zufolge, ein demographisches Problem: Die Hebräer im Lande Ägypten vermehren sich zu stark und entwickeln sich so zu einer innenpolitischen Gefahr (Ex 1,9f). Die ägyptische Verwaltung sucht diesen „naturwüchsigen" (Ex 1,19) Expansionsdrang durch „Fronarbeiten" und gewaltsame Geburtenkontrolle (Ex 1,15ff) einzudämmen. Die Drangsal betrifft Männer wie Frauen und erscheint in der Eskalation unentrinnbar. Der Ex 2,11-14 erzählte Versuch des Moses, in einem Einzelfall einem seiner Brüder gegen einen Aufseher Recht zu verschaffen (Ex 2,11f), und ein zweiter, zwei seiner versklavten Brüder zu solidarischer Gerechtigkeit zu bewegen (Ex 2,13f), bleiben Episode. Sie werden nicht zum Fanal eines Sklavenaufstands, führen nur zur Flucht des Rebellen (Ex 2,14ff). Er flieht ins Land Midian und integriert sich dort durch Heirat in eine Priestersippe.

In Ägypten bleibt alles unentrinnbar beim Alten, und dann heißt es: „Die Israeliten aber seufzten ob der Sklaverei und schrieen und ihr Wehgeschrei ob der Sklaverei drang empor zu Gott" (Ex 2,23). Es ist der kollektive Seufzer der bedrängten Kreatur, die sich nicht mehr zu helfen weiß. Es wird nicht gesagt, daß dieses Seufzen ein an Gott gerichtetes Gebet gewesen sei, oder gar eine Art Klagegottesdienst. Es ist nur dieses „Wehgeschrei ob der Sklaverei", in dem die bedrückende Lage sich Ausdruck verschafft. Sie können untereinander ihr Seufzen hören, es mitseufzend verstärken und mitempfindend teilen. Aber sie sehen keine Möglichkeit, dem Elend ein Ende zu machen. So stark ihre Kraft zur Evolution war, so schwach ist die zur Revolution. Aus dieser Situation vollkommener Ohnmacht erhebt sich das „Wehgeschrei".

Und es „drang zu Gott empor" (Ex 2,23). Was hier „Gott" genannt wird, ist eine Instanz in der Höhe, einer unsichtbar überlegenen Höhe offenbar, die wahrzunehmen imstande ist, was auf Erden geschieht, auswegloses Seufzen hören kann. Das „Wehgeschrei ob der Sklaverei" verhallt nicht ungehört im Kosmos, es gibt ein Ohr jenseits: Gott. Überhaupt jemanden zu haben, der Klage hört, ist schon etwas, aber der biblische Text sagt gar nicht, daß dieser Sachverhalt ein Moment des Bewußtseins der hebräischen Sklaven war, daß sie damit, wie auch immer, etwas hätten anfangen können, ihr Elend irgendwie hätten wenden können. Die Erwähnung Gottes an dieser Stelle ist nur der vorausschauende Hinweis des Erzählers auf den weiteren Gang der Geschichte, die das Seufzen der Hebräer und Gott in der Höhe in eine Handlungsbeziehung bringen wird.

Wie das geschieht, steht im 3. Kapitel des Buches Exodus geschrieben: „Moses hütete die Schafe seines Schwiegervaters Jethro, des Priesters der Midianiter. Einst trieb er die Schafe über die Steppe hinaus und kam an den Gottesberg, den Horeb. Und der Engel des Herrn erschien ihm in der Feuerflamme, die aus dem Dornbusch hervorschlug. Und als er hinsah, siehe, da brannte der Busch im Feuer, aber er verbrannte nicht. Da dachte Moses: Ich will hinübergehen und diese wunderbare Erscheinung ansehen, warum der Dornbusch nicht verbrennt" (Ex 3,1-3). Aus der Normalität seines Nomadendaseins wird Moses herausgerissen durch ein staunenswertes Naturphänomen: „Ich will doch hingehen, und nachsehen, warum der Dornbusch nicht verbrennt." Aber es ist, was der Neugierige selbst noch nicht weiß, von vornherein mehr als ein aufklärbares Mirakel: „der Engel des Herrn erschien ihm in einer Feuerflamme, die aus dem Dornbusch hervorschlug" (Ex 3,2). In der auflodernden Flamme erscheint, ohne daß der neugierige Hirte es schon merkte, ein Bote Gottes, ein Engel fliegt ihm im Feuer selbst entgegen.

Gott wartet dort auf ihn mit einer Botschaft: „Und der Herr sah, daß er herüberkam, um nachzusehen. Und Gott rief ihm aus dem Dornbusch zu: Moses! Moses! Er antwortete. Hier bin ich. Da sprach er: Tritt nicht heran! Ziehe die Schuhe von den Füßen; denn der Ort, wo du stehst, ist heiliges Land" (V. 4). Moses kommt um nachzusehen – da sieht ihn Gott. Moses biegt vom Weg ab, um hinter das Mirakel zu kommen – da steht er plötzlich vor Gott. Moses wird beim Namen gerufen. Es entsteht ein Gegenüber. Moses nimmt es an: Hier bin ich. Distanz wird befohlen, Abstand zu nehmen von der Untersuchung des Mirakels, die Schuhe auszuziehen: Der Ort, wo du stehst, ist heiliges Land, ein von der Gottheit beanspruchter Ort (Ex 3,4). Moses geht auf das Phänomen zu, um nachzusehen, da ist darin schon ein Blick, der sieht. Das

Objekt ist, ohne seine Gestalt zu verändern, zum Ort eines Subjekts geworden, das nicht nur sieht, sondern auch spricht. Der Hirte hat keine Vision, er sieht keine Gottesgestalt, er hört nur eine Stimme aus dem Feuer, hört sie rufen: „Moses! Moses!". Er hält den Anruf nicht für eine Illusion, sondern stellt sich ihm: „Hier bin ich". Die Stimme hält ihn an, gebietet Distanz. „Die pure Gegenwart wird hier verstanden als ein magisches ‚Halt! Nicht weiter!'"[33] Ein heiliger Ort ist dies, aber nicht im Sinne eines schon lange verehrten Kultorts, sondern im Sinne einer jetzt, ad hoc von der Gottheit in Anspruch genommenen Stätte, in Anspruch genommen als Ort der Rede.

Was ihn hier anhält, ist keine anonyme Macht. Der den Moses beim Namen gerufen hat, nennt nun den eigenen: „Ich bin der Gott deines Vaters, der Gott Abrahams, der Gott Isaaks, der Gott Jakobs" (Ex 3,6). Der Name nennt den Gott der Tradition, den Gott der Väter und des eigenen Vaters. Die Stimme ist nicht die eines Unbekannten, aber der dem Namen nach Bekannte hatte bisher keine Stimme. Er ist der Gott der Überlieferung, nicht der Erfahrung, identifizierbar nur durch die Namen anderer, nicht durch ein „mein". Moses hatte nicht immer schon mit diesem Gott zu tun, er hat ihn auch nicht gesucht, er wird von ihm überrascht. Der Gott, von dem er hörte, ist plötzlich der Gott, den er hört, oder umgekehrt: die Stimme die er unvermutet vernimmt, identifiziert sich durch Erinnerung.

„Da verhüllte Moses sein Angesicht; denn er fürchtete sich, zu Gott hinzublicken" (Ex 3,6). Die Reaktion ist die Geste religiöser Scheu vor dem *mysterium tremendum et fascinosum*. Aber es endet nicht bei dem Versinken und Verstummen vor dem absoluten Geheimnis. Das Mysterium behält die Stimme bei. Es beginnt ein Gespräch, in dem es in Spruch und Widerspruch um die Realität dessen geht, was hier am Dornbusch auf Moses zukommt.

„Und der Herr sprach: Ich habe das Elend meines Volkes wohl gesehen, und ihr Schreien über ihre Treiber habe ich gehört, ja, ich kenne ihre Leiden" (Ex 3,7). Dies sagt zunächst: Das, was du, Moses, in Ägypten unter deinen Brüdern gehört und gesehen hast, das hast du nicht allein gesehen. Das habe ich, Gott, auch gehört und gesehen. Was der Erzähler Ex 2,23 schon wußte, teilt die Stimme aus dem Dornbusch dem Moses nun selber mit und betont gegen den Eindruck, die Hebräer befänden sich in gottverlassener Lage: Ich habe durchaus gesehen.

Auf das „ich habe gesehen, ich habe gehört, ich kenne" folgt in V. 8: „Darum bin ich herniedergestiegen, sie aus der Gewalt der Ägypter zu erretten und in ein schönes, weites Land zu führen." Dem Sehen, Hören, Erkennen der Situation folgt: Ich habe mich in Bewegung gesetzt, diese Situation zu verändern, Israel aus der Enge und Bedrängnis Ägyptens ins Weite zu führen. Das Gotteswort behauptet nichts anderes als dies, der menschlichen Erfahrungsgeschichte des Moses korrespondiere eine göttliche Erfahrungsgeschichte gleichen Inhalts. Einsicht und Betroffenheit des Moses sind zugleich Gottes Einsicht und Betroffenheit. Der Wille zur Veränderung war nicht nur Moses' menschlicher Wille, sondern ist auch Gottes Wille. Das Engagement Gottes geht insofern über das des Moses hinaus, als es nicht nur punktuell, sondern universell ist: ganz Israel aus Ägypten zu befreien. Es bleibt hinter dem des Moses zurück, insofern es bloße Absicht ist. Moses hat bereits in Ägypten gehandelt; hierin ist er Gott voraus. Und er hat bereits die Erfahrung des Scheiterns hinter sich; auch darin ist er Gott voraus. Das Engagement Gottes geht über die Einzelaktion des Moses der Absicht nach weit hinaus. Die Frage ist, vermag er mehr als Moses. Diese Frage spitzt sich zur Absurdität dadurch zu, daß der hier redende Gott erklärt, er könne durch Moses mehr, als Moses konnte. „So will ich denn dich zum Pharao senden, daß du mein Volk, die Israeliten, aus Ägypten führst" (V. 10).

Dem Spruch Gottes folgt der Widerspruch des Moses (V. 11): „Moses aber sprach zu Gott: Wer bin ich, daß ich zum Pharao gehen und die Israeliten aus Ägypten führen sollte." Der Anspruch, der hier ergeht, wird abgewehrt; nicht aus demütiger Bescheidenheit, sondern weil sich in diesem Anspruch Gottes Möglichkeit, in der Welt etwas zu verändern, wieder auf des Moses menschliche Möglichkeit reduziert. Wenn aber das Gottesmögliche mit dem Menschenmöglichen schließlich wieder ineins fällt, dann ist Gott irreal. Es mag sein, daß Gott Erkenntnis zueigen ist, wenn seine Möglichkeit, die Verhältnisse zu ändern, nichts anderes ist als das, was Moses ändern kann, so hat es keinen Sinn, diesen Anspruch anzunehmen, denn was Moses ändern kann, ist bereits erwiesen. Der Widerspruch des Moses gegen den Gott, der ihn hier anspricht, ist nicht Widerspruch gegen einen von vornherein als wirklich akzeptierten und vorausgesetzten Gott; es ist vielmehr die Absage an Gott als Phantasma, als Illusion, die den Menschen zu Großem antreibt, ihn bei der Realisierung jedoch wieder auf sich selbst zurückfallen läßt. Gott droht an Moses zu scheitern, so wie Moses an Ägypten scheiterte. Aber Gott flieht nicht.

Dem Widerspruch des Moses folgt die Entgegnung Gottes: „Er sprach: Ich werde dasein bei dir. Und dies sei dir das Zeichen, daß ich es bin, der dich gesandt hat: hast du das Volk aus Ägypten geführt, werdet ihr an diesem Berg in Gottes Dienst treten“ (V. 12). Der erste Satz des Gottesspruchs richtet sich gegen die menschliche Vermutung, Gott sei nichts als ein idealer Imperativ, der den Menschen überfordere, weil er ihn bei der Realisierung des Geforderten allein lasse: Ich werde dasein bei dir. Im hebräischen Text fällt hier zum erstenmal auf Gott bezogen das Wort *ähjäh*, d.h. „ich werde sein“, wobei das Verbum *hajah* im hebräischen Denken immer mehr meint als bloße Existenz, bloßes Vorhandensein; es hat den Sinn von Dasein, Präsent-, Wirksamsein. Der Gottesspruch verheißt dem Moses: Wenn du nach Ägypten zurückkehrst, wird es anders sein als bei deinem ersten Einsatz. Ich werde dasein bei dir, dir beistehen und hilfreich nahe sein.

Die Entgegnung Gottes auf Moses Widerspruch ist kein Beweis, sondern eine Verheißung. Die Frage stellt sich, ob es einen Anhalt dafür gibt, daß diese Verheißung kein leeres Versprechen ist. Woran kann man erkennen, daß er wirklich dasein wird? Der zweite Teil der Entgegnung Gottes geht darauf ein: „Dies sei dir das Zeichen, daß ich es bin, der dich gesandt hat: hast du das Volk aus Ägypten geführt, werdet ihr an diesem Berg in Gottes Dienst treten“ (V. 12). Zeichen wird sein: die Herausführung aus Ägypten wird gelingen. Doch steht das an sich nur im Nebensatz; denn die Befreiung aus Ägypten ist als solche noch nicht eindeutig Gottes Dasein zu verdanken. Das im Hauptsatz genannte Zeichen ist vielmehr: Dann werdet ihr an diesem Berg in Gottes Dienst treten. Das also ist erst das ganze Zeichen für das Dasein Gottes, daß das Volk aus Ägypten herauskommt und daß es an diesem Berg Knecht Gottes wird. Daß das Volk durch die Befreiung aus Ägypten das Volk Gottes wird, daß die Erfahrung, die Moses im vorhinein macht, im nachhinein die Erfahrung des ganzen Volkes wird, daß das Volk durch die Befreiung aus Ägypten zu Gott kommt, das ist das Zeichen dafür, daß es Gott ist, der bei der Befreiung befreiend zugegen ist. Das Zeichen, daß Gott da ist, steht ganz am Ende, dann, wenn die Befreiungsaktion, zu der dieser Gott Moses nach Ägypten schicken will, bereits gelungen ist. Mit der Zusage „Ich werde dasein“ fordert Gott Moses auf, es zu wagen. Nachher wird es sich zeigen.

Auf Gottes Entgegnung folgt in V. 13 erneuter Widerspruch des Moses. „Da sprach Moses zu Gott: Schau, wenn ich nun zu den Israeliten komme und zu ihnen sage: ‚Der Gott eurer Väter hat mich zu euch gesandt‘, und wenn sie mich fragen: ‚Was ist sein Name?‘ – was soll ich ihnen dann antworten?“ Moses spielt die Situation in Ägypten durch. Vorausgesetzt ist in seiner Überlegung, daß der Name „der Gott eurer Väter“ als Legitimation nicht ausreicht. An diese Stelle hat die in der

Forschung berühmte Keniterhypothese angeknüpft, die besagt, Moses habe den von den Kenitern verehrten Berggott mit Namen Jahwe in Israel eingeführt. Über diese Hypothese mag man streiten, von der inneren Logik des Textes führt sie eher weg. Folgt man der narrativen Konsequenz des Textes selbst, so legt sich nahe: Die Bezeichnung „Gott der Väter" war bekannt und verständlich, aber sie war kein Name. „Gott der Väter" war Bezeichnung für eine Realität der Väterzeit. Er war zum Gott der Tradition, des Hörensagens geworden. Er hatte zu den Vätern gesprochen, die Väter hatten mit ihm gesprochen. Aber jetzt sprach er nicht, und man sprach nicht mit ihm, rief nicht zu ihm. Der überlieferte Name „Gott der Väter" war kein Rufname. Die Frage nach dem Namen zielt darauf, wie der Gott der Tradition denn da sei, wie man ihn anrufen, anreden könne. Und hierauf weiß Moses keine Antwort, denn Ägypten liegt zwischen der Gotteserfahrung am Dornbusch und der verheißenen Gotteserfahrung nach dem Auszug.

Auf diesen Einspruch des Moses folgt in V. 14 f. Gottes Antwort: „Gott sprach zu Moses: Ich werde dasein, als der ich dasein werde. Und er sagte: So sollst du den Israeliten sagen: ‚Ich bin da' hat mich zu euch geschickt. Und weiter sprach Gott zu Moses: So sollst du zu den Söhnen Israels sprechen: Jahwe, der Gott eurer Väter, der Gott Abrahams, der Gott Isaaks und der Gott Jakobs schickt mich zu euch. Das ist mein Name ewiglich, so mein Gedenken von Geschlecht zu Geschlecht." Der anscheinend traditionsgeschichtlich zusammengestückte Text wird hier in seiner redaktionellen Endgestalt gelesen. Der erste Satz lautet: „Ich werde dasein, als der ich dasein werde." Er ist direkt an Moses gerichtet, der nicht weiß, was er in Ägypten antworten soll. Dieser Satz bedeutet nicht, wie manche Ausleger meinen, eine Verweigerung der Namensnennung, dergestalt, daß Gott das Geheimnis seines Namens wahren möchte. Vielmehr ist die sprachliche Assoziation zu V. 12 ganz deutlich: Ich werde dasein bei dir, *ähjäh imak*. Dieses *ähjäh* wird hier relativisch verdoppelt: *ähjäh ascher ähjäh*. Ich werde dasein, als der ich dasein werde; das heißt, ich werde dasein – wie, das ist Sache meiner geschichtlichen Freiheit. Der Angst des Moses, das „Ich bin da" sei in Ägypten nicht ebenso deutlich und deutlich zu machen wie hier in der Wüste, begegnet Gott, indem er sagt, er werde unwiderruflich dasein, auch wenn es ganz anders sei als hier und jetzt. Der zweite Satz, V. 14, formuliert das, was Moses den nach dem Namen fragenden Israeliten sagen soll: „Ich bin da" hat mich zu euch geschickt. Hier genügt die Kurzform, weil es die Antwort ist auf die Frage nach dem Namen des Gottes der Väter. Der Gott, der Moses schickt, ist nicht ein anderer Gott als der der Väter, so daß man einen ganz anderen Namen wissen müßte, sondern eben dieser Gott der Väter heißt „Ich bin da." Es ist nicht mehr nur der Gott der Tradition, sondern er ist da, helfend, rettend, anredbar. Der dritte Satz der Gottesantwort, V. 15, faßt dies zusammen: „Jahwe, der Gott eurer Väter schickt mich zu euch". Der Gott der Väter ist zugleich Jahwe.

Jahwe ist im Alten Testament der Gottesname Israels schlechthin. Über den etymologischen Ursprung des Namens Jahwe gibt es die unterschiedlichsten Theorien. In unserem Zusammenhang ist Jahwe wahrscheinlich verstanden als ein Wort, das demselben Wortstamm zugehört wie das „Ich bin da", also abgeleitet von dem hebräischen Verbum *hajah* (in aram.-arab. Dialekten *hawah*), nämlich als 3. Pers. Sing. oder als Nominalbildung von „sein": der da ist oder der Daseiende. Der Satz würde also heißen: Der da ist, der Gott der Väter, hat mich zu euch geschickt. Der Vers 15 schließt damit, dies sei Gottes Name für immer. Die Identität von „Gott der Väter" und „Gott jetzt da", Gott der Überlieferung und Gott heute ist der Name Gottes für alle Zeit. Der Gott der Väter ist toter Gott, wenn er nicht zugleich Jahwe, Ich bin da, ist. Umgekehrt verfällt präsentische Gotteserfahrung, die den gegenwärtigen Gott nicht als identisch mit dem Gott der Väter erfährt, numinoser Konfusion. Diese Identität verifizieren kann nur Gott selbst. Menschenmöglich ist, was der Schluß von V. 15 sagt, dieser Identität eingedenk sein.

Der anschließende Text erzählt, daß in Spruch und Widerspruch Gott dem Moses so weit offenbar wurde, daß er nach Ägypten zurückgeht und das Engagement Gottes für seine Brüder in seiner Person übernimmt. Bevor die Verhältnisse in Ägypten verändert wurden, wurde Moses verändert. Bevor Israel ins Weite geführt wurde, wurde Moses ins Weite geführt. Die persönliche, punktuell agierende Leidenschaft für das Recht der Schwachen wurde umgewandelt in einen Auftrag für alle seine Brüder. Die Skepsis, daß ein weiterer Einsatz für die Befreiung seiner Brüder sinnvoll sei, wird verwandelt in Mut. Die Ermutigung des Moses geschieht nicht in dem Appell, alle menschlichen Kräfte zu aktivieren und einzusetzen, sondern so, daß Moses in Spruch und Widerspruch dazu kommt, dem „Ich bin da" zu trauen.

Aus dieser Geschichte entspringt die Definition Gottes, die dem Dekalog als elementare Selbstvorstellung vorausgestellt ist: „Ich bin Jahwe, dein Gott, der ich dich aus dem Lande Ägypten herausgeführt habe" (Ex 20,2). Der Name bewahrt diese prototypische Geschichte als seine narrative Definition auf. Gott ist per definitionem ein Wesen der Geschichte, einer konkreten Geschichte, einer Befreiungsgeschichte. Gott korrespondiert in einer weiten Amplitude mit dem Seufzer der bedrängten Kreatur. Diese Korrespondenz hat die Komplikation einer Geschichte, an deren Ende die reale Befreiung steht. Was sich hier als Gottheit manifestiert, ist die Macht der Befreiung, die in diesem Fall zum Exodus führt, zum realiter gelingenden Auszug aus dem zum Sklavenhaus gewordenen Land Ägypten.

Die hier sich kundtuende Gottheit ist nicht die Macht des Schicksals, die diejenigen, die sich gegen das ihnen Verfügte sträuben, zum Einverständnis und so zum Glück bewußter Übereinstimmung mit dem Weltlauf führt. Die schlechten Verhältnisse sollen nicht willig angenommen, sondern realiter verändert werden. Diese Veränderung geschieht aber nicht durch den unmittelbaren Eingriff eines *deus ex machina*, sondern wird durch das menschliche Bewußtsein vermittelt. Die Befreiung beginnt damit, daß ein einzelner Mensch dazu befreit wird, die Befreiung des Volkes anzuführen.

Das Gespräch am Dornbusch ist ein Schöpfungsakt in dem Sinne, daß der Mensch Moses zur Initiative befreit wird. „Weil jeder Mensch auf Grund des Geborenseins ein *initium*, ein Anfang und Neuankömmling in der Welt ist, können Menschen Initiative ergreifen, Anfänger werden und Neues in Bewegung setzen. [Initium] ergo ut esset, creatus est homo."[34] „Seine Erschaffung ist nicht der Beginn von etwas, das, ist es erst einmal geschaffen, in seinem Wesen da ist, sich entwickelt, andauert und auch vergeht, sondern das Anfangen eines Wesens, das selbst im Besitz der Fähigkeit ist anzufangen: es ist der Anfang des Anfangs oder des Anfangens selbst. Mit der Erschaffung des Menschen erschien das Prinzip des Anfangs, das bei der Schöpfung der Welt noch gleichsam in der Hand Gottes und damit außerhalb der Welt verblieb, in der Welt selbst und wird ihr immanent bleiben, solange es Menschen gibt; was natürlich letztlich nichts anderes sagen will, als daß die Erschaffung des Menschen als eines Jemands mit der Erschaffung der Freiheit zusammenfällt."[35] Das Anfangen ist aber noch nicht das Ganze des Handelns; der Anfänger, *archegos*, braucht die anderen, die das, was er anfängt, aufgreifen, weiter betreiben und vollenden.[36] Moses muß Israel für den Exodus, den er in die Wege leiten will, gewinnen; „leiten soll" müßte man genau sagen, denn Moses muß zu dieser Freiheit eines neuen Anfangs ja von der Macht, die die Befreiung will, erst bewegt, befreit werden. Das geschieht in der Auseinandersetzung mit der Stimme, die ihn am Dornbusch erreicht hat.

Die Befreiung des Volkes aus Ägypten geschieht dann aber nicht nur durch die vom Befreiergott erwirkte Freiheit eines starken Willens, der das Volk der Hebräer geradewegs hinter sich schart, sondern auch durch die Wunder, d.h. die ägyptischen Plagen, die den Pharao schließlich in die Knie zwingen. Der Widerstand des Pharao gegen die Freilassung der Hebräer ist im kämpferischen Einsatz des Gesandten zu überwinden. Der Beistand der Macht, die sich am Dornbusch als Beistand („Jahwe") bestimmt hat, vollzieht sich in Ägypten in der Führung durch die Stimme: „Und Jahwe sprach zu Mose" (Ex 6,1.10.28; 7,1.8.14; 8,1.16.10; 9.,1.8.13; 10,1.12.21; 11,1.9). Die Stimme, die Moses die Stimme verleiht, zum Pharao zu reden, ist die Kraft des Freimuts, öffentlich zu reden, und zugleich die Eingebung, was Schritt für Schritt zu sagen und zu tun ist. Die Macht der Stimme zeigt sich freilich erst darin, daß das, was dem Pharao angekündigt wird, auch wirklich geschieht. Der „Ich bin da" hält Moses bei seinem Befreiungswerk dadurch, daß der Antrieb der Stimme reale Folgen zeitigt. Der durch das Wort allein nicht zu bewegende Pharao wird durch das „verbum efficax" der „Zeichen und Wunder im Lande Ägypten" (Ex 7,3) in die Knie gezwungen. Nicht nur das immer wieder zum Freiheitshandeln zu inspirierende Subjekt, sondern auch die natürlichen Umstände sind das Wirkungsfeld des „Ich bin da". Das, was mit dem neuen Namen „Jahwe" am Dornbusch sich vorgestellt hat, expliziert sich im ganzen Geschichtskomplex des Auszugs. Jahwe wird zum Gott Israels, indem er sich als Macht der Befreiung wirklich bewährt. Aber diese Bewährung ist nicht ein einfacher Befreiungsschlag, sondern ein komplizierter und schließlich erfolgreicher Prozeß der Kooperation.

„Wenn du das Volk aus Ägypten führst, werdet ihr an diesem Berge Gott verehren" (Ex 3,12). Diese Verheißung der Dornbuschoffenbarung erfüllt sich. Das Volk tritt am Sinai in den Dienst Jahwes. Die Befreiten und die Macht der Befreiung binden sich auf Dauer aneinander. Dieser Bund hat, wie die Kp. 19ff des Buches Exodus in einem vielschichtigen Textgefüge erörtern, einige folgenreiche Implikationen. Jahwe ist für Israel nicht mehr nur die situativ überwältigende Macht einer gelungenen Befreiung, er setzt allem weiteren Zusammenwirken nun Bedingungen. Die erste ist, daß es für dieses dem Vielgötterdelta des Niltals entronnene Volk künftig nur diesen einen Gott geben soll: Keine anderen Götter neben Jahwe. Dieser Forderung der Exklusivität („denn ich, Jahwe, bin ein eifersüchtiger Gott", Ex 20,5) folgen kultische und ethische Satzungen, von deren Einhaltung die Dauer des Beistands nun abhängen wird: „Ihr habt selbst gesehen, was ich den Ägyptern getan und wie ich euch auf Adlers Flügeln getragen und euch hierher zu mir gebracht habe. Und nun, wenn ihr auf meine Stimme hört und meinen Bund haltet, so sollt ihr vor allen Völkern mein Eigentum sein, denn mein ist die ganze Erde“ (Ex 19,4f). Der Exodus bleibt kein irrationaler Glücksfall der Weltgeschichte, sondern wird in die Rationalitätsbedingungen einer Bundessatzung überführt, was aber bedeutet, daß der Beistand („Jahwe“) sich nicht nur auf das Seufzen, sondern auch auf das Ethos der Seufzenden beziehen wird. Die Not der Seufzenden kann nun auch ihnen selbst, ihrer Bundesuntreue, der Nichteinhaltung der Verpflichtungen zugerechnet werden. Das wird ein Thema der Propheten werden, die in der Not die Rückkehr zum Bund und seinem Ethos einklagen, damit der Bundesgott zur Hilfe zurückkehrt. Und umgekehrt können die ins Elend Geratenen, obwohl sie sich für gerecht, d.h. für unbedingt bundestreu halten, und seufzen, ohne daß ihnen Hilfe wird, Jahwe anklagen, daß er den im Namen und Bund verheißenen Beistand nicht einhält. Das wird das Thema mancher Psalmen und Hiobs vor allem sein. Der Bund, der das Verhältnis zur Gottheit auf eine verläßliche Grundlage stellen sollte, eröffnet eine komplizierte Geschichte. Jahwe stellt sich nicht als einfacher Glücksgott heraus; die sich trotzdem zu ihm, an seinen Namen halten, verwickeln sich in ein schwieriges Abenteuer.

Die Geschichte vom Auszug aus Ägypten ist die narrative Urdefinition des Namens „Jahwe“. Die vielen biblischen und auch nachbiblischen Seufzer- und Klagegeschichten können als Ableger dieser Urgeschichte gelesen werden, in denen sich im einzelnen expliziert und durchdekliniert, was dieser an seinem Wurzelgrund mit dem Seufzen der bedrängten Kreatur verbundene Name bedeutet.

„Jahwe“ ist ein Volksgott. Die Geschichte, die ihn definiert, ist die Geschichte dieses Volkes. Jahwes Bundesvolk ist mit dem Exodus nicht ins Paradies gelangt, sondern in die Wüste, und nach der vierzigjährigen Wüstenwanderung ist das gelobte Land Kanaan auch nicht das Paradies. Das ägyptische Elend, dem man mit Jahwes Hilfe entronnen war, stellt sich in veränderten Formationen immer wieder ein, und damit das Seufzen des Volkes.

Im Buch „Richter“ wird erzählt, daß die Midianiter regelmäßig ins Land einfielen und die Ernte der Israeliten vernichteten. „So wurde Israel durch die Midianiter sehr geschwächt. Da schrieen die Israeliten zum Herrn. Als nun die Israeliten wegen der Midianiter zum Herrn schrieen, sandte der Herr einen Propheten zu den Israeliten; der sprach zu ihnen: So spricht der Herr, der Gott Israels: ich habe euch aus Ägypten herausgebracht und aus dem Sklavenhause herausgeführt; ich habe euch errettet aus der Hand der Ägypter und aus der Hand all eurer Bedränger und habe sie vor euch vertrieben und euch ihr Land gegeben.

Und ich sprach zu euch: ‚Ich bin der Herr euer Gott; verehret nicht die Götter der Amoriter, in deren Land ihr wohnt‘, aber ihr habt nicht auf mich gehört“ (Ri 6,6-10). Das ist erkennbar und ausdrücklich eine Anschlußvariante der Exodusgeschichte. Aus Not und Erinnerung entspringt die Analogie. Aber die geschichtlich bewegende Kraft dieser Variantenbildung ist „Jahwe“ selbst, der trotz des Bundesbruchs von seiten des Volkes sich nicht in jenseitige Abwesenheit zurückzieht, sondern wiederum die Initiative ergreift. Dieser Überschuß an „himmlischer“ Energie , den man „Gnade“ nennen wird, ist es, was die Geschichte in Gang hält.

Das Weh und Ach kommt wieder auf. Die Situationen sind verschieden, „eine Dürre oder Heuschreckenplage, der Einbruch von Feinden oder eine schwere Niederlage, die Vernichtung einer Stadt und eines Tempels“[37], schließlich die Zerstörung der Stadt und das babylonische Exil. Den unterschiedlichen Notsituationen entsprechend, zeigt der von Jahwe erwartete und erwirkte Beistand unterschiedliche Weisen der Erlösung, aber immer geht es darum, in Freiheit, Frieden und Fruchtbarkeit im eigenen Lande zu leben. Die von Jahwe erwirkte Erlösung des Volkes ist situativ und irdisch, lokal und temporär. Der Israel beistehende Kriegs- und Wettergott bestimmt und bestärkt immer wieder einzelne als Rufer und Vorkämpfer der Befreiung des Volkes.

Aber der Gott des Volkes ist auch der Gott der einzelnen im Volk. Der einzelne kann wie das Volk in äußerste Bedrängnis geraten durch Feinde, Hunger, Krankheit, die sein Leben bedrohen, ja der einzelne ist im Körper des Volkes überhaupt die eigentliche Druckstelle der Not, der leibhaftige Schmerzpunkt, aus dem der Seufzer hervorgeht. So besteht ein Dritteil der Gebete des Psalters aus Klagespsalmen von einzelnen, die das *jahwe elohenu* in die 1. Person singular setzen: *jahwe elohi* (Ps 13,4), „mein Gott“, *eli, eli,* „Mein Gott, Mein Gott, warum hast du mich verlassen“ (Ps 22,2).[38] Der Gott, den sie anrufen in der Not, ist der Gott des Volkes, der Geschichte dieses Volkes und seines gemeinschaftlichen Kults („bist du der Heilige, der thront über den Lobgesängen Israels. / Auf dich vertrauten unsere Väter“, Ps 22,4f). Solche Erinnerung dient der Identifizierung des Nothelfers, zu dem man schreit, und bildet zugleich den Hoffnungsgrund, daß auch diesmal das Rufen nicht ungehört verhallt. Der Seufzer des Bedrängten klammert sich an die Erinnerung, der in seinem Elend Vereinzelte kommemoriert seine Zugehörigkeit und wendet sie zum Anker höchstpersönlicher Rettung. Und wenn es gelingt, ist diese private Befreiungsgeschichte selbst wiederum aufzunehmen in den Erinnerungsschatz des Volkes, auf den

Nachgeborene sich je und je beziehen können: „Verkünden will ich den Namen meinen Brüdern“ (Ps 22,23); „Meine Kinder werden ihm dienen, werden erzählen von Jahwe dem kommenden Geschlecht“ (Ps 22,31). In den Geschichten des Beistands, die sich aneinander ketten, offenbart sich der Sinn und die Kraft des Namens „Jahwe“. So provoziert das Seufzen den Fortgang der Offenbarung.

4. SEUFZEN IM GEIST

Das Weh und Ach, das über das ganze Alte Testament zerstreut ist, spitzt sich im Neuen zu auf den Schrei des Erlösers. Die Klagen der einzelnen finden in den Evangelien ihren Ort in dem, was man Wundergeschichten nennt.[39] Kranke, Arme, Mutlose und Verängstigte, innen Besessene, von außen Gequälte seufzen und schreien und rufen: „Herr, erbarme dich“, „Herr rette uns, wir gehen zugrunde“. Das Seufzen dieser gepeinigten Kreaturen richtet sich an den, dessen Name bedeutet „Jahwe rettet, hilft, befreit“, *jehoschuah*, Jesus. Wenn sie diesen Nothelfer anrufen, so rufen sie in ihm „Jahwe“ an. Wenn sie rufen „Herr, erbarme dich“, so rufen sie in diesem Menschen die rettende Kraft dessen an, der ihn gesandt hat. Jesus von Nazareth ist wie Moses und Gideon ein Mittler des Rettungswillen, der im Namen „Jahwe“ niedergelegt ist.

Die für Jesu von Nazareth Leben in Galiläa bezeichnende Einzelfallhilfe verdichtet sich aber zu der Erwartung, daß er daß Seufzen des Volkes erhöre, daß er nicht nur diesen und jenen, sondern die Nation befreien werde zu freiem Leben im eigenen Land als Jahwe ganz ergebenes Bundesvolk („von allen Sünden befreit“). Diese messianische Erwartung erfüllt sich nicht. Als Jesus am Kreuz hängt, sagen sie: „Andere hat er gerettet, sich selbst kann er nicht retten (...) Er hat auf Gott vertraut, der helfe ihm jetzt heraus, wenn er ihn liebhat“ (Mt 27,42f). Der Retter ist selber am Ende rettungslos verloren. Der Nothelfer ruft in der eigenen äußersten Not: „Eli, Eli lema sabachthani (das heißt: Mein Gott, warum hast du mich verlassen?“ (Mt 27,46). „Da schrie Jesus abermals mit lauter Stimme und gab den Geist auf“ (Mt 27,50). Der Schrei des gottverlassenen Erlösers wird nicht erhört. Der Beistand hielt nicht durch. Der Name „Jahwe“ bewährte sich nicht, in diesem Fall; er ließ Jehoschua-Jesus fallen, in den frühen Tod. Das kann gegen den einen und gegen den anderen sprechen, gegen den einen, der sich zuviel herausnahm, und den anderen, der ihm zu wenig beisprang. So oder so, die messianische Geschichte, die dem Weh und Ach ein Ende bereiten sollte, hat es schließlich um einen weiteren Fall vermehrt. Das können die Jünger beklagen, es hilft nichts: „Wir hatten gehofft, er sei es, der Israel erlösen werden. Aber bei all dem ist es schon der dritte Tag..." (Lk 24,21).

Aber es geht dann doch anders weiter. Der große Schrei wird wunderbarerweise doch erhört, nicht durch Bewahrung vor dem Tod, sondern durch Auferweckung aus ihm heraus. Der tote Messias wird verlebendigt, als Erlöser gerettet. Wie Moses am brennenden Busch von Jahwe zum Anführer der Befreiung Israels kreiert wurde, so wird Jesus von Nazareth aus dem Grab auf Golgatha heraus zum Anführer des Lebens erweckt: „Der Gott unsrer Väter hat Jesus auferweckt, den ihr ans Kreuz gehängt und umgebracht habt. Diesen hat Gott als Anführer und Retter (*archegon kai sotera*) zu seiner Rechten erhöht, um Israel Umkehr zu verschaffen und Nachlaß der Sünden" (Apg 5,31; vgl. Apg 3,15). Ist der Anführer aber jenseits seines Todes in der himmlischen Welt („zur Rechten Gottes"), so wird das gelobte Land für das Volk, das er anführen soll, schließlich auch nicht mehr diesseits der Todesgrenze erreichbar sein, und was diesseits dieser Grenze erreichbar ist, ist das gelobte Land noch nicht. Das geht über das nationale Heil Israels hinaus. Der Beistand Israels („Jahwe"), der sich zeigt als der Gott, „der die Toten lebendig macht und das, was nicht ist, ins Dasein ruft" (Röm 4,17), wird aus der Geschichte mit diesem Volk heraus menschheitlich. Was als Rettung eines Volkes angelegt war, wird zur Rettung der Welt globalisiert. Die Menschheit wird in das Seufzen der Kinder Israels einbezogen. Das Sklavenhaus Ägypten ist die Welt. Sie ist in ihrer ganzen Lage das Jammertal, aus dem es herauszukommen gilt. Auf diesen messianischen Ton werden dann christliche Adventslieder gestimmt:

„Herr sende, den du senden willst,
durch den du allen Jammer stillst,
send ihn, der löst der Sünde Band,
uns führet ins gelobte Land."[40]

„Aus hartem Weh, die Menschheit klagt,
sie stand in großen Sorgen.
Wann kommt, der uns ist zugesagt,
wie lang bleibt er verborgen!
O Herr und Gott, sieh an die Not,
zerreiß des Himmels Ringe!
Erwecke uns dein ewig Wort
und laß herab ihn dringen,
den Trost ob allen Dingen."[41]

Wenn es in der 3. Strophe dieses Adventsliedes dann heißt: „durch ihn ist uns das Heil gebracht / zu Ende ist das Bangen, / erfüllt der Welt Verlangen", so möchte man meinen, daß mit der Menschwerdung Gottes, der Auferstehung des Menschgewordenen jedenfalls dann, das Weh und Ach der Welt ein Ende hat, weil das Verlangen nicht nur des Volkes Israel, sondern der Welt erfüllt ist. Aber das Bangen hat gar kein Ende. Sowenig wie der ägyptische Exodus geht dieser neue geradewegs ins Paradies. Was heißt dann „Trost ob allen Dingen", wenn die Welt sichtlich ein Jammertal bleibt und dies Seufzen der bedrängten Kreatur kein Ende nimmt? Hat „Jahwe" sich durch die Geschichte Jesu doch gar nicht verändert? Bleibt er einfach, was er war, Beistand Israels von Mal zu Mal, Nothelfer der Seufzenden von Fall zu Fall?

An einer berühmten Stelle des Römerbriefs (Röm 8,18-27) sucht Paulus zu klären, wie es mit dem Seufzen im neuen Äon steht. Dreimal ist da vom Seufzen die Rede: V 22: „die ganze Schöpfung insgesamt seufzt und liegt in Wehen"; V 23: „auch wir, die wir die Erstlingsgabe des Geistes empfangen haben, seufzen in uns selbst";V 26: „der Geist kommt uns zu Hilfe mit unausprechlichem Seufzen".

Das All, die ganze Kreatur, das *animal rationale* eingeschlossen, erscheint hier als stöhnendes und ächzendes Lebewesen, als „Mutter Natur", die in Wehen liegt. Das Seufzen des Alls ist, wie bei den Kindern Israels in Ägypten, Seufzen nach Freiheit. Worin aber liegt die Sklaverei des Kosmos? Warum kreist er nicht zufrieden in sich selbst? Paulus meint: Es ist die *mataiotes.* „Der Begriff bezeichnet die Vergeblichkeit, die Inhaltsleere und die Nichtigkeit."[42] „Die Schöpfung wurde dem Leerlauf (*mataiotes*) unterworfen."[43] Daß die Dinge werden und vergehen, die Vegetation aufblüht und verwelkt, die Lebewesen geboren werden und sterben, ist, empirisch, der Lauf der Welt und, unabänderlich, das Gesetz der Natur. Paulus empfindet, was er von außen im Kosmos beobachten kann, geradezu von innen als schmerzhaft. Wie kommt es zu diesem eigentümlich sympathetischen Verhältnis des Menschen mit aller Kreatur? Es liegt an einer Freiheitserfahrung, die an dieser kleinen Stelle im Kosmos aufgebrochen ist, der „Freiheit der Kinder Gottes" (Röm 8,21). Das ist gewiß zuerst eine Freiheit der Seele, ein neues, offenes, unverbrüchlich vertrauensvolles Verhältnis von Menschenkindern zum Schöpfer der Welt, das sie der leeren Vergeblichkeit entrissen hat. Aber die befreite Seele sitzt mit ihrem Leib in der Welt, sie kann und will ihn nicht lassen. Der Exodus aus dem Ägypten der Materie in den reinen Geist erscheint ihr nicht als wahrer Weg zur Freiheit. Die vom Schöpfer der Welt, und das heißt eben auch der Materie, initiierte Befreiung muß auch den Leib mitziehen. Die „Annahme an Sohnes statt“ ist erst perfekt in der Erlösung unseres Leibes“ (Röm 8,23), ihre „Herrlichkeit“ wird erst darin „offenbar“ (Röm 8,19.23). Dieser menschliche Leib ist aber nur ein Stück des Kosmos, mit ihm organisch verbunden, in ihn mit allen Sinnen eingebunden. Wenn also an dieser kleinen Zelle materiell Erlösung ersehnt wird, so dehnt sich das aus auf das ganze All: „die Sehnsucht des Geschaffenen wartet auf das Offenbarwerden der Söhne Gottes“ (Röm 8,19). Die Schöpfung insgesamt sollte nicht vergeblich sein, sondern angezogen werden von diesem Freiheitskern, den der Schöpfer der Welt selbst freigelegt hat. Weil das so ist, seufzen die „Kinder Gottes“ mit aller Kreatur noch immer.

Sie haben den Geist (*pneuma*) empfangen, der aus gedrückten Knechten eines vergänglichen Kosmos freie Gottessöhne macht (Röm 8,15). Das ist ein Akt des Bewußtseins, der inneren Umstellung des menschlichen Geistes in eine neue Seinsstellung: „Der Geist (*pneuma*) bezeugt (*symmartyrei*) unserem Geiste (*pneumati hemon*), daß wir Kinder Gottes sind“ (Röm 8,16). Diese innere Freiheit äußert sich im Freimut des Kindes gegenüber dem Vater: im Geist „rufen wir: Abba, Vater“ (Röm,815). Das *pneuma*, der Atem dieser neuen Freiheit, ist der Lebensmotor der Gottessöhne: „Denn alle, die vom Geiste Gottes angetrieben werden (*agontai*), sind Söhne Gottes“ (Röm 8,14).

Dieses den Gläubigen innerliche, in Ethos und Gebet sich äußernde *pneuma* ist, wie es dann Röm 8,23 heißt, aber doch erst ein „Angeld“ (*aparchē*), „Anhub und Bürgschaft der Zukunft“[44], ein Anfang , noch nicht das Ganze, aber ein Anfang, der selber auf seine volle Einlösung hindrängt. Der Geist, der doch nach allem Röm 8,15f Gesagten wirklich befreit, löst das Seufzen nicht in reines Wohlgefallen auf: „wir selbst, die das Angeld des Geistes haben, wir seufzen in uns selbst und warten...“ (Röm 8,23). Das ist kein Seufzen gegen den Geist, daß er doch die wahre Befreiung nicht erreicht habe, sondern mit ihm: „Ebenso kommt aber auch der Geist unserer Schwachheit zu Hilfe. Denn was wir richtig bitten sollen, wissen wir nicht“ (Röm 8,26). Sie wissen es: „Abba, Vater“ (Röm 15), aber dieses Stoßgebet, dieser befreite Vokativ ist eben nur der Geistanfang. Von ihm, seiner Eingebung her seufzt der Geist selbst und springt dem schwachen Menschengeist, der sich an diesen Abba-Ruf hängt, bei, damit er unter dem Druck der äußeren Verhältnisse den Geist nicht aufgibt, ehe sich vollendet, was damit, ohne daß man es schon begreift und fassen könnte, angelegt und angesagt ist: „Der Geist selbst tritt für uns ein mit unaussprechlichen Seufzern“ (Röm 8,26). Das *pneuma* ist, was der Name „Jahwe“ am Dornbusch besagen sollte, „Beistand", „Gott, der da ist". Hier ist er eine innere Kraft, Gewißheit und Antrieb ineins. „In uns" ist der Geist Gottes außer sich auf sich zu: „Der die Herzen erforscht, weiß, was das Trachten des Geistes ist; denn er tritt für die Heiligen ein, wie es Gott gefällt" (Röm 8,27).

Die Einheit und Differenz in Gott, die sich in dem Auseinander und Zueinander von Vater (*abba*) und Geist (*pneuma*) bekundet, ist hier nichts spekulativ Ausgedachtes, es hat seinen Ort in dieser eigentümlichen Erfahrung von Befreiten, die auf ihre Befreiung noch warten. Es ist eine Form des Daseins, die geduldig aushält, was ihr widerfährt (Röm 8,25), weil sie „dafür hält, daß die Leiden der jetzigen Zeit nicht ins Gewicht fallen angesichts der zukünftigen Herrlichkeit, die sich an uns offenbaren wird" (Röm 8,18), die „Erlösung unseres Leibes", auf die sie hofft und wartet (Röm 8,23-25).

Worin ist diese Relativierung der Leiden, diese Hoffnung, daß es auf jeden Fall, wider den Augenschein (Röm 8,24), gut ausgehen wird, begründet? Die Überzeugung, daß es eine Synergie von allem zum Guten (*panta synergei eis agathon*, Röm 8,28) gibt, gründet in der Liebe zu Gott: „Denn wir wissen, daß denen, die Gott lieben, alles zum Guten zusammenwirkt" (Röm 8,28). Ist diese Liebe der *amor fati*, die Einstellung allen Haderns mit dem widrigen Geschick, weil doch alles kommt, wie es kommt? Im Brief an die Römer ist es nicht solche Mahnung zur stoischen Ataraxie; es ist alles persönlicher aufgefaßt.

Die Liebe zu Gott gründet in dem Glauben, daß er für uns ist, und „ist Gott für uns, wer mag dann wider uns sein?" (Röm 8,31). Ist man sich sicher, daß der Schöpfer im schwierigen Gang der Welt *pro nobis, pro homine* ist, kann man ihn lieben. Die Liebe zu Gott gründet im Glauben an seine vorgängige Liebe. Davon weiß man, sagt Paulus, durch die Geschichte: „Er, der seines eigenen Sohnes nicht geschont, sondern ihn für uns alle dahingegeben hat, wie sollte er uns mit ihm nicht auch alles schenken?" (Röm 8,32). Es ist „die Liebe Gottes, die in Christus Jesus ist" (Röm 8,39), die den Gläubigen ansichtig ist in der „Liebe Christi" (Röm 8,35). Diese Liebe, in der alles geschenkt ist, liegt darin, daß die Menschheit durch Christus bei Gott selbst vertreten ist: „Christus Jesus ist es, der gestorben, ja noch mehr, der auferweckt worden ist, der zur Rechten Gottes ist, der auch für uns eintritt" (Röm 8,34), *interpellat (entynchanei)*, er interpelliert für die bedrängte Menschheit. Der Erstgeborene spricht für seine vielen Brüder (Röm 8,29).

Das griechische Wort *entynchanei*, in dem hier die Existenz Christi zusammengefaßt ist, ist in diesem 8. Römerbriefkapitel vorher (zweimal) in Bezug auf den Geist gebraucht worden: Der Geist tritt für uns ein, kommt uns zu Hilfe (Röm 8,26f). Es ist der „Geist" der Annahme an Sohnes Statt, in dem wir rufen: „Abba, Vater". Was am Dornbusch in den Namen „Jahwe" gefaßt wurde und mit dem Namen „Jesus" gemeint ist, Gott ist da und hilft, ist nun trinitarisch koordiniert. Gott ist in seinem Beistand für die seufzende Kreatur „dreifaltig einer". Der Geist ist es, „der vom Vater und vom Sohne ausgeht", der die Adoption zu Brüdern Christi und die Resonanz des Abba-Rufes hervorruft. So wird im Vokativ das Seufzen der Christen zum Offenbarungsort der heiligen Dreifaltigkeit.

5. DIE MENSCHHEIT KLAGT

Für Paulus ist dieser trinitarische Auffang des Seufzens der „Trost ob allen Dingen". Ein Programm zur Weltrevolution ist das nicht, es sei denn, man verstünde darunter die von Gott betriebene Befreiung der Schöpfung insgesamt zur Freiheit der Kinder Gottes. So bleibt, auch wenn im Geist alles neu ist, faktisch das meiste beim alten. Das Elend geht weiter, kommt immer von neuem auf, und damit das Seufzen und Klagen der Menschheit. Wer die Bibel als Rahmenwerk der Weltbetrachtung nimmt, stößt vom Blut Kains, das zum Himmel schreit („Horch, das Blut deines Bruders schreit zu mir vom Ackerland", Gen 4,10), bis zum Schrei der unschuldig hingeschlachteten Christen („und sie riefen mit lauter Stimme: Wie lange, heiliger und wahrhaftiger Herr, richtest du nicht und rächst unser Blut nicht an denen, die auf Erden wohnen?", Apk 6,10), von der Genesis bis zur Apokalypse, vom Anfang der Welt bis zu ihrem Ende also auf dieses Weh und Ach der Menschen. Sehr vielfältig sind die Leiden; die Seufzer und Klagen aber rechnen mit einem Ohr jenseits von allem. Und wenn der, der hören sollte, sich nicht rührt, wenn der Himmel stumm bleibt und sich nicht regt, kämpfen die Menschen der Bibel um den Namen, der „Jahwe" heißt, Ich bin da, zu helfen. Der Name „Jisrael" bedeutet „Gottesstreiter".

Der Kampf kann kurz sein, kurzgefaßt jedenfalls, wie in den Klagepsalmen, oder eine lange Geschichte, wie bei Moses oder Hiob. Der Ausgang ist nicht immer nach Wunsch: David rettet sein Kind nicht vor dem Tod (2 Sam 12,15ff), Jesus sich auch nicht. Der Gott, von dem hier geredet wird, gehorcht keinem Begriff, sondern definiert sich erst im Durchgang durch diese Geschichte. Die Bibel besteht nicht nur, aber doch zu einem erheblichen Teil aus Passionsgeschichten. Sie ist nicht nur, aber auch ein Kompendium des Weh und Ach der Menschheit.

Die Christenheit konnte in ihrem Seufzen und Klagen davon ausgehen und darauf zugehen.[45] Weil leiden wie nichts sonst Menschen einzeln behaftet, gibt es von der christlichen Passion nicht einen Lehrbegriff, sondern nur Szenen und Geschichten, die sich nicht auf eins zurückführen lassen, sich aber aufeinander beziehen und untereinander verketten, weil man im Ähnlichen sich wiedererkennt, Anhalt findet und Halt. Da es hier nicht um eine Universalgeschichte der christlichen Klage geht, sondern darum, wie sich in unterschiedlichen Invokationen der eine Vokativ abschattet, kann die Betrachtung nur exemplarisch sein.

Zunächst gibt es, befremdlich für alle, die das Christentum auf einem höheren, geistigeren Stand der Religionsgeschichte wähnen, erhaben über die Niederungen magischer Volksfrömmigkeit, das alte Seufzen zu Gott um Behebung irdischer Not, wie es sich im ganzen Alten Testament aus dem Boden des Landes erhebt:

„O Gott, streck aus die milde Hand
Und benedeie Leut und Land;
Ach halte nach der Güte dein
Die wohlverdienten Strafen ein.
Erbarm dich unser, o heiliger Gott,
Unsterblicher Gott, o starker Gott!

O starker Gott, wir bitten dich,
Wend' ab die Pest uns gnädiglich;
Beschütz die liebe Christenheit
Vor Hungersnoth und theurer Zeit.

Ach segne Herr mit deiner Hand
Die lieben Früchte auf dem Land;
Wend ab Frost, Hagel, Donnerschlag,
Und alles, was nur schaden mag.

O Herr, zu deines Namens Ehr'
Halt ab von uns der Feinde Wehr,
Damit in Fried' und Einigkeit
Dir dienen mög' all Christenheit.

Erleucht, o Gott, mit deinem Geist
Die Herrn und Fürsten allermeist;
Dem rechten Glauben Sieg verleih,
Daß nirgend Trug und Spaltung sei.

Vergiß, o Gott, vergiß geschwind
All unsre Missethat und Sünd,

Womit wir all die Güte dein
Erzürnet haben, Groß und Klein.

Schau Vater von dem hohen Thron
Auf deinen lieben einz'gen Sohn;
Er zeigt sein rosenfarb'nes Blut,
Das komm', o Vater, uns zu gut!

Auch bitten wir, Herr allgemein
Durch deines Sohnes Mutter rein,
Und durch das ganze Himmelsheer,
Wollst uns verlassen nimmermehr!

Dir sei Lob, Glorie, Ehr' und Preis
Auf Erd', im Himmel gleicher Weis',
O heiligste Dreifaltigkeit,
Von nun an bis in Ewigkeit."[46]

Angerufen wird da der Gott von „Leut und Land". Und es sind die Nöte und Sorgen des gemeinen Volkes, aus denen das Ach und O hervorgeht, Krankheit und verpestete Luft, Unbilden des Wetters, die die Ernte vernichten, Hungersnot und Teuerung, daß man das Nötigste zum Leben nicht mehr hat, Überfälle und Krieg, Gewaltherrschaft und religiöser Zwist. Das Lied stammt aus dem Clausener Gesangbuch von 1653, einem Trierischen Gesangbuch, das für Wallfahrten und Prozessionen gedacht war; spätere Gesangbücher sehen es für die „Bittage" vor. Es hat mit den wechselnden Fürbitten des Vorsängers und dem immer gleichen Refrain der Gläubigen („Erbarm dich unser...") litaneiartige Form. „Litaniae" sind im Sprachgebrauch der römischen Kirche ursprünglich öffentliche Bittgänge. Daß die Leute hier unter freiem Himmel zusammenkommen und um Gottes Segen flehen, heißt nicht, daß sie einzeln und für sich nichts dafür tun möchten, daß sie gut und lange leben auf Erden; sie bemühen Gott vielmehr wegen der Imponderabilien des Weltlaufs, Dingen, die sie nicht in der Hand haben. Zu diesen höheren Gewalten gehört auch die Obrigkeit, die man nicht abschaffen kann oder will, für die man vielmehr um Erleuchtung bittet. Der Bittgang ist kein Alibi fürs Nichtstun, sondern eine Bearbeitung des Ausgeliefertseins. Diese Bittgänge stellen das, was kommt, nicht, weil es doch kommt, wie es kommt, einfach dem Schicksal anheim. Sie suchen auch hier noch etwas zu tun. Sie rufen, weil sie glauben und hoffen, daß es über den Weltmächten jemanden gibt, der es hören und sogar etwas tun könnte: „Erbarm dich unser...".

„Ach halte nach der Güte dein / Die wohlverdienten Strafen ein." Mit der Bitte um Erbarmen verbindet sich der ebenso naheliegende wie gefährliche Gedanke, daß drohendes Übel verschuldet sein könnte, Strafe für früheres Vergehen. Das christliche Wallfahrtslied denkt im Rahmen dessen, was für das Verhältnis zum Gott des Landes Israel gang und gäbe ist; die alttestamentliche Exegese spricht vom „Tun-Ergehens-Zusammenhang", der vielleicht so irrational nicht ist, wie eine kurzsichtige Aufklärung annimmt. Politisches und ökologisches Langzeitgedächtnis kann Mißstände des Gemeinwesens und sogar Naturkatastrophen schon auch früheren Missetaten zurechnen, Verstößen gegen Gottes Gebote also, die man jetzt einsieht und eingesteht und hofft, noch einmal glimpflich davonzukommen. Aber daß die Weltabrechnung der Moral nicht immer durchschaubar aufgeht, ist schon im Alten Testament bekannt, bei Hiob wird ein Streit mit Gott daraus.

Der Gott, den die Christenleute hier anrufen, ist von der Art des Gottes Israels. Die Rede von der „ausgestreckten Hand" ist ein gängiger Topos für Jahwes Befreiungshandeln: „Dann werde ich meine Hand ausstrecken und Ägypten mit all meinen Wundertaten schlagen, die ich darin tun werde; danach wird er euch ziehen lassen" (Ex 3,20). Der verehrte Gott ist „Jahwe, der euch mit großer Kraft und ausgestrecktem Arm aus dem Land Ägypten herausgeführt hat" (2 Kön 17,36). Der hier vorliegende christliche Bittgesang bittet Gott jedoch nicht, die Hand zum Kampf auszustrecken, sondern zum milden Segen für „Leut und Land". Diese ländliche Wohlergehensgottheit ist aber dann doch nicht bloß ein regionaler Schutzgeist, dem eine bäuerliche Gesellschaft sich anvertraut. Der vom Volk zu singende Refrain („Erbarm dich unser, o heiliger Gott! Unsterblicher Gott, o starker Gott!") zitiert die universale Liturgie. „Hagios, ho Theos, Sanctus Deus. Heiliger Gott. Hagios Ischyros. Sanctus Fortis. Heiliger Starker. Hagios Athanatos. Sanctus Immortalis. Heiliger Unsterblicher, eleison imas, miserere nobis, erbarme dich unser." – das ist das Trishagion[47], der Refrain der großen Improperien der Karfreitagsliturgie[48], die in dieser griechisch-lateinischen Weltsprachlichkeit auch dem gemeinen Volk im Ohr war. Wenn sie sich deutsch bei Bittprozessionen daran erinnerten, riefen sie also auf diesem Landstrich, der nun einmal ihre Heimat war, den Pantokrator an.

Wie die biblischen Klagepsalmen werden solche Kirchengesänge durch die Zeiten überliefert als Artikulationshilfe in den Nöten der eigenen Zeit. Und die relative Konstanz der Nöte läßt sie oft lange Zeit bestehen. Zeiten, die sich darin nicht mehr finden können, das Lied verabschieden oder jedenfalls eingreifend verändern, geben zu erkennen, daß sich für sie das Verhältnis von Gott und Not geändert hat. So ist es nach drei Jahrhunderten auch „O Gott, streck aus dein milde Hand" geschehen.[49] Eine aus dem alten Lied ganz nach vorn geholte Strophe läßt vielleicht erkennen, was man in Deutschland 1971 noch als erstrangige Not von „Leut und Land“ empfinden mag: „Vergiß, o Gott, was wir getan, / sieh unsre Missetat nicht an. / Laß alle Schuld vergeben sein, / denk an die große Güte dein.“ Die darauf folgende, ganz neu hinzuerfundene Strophe offenbart die Lage: „Laß aller Menschen Tun gedeihn, / Ihr Werk von dir beschützet sein. / Sei jedem nah mit deiner Kraft, / daß er getreu das Rechte schafft“, und dann geht es weiter: „Herr segne auch mit deiner Hand, was wächst und reift in unsrem Land...“ Da meldet sich der Wachstumsgeist der neuen Wohlstandsgesellschaft und hat dem alten Lied ein wenig die Dringlichkeit genommen. Was einst Strophe für Strophe als reale Not von „Leut und Land“ durchbuchstabiert wurde, wird nun in einer Strophe global resümiert: „Beschütz die Welt vor Krieg und Streit, / vor Hunger, Krankheit, Haß und Neid. / Gib daß in Fried und Einigkeit / dir diene alle Christenheit.“ Der Ton verrät, daß man sich selber nicht in höchsten Nöten befindet, was ja an sich ein Segen ist, nach Jahren von Hunger und Krieg, und eher zum Aufatmen als zum Seufzen Anlaß gibt. Klagelieder sind ja kein Zwang, sondern haben ihre Zeit. Wenn aber, wie es die Gesetze des Wirtschaftswachstums wohl unentrinnbar mit sich bringen, das Aufatmen alsbald ins Hecheln übergeht, wird das Seufzen auf höherem Niveau sich wieder einstellen. Das alte Lied könnte dann vielleicht gerade an den Stellen, die man als überholt aussonderte, neue Aktualität gewinnen: die Sorge um die „Krankheit“, neue Seuchen, die wie die „Pest“ (Str. 2) sich ausbreiten, „die lieben Früchte auf dem Land“ (Str. 3) und „teure Zeit“ (Str. 4). Und da das alte Wallfahrtslied Gottes ausgestreckte Hand auch mit der menschlichen Vernunft verbindet, könnte in den angezeigten Nöten auch die 6. Str. singbar sein: „Erleucht, o Gott, mit deinem Geist / die Herrn und Fürsten allermeist“, daß sie weitsichtig und umsichtig und vorsichtig mit „Leut und Land“ umgehen, damit uns die ansonsten „wohlverdienten Strafen“ erspart bleiben.

EXKURS: O MARIA HILF!

Eine der in den neueren Redaktionen des Lieds “O Gott, streck aus dein milde Hand” entfallenen Strophen bringt außer dem heiligen, unsterblichen, starken Gott, auch noch andere Adressaten ins Spiel.

„Auch bitten wir, Herr allgemein
Durch deines Sohnes Mutter rein

Und durch das ganze Himmelsheer:
Wollst uns verlassen nimmermehr!"

Als ob unter dem Himmel nicht nur der alles beherrschenden Sonne zu gedenken wäre, sondern auch des Mondes und der Sterne, kommt hier auch noch Maria (die Wallfahrt nach Clausen galt immerhin einer Marienkapelle) samt Engeln und Heiligen ins Spiel als Mittelspersonen des Segens. Daß Engel und Heilige, Maria vor allem, als Fürbitter in allen Nöten anzurufen sind, ist gut katholische Lehre.[50] Nicht immer erscheinen sie so schön subordiniert unter die göttliche Allmacht. Lieder und Gebete zu den Heiligen können diese bisweilen so angehen, als ob ihnen selbst bereits alle Zuständigkeit in anliegenden Notlagen zukomme. So ruft ein Münsteraner Wallfahrtslied aus dem 19. Jh.[51] zu Maria nicht anders als zum allmächtigen Gott selbst:

„O Jungfrau, wir dich grüßen, o Maria hilf!
Und fallen dir zu Füßen, o Maria hilf!
O Maria hilf uns all,
Hier in diesem Erdental."

Und dann werden in 17 weiteren Strophen die Erdennöte nicht anders detailliert als in dem Clausener Gesangbuch von 1653.

Das Vertrauen auf die himmlische Mutter scheint häufig näherliegend:[52]

„Heilge Mutter, weit und breit
schallt's durch deiner Kinder Mitte;
daß Maria eine Bitte
nicht gewährt, ist unerhört,
unerhört in Ewigkeit."

Sie ist schlechthin die „Patronin voller Güte", die ihren Mantel ausbreitet, unter dem die „ganze Christenheit"[53] wie auch jede einzelne Seele in ihrer Angst und Not ihre Zuflucht nehmen.

Kein Wunder, daß solch innige Anrufung einer Frau, Schmerzensmutter und Himmelskönigin zugleich, den Argwohn des Götzendienstes bei denen erregte, die fest vertraten, daß Christen sich in allen Nöten nur des einen und einzigen Gottes versehen dürften. Das Trienter Konzil hat gegenüber den entsprechenden reformatorischen Anwürfen die Anrufung Marias und der Heiligen verteidigt mit der Begründung, daß natürlich aller von den Heiligen erflehte Segen nur durch sie von Gott selbst gewährt werde.[54] Das scheint als theologische Absicherung zu genügen. Aber das erreichbare Nothelfer suchende Seufzen der

Menschen hat schon den Monotheismus bis zum Zerreißen gespannt. Der um das Zentralgestirn der Heiligsten Dreifaltigkeit versammelte Himmel der Engel und Heiligen hat Züge einer menschenfreundlichen Domestizierung des erdnotnahen Polytheismus der Weltreligionsgeschichte.

6. WAS HILFT ES?

„Was helfen uns die schweren Sorgen,
was hilft uns unser Weh und Ach?
was hilft es, daß wir alle Morgen
beseufzen unser Ungemach?
Wir machen unser Kreuz und Leid
nur größer durch die Traurigkeit."

Das ist die zweite Strophe von Georg Neumarks berühmtem Lied „Wer nur den lieben Gott läßt walten"[55], und es setzt dem, was sich doch bis hierhin als große Triebkraft der Religion gezeigt hat, einen Dämpfer auf: Was hilft's? Das Kreuz und Leid ist da, aber das Weh und Ach bessert nichts, das Beseufzen gibt dem Ungemach nur noch mehr Raum, schwemmt es erst vollends in die Seele ein. Stattdessen, so lautet der gute Rat der Schlußstrophe (Str. 7):

„Sing, bet und geh auf Gottes Wegen,
verricht das Deine nur getreu,
und trau des Himmels reichem Segen,
so wird er bei dir werden neu.
Denn welcher seine Zuversicht
auf Gott setzt, den verläßt er nicht."

Da wird das Lied zur Predigt, in der jeder dem anderen zusingt, was sie ja alle miteinander gerade schon angefangen haben: „Sing, bet und geh auf Gottes Wegen". Das ist die evangelische Neufassung des benediktinischen „ora et labora": „verricht das Deine nur getreu". Und im übrigen Gott vertrauen, allem Ungemach mit Zuversicht entgegentreten: „Wer Gott, dem Allerhöchsten traut, / der hat auf keinen Sand gebaut". Gott ist in diesem Lied kein Vokativ, sondern ein Konstativ, immer in der 3. Person: Gott-Grund, der Satz, die Setzung eines Grundes und Setzung auf diesen Grund. Gott – kein Abgrund, in den man verzweifelt hineinruft, um *de profundis* Gehör zu finden, sondern ein Fels, auf den man bauen kann, letzter Halt, „Substanz" und „Konstanz" in aller Not und Traurigkeit. Die fünf Mittelstrophen zwischen der hier zitierten ersten und letzten geben dieser in der „Drangsalshitze“ (Str. 5) des Lebens nicht einfach zu haltenden christlichen Zuversicht die erforderliche Argumentationshilfe.

Georg Neumark hat dieses Lied 1642, mitten im dreißigjährigen Krieg also, gedichtet, als er, gerade zwanzig Jahre alt, nach langen vergeblichen Mühen endlich eine Anstellung als Lehrer gefunden hatte. Es trägt persönliche Lebenserfahrung ins christlich Allgemeine und stärkt so poetisch eine lutherisch besonders stark ausgeprägte Tradition.

Aber so schnell ist das Weh und Ach nicht immer mit fröhlichem Glaubensmut zu verscheuchen. Statt aus dem Beseufzen ins Singen und Beten zu springen, gibt es auch den Rat, es selbst zum Gebet auszuseufzen. Nur wenige Jahre vor Georg Neumarks Lied erschien des Jesuiten Friedrich Spee geistliches Hauptwerk „Güldenes Tugend-Buch“, ein nach den drei göttlichen Tugenden gegliedertes Übungsbuch zum geistlichen Leben. Da wird im 8. Kapitel des 2. Teils, der der Tugend der Hoffnung gewidmet ist, ein seelsorgliches Übungsprogramm entwickelt für den Fall, daß sich ein Mensch „in grosser betrübnuß und bedrangnuß des hertzens“ befindet, „meinet es müsse für leid zerspringen; weiß keinen trost, noch rath zu finden, ist vber alle massen vnrühig, kan für leyd nicht bleiben; gerewet es auch seines stands, weist nicht wo hinauß oder hinein.“[56]

Unter den Ratschlägen, die dann folgen, findet sich auch eine Übung der Imagination: „bilde dir vor JESUM an dem Creutz“, und der Gekreuzigte spricht dann:

> *„Was wiltu machen? Gehe in dein kämmerlein, setze dich da nider zu meinen füssen, ò mein hertziges, außerwehltes kind: Weine, vnd weine; Laß fliessen dein hertz, vnd augen: laß winden vnd wehen deine seufftzer, laß gehen in lufften deine begierden: zu mir, zu mir solt schreien vnd klagen, ich werd erhören dein gebett, dein gebett werd ich erhören.“* [57]

Die Übung der Einbildungskraft geht in eine Übung des Körpers über. „Weine und seufze“, das wird geradezu penetrant suggeriert. Der Schmerz des Herzens ist wie ein Stau, eine Beklemmung, die man körperlich ausweinen und auswehen soll. Daß das unmittelbar atemtherapeutisch gemeint ist, steht in einer späteren Anweisung: „Die seufftzer aber sollen nit anders gehen, als: Ach Jesu! Ach Jesu, gar langsam vnd tieff, so blaset sich vill betrangnuß allgemach vom hertzen, wie offt durch die erfahrnuß beweret worden ist.“[58]

Dieser Übung schließen sich weitere Vorschläge an und am Schluß vier Lieder: „Ja damit du dich etwan auch mit einem trawrigen liedlein ergetzen könnest, habe ich dir deren auch allhie eins, oder mehr machen wöllen: magst si zunzeiten lesen, oder kläglich singen, oder singen laßen, wie dirs gefallen wird."[59] Zur Behandlung der Traurigkeit gehört auch das Lesen oder leise Singen oder Singen-lassen von „traurigen liedlein"; sie fungieren als eine Fortsetzung des Weinens und Seufzens mit poetisch temperierten Mitteln. Der Rhythmus der Verse und der Duktus der Bilder soll die unruhige Seele beruhigen und erheben. Unter diesen Liedern findet sich auch das Lied „Bei finster nacht", das unter dem Initium „Bei stiller Nacht" auch in Spees poetischem Werk „Trutz-Nachtigal" erschienen und dann zu einem beliebten Passionslied geworden ist.[60] Spees „Güldenes Tugend-Buch" erinnert einen ursprünglich privaten Gebrauch als Artikulation eines Seufzens, „wenn wir in höchsten Nöten sein, / Und wissen weder aus noch ein".[61]

Aber der Schmerz der Kreatur kann schlimmer sein, daß man nicht so leicht aus ihm herausspringen kann in eine Gotteszuversicht oder ihn wegblasen kann „Ach Jesu", so schlimm, daß er sich auswächst zum Hader mit Gott, wie bei Hiob, oder bei Christine Lavant, geboren 1915 im Lavanttal, gestorben 1973. „Sie war das neunte und jüngste Kind in der Familie eines Bergarbeiters, der im heimischen Braunkohlenwerk früh invalide geworden war, eines wortkargen Waldläufers, der mit Iltisfang und Verkauf der Bälge wenig verdiente. Körperlich schwach und oft schwer krank, bis zu ihrem 14. Lebensjahr immer an offenen Wunden leidend, verbrachte Christine Lavant eine Kindheit in Armut und Enge, aber doch im Schutz der strengen Güte einer Mutter, die mit nächtlichem Stricken das Brot für ihre Kinder verdiente und sich selber ‚nie sattessen' konnte (...) Christine Lavant sieht schlecht, hört schwer, leidet unter Kopfschmerzen, Rheumatismus, Asthma. Tuberkulöse Krankheiten haben Spuren hinterlassen. Armut ließ Pflege und Schonung kaum zu."[62] Aus all dem heraus kommen Christine Lavants Gedichte. Es ist ein selber leidendes Ich, das seine Fassung zu finden sucht in Gedichten. Der „Pfauenschrei" heißt ein Band, in dem Texte stehen wie dieser:[63]

„Bei dir und der Dreifaltigkeit,
nicht kehr ich um, bevor der Mond
an mir die gleichen Wunder tut
wie an der Messerschneide,
an Bohnenlaub und Kren.

Stumpf will ich werden im Gehirn
Und laubig auf und auf im Traum,

und scharf und tränentreibend
soll meine Willenswurzel sein,
sobald sie zu dir wächst.

O du – du ganz Dreifaltigkeit,
ganz Sonne, Mond und Stern,
und weil dir alles dienstbar ist
und weil du ganz verwandeln kannst
und viel verwandelst Tag und Nacht
und mich trotz aller Wandelkraft
so stocksteif brennend und allein
auf meine eignen Füße stellst
ins Maigras unterm Mond!

Stumpf will ich dein gedenken,
ins Laub mich vor dir ducken
und ohne Umkehr mondelang
Krenwurzeln scharfe reiben
ins Stoßgebet, ins ‚Ehre sei...'
ins Vaterunser, in den Ruf
aus meiner Elendstiefe"

Das Seufzen *de profundis*, „aus meiner Elendstiefe", hat schon die alten Formeln der Religion zur Hand, das „Vater unser", das „Ehre sei" (dem Vater und dem Sohn und dem Heiligen Geist), mit dem die Gesätze des Rosenkranzes schließen („mit der Türkenbetschnur spielen"[64]), „Stoßgebet" („wenn ich jetzt Gebete zu dir stoße"[65]), das „Im Namen des Vaters und des Sohnes und des Heiligen Geistes" („Bei dir und der Dreifaltigkeit", „O du – du ganz Dreifaltigkeit"). Die Urformeln katholischer Volksfrömmigkeit sind ihr in Fleisch und Blut. Sie wischt nicht weg, was so lange schon den einfachen Leuten geholfen hat, das Leben zu bestehen. Aber bei dieser Frau ist der Schmerz, seine Empfindung, zu groß, als daß das Ritual der altvertrauten Formeln allein sie beruhigen könnte. Sie gibt sie nicht als untauglich auf, wirft sie nicht weg, aber sie reibt in sie hinein die eigene Bitterkeit: „und ohne Umkehr mondelang / Krenwurzeln scharfe reiben", „und scharf und tränentreibend / soll meine Willenswurzel sein, / sobald sie zu dir wächst". Wie Kren, Meerrettich, treibt der Wille als dringender Vokativ und wird in die alten Gebete gemischt, um Gott, den dreifaltigen Gott, den all diese Formeln ja anrufen, endlich zu rühren: „Dich will ich noch in dieser Nacht / zum Weinen bringen über mich", daß er am Leiden seiner Kreatur endlich Anteil nimmt: „bis du die Fäuste so wie ich / in beide Feuerhöhlen bohrst." Der Fels Gott soll erschüttert, zur Compassion bewegt werden.

Sie will nicht Recht behalten, wie Hiob, sondern den Schöpfer der Welt zum Erbarmen mit seiner elenden Kreatur nötigen. Aber das Mitleiden mit seinem Geschöpf genügt nicht, er soll das Elend wenden. Ist er nicht der Herr aller Dinge, der Allmächtige? – „und weil dir alles dienstbar ist / und weil du ganz verwandeln kannst / und viel verwandelst Tag und Nacht". Warum diese große „Dreifaltigkeit" „trotz aller Wandelkraft" dies arme Menschenkind „so stocksteif brennend und allein" stehen läßt, das ist nicht zu begreifen und hinzunehmen. Und darum gibt sie keine Ruhe und kein Pardon: „nicht kehr ich um, bevor der Mond /an mir die gleichen Wunder tut", „und ohne Umkehr mondelang / Krenwurzeln scharfe reiben".

7. TE DEUM

Interjektionen artikulieren das Weh und Ach der Menschheit. Aber nicht nur, es gibt auch „gottlob" und „gottdank", Momente freudiger Erleichterung, daß man Glück gehabt hat, noch einmal davongekommen ist, daß alles gut gegangen ist, Gott sei Dank, Momente, in denen man das Leben nicht als Desiderat erlebt, sondern als Präsent, daß, so klein das Quentchen Glück auch war, das Leben wie neu geschenkt erscheint, dem Tode entrissen. Es hätte auch anders kommen können, man hätte auch Pech haben können.

Die Rede vom günstigen Geschick hat sich an dieser ambivalenten Lebenserfahrung von Glück und Pech festgemacht. Von der Gunst des Schicksals zu reden, impliziert die Vorstellung, daß da ein verborgener Souverän den Weltlauf lenkt und in diesem besonderen Fall diesem Individuum, ohne dessen Zutun und Verdienst, gnädig gewesen ist. Die Griechen sprachen von der *moira*, die Römer vom *fatum* als einer anonymen Macht, die über Menschen und Götter undurchschaubar waltet. *Tyche* war blind und das Rad der *Fortuna* drehte sich, ohne daß man sagen konnte, wohin das Glückslos fiel.

Wenn aus dem "Glück gehabt" nicht nur das Gefühl der Freude, sondern auch das der Dankbarkeit entspringt, wird ein Adressat unterstellt, dem man diesen Dank abstattet. Nicht nur *Tyche* und *Fortuna*, die Götter überhaupt können als Adressaten der Danksagung erscheinen, daß sie mit ihrer je eigenen Macht geholfen haben, dem Schicksal in dieser besonderen Situation eine günstige Wendung zu geben. Die Gottheit springt dann um in den Dativ, dem *dona* und *munera* dargebracht werden, zum Dank. Diese Anrufung der Gottheit im „Gebefall", „Ich bringe dir…", ist religionsgeschichtliches Gemeingut.[66] Auch im AT „entspringt die *todah* dem spontanen Bedürfnis, seinen Dank für irgendeine Bewahrung oder Wohltat öffentlichen, sinnfälligen Ausdruck zu geben".[67]

Danksagen ist, wiewohl rituelles Gemeingut, keine zwangsläufige Reaktion auf erfahrene Wohltat. Die neutestamentliche Geschichte von der Heilung der zehn Aussätzigen (Lk 17,11-19) hat das paradigmatisch festgehalten. Zehn werden von Jesus geheilt und nur „einer von ihnen, der sah, daß er geheilt worden war, kehrte zurück, indem er mit lauter Stimme Gott pries, warf sich aufs Angesicht zu seinen Füßen und dankte ihm, und das war ein Samariter. Da antwortete Jesus und sprach: Sind nicht die Zehn rein geworden? Wo sind aber die Neun? Haben sich keine gefunden, die zurückgekehrt wären, um Gott die Ehre zu geben, als nur dieser Fremde?" Nur einer von den Zehn nimmt die Heilung nicht nur einfach hin, sondern auch wahr und an, als „Gegebenheit" im wörtlichen Sinne. Er geht den Weg der Heilung („Und es begab sich, während sie heimgingen, wurden sie rein" Lk 17,14) zurück („der sah, daß er geheilt worden war, kehrte zurück", Lk 17,15), reflektiert, was ihm geschehen ist, wendet es um, biegt und strahlt es zurück auf seine Herkunft. Es ist der Regreß („regressus est") der Erinnerung. Der Dank entspringt dem Gedenken. Die neun Undankbaren sind die Gedankenlosen. Sie erinnern sich nicht, ersparen sich im neugewonnenen vitalen Glück die Mühe des Rückwegs. Dieser Zusammenhang zwischen Dank und Gedenken findet sich durchgängig in der Hl. Schrift: „Lobe den Herren, meine Seele / und vergiß nicht, was er dir Gutes getan" (Ps 103,2).

Da ist vom Loben die Rede, nicht vom Danken, aber das liegt im biblischen Sprachgebrauch und überhaupt in der christlichen Gebetstradition sehr nah beieinander, so nah, daß man Lob und Dank fast synonym empfindet, wie überhaupt die Kumulation des hymnischen Vokabulars eher als Ausdruck des Überschwangs selbst denn als Facettierung seines Gehalts empfunden wird. Im Auftakt des „Gloria" der Messe findet sich eine besonders reichhaltige Häufung der einschlägigen Prädikate: *„Laudamus te. Benedicimus te. Adoramus te. Glorificamus te. Gratias agimus tibi."* – „Wir loben dich. Wir preisen dich. Wir beten dich an. Wir verherrlichen dich. Wir sagen dir Dank." *ainoumen se. eulogoumen se. proskynoumen se. doxologoumen se. eucharistoumen soi*, heißt es in der griechischen Vorgängerfassung. J.A. Jungmann hat von der griechischen wie lateinischen Fassung gesagt, „daß der Ton nicht auf der Sonderbedeutung des einzelnen Wortes liegt, sondern in dem gemeinsamen Grundgedanken der huldigenden Hinwendung zum großen Gott".[68] So ist es auch wohl, wenn man das „Gloria in excelsis Deo" singt, aber wenn man fragt, was denn mit einer solchen „huldigenden Hinwendung zum großen Gott" eigentlich gemeint sei, bieten sich doch die einzelnen Prädikate als Lesehilfe an.

Lob ist Resonanz, Echo auf ein Tun, das als gut empfunden wurde und nun ausdrücklich gut geheißen wird: *laudamus te, benedicimus te.* Das Gute wird nicht nur auf- und wahrgenommen, es wird bekannt gemacht und seinem Urheber öffentlich zuerkannt. Es ist Ausdruck einer Wertschätzung („wir preisen dich"), einer öffentlichen Anerkennung („wir rühmen dich, wir bekennen dich, *confitemur*"). Das Gute soll nicht nur getan sein, sondern auch in den Augen der Welt zur Erscheinung kommen, das Gewicht erhalten, das ihm zukommt, glänzen; das meint hebräisch *kabod*, griechisch *doxa*, lateinisch *gloria*, Herrlichkeit und Ehre: „wir verherrlichen dich", „Ehre sei dir". Lob ist mit Dank eng verbunden (*gratias agimus tibi*), aber es akzentuiert den Täter (*te*) mehr als den Geber (*tibi*). Lob ist eine Sache der Sprache, der Rede, der gehobenen Rede, des Gesangs, und vielleicht auch des Beifalls („mit Herzen, Mund und Händen") und dann des Preises im doppelten Sinn des Wortes. Laudatio, Hymne und Applaus, Preisverleihung und Festakt bilden das Repertoire des öffentlichen Lobes.

Wozu ist das alles vonnöten? In der menschlichen Gesellschaft werden Personen ihrer Verdienste und Leistungen wegen geehrt. Der Geehrte soll als wertvolles Glied des Gemeinwesens herausgestellt, beachtet, bedankt, gefeiert, bestärkt und anderen als Vorbild vor Augen gestellt, empfohlen werden. Indem sie Ehrungen ausspricht und Preise verleiht, erhebt die Gesellschaft sich zugleich selbst, bekennt und stärkt an hervorragenden Mitgliedern ihr Wertgefüge. Was aber könnte solches, in der sozialen Ökonomie plausible Lob im Verhältnis zu Gott bedeuten? Bedarf Gott des Lobes? Bedürfen die Menschen des Gotteslobs? Wer oder was ist Gott, wenn ihm Lob gebührt?

An einer Reihe von Stellen der biblischen Überlieferung heftet sich das Lob Gottes an bestimmte Anlässe. Das berühmte Lied, das Moses' Schwester Mirjam zur Handpauke Israel vorsang, als man den Ägyptern entkommen war, beginnt:

> *„Singen will ich dem Herrn,*
> *denn hoch erhaben ist er;*
> *Roß und Reiter warf er ins Meer.*
> *Meine Stärke und mein Loblied ist der Herr,*
> *und er ward mein Heil;*
> *er ist mein Gott, ich will ihn preisen,*
> *der Gott meines Vaters, ich will ihn erheben."*
>
> Ex 15,1f.

Das empirische Ereignis der Rettung vor den Feinden wird Jahwe zugeschrieben; er warf Roß und Reiter ins Meer. Diese nachträgliche Zuschreibung ist die Konsequenz aus der vorangegangenen Erwartung und Verheißung, er werde es sein, der Israel rettet. So korrespondiert in vielen Psalmen das Lob der vorangegangenen Klage. Der Adressat der Klage ist, wenn sie ihren Grund verloren hat, der des Lobes. Anlaß für das Volk, Gott zu loben, ist zumeist die Rettung aus Feindeshand; das Loblied ist Siegeslied. Anlaß des einzelnen ist Rettung aus Verfolgung und Verlassenheit, Hunger und Krankheit. So spricht man von „berichtenden Lobpsalmen", die ein konkret benennbares Ereignis der kollektiven oder individuellen Geschichte zum Anlaß des Gotteslobs nehmen. „Es ist wohl zu beachten, daß eine Quelle (...) des Gotteslobes, und wahrscheinlich *die* Quelle das bekennende Lob ist, das unmittelbar aus der Erfahrung einer Tat Gottes im Leben eines Menschen oder im Leben einer Gemeinschaft entspringt."[69] Insofern solche Lieder aufgeschrieben und überliefert werden, sind sie ein Angebot, bei gegebenem Anlaß, sich darin einzufinden. Das folgenreichste biblische Gebet dieser Art ist das „Magnificat" der Maria:

„Hoch preiset meine Seele den Herrn,
und mein Geist frohlockt in Gott meinem Heiland,
denn er hat angesehen die Niedrigkeit seiner Magd.
Siehe von nun an werden mich selig preisen alle Geschlechter."
Lk 1,46-48

Die spätere Einstimmung in zuerst geschichtlich kontingentes Lob Gottes hat die Tendenz zur Verallgemeinerung. Ereignisse können typisiert werden, wie das Glück, am Morgen gesund aufzuwachen („Aus meines Herzens Grunde / sag ich dir Lob und Dank / in dieser Morgenstunde..."[70]) oder die Freude, daß der Winter endlich zu Ende ist („Lobt Gott in allen Landen / und laßt uns fröhlich sein: / der Sommer ist vorhanden, / die Sonn gibt hellen Schein, / der Winter ist vergangen..."[71]).

Das Lob kann sich aber auch von solchen konkreten Anlässen lösen. Der Psalter enthält eine große Zahl von Liedern, die man als „beschreibende Lobpsalmen" bezeichnet. Da erhebt sich das Lob nicht aus dem Blick auf ein besonderes Ereignis, sondern aus dem Überblick über das Leben, die Geschichte, die Welt, wie in P. Gerhardts Lied „Nun danket all und bringet Ehr"[72]:

„Ermuntert euch und singt mit Schall
Gott, unsrem höchsten Gut,
der seine Wunder überall
und große Dinge tut."

Am nächsten liegt den kirchlichen Lobliedern da, daß das eigenen Leben bisher gut gegangen ist:

„Der uns von Mutterleib
Und Kindesbeinen an
Unzählig viel zu gut
bis hieher hat getan."[73]

„Lobe den Herrn, der alles so herrlich regieret,
der dich auf Adelers Fittichen sicher geführet,
der dich erhält,
wie es dir selber gefällt.
Hast du nicht dieses verspüret?

Lobe den Herren, der künstlich und fein dich bereitet,
der dir Gesundheit verliehen, dich freundlich geleitet.
In wieviel Not
hat nicht der gnädige Gott
über dir Flügel gebreitet!"[74]

Im Lob des Psalters dominiert das kollektive Gedächtnis der Wundertaten in der Geschichte des Volkes Israels (z.B. Ps 111; 135; 136) und die Bewunderung für die Schöpfung (z.B. Ps 8; 19; 66; 148), was beides sich bezeichnenderweise nicht selten auch eng miteinander verbindet (z.B. Ps 33; 89; 104/105). Soweit das christliche Lob sich an den Psalmen orientiert, nimmt es beide Tendenzen auf. Im Anschluß an Ps 19 wird da gesungen:

„Dein Lob, Herr, ruft der Himmel aus,
das blaue, lichterfüllte Haus."[75]

oder Franz von Assisis berühmter Sonnengesang auf die Schöpfung, der beginnt: „Laudato si, o mio Signore..."

Das Lob Gottes im Blick auf die Wunder der Geschichte konzentriert sich im christlichen Gesang auf das Heilsereignis Jesu Christi, seine Geburt und Auferstehung, wie in Martin Luthers

„Lob, Ehr sei Gott im höchsten Thron,
der uns schenkt seinen eingen Sohn",[76]

oder F.G. Klopstocks:

„Preis dem Todesüberwinder."[77]

Die Geschichte der Kirche, Siege und glückliches Gelingen von Fall zu Fall, konnten durch das allgemeine „Te Deum" auch in die Sphäre des Gotteslobs gelangen.[78] Die kirchliche Spezialität der Umsetzung von Geschichte in Lob liegt aber vor allem in den Lobliedern auf die Heiligen, insbesondere die Gottesmutter Maria: „Selig werden mich preisen alle Geschlechter, denn Großes hat an mir getan der Allmächtige", wie es im Magnificat heißt. Die Heiligen werden als Siege der Gnade und Geschichtswunder Gottes gepriesen.

Die Basis des Gotteslobs ist die Empirie, die Wahrnehmung der Welt, von Natur und Geschichte, individuell und kollektiv, und zwar in der Atmosphäre des Glücks und Gelingens, des Wunders und der Schönheit. Wo solche Erfahrung nicht gegeben ist oder nicht möglich ist, im Elend, findet der Gestus des Lobs keinen Anhalt. „Alles hat seine bestimmte Stunde, jedes Ding unter dem Himmel hat seine Zeit", wie der Prediger sagt (Koh 3,1).

Auffällig in der Grammatik des Lobs ist freilich der häufige Hortativ: „Lobet!", „Lobe!". „Lobe den Herrn, meine Seele, und vergiß nicht, was er dir Gutes getan." (Ps 103,2). Während die Klage keines besonderen Ansporns bedarf, weil die Not fühlbar drückt, bedarf das Lob anscheinend immer wieder der Aufforderung, der Erinnerung, der Ermunterung: „Lobet den Herrn", „Ermuntert euch und singt mit Schall". „Hat sich keiner gefunden, der zurückgekehrt wäre, um Gott die Ehre zu geben, als dieser Fremde?" (Lk 17,18). Der Appell zum Lob richtet sich gegen die offenbar verbreitete Neigung, das Gute und Schöne der Welt, des Lebens und der Geschichte einzustecken, ohne sich darüber zu wundern.

So ist die Belebung der Weltwahrnehmung das erste im Aufruf zum Lob. Aber in die Bewegung des Lobs gerät die Wahrnehmung erst dadurch, daß das Gute als Werk Gottes angesehen wird, ihm zugeschrieben wird als dem Urheber alles Guten. Das Loben Gottes impliziert den Glauben an eine *creatio continua,* der man das Aufkommen des Guten und Schönen in der Welt zuschreiben kann, als Gabe des Schöpfers.

Über die dankbare Annahme der Gabe geht das Lob noch hinaus in der besonderen Hinwendung auf die Person selbst, der man wegen all dieser Dinge, die man wahr- und in Empfang genommen hat, nun feiert. Warum aber gibt der Schöpfer nicht einfach? Wozu bedarf es des Echos, des Lobs seiner Kreatur? Ist das modelliert nach den Verhältnissen bei Hofe, wo der Potentat nach dem Lob seiner Untertanen für alle Gunsterweise seiner gnädigen Herrschaft lechzt? Die naheliegende Konnotation feudalen Herrscherlobs ist nur zu brechen, wenn man die besonderen Verhältnisse, um die es geht, in Anschlag bringt. Der hier gelobt wird, ist unsichtbar. Der Hl. Paulus meint zwar, daß „Gottes unsichtbares Wesen, das ist seine ewige Kraft und Gottheit, seit Erschaffung der Welt, wenn man es in den Werken betrachtet, deutlich zu ersehen sei" (Röm 1,20), aber nur, um gleich hinzuzufügen, daß die Heiden „Gott zwar kannten, ihm aber doch nicht als Gott Ehre und Dank erwiesen, sondern in ihren Gedanken einem eitlen Wahn verfielen" (Röm 1,21). Gotteslob ist nicht grundlos, aber offenbar nicht zwingend. Es ist Sache freier Anerkennung, freier Resonanz, in der die Kreatur ihren Schöpfer bekennt.

Wenn es im Psalm heißt „caeli enarrant gloriam Dei", „Die Himmel erzählen die Ehre Gottes", „Die Himmel rühmen des ewigen Ehre", „Dein Lob, Herr, ruft der Himmel aus" (Ps 19,2 und die daran anschließenden Kirchenlieder), so wird doch gleich hinzugefügt: „ohne Sprache, ohne Worte, mit unhörbarer Stimme" (Ps 19,4). Das Werk lobt an sich selbst den Meister. Als solches hörbar wird dieses faktische Lob des Alls aber erst, indem Menschen ihm Worte verleihen, die stumme Narration der Dinge in die Sprache des Hymnus übersetzen, wie es eben in diesem Psalm 19 geschieht. Ohne die Reflexion des Lobs bleibt Gott in den Dingen verborgen, unsichtbar, unscheinbar, der Pantokrator geradezu ein Nichts. Das Lob hebt ihn erst hervor: „Meine Seele erhebt den Herrn", macht, was in der Welt an sich unscheinbar ist, ansehnlich: „Magnificat anima mea Dominum". Die Loblieder, die Doxologie des „Gloria", die Laudatio der Präfation („In Wahrheit ist es würdig und recht, dir, Herr, Heiliger Vater, immer und überall zu danken..."), die Akklamation des Volkes („Sanctus, Sanctus, Sanctus..."), die Feier der Eucharistie, das „Opfer des Lobes und Dankes" – das ist ganz und im einzelnen der Versuch der menschlichen Kreatur, mit ein wenig Feierlichkeit Gott hervorzuheben, für ihn zu stimmen, seinem Namen, eine Stunde lang, die Ehre zu geben, die ihm gebührt, ihm einen Raum der Achtung einzuräumen, ihn vor dem Vergessen zu bewahren.

Lobgesänge gehören zum vertrauten Repertoire der kirchlichen Singkultur, bilden vielleicht sogar noch deren erhaltensten Teil: „Großer Gott, wir loben dich", „Lobe den Herren, den mächtigen König der Ehren", „Nun danket all und bringet Ehr", „Nun danket alle Gott / mit Herzen, Mund und Händen", „Nun lobet Gott im hohen Thron".[79] Das Einheitsgesangbuch heißt einfach „Gotteslob", der Gottesdienst „Eucharistie".

In einer merkwürdigen Gegendrift begegnen dem Lob zugleich die größten Bedenken:

„Die Sprache, die einmal ausschwang, Dich zu loben,
Zieht sich zusammen, singt nicht mehr
In unserem Essigmund",[80]

dichtete M.-L. Kaschnitz nach dem 2. Weltkrieg. Die bürgerliche Dichterin artikulierte in solchen Versen eine Bewußtseinslage, in der die große Glocke gesprungen ist. Der weite Schwung und volle Ton des alten Gotteslobs hat sich zusammengezogen, ist kleinlaut und klanglos geworden, vor Bitterkeit. Was ist das, „Essigmund", mit dem man nicht mehr singen kann? Ein Mund, der die Bitterkeit der Welt so in sich aufgenommen, aufgesogen hat, daß Süßigkeit überhaupt nicht mehr zu empfinden ist, daß der kleinste Wohlgeschmack, der aufkommen könnte, gleich übertönt wird von der allgemeinen Weltsäure, die sich ins Geschmacksorgan selbst schon eingefressen hat? Das Gedicht spricht von „wir" und „uns", behauptet also, daß das mehr sei als privater Weltverdruß. Hat das Übel entgegen aller Fortschrittsprognose so zugenommen, daß es alles überschwemmt? Oder ist unter dem allgegenwärtigen Druck der Weltverbesserung die Schmerzempfindlichkeit einfach gestiegen? Komprimiert die Globalisierung der Nachrichten das Elend der ganzen Welt immerzu so im Bewußtsein, daß man an keiner Stelle mehr unbefangen singen kann „Lobet den Herrn, der alles so herrlich regieret..."? Hat vielleicht gerade das hohe Ethos der Fernstenliebe dem Gotteslob vor Ort das Wasser abgegraben? Vieles wäre da denkbar. M.-L. Kaschnitz' Gedicht wendet die Krise des Lobs in eine Art Gottesbefragung:

„Mit denen, die Dich auf die alte Weise
Erkennen wollen, gehst Du unsanft um.
Vor Deinen Altären läßt Du ihr Herz veröden,
In deinen schönen Tälern schlägst Du sie
Mit Blindheit. Denen, die Dich zu loben versuchen,
Spülst Du vor die Füße den aufgetriebenen Leichnam.
Denen, die anheben von Deiner Liebe zu reden,
Kehrst Du das Wort im Mund um, läßt sie heulen
Wie Hunde in der Nacht

Du willst vielleicht gar nicht, daß von Dir die Rede sei.
Einmal nährtest Du dich von Fleisch und Blut,
Einmal vom Lobspruch. Einmal vom Gesang
Der Räder. Aber jetzt vom Schweigen.
Unsere blinden Augen sammelst Du ein
Und formst daraus den Mondsee des Vergessens.
Unsere gelähmten Zungen sind Dir lieber
Als die tanzenden Flammen Deines Pfingstwunders,
Sicherer wohnst Du als im Gotteshause
Im Liebesschatten der verzagten Stirn."

Das klingt, als ob die Erosion des alten Gotteslobs nicht dem Unwillen der Menschen oder einem widerwilligen Geist der Zeit zuzuschreiben wäre, sondern der Absicht Gottes selbst: „Denen, die Dich zu loben versuchen, / Spülst du vor die Füße den aufgetriebenen Leichnam". Hintertreibt Gott selbst durch die Fügung der Weltgeschichte sein Lob? „Du willst vielleicht gar nicht, daß von dir die Rede sei". Soll das „Gott, wir loben dich. Gott, wir preisen dich" besser eingestellt werden? – „Sicherer wohnst du als im Gotteshause / Im Liebensschatten der verzagten Stirn"; kein „Haus voll Gloria", also mehr, sondern eine Schattenexistenz bei den Mühseligen und Beladenen, und erst so gefeit gegen den Zweifel, der das Lob sonst überall anficht? Wenn aber dann doch Gläubige kämen und der sicheren Eremitage der Skepsis die gefährdete Freudigkeit vorzögen und ihr Lob zu der Bitte weitertrieben „O laß im Hause dein uns all geborgen sein"?

8. ALLELUJA

Über zwanzig Mal steht es im Psalter, die Übersetzungsgeschichte hat es im hebräischen Urton beibehalten, in der griechischen Septuaginta und lateinischen Vulgata und bis in die Landessprachen des Erdkreises hinein: Halleluja, Alleluja.[81] Das hebräische Wort *hallelu-ja* bedeutet „Preiset Jah"; Jahwe ist gemeint, Preiset Jahwe, Lobet den Herrn, aber das christliche Idiom blieb bei diesem aus der biblischen Ursprache empfangenen Klang. Man konnte übersetzen, aber offenbar enthielt der Klang selbst den Sinn so, daß man es gar nicht mußte, ja daß er sogar mehr vom Sinn selbst hergab, als eine Übersetzung es hätte tun können, in einer Sprache jenseits der Worte, deren phonetische Artikulation über die kulturellen Sprachgrenzen hinaus verständlich war, als wäre es ein Rest aus der Ursprache des Menschengeschlechts.

Dem puren Wortsinn nach ist dieses „Alleluja" dem zuzuordnen, was im letzten Kapitel zum Lob gesagt wurde, aber der Klang treibt es darüber noch ein wenig hinaus, läßt jedenfalls eine besonders hohe Modulation des Lobs erkennen, des Jubels, der *iubilatio*. So ist es auch zum Gegenstand besonderer theologischer Reflexion geworden.

In der Antike verstand man unter „Jubilus" (*iubilum, iubilatio*) „Singen (...) ohne Worte, wie es bei Hirten, Landleuten, Soldaten üblich war".[82] Augustinus hat diese Bedeutung aufgegriffen: „Jene die singen, bei der Ernte, im Weinberg, bei irgendeiner begeisternden Arbeit, wenden sich, wenn sie zuerst mit den Worten von Liedern freudig frohlockt haben, dann, wenn sie von einer so großen Freude erfüllt sind, daß sie sie mit Worten nicht mehr ausdrücken können, von den Silben der Worte ab und gehen in den Ton des Jubels (*sonum iubilationis*) über."[83] Die *iubilatio* ist die Steigerung freudigen Singens, die einsetzt, wenn das Maß der Freude die Fassungskraft der Sprache sprengt. Das Wortlose ist hier nicht das Vorsprachliche, sondern das Übersprachliche, die über ihre normale Sinnartikulation hinausgetriebene Sprache. Dieser musikalische Exzeß der Sprache interessiert Augustinus: „Jubilum sonus quidam est significans cor parturire quod dicere non potest" – „Der Jubel ist ein Klang, der anzeigt, daß das Herz hervorbringt, was es nicht zu sagen vermag."[84] Im Alleluja aber kulminiert der weltliche Jubel, weil die unaussprechliche Freude des Herzens hier dem Unaussprechlichen selbst gilt: „Und wem gebührt solcher Jubel, wenn nicht dem unaussprechlichen Gott. Unaussprechlich (*ineffabilis*) ist nämlich, was man nicht sagen kann und doch nicht verschweigen darf. Was bleibt, als daß du jubelst, daß dein Herz ohne Worte sich freut und die unermeßliche Weite der Freude nicht die Grenzen der Silben hat."[85] Wenn man von Gott nicht einfach schweigen will und kann, so entspricht ihm, dem Unaussprechlichen, am meisten dieser jubelnde Auftrieb der Sprache ins Unaussprechliche.

Augustinus denkt bei diesen Überlegungen zur sprachlichen Besonderheit des Alleluja durchaus an das im Gemeindegottesdienst realiter Gesungene:

> *„Alleluja ist nämlich Lob Gottes. Uns, die arbeiten (laborantibus), wird damit die Handlung unserer Ruhe (actio quietis nostrae) angezeigt. Wenn wir nämlich nach unserer gerechten Arbeit (labor) zu jener Ruhe (requies) gelangen, wird unsere einzige Beschäftigung (negotium) das Lob Gottes sein, unsere Handlung (actio) ist dort alleluia. Was ist alleluia? Lobt Gott! Wer lobt Gott ohne Unterlaß, wenn nicht die Engel? Sie hungern nicht, sie dürsten nicht, sie sind nicht krank, sie sterben nicht. Doch auch wir sagen alleluia und es wird heute morgen gesungen, und schon als wir angefangen haben, gerade eben, haben wir alleluia gesagt. Ein gewisser Duft des göttlichen Lobes und jener Ruhe berührt uns, aber zum großen Teil drückt uns die Sterblichkeit. Wir ermatten nämlich beim Singen und unsere Glieder möchten sich erholen, und wenn das alleluia lange gesungen wird, wird uns das Lob Gottes beschwerlich, wegen der Last des Körpers. Denn Fülle ohne Unterlaß ist im alleluia, nach dieser Zeit und nach dieser Arbeit wird es sein. Was also, Brüder? Singen wir, so viel wir können, damit wir verdienen, es immer zu singen. Dort ist unserer Speise alleluia, unser Trank alleluia, die Handlung der Ruhe alleluia, die ganze Freude wird alleluia sein, das heißt Lob Gottes."*[86]

Der Bischof predigt über das, was man tut und gerade getan hat in diesem Morgengottesdienst, und er bettet es ein in eine große, Himmel und Erde umfassende Handlungstheorie. Für sie ist grundlegend die Spannung von *labor* und *requies*, Arbeit, also Anstrengung, Mühe, Beschwer, körperliche Molesten, Müdigkeit, Krankheit, Hunger, Durst auf der einen Seite und Ruhe auf der anderen. Was am Anfang von Augustinus „Confessiones" steht, ist auch hier der Grundtenor: „Unruhig ist unser Herz, bis es ruhet in dir."

Die ersehnte Ruhe ist aber nun nicht die Totenstille vollkommenen Nichtstuns. Das Ende des *labor* ist nicht das Ende jeder *actio*, die selige Ruhe ist in sich selbst tätige Ruhe und ruhige Tätigkeit, ganz mühelose *actio*, vollkommen leichte und freie Tätigkeit. Es ist das in Gott selbst ruhende Lob Gottes. Die ewige Ruhe ist ewig lebendige Ruhe, die Ruhehandlung ist Alleluia: „actio quietis alleluia", „cibus noster alleluia, potus alleluia", Speise und Trank wird das Alleluja sein, das, wovon der zur Ruhe Gekommene lebt und was sein ewiges Leben ist. Wenn Augustinus an dieser Stelle hinzufügt „alleluia, id est laus dei", so will er damit schon klarstellen, daß es sich dabei nicht darum handelt, daß die Seligen *ad verbum* permanent Alleluia singen. Aber dieses fremdartige *alleluia* ist im diesseitigen Gottesdienst Statthalter, Vorposten der ewigen Seligkeit.

Dabei fällt dem afrikanischen Bischof ein Topos ein, der in der östlichen Alleluja-Theologie eine große Rolle spielt, die Engel. Die Engel sind es, die ohne Unterlaß und Beschwer das Lob Gottes singen. Himmlischer Gesang von großem Ausmaß ist im Neuen Testament der Kontext, der einzige, in dem das Alleluja auftaucht:

> *„Darnach hörte ich etwas wie die laute Stimme einer großen Menge im Himmel, die sprachen: Hallelujah! Das Heil und der Ruhm und die Kraft ist unsres Gottes. Denn wahr und gerecht sind seine Gerichte; denn er hat die grosse Buhlerin gerichtet, die die Erde mit ihrer Unzucht verderbte, und hat das Blut seiner Knechte an ihr gerächt. Und zum zweitenmal sprachen sie: Hallelujah! Und ‚ihr Rauch steigt auf in alle Ewigkeit.' Und die 24 Aeltesten und die vier Wesen warfen sich nieder und beteten Gott an, der auf dem Throne saß, und sprachen: Amen! Hallelujah! Und eine Stimme ging aus vom Throne, die sprach: Lobet unsern Gott, alle seine Knechte, die ihr ihn fürchtet, die kleinen und die großen! Und ich hörte etwas wie die Stimme einer großen Menge und wie die Stimme vieler Wasser und wie die Stimme starker Donner, die sprachen: ‚Hallelujah! Denn der Herr, unser Gott, der Allmächtige hat die Herrschaft angetreten. Lasset uns fröhlich sein und frohlocken und ihm die Ehre geben!'"*
>
> Apk 19,1-7

Es ist hier im Gang der apokalyptischen Kämpfe das Jubellied der himmlischen Scharen über den Sieg Gottes und den Antritt seiner Herrschaft. Daß dies eigentlich ein unentwegter Gesang der Himmelswesen ist, steht in der ersten Vision der Geheimen Offenbarung:

> *„Und die vier Wesen, von denen jedes einzelne sechs Flügel hat, sind ringsherum und auf der Innenseite voller Augen; und sie kennen keine Ruhe und sprechen Tag und Nacht: ‚Heilig, heilig, heilig ist der Herr', der allmächtige Gott, der war und der ist und der kommt."*
>
> Apk 4,8

Hier ist es das aus der Berufungsvision des Propheten Jesaja (Jes 6,3) stammende und schließlich in die kirchliche Liturgie eingegangene *Sanctus*, das den Gesang der Engel charakterisiert. Die Präfation begreift ja die irdische Liturgie als Einstimmung in den Sphärengesang der kosmischen Mächte: „Darum singen wir mit den Engeln und Erzengeln, den Thronen und Mächten und mit all den Scharen des himmlischen Heeres den Hochgesang von deiner göttlichen Herrlichkeit: Heilig, Heilig, Heilig..."[87]

Was hier für das „Sanctus" in Anspruch genommen wird, hängt Augustinus, der Äquivalenz von Apk 4,8 und 19,1-7 folgend, am Alleluja auf. Es sind in ihrer, sei es gedehnten, sei es repetierten Sprachform, Konnexstellen der irdischen Liturgie mit der himmlischen. Während aber nun die ostkirchlichen Liturgien und Theologien eher die mystisch-aufsteigende Teilhabe des kirchlichen Gesangs an der kosmischen Liturgie des himmlischen Thronsaals betonen, kommt Augustinus eher die Differenz in den Sinn, der himmelweite Abstand zwischen der liturgischen Mühelosigkeit der Engel und den Anstrengungen des Morgengottesdienstes in Hippo. Aber, wie auch immer, das Alleluja ist auch hier der hörbarste Signifikant (*signifactur actio quietis nostrae*) des Gesangs der Engel. Man soll, wenn es auch Mühe macht, daran festhalten, weil man in seinem reinen Klang ein Angeld, einen Vorgeschmack, und, wenn auch flüchtigen Geruch (*odor*) der künftigen Ruhe hat.

Aus dem von Augustinus geliebten und zu seiner Zeit schon in allen christlichen Kirchen des Ostens und Westens verbreiteten Alleluja („per totum orbem terrarum dicitur Amen et Alleluja"[88]) ist ein liturgisch vielfältig verwendetes und musikalisch reichhaltiges Stück des kirchlichen Gesangs geworden. Die „weitaus bedeutsamste Art des Alleluja-Singens verkörpert jenes Lied, das im Meßritus der christlichen Liturgie vor der letzten Lesung, dem Evangelium (...) seinen Platz hat. Es besteht aus einem kurzen melodischen Gesangstück über das Wort Alleluja, vom Solisten vorgetragen und vom Chor wiederholt, der dann auch mit dem Jubilus über die letzte Silbe a fortfährt."[89] Jubilus wird zum stehenden Ausdruck für eben diese „lange Vokalise über dem a der Schlußsilbe"[90] des Alleluja. Es ist „eine Vortragsart, bei der eine Textstelle mit einer längeren Reihe mehr oder weniger lebhaft bewegter, manigfaltig steigender und fallender Töne, sogenannter Melismen versehen wird."[91] Und eben diese Melismatik des liturgischen Gesangs kulminiert im Alleluja.

So sammelt sich darin auch, was Olivier Messiaen als das Wunder der Gregorianik beschreibt:[92]

> *„Das Herrliche an der Gregorianik sind ihre Neumen. Neumen sind melodische Formeln, analog denen, die die Harmonielehre Verzierungen, Appogiaturen, Durchgangsnoten nennt – aber in einem viel weiteren Sinn. Man findet sie auch in Vogelgesängen: die Gartengrasmücke, die Mönchsgrasmücke, die Singdrossel, die Feldlerche, das Rotkehlchen bringen Neumen hervor. Das Bewundernswerte an den Neumen ist die rhythmische Geschmeidigkeit, die sie bewirken (...) Das Unsichtbare schreitet mit leichten Füßen vorwärts, die die Gräser nicht berühren und die Blumen nicht knicken, so wie diejenigen der Auferstandenen des Fra Angelico... Bleibt hinzuzufügen, daß dieser besondere Reiz der Gregorianik nur in schneller Bewegung und Freude zur Geltung kommen kann. Wenn man die Gregorianik mit der freudigen Bewegtheit und der Schnelligkeit singen würde, die zu ihr gehören, würde man sie so lieben, daß man sie nicht mehr missen könnte."*

Drei Dinge liebe er vor allem, hat Messiaen einmal in einer Rede bekannt, „die Zeit, weil sie der Ausgangspunkt aller Schöpfung ist", die „klingenden Farben" und

> *„Die letzte Liebe, die ich erwähnen will, ist die zu den Vögeln. Alle Welt weiß, daß ich Ornithologe bin, und welch einen enormen Platz die Vogelgesänge in meinem Werk einnehmen. Der Vogel ist unter allen möglichen Gesichtspunkten bewundernswert: die Verschiedenheit der Arten, die Farben der verschiedenen Gefieder, das Phänomen der Wanderungen, das noch nicht genügend erklärt ist (...) und viele andere Eigenarten, Gegenstand der Freude und des Staunens! Das größte dieser Wunder und auch das Kostbarste für einen Komponisten ist der Gesang."*[93]

> *„Symbolisch bedeuten die Vögel für mich die Freiheit."*[94]

Messiaen bringt die im Alleluja gipfelnde Melismatik des gregorianischen Chorals in Verbindung mit dem Gesang der Vögel, der für ihn eine Art Urartikulation der Schöpfung ist. Nicht mit dem hohen Gesang der Cherubim und Seraphim, sondern mit dem Gezwitscher von Lerchen und Grasmücken wird das Alleluja hier ins Benehmen gesetzt. Darin zeigt es seine kosmologische Reichweite.

Mit dem Hinweis auf Fra Angelicos Bilder des Auferstandenen streift Messiaen beiläufig den österlichen Neuschöpfungsgrund dieser „freudigen Bewegtheit". Das liturgische Umfeld des Alleluja läßt keinen Zweifel am Hauptgrund des Jubels. Es ist die Auferstehung Christi. „Die ganze Welt, Herr Jesu Christ, / Halleluja, Halleluja, / in deiner Urständ fröhlich ist", wie F. Spee dichtet, und in der ornithologischen 4. Str. dann: „Es singen jetzt die Vögel all, Halleluja, Halleluja, / jetzt singt und klingt die Nachtigall, / Halleluja, Halleluja."[95] Vom dreimal eskalierten Alleluja in der Osternacht an durchzieht es die Liturgie der Osterzeit ebenso wie die volkssprachlichen Osterlieder, die sich daran anschließen.

Das Alleluja ist Äußerung einer Freude, die den Tod hinter sich gelassen hat. Wie der Gottesname schon im hebräischen Wort zu einem *ja* verkürzt wurde, so geht der Vokativ hier geradezu in der Vokalise auf,

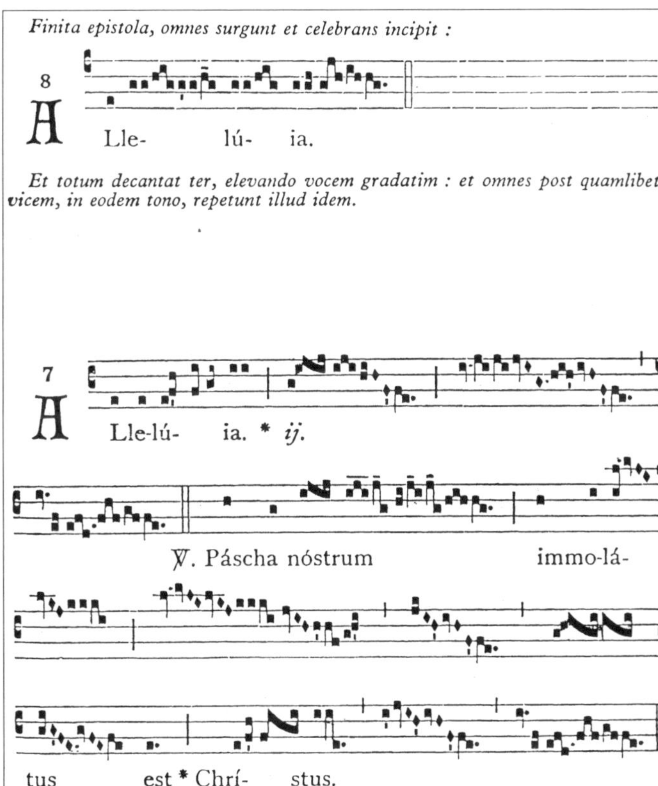

1 Alleluja der Ostervigil
Alleluja zur Ostersequenz Victimae paschali laudes

die grammatische Differenz von Subjekt und Objekt, die Lob und Dank immer noch einschließen, ist in freudige Zustimmung aufgehoben. „Die Freude ist die Fülle des Gefühls für das Wirkliche."[96] Für das österliche Alleluja könnte gelten, was E. Jabès einmal vom synagogalen Gesang gesagt hat: „In der Synagoge hatte ich den Eindruck, der Gesang moduliere das Wort ‚Gott', wie um dessen Bedeutung aufs äußerste zu spannen."[97]

Der Jubel ist freilich nicht dionysisch laut, weil das Alleluja, wie Rupert von Deutz sich ausdrückte, nur „ein Tropfen von den Wonnen des Himmels"[98] ist: „Das Unsichtbare schreitet mit leichten Füßen vorwärts."[99]

Jubilieren war nun im Mittelalter nicht nur Ausdruck für diesen bei aller Improvisationsnähe doch geregelten liturgischen Gesang, sondern auch für etwas religiös höchst Spontanes, Irreguläres. Im Umfeld der Frauenmystik des 13. Jh. meint man damit „Zustände religiöser Entrückung". „Man nennt es im Volk Jubilus – heißt es in einem lateinischen Gedicht aus dieser Zeit – wenn unter den Beginen, wie es bisweilen vorkommt, eine außer sich geführt, außer sich gerissen wird, um Christus zu schauen. In manchen Nonnenbüchern wird immer wieder von den Schwestern erzählt: sie kam zum Jubilus, sie brach in einen Jubilus aus. Aber schon von Frauen der religiösen Bewegung am Anfang des 13. Jahrhunderts erfahren wir, daß sie belauscht wurden, wenn sie in der Einsamkeit mit übermenschlich schöner Stimme, aber nicht mit verständlichen Worten sangen. Denn der Jubilus ist ein Zustand der Verzückung, in dem die Seele weder schweigen kann ‚noch envollen gesprechen mag', wie es einmal heißt."[100] Wie bei Augustinus ist der Jubilus Singen ohne Worte, aber hier nun abseits liturgisch geregelter Öffentlichkeit, in mystischer Intimität. Es ist nach einem Wort Meister Eckharts ein „Ausdruck der Minne"[101], der seligen Anschauung Jesu und Vereinigung mit der Gottheit. Daß in diesem brautmystischen Jubilieren erotische Energien sublimiert sind, liegt nahe und ist verdächtig nur dem, der Sublimationen ohnehin nur als Surrogate für das entgangene angeblich Eigentliche zu begreifen vermag.

Das hebräische Fremdwort Alleluja hat in der christlichen Religion eine große Karriere gemacht, in der Liturgie, der österlichen vor allem. Um seine Dimensionen auszumessen, wurde es zu dem freien Gesang von Bauern und Beginen, Engeln und Vögeln in Beziehung gesetzt. Es verbindet *ad verbum* den christlichen Gottesdienst aller Sprachen und Nationen mit seiner jüdischen Herkunft.

EXKURS: „DER MÜNCHNER IM HIMMEL“

Ein theologischer Autor im engeren Sinne ist, obwohl in Oberammergau geboren, Ludwig Thoma wohl eher nicht. Und als Gewährsmann einer ordentlichen Dogmatik ist der Redakteur des „Simplicissimus“ vielleicht nicht besonders geeignet. Eine Poetische Dogmatik ist freilich gegen Abwege nicht gesichert und kann dabei auch an ein so populäres Stück bayrischer Belletristik wie L. Thomas „Münchner im Himmel“ geraten. Und wenn sich da, wie auch immer, ein Beitrag zur Sache abzeichnen sollte, kann sie das nicht schlankweg abtun, sondern hat es nach der paulinischen Maxime, das alles zu prüfen und dann das Gute zu behalten sei (1 Thess 5,21), in die Hand zu nehmen.

Die kurze Titelgeschichte der unter der Überschrift „Der Münchner im Himmel“ versammelten „Satiren und Humoresken“[102] erzählt von der Himmelfahrt des „Alois Hingerl, Nr. 172, Dienstmann in München“, der „vom Schlag gerührt zu Boden fiel und starb“. Im Himmel wird er vom Hl. Petrus in Empfang genommen. „Der Apostel gab ihm eine Harfe und machte ihn mit der himmlischen Hausordnung bekannt. Von acht Uhr früh bis zwölf Uhr mittags ‚frohlocken‘, und von zwölf Uhr mittags bis acht Uhr abends ‚Hosianna singen‘.“ Der Münchner Dienstmann fügt sich, wenn auch widerwillig, den neuen Existenzbedingungen, setzte sich, „wie es ihm befohlen war, auf eine Wolke und begann zu frohlocken: ‚Ha-lä-lä-lä-lu-u-hu-hiah!‘...“ Da es aber über eine vage Manna-Verheißung hinaus bei all dem Frohlocken nichts zu trinken oder zu essen („koan Schmaizla“) gibt, schiebt sich in das ätherische Alleluja ein handfestes Fluchen: „fing er wieder sehr zornig zu singen an: „‚Ha-ha-lä-lä-lu-u-uh – – Himmi – Herrgott – Erdöpfi – Saggerament – – lu – uuu – iah!‘ Er schrie so, daß der liebe Gott von seinem Mittagsschlafe erwachte und ganz erstaunt fragte: ‚Was ist denn da für ein Lümmel heroben?‘“ Gottvater wird wie ein gemächlicher bayrischer Dorfpfarrer unsanft aus dem mittäglichen Schlummer geweckt, und wie einem solchen Gegenüber spornt die Beschwerde über die himmlische Ruhestörung den Alois erst recht zum Schimpfen an: „‚Ja, was glaab’n denn Sie?‘ sagte er. ‚Weil Sie der liabe Good san, müaßt i singa, wia’r a Zeiserl, an ganz’n Tag, und z’trinka kriagat ma gar nix! A Manna, hat der ander g’sagt, kriag i! A Manna! Da balst ma net gehst mit dein Manna! Überhaupts sing i nimma!‘“ Der „liebe Gott“ und sein Himmelspförtner erkennen auf Dienstuntauglichkeit für den himmlischen Chorgesang und setzen den Alois in eine andere englische Funktion um, eine Art himmlischen Dienstmann, der „die göttlichen Ratschlüsse der bayrischen Regierung" überbringen soll, welcher praktische Dienst ihn mehr freut als das Frohlocken zur Harfe. Sein erster Auftrag an den bayrischen Kultusminister führt freilich gleich zu einer höchst irdischen Reinkarnation: „Allein, nach seiner alten Gewohnheit ging er mit dem Brief zuerst ins Hofbräuhaus, wo er noch sitzt. Herr von Wehner wartet heute noch vergeblich auf die göttliche Eingebung."

Unter dem Titel „Der Postsekretär im Himmel" gibt es im gleichen Band eine zweite Geschichte[103], die, weil ganz ähnlich, hier im einzelnen nicht nachzuerzählen ist. Die Himmelsreise wird da „einem echt bayerischen Schlaganfall" zugeschrieben, der sich am Ende aufklärt: „Da merkte er froh, daß er im Bräuhause eingeschlafen war und alles nur geträumt hatte." Von solcher Seinsart wird auch die Himmelfahrt des Alois Hingerl gewesen sein. Es sind Träume vom Himmel, aber eher Alpträume einer jenseitigen Existenz, in der wahr würde, was Theologen vom Schlage des Hl. Augustinus dem gemeinen Volk als Seligkeit vor Augen malen: „cibus noster alleluia, potus alleluia. Totum gaudium est alleluia".

Der Kirchenvater hätte, wären sie ihm zu Ohren gekommen, solche Münchner Geschichten wohl jener heidnischen „Theatertheologie" zugerechnet, die mit ihren Possen die Gottheit ins Lächerliche zieht und so die Religion untergräbt.[104] Und hätte als guter Hirt seinen Gläubigen wohl geraten, sich solche Schwänke tunlichst vom Leibe zu halten. Andererseits hat der Hl. Thomas bei jeder Quaestio seiner Summa theologica alle Bedenklichkeiten, die ihm in den Sinn kamen, immer sorgfältig aufgelistet: „Videtur quod non...", weil der Glaube vernünftig sein, und d.h. imstande sein sollte, alle allfälligen Bedenken auszuräumen. Eine ähnliche Aufgabe hatte nun auch G.W.F. Hegel in den „Vorlesungen über die Ästhetik" der Komödie zuerkannt: „Denn als wahrhafte Kunst hat auch die Komödie sich der Aufgabe zu unterziehen, durch ihre Darstellung nicht etwa das an und für sich Vernünftige als dasjenige zur Erscheinung zu bringen, was in sich selbst verkehrt ist und zusammenbricht, sondern im Gegenteil als dasjenige, das der Torheit und Unvernunft, den falschen Gegensätzen und Widersprüchen auch in der Wirklichkeit weder den Sieg zuteilt, noch letztlich Bestand läßt."[105] Der theologische Gebrauch der Thomaschen Humoreske bestünde somit in ihrer kathartischen Anwendung. Wenn man, was nach über zweitausendjähriger Geschichte nicht ganz auszuschließen ist und im vorangegangenen Kapitel darzulegen versucht wurde, am Alleluja etwas „an und für sich Vernünftiges" liegt, dann wird die Satire es nicht zerstören, sondern nur von Torheiten reinigen.

Selbstverliebte Träumereien der Klerisei, die sich und anderen den Himmel als geradlinige Fortsetzung der eigenen Heilsveranstaltungen einbildet, werden hier ad absurdum geführt. Das Alleluja kann ein „gaudium" für immer nicht sein, wenn es das des Brauhauses nicht einschließt. Die ontologische Differenz von St. Peter und Hofbräuhaus besteht hier und an allen Enden, und ihre Auflösung, so oder so, ist auf Erden weder zu erwarten noch auch zu erhoffen. Erst eine himmlische *coincidentia oppositorum* wird beidem, also auch dem Alleluja zu seiner ewig erträglichen Wahrheit verhelfen.

9. STILL UND STUMM

Wie der Aufstieg der Lerche, ehe sie dann jäh abstürzt in die Furchen, ist das Alleluja der Versuch der menschlichen Stimme den Vokativ dem Himmel möglichst nahe zu bringen. Mehr oder minder hoch gelingt der österliche Aufschwung und kehrt zwangsläufig bald wieder auf den Boden der normalen Sprache zurück – oder in die Stille. Stille kann nach einem himmelhochjauchzend die pure Erschöpfung sein, Totenstille. Aber hier und da wird die Stille, in der man der leblosen Materie so nahe kommt, gepriesen als etwas, das nicht weniger, sondern mehr wäre als alle Sprache und den Jubel noch überböte:

Mit Schweigen singt man schön
Die Engel singen schön; ich weiß, daß dein Gesinge,
so du nur gänzlich schweigst, dem Höchsten besser klinge.[106]

Gott lobt man in der Stille
Meinst du, o armer Mensch, daß deines Munds Geschrei
Der rechte Lobgesang der stillen Gottheit sei?[107]

Das Höchste ist stille sein
Geschäftig sein ist gut, viel besser aber beten;
Noch besser: Stumm und still für Gott, den Herren, treten.[108]

Das selige Stillschweigen
Wie selig ist der Mensch, der weder will noch weiß,
Der Gott, versteh mich recht, nicht gebet Lob und Preis![109]

Der „Cherubinische Wandersmann" des Angelus Silesius (1624-1677) preist in solchen Versen die Stille und das Schweigen als das Höchste, das man Gott entgegenbringen kann. Besser ist es als das Beten, das immer noch Worte macht, schöner als aller Sphärengesang der Engel. Ja, der Verzicht auf „Lob und Preis" zugunsten des Stillschweigens ist erst die wahre Seligkeit. Abschied von allem *Te Deum* und *Gloria, Hosanna* und *Alleluja,* all solchem „Munds Geschrei“ ist erst „der rechte Lobgesang“. Und mit dem äußeren Reden soll auch alles innere stillgestellt werden: „der Mensch, der weder will noch weiß“, der alles Begehren und Wissen, das sich der reinen Präsenz entzieht, abgetan hat. Der Vokativ, der ja immer noch hinüberruft von hier nach da, soll verstummen, zurückgenommen werden in die Stille reiner Gegenwart.

Warum soll das so sein? Es ist einmal von der „stillen Gottheit“ die Rede. Was die Bibel doch von der ersten bis zur letzten Seite im Munde führt, daß Gott spricht und daß er so den Menschen als sprechendes Lebewesen hervorruft, damit er ihm entspreche, antworte, ist hier ganz zurückgenommen. Als ob er alles gesagt hätte, was zu sagen wäre, ist er nun die absolute Stille, reine Gegenwart, die vom Menschen auch nichts anderes mehr erwartet als solche stille Präsenz, keine Worte und Gesänge mehr, nur stillgehaltenes Dasein vor ihm.

Die Sehnsucht nach Stille ist eine Sache der Mystik, im Christentum katholisch wie evangelisch. Vom gleichen Geist wie Angelus Silesius' Distichen ist G. Tersteegens (1697-1769) Liedstrophe:[110]

„Gott ist gegenwärtig. Lasset uns anbeten
und in Ehrfurcht vor ihn treten.
Gott ist in der Mitte. Alles in uns schweige
und sich innigst vor ihm beuge.“

Die Stille ist hier nicht, wie das andernorts in der mystischen Tradition wohl sein mag, die Verschmelzung von Gott und Seele zur vollkommenen Einheit, sondern das Ein- und Aushalten einer letzten Differenz, Gegenwart, die in der Distanz der Ehrfurcht gewahrt und zugleich aufs innigste verehrt wird.

Als lateinisch-katholisches Pendant zu Tersteegens evangelisch-mystischem Lied könnte man einen Thomas v. Aquin zugeschriebenen Hymnus ansehen:[111]

„Adoro te devote, latens Deitas,
quae sub his figuris vere latitas:
tibi se cor meum totum subicit,
quia, te contemplans, totum deficit.”

Die Anbetung gilt der „latens Deitas“, der verborgenen Gottheit, aber sichtbar verborgen in einem Stück Materie das in seiner lautlosen Präsenz als Leib des „stillen Gottes“ verehrt wird. Der Gesang des „Adoro te“ zielt mit den immer noch gesungenen Worten auf die bare Kontemplation der Gottheit in der Hostie. Bei der Elevation der Messe und der

„Aussetzung des Allerheiligsten" endet des „Munds Geschrei" in der stillen Anbetung. Diese sprachlose Anschauung gilt den Gläubigen als Vorspiel der *visio beatifica,* der Seligkeit im Angesicht Gottes: *visu sim beatus tuae gloriae* lautet der letzte Vers dieses Sakramentshymnus.

B. NAMEN

1. NENNEN UND KENNEN

„Groß bist du, o Herr, und hoch zu preisen".[1] – Mit diesem Satz beginnen die „Bekenntnisse" des Hl. Augustinus. Mit einem Zitat aus dem Psalter (Ps 144/145,3) schreibt der Kirchenvater seine Lebensgeschichte von Anfang an in das Gotteslob der Hl. Schrift ein. Das theologische Gebet, das damit einsetzt, geht sogleich in Reflexion über. Kann Lob das erste sein, wenn der Mensch, diese winzige Kreatur, sich auf Gott bezieht? Heißt Gott preisen nicht, daß man ihn gefunden hat, daß er überwältigend da ist? Aber hat ihn denn der Mensch so gegenwärtig, sucht er ihn nicht eher? Ist Gott nicht eher abwesend und ist er, wenn der Mensch überhaupt mit ihm etwas zu tun haben sollte, nicht statt unabweisbare Präsenz eher das unendliche Desiderat der kreatürlichen Unruhe: „Denn zu dir hin hast du uns geschaffen, und unruhig ist unser Herz, bis es ruhet in dir."?[2] Was also ist das erste im Blick auf Gott, Lob oder Anrufung, Gegenwart oder Zukunft? „Laß, Herr, mich wissen, ob ich eher dich anrufen muß oder dich preisen...", betet der Theologe und findet die Antwort wieder im Psalter (Ps 21,27): „‚Loben werden den Herrn, die ihn suchen.' Denn die ihn suchen, finden ihn, und die ihn gefunden haben, werden ihn loben. So will ich denn, o Herr, anrufend dich suchen..."[3] Wenn die Anrufung als Artikulation der Suche, die auf's Lob hinauslaufen wird, weil ihr der Fund versprochen ist, das erste zu sein scheint, so ist der Fund, die Präsenz im Augenblick, das Lob doch in dieser Weltzeit nur die Station erneut aufbrechender Suche. Wenn die „Confessiones" mit dem Lob Gottes einsetzen, so ist das also Ende und Anfang der Anrufung zugleich.

Aber auch die Anrufung selbst enthält noch ein Präzedenzproblem. Der Vokativ der Invokation schließt die Nennung eines Namens ein, des Namens dessen, der angerufen wird: „Laß, Herr, mich wissen und erkennen (...), ob ich eher dich kennen oder anrufen muß! Aber wer ruft dich an, ohne dich zu kennen? Könnte er doch leicht in seiner Unwissenheit einen anderen für dich anrufen! Oder wirst du etwa angerufen, um erkannt zu werden?"[4] Bedarf es, ehe man anzurufen beginnt, einer sicheren Kenntnis des Adressaten, daß man mit dem Namen, den man gebraucht, nicht fehlgeht, an einen Falschen gerät? Oder ist der Anruf, die inständige, fortgesetzte Anrufung selbst überhaupt der Weg, den kennenzulernen, an den man sich wendet? Die Antwort kommt wieder mit einem Vers der Hl. Schrift: „Doch wie sollen sie anrufen, an den sie nicht glauben? Und wie an den glauben, der nicht verkündigt ward?“[5] In diesem Zitat aus dem Römerbrief (Röm 10,14) scheint die Abfolge klar. Man kann nicht anrufen, wenn man den Namen nicht kennt und sich des Namens gewiß ist und an die Wirklichkeit der mit diesem Namen genannten Person glaubt. Dieser Name und seine Vertrauenswürdigkeit muß einem aber zugetragen worden sein, man hat ihn nicht ohne weiteres. „Wie sollen sie aber an den glauben, von dem sie nicht gehört haben?“, fragt Paulus, und „wie sollen sie hören ohne einen, der predigt?“ (Röm 10,14f). In der Logik dieses Kettenschlusses gründet die Anrufung Gottes, die christliche jedenfalls, auf vorgängiger Kenntnis des Namens, und die ist, so sehr das Menschenwesen schon auf sie angelegt ist, nicht einfach gegeben, erfunden oder erschlossen, sondern mitgeteilt, so mitgeteilt, daß man sie übernehmen konnte. Gott ist tradiert, die Kenntnis seines Namens beruht auf Benachrichtigung. Wenn also auch die weitergehende Anrufung der Weg zu immer besserer Kenntnis des Namens ist, so sind Kenntnis, Bekenntnis und Bekanntmachung des Namens doch elementare Voraussetzung. In diesem Sinne hat P. Ricoeur die hermeneutischen Konditionen des Nennens Gottes formuliert: „Gott nennen – das geschieht nur im Milieu einer Voraussetzung – unfähig, sich für sich selbst durchsichtig zu machen – mit dem Verdacht des circulus vitiosus behaftet – von Zufälligkeit zernagt. Die Voraussetzung ist diese: Gott-Nennen, das hat schon in den Texten, die die Voraussetzung meines Hörens vorgezogen hat, stattgefunden. (...) Genauer: was vorausgesetzt wird, ist dies, daß der Glaube, insofern er gelebte Erfahrung ist, belehrt ist – im Sinne von geformt, erleuchtet, erzogen – im Netz der Texte, die die Verkündigung jedesmal wieder in die lebendige Sprache zurückführt. (...) In einem gewissen Sinne sind die Texte also früher als das Leben. Ich kann Gott nennen in meinem Glauben, weil die Texte, die mir verkündigt wurden, ihn schon genannt haben.“[6]

Wie es sich im besonderen Fall des Augustinus mit der Genese dieser Kenntnis verhält, berichten seine „Bekenntnisse“. Das ist hier, so erinnerungswürdig gerade diese spätantike Geschichte für eine Gotteslehre auch sein mag, nicht zu rekonstruieren. In der suppositionslogischen Fragerichtung, die der Kirchenvater auf der ersten Seite seiner „Confessiones“ einschlägt, läßt sich aber allgemeiner nach dem Vorgang der Kenntnisnahme des Namens fragen.

2. HERR UND GOTT

Das zehnte Römerbrief-Kapitel, das Augustinus zitiert, befaßt sich mit der Gotteserkenntnis der Juden, und da heißt es zu Beginn: „Ich bezeuge ihnen, daß sie Eifer für Gott haben, aber nicht mit Erkenntnis“ (Röm 10,2). Wenn Paulus den Juden predigt, so muß er ihnen Gott nicht als solchen und überhaupt bekannt machen. Sie haben schon „Eifer für Gott“, leidenschaftliche Zuneigung zu ihm, zu ihm allein und zur Erfüllung seines Willens. Die Erkenntnis, die diesen Gotteszeloten nach Ansicht des Apostels mangelt, ist das Neue, das Gott durch Christus der Welt ausgerichtet hat. Sie mögen sich dieser neuen Gotteserkenntnis versagen, aber sie wissen schon, was hier mit Gott gemeint ist, der Gott Israels, der Gott der Väter, der eine, an dem sie mit Eifer festhalten. Gott und Herr, das ist ein *nomen proprium*, der Eigenname dieses Einen, dem sie durch eine lange Geschichte verbunden sind. Paulus predigt ein neues, weltbewegendes Ereignis dieser Geschichte Gottes. Um dieses Neue und die Schwierigkeit dieses Neuen zu verstehen, muß man das Alte erinnern. So bildet das Alte Testament die Grundlage der christlichen Botschaft. Was aber da von Gott überliefert wird, ist keine einfache Sache, kein klarer Begriff, sondern eine komplizierte Geschichte des Begreifens.

Paulus spricht von *theos*. Das hebräische Äquivalent ist *el*. Die Etymologie von *el* deutet auf Stärke. „Alle Deutungen haben gemeinsam, daß sie Macht und Größe im Wort El ausgesprochen sehen.“[7] Grammatisch ist *el* ein Wort wie *theos*. Es ist ein Appellativum, ein Gemeinname also, der in den Plural (*elim, elohim*) gesetzt werden kann, und so die Götter insgesamt und jedes einzelne Glied dieser Gattung bezeichnet. Und es ist im Feld der semitischen Religion zugleich der Eigenname des obersten Gottes, der wie Zeus als Vater der Götter erscheint. *El* ist der Ursprung der Götter, die genetisch an der Urmacht der Welt so Anteil erhalten, daß sie sich in ihnen differenziert. Die Bedeutung von *el* erschließt sich genealogisch. Das kanaanäische (ugaritische) Pantheon[8] hat, wenn es auch nicht so ausdifferenziert ist wie das griechische, die Abstammungsform einer Großfamilie. *el* ist eine Sippe. Erst in der genetischen Auszeugung wird begreiflich, was *el* als kosmische Macht bedeutet. Der Mythos ist als polytheistische Bedeutungsgeschichte von *el* zu lesen.

Dem Drama der kosmischen Erscheinungen, denen der Mensch ausgesetzt ist, liegt ein Netzwerk personaler Mächte und Gewalten zugrunde, die, weil der Kosmos eins ist, miteinander verwandt sind, hervorgegangen aus dem einen Vater, die aber, weil dieser eine Kosmos sich zugleich als ein konfliktreicher Spannungsraum zeigt, als Frauen und Geschwister miteinander um den Vorrang kämpfen: „El ist das Oberhaupt des Götterhimmels", der „mit seinen beiden Gattinnen, Ascherat und Anat, den Morgen- und Abendstern zeugt. Ascherat, die selbst von ‚El gezeugt' wurde, wird als ‚Mutter der Götter' (...) bezeichnet; sie bringt siebzig Göttersöhne zur Welt. Mit Ausnahme Baals stammen alle Götter vom ersten Paar El-Ascherat ab." Baal (Herr), der auch „zu Els Söhnen gerechnet wird (da dieser der Vater aller Götter ist)", „ist Quelle und Ursprung der Fruchtbarkeit, aber auch Krieger, wie auch seine Schwester und Gattin Anat zugleich Göttin der Liebe und des Krieges ist. Neben ihr sind die bedeutendsten mythologischen Figuren Jam, der ‚Fürst Meer', ‚Herrscher Fluß' und Mot, der ‚Tod', die dem jüngeren Gott die Vorherrschaft streitig machen."[9] Baal ist Gott der Fruchtbarkeit, der als Gewittergott die todbringende Dürre (Mot) besiegt und auf der anderen Seite die das fruchtbare Land bedrohende Wasserflut (Jam) eindämmt. „Die Kämpfe Baals und ihre Umwege und Siege (sichern ihm) die Herrschaft über Himmel und Erde; über das Meer aber herrscht weiterhin Jam, und Mot bleibt Herr über die Unterwelt der Toten."[10] In der Genese und Geschichte der Götter werden die kosmischen Konstellationen, Antagonismen und Zyklen menschlich begreiflich und kultisch begehbar.

Wie verhält sich zu diesem kanaanäischen Gebrauch, der El als Eigen- und Gemeinnamen genealogisch verbindet, der der Bibel? *el* ist auch hier ein Appellativum, das Gottheit im allgemeinen und Götter in der Mehrzahl meint. Israels El trägt den Eigennamen Jahwe, was ein Name scheint wie Baal oder Ascherat. Die biblische Überlieferung hält ausdrücklich fest, daß dieser Eigenname nicht von Anfang an bekannt war, daß er erst später offenbart wurde im Zusammenhang des Auszugs aus Ägypten (vgl. Ex 6,3). Die Dornbuschgeschichte, an der diese Offenbarung hängt (Ex 3,1ff), nennt zuerst einen anderen Namen: „Ich bin der Gott deines Vaters, der Gott Abrahams, der Gott Isaaks und der Gott Jakobs" (Ex 3,6; vgl. 3,15). An der Stelle eines Eigennamens steht da, was die semantische Logik „Kennzeichnung" nennt; ein Gemeinname wird durch ein Beziehungsattribut individuiert; ein Relator stellt die Singularität her.[11] Hier ist es der Genitiv von Personen: deines Vaters, Abrahams, Isaaks, Jakobs. „Eine Untersuchung aller atl. Stellen an denen ‚Gott' mit ‚Vater' in Genitivverbindung vorkommt, zeigt, daß die Formel ‚Gott' meines / deines / seines Vaters (Also ohne Namen!) traditionsgeschichtlich die älteste ist (...). Erst durch den Zusammenschluß der Sippen (...) erhielt der ‚Gott des Vaters' die Bezeichnung ‚Gott Abrahams', ,Gott Israels', ,Gott Jakobs' und ,Gott Israels' (...). Ebenso ist erst spätere Bildung ,Gott der Väter', die eine theologische Verbindung der Patriarchen voraussetzt."[12] Ein einziger ist dieser El aufgrund seiner besonderen Beziehung zum Vater, zum Haupt dieser Familie. Er „wurde von der gegenwärtig lebenden Generation vom Vater oder den Generationen der Vorväter übernommen".[13]

„Der ,Vatergott' der Genesis ist der Schützer und Erhalter eines Hirtenclans. Das detaillierte Leben dieses Stammes, Zeugung und Geburt, Hochzeit und Tod, Streit um Herden, Rivalität der Frauen und Nebenfrauen, Probleme der Erbfolge, Kampf um die Brunnenstellen mit anderen Gruppen und vieles mehr, was in den Vätersagen steht oder dergleichen stehen könnte – um all das kümmert sich dieser Vatergott. Zum Kosmos, zum Ackerboden oder zu einem Tempel oder Palast hat er keine unmittelbare Beziehung. Sein Bereich ist die Familie im weiteren Sinn: die Menschen und die Herden. Er herrscht über das konkrete menschliche Leben. Seine Äußerung geschieht durch verbale Inspiration an das Stammeshaupt, durch Verheißung und Befehl. Er geht mit seinen Verehrern und ist immer bei ihnen, wo immer sie sind und was immer sie tun. Deshalb gibt es keinen besondern Kult mit besonderen Kultdienern. Die Grundhaltung ihm gegenüber ist Gehorsam und Vertrauen."[14] „Kennzeichnend ist die große Direktheit und Unbedingtheit der Beziehung zum persönlichen Gott der Familie, der wie ein Vater die ihm anvertraute Kleingruppe vor allen Gefahren schützt."[15] Als „typischer Ausdruck familiärer Religiosität vorstaatlicher Zeit"[16] ist die Sphäre dieses persönlichen Gottes erinnerungswürdig, besonders wo sich neben und nach der Dominanz der Staatsreligion Familienfrömmigkeit als Überlieferungsmilieu erhält.

Dieser Bindung an den Gott des Vaters, der Väter eignet keine Polemik gegen andere Götter. Aber die wandernden Nomaden berühren die Götter der anderen, wo sie an deren Kultorte geraten, Bethel, Beerseba, Jerusalem. Im Zusammenhang solcher lokaler Geschichten begegnet *el* mit eigenen Attributen. Vom *el olām* (ewiger Gott, Gott der Ewigkeit) ist im Vertragsabschluß Abrahams mit dem Philisterkönig Abimelech in Beerseba die Rede (Gen 21,33). *el eljōn, quoneh schamajim we haarez* nennt Melchisedek den Stadtgott von Salem, dessen Segen er Abraham überbringt: „der höchste Gott, Schöpfer des Himmels und der Erde" (Gen 14,19).

Daß Gott den Vätern sich als *el schaddaj* geoffenbart habe, steht Ex 6,3; der Jakobssegen identifiziert *schaddaj* und „Gott deines Vaters" (Gen 49,25); „*el schaddaj* erschien mir zu Lus im Lande Kanaan", sagt der alte

Jakob zu seinem Sohn Joseph (Gen 48,3), und wenn Lus ein alter Name für Bethel ist, dann ist *el schaddaj* eben der *el bethel* von dem Gen 31,13; 35,7 die Rede ist; die Etymologie von *schaddaj* deutet wohl auf Berg, meint demnach am ehesten „Höchster", die Übersetzungsgeschichte hat *pantokrator, omnipotens*, Allmächtiger.

All diese Attribute weisen auf El als den obersten Gott des kanaanäischen Pantheons. Auch er ist in superlativischer Prädikation der Ewige, Uralte, Höchste, der Vater von Himmel und Erde. Der Gott des Vaters, der Väter, der dem Leben dieser Nomadensippe so nahe, mitgehende Gott ist somit kein anderer als der kosmokratorische El, und eben dieser erscheint den Vätern, spricht zu ihnen, kümmert sich um das Gedeihen der Sippe und ihre Zukunft. Jakob nennt einen Altar in Sichem: „El, Gott Israels", „El ist der Gott Israels".

Aber anders als der El Ugarits hat der El Israels keine Gemahlinnen und Söhne. Er zeugt keine Götterfamilie, steht nicht in einem polytheistischen Pantheon. Er ist allein und für sich allein das Pantheon. Der im AT als Gottesbezeichnung häufige Plural *elohim* scheint eben das zum Ausdruck bringen zu wollen. Er ist als „Abstrakt- oder Intensitätsplural" zu verstehen, der „die dadurch bezeichnete Person zum generellen Repräsentanten ihrer Gattung erhebt (...). Als Abstraktplural (...) entspricht das Wort unserem Begriff ‚Gottheit' und eignet sich zur Zusammenfassung der göttlichen Macht in einer persönlichen Einheit".[17] Diese alleinige Gottesmacht ist nicht der Urgrund einer kosmischen Theogonie, sondern der Schöpfer des Alls: „Im Anfang schuf Gott (*elohim*) Himmel und Erde..." (Gen 1,1). In sich selbst ist der *el, elohim* Israels nicht familiär, wohl aber zu Israel, wenn er als väterlicher Schutzgott das Leben der Nomadenfamilien begleitet.

Der Exodusüberlieferung nach hat sich dieser El der Väter im Zusammenhang des Auszugs aus Ägypten als "Jahwe" geoffenbart. Daß er dies immer schon war, auch wenn dieser Name nicht bekannt war, bezeugen die Vätergeschichten durch selbstverständlichen Gebrauch. Die Geschichte Abrahams setzt gleich ein: „Und Jahwe sprach zu Abram..." (Gen 12,1). Aber als „Jahwe" offenbart er dann doch neue Züge. Der El Jahwe ist Gott des Volkes, seiner Befreiung, Gründung und Geschichte. Weit über den Lebenshorizont einer Familie und Sippe hinaus bestimmt er das militärische und politische, juridische und kultische Leben des seßhaft werdenden Volkes und bestimmt sich selbst dadurch.[18] Jahwe ist der El, der Israel aus Ägypten befreit, es durch Moses und Josua, Richter, Könige, Propheten leitet, ihm die Satzung gibt („Ich bin Jahwe, dein Gott, Du sollst..."), Institutionen des Kultes anweist. Als Jahwe ist der El Israels über der Ebene familiärer und individueller Frömmigkeit Gott des Volkes und Staates, in die Geschichte dieses besonderen Gemeinwesens verwickelt und verstrickt. Die politische Geschichte wird zum Medium der Gottesoffenbarung. Reden von Gott ist zuerst und vor allem *theologia politica.*[19] Die Bundesbindung der Gottheit zu diesem besonderen Volk schafft eine eigentümliche Determination. Ist es wirklich *elohim,* Gottesmacht überhaupt, die sich an dieses Volk bindet, mit ihm sich verbündet? Und wie verhält sich diese im Bündnis gebündelte Gottheit zu den *elim,* den Göttern der anderen Völker?[20]

Zu den kennzeichnendsten Attributen Jahwes gehört, daß er ein *el kanah* ist, ein „eifersüchtiger El" (vgl. Ex 20,5; 34,14; Dt 4,24; 5,9; 6,15; Jos 24,19, Neh 1,2). Eifersüchtig ist er auf andere Götter, daß er nicht Israels einziger Gott sein könnte, daß Israel sich anderen Göttern, dem Kult ihrer Bilder zuwenden könnte. Eifersucht ist ein leidenschaftlicher Affekt, mit dem ein Gatte oder Liebhaber auf mögliche Nebenbuhler reagiert, ihnen gegenüber auf Ausschließlichkeit besteht. Jahwe, der diese Geschichte mit Israel angefangen hat, besteht auf absoluter Exklusivität der Beziehung, auf strenger Loyalität. Ausgemalt wird dieses erotische Moment von Jahwes Eifersucht vor allem beim Propheten Hosea: Israels Bruch des Bundes, das Verhältnis zu andern Göttern ist treulose Hurerei (vgl. Hos 1-3). Das familiäre Denkfeld ist hier fokussiert auf das der Ehe, des ehelichen Bundes zwischen Gottheit und Volk. Für dieses Verhältnis gilt auf der Seite Gottes ein anderes charakteristisches Attribut. Jahwe ist ein *el rachum we chanun* (vgl. Ex 34,6; Ps 86,15; 103,8; Joel 2,13; Jon 4,2; Ps 111,4; 112,4; 145,8; Neh 9,17.31; 2 Chr 30,9): „Barmherzig und gnädig ist der Herr..."[21]. Es ist von Jahwe aus ein Verhältnis liebevoller Erwählung, herzlicher Zuneigung und vergebungsbereiter Zuwendung. Aber wohl gerade deswegen auch mit diesem erregten Affekt der Eifersucht gepaart: „Ich bin Jahwe, der Gott, der ich dich aus dem Land Ägypten, dem Sklavenhause herausgeführt habe, du sollst keine anderen Götter neben mir haben..." (Ex 20,2).

Das Gebot betrifft alle anderen Götter, aber das Syndrom der Eifersucht legt einen besonderen Nebenbuhler nahe. Nach allem, was die Bücher der Könige und Propheten erkennen lassen, ist es Baal, der „Herr", der Sturm- und Gewittergott, Spender von Regen und Fruchtbarkeit, Kriegsgott auch. Die Attraktivität, die die „Tochter Zion" verführen konnte, hat wohl in seiner Gestalt und in den Formen des Umgangs mit ihm gelegen. Das legt jedenfalls das auf das Fremdgötterverbot gleich folgende 2. Gebot des Dekalogs nahe: „Du sollst dir kein Gottesbild machen (...), du sollst sie nicht anbeten und ihnen nicht dienen;

denn ich, der Herr (Jahwe), dein Gott bin ein eifersüchtiger Gott" (Ex 20,4f). Die Geschichte vom goldenen Kalb (Ex 32,1-6) bietet ein anschauliches Bild der denkbaren Faszination.

Daß es in erster Linie um den Kampf zwischen Jahwe und Baal geht, berichtet aufs eindrücklichste die Geschichte vom Gottesurteil auf dem Berge Karmel (1 Kön 18). Da fordert der Prophet Elia das Volk auf, das Schwanken zwischen Jahwe und Baal endlich zu beenden. Was im populären Synkretismus kompatibel erscheint, springt im Entscheidungsblick des Propheten in eine scharfe Alternative auseinander: „Ist Jahwe Gott, so haltet euch zu ihm; ist's aber Baal, so haltet euch zu ihm" (1 Kön 18,21). Von *elohim* ist die Rede (vgl. 18,24.27.37); wo Gottheit ganz und überhaupt ist, darum geht es. Und da duldet Jahwe keine Teilhaberschaft. Als sein Mund stellt der Prophet vor ein Entweder – Oder. „Aber das Volk gab keine Antwort" (Kön 18,21). Es kann sich nicht entschließen.

So schreitet der Prophet zur Inszenierung eines Gottesurteils. Die kultische Anrufung soll entscheiden, auf welcher Seite *elohim* in Wahrheit ist. Der Wettstreit ist darauf angelegt, daß Jahwe sich nicht nur als der Stärkere, sondern als die alleinige Gottesmacht erweist. Es geht nicht, wie in den Götterkämpfen des ugaritischen Pantheons, um relative Vorherrschaft, die die Macht der anderen Götter begrenzt, ohne sie zu vernichten. Es geht um die Demonstration der völligen Nichtigkeit Baals.

Das aber ist nur möglich, wenn sich erweist, daß das kosmische Ressort, als dessen Herrn man Baal verehrt, allein Sache Jahwes ist. Es geht um das Wetter. Eine anhaltende Dürre hatte Samaria eine große Hungersnot beschert (1 Kön 17,1; 18,1). Aber das ist nicht, wie im zyklischen Antagonismus des kanaanäischen Pantheons, der Übermacht des Gottes der Unterwelt und des Todes (Mot) zuzuschreiben, der von Baal gewittrig besiegt werden muß. Bereits die Dürre ist Jahwe zuzuschreiben. So richtet es Elia aus Thisbe dem König Ahab aus: „So wahr der Herr, der Gott Israels (*jahwe, elohe jisrael*) lebt, in dessen Dienst ich stehe, es wird in diesen Tagen weder Tau noch Regen fallen, ich sage es denn!" (1 Kön 17,1). Er allein ist es, der den Regen entzieht und ihn dann auch wieder gibt. Während das erstere als Strafe für die Abirrung in den Baalskult anzusehen ist („Nicht ich", sagt Elia zu Ahab, „habe Israel ins Verderben gestürzt, sondern du und dein Geschlecht, weil ihr Jahwe verlassen habt und den Baalen nachgelaufen seid", 1 Kön 18,17), ist das zweite der Rückkehr zum wahren Jahwekult zuzuschreiben, zu dem Elia, nachdem die 450 Baalspriester in aufwendiger Kultbemühung sich vergeblich um die Epiphanie ihres Gottes bemüht hatten (1 Kön 18,26-29), das Volk aufruft: „Und alles Volk trat zu ihm heran und er stellte den Altar Jahwes, der niedergerissen war, wieder her“ (1 Kön 18,30). Die mit Wassermagie umgebene Abendopfervorbereitung (1 Kön 18,32ff) gipfelt in der Anrufung des Propheten: „O Jahwe, Gott Abrahams, Jakobs und Israels, laß heute kundwerden, daß du Gott (*elohim*) bist in Israel (...). Erhöre mich, Jahwe, erhöre mich! Damit dieses Volk erkenne, daß du, Jahwe, der Gott (*ha'elohim*) bist...“ (1 Kön 18,37). Das vereinbarte Zeichen war das Feuer: „Der *elohim*, der mit Feuer antwortet, ist *elohim*“ (1 Kön 18,24). Und das Feuer fällt auf Jahwes Altar, der Blitz schlägt auf dieser Seite ein, der erste Blitz des nahenden Gewitters. Die Geschichte spannt in siebenmaliger Ausschau zum Meer hin noch die Verzögerung. Dann aber geschieht es: „ehe man sich's versah, war der Himmels schwarz von Wolken und Sturm, und es kam ein gewaltiger Regen“ (1 Kön 18,45). Die kultische Wette, mit der der im populären Synkretismus ins Abseits geratene Prophet auf Jahwe als wahren *elohim* gesetzt hatte, war erfolgreich. Was man Baal, ja was man dem Antagonismus von Baal und Mot zuschrieb, war allein Sache Jahwes. Der Gott Abrahams, Isaaks und Jakobs, der Jahwe vom Sinai her war auch der Gott des Wetters und der Fruchtbarkeit des Landes Kanaan. Neben ihm hatte keine andere kosmische Macht Platz.

Der kultische Erfolg ist nicht auch schon ein religionspolitischer: „Bist du Elia, so bin ich Isebel! Die Götter sollen mir dies und das antun, wenn ich nicht...“ (1 Kön 19,2). Das ist die Kampfansage der Königin von Samaria, die Baal im Namen führt wie Elija Jahwe (vgl. 17,31ff). Die Flucht des Propheten führt zum Gottesberg Horeb, wo der einsame Repräsentant des wahren Israel seinem Gott Jahwe begegnet, wie einst Moses, aber nicht mehr, wie da, in Feuer, Rauch und Donner (vgl. Ex 19,11ff), sondern nach Sturm, Erdbeben und Feuer, in dem leisen Wehen danach (1 Kön 19,11f). Jahwe spricht also nicht nur im Feuer, wie auf dem Karmel, sondern auch noch und weiter in der Stille danach. Was Jahwe dem für ihn eifernden Propheten zu sagen hat, ist freilich nicht mystische Versenkung, sondern Antrieb zur politischen Aktion (vgl. 1 Kön 19,15-18).

Im Zusammenhang dieser Theophanie begegnet ein Gottesname, der im AT außerordentlich häufig ist: *zebaoth*. Auf die Frage: „Was tust du hier, Elia?“ antwortet er: „Geeifert habe ich für *jahwe elohe zebaoth*, Jahwe, den Gott der Heerscharen“ (1 Kön 19,10). An 287 Stellen der Bibel begegnet dieses Epitheton *zebaoth* (*elohe zebaoth* oder *jahwe zebaoth*), vor allem in der prophetischen Literatur. So wichtig es ist, so unsicher scheint sein genauer Sinn zu sein. Die Kennzeichnung trägt dem Gottesnamen, sei es nun El oder Jahwe, eine pluralische Relation zu: Scharen, Heerscharen. Aber worauf bezieht sich das?

Eine Beziehung zur heiligen Lade ist greifbar (vgl. 1 Sam 4,3ff), und versteht man diese als Kriegspalladium Israels, so liegt es nahe *zebaoth* „auf die Heerscharen Israels zu beziehen, die der Kriegsgott in den Kampf begleitet".[22] Aber für die Mehrzahl der vor allem prophetischen Belege scheint das nicht oder nicht mehr relevant. 1 Sam 4,4 wird „Jahwe Zebaoth" zugleich als Cherubenthroner bezeichnet („der Herr der Heerscharen, der über den Cheruben thront"). Das kann ein Hinweis auf die Lade als Cherubenthron sein (vgl. Ex 25,18ff; 1 Kön 6,23ff u.ö.), bringt jedenfalls die *zebaoth* in Vorstellungsnähe zu himmlischen Mächten, hier den Cherubim.

Ein ähnlicher Bezug erscheint in der Tempelvision des Propheten Jesaja, wo die sechsflügligen Saraphe um Jahwes Thron stehen und rufen: „Heilig, heilig, heilig ist der Herr der Heerscharen. Die ganze Erde ist seiner Herrlichkeit voll" (Jes 6,4). Evoziert wird das Bild eines Himmelskönigs, der von Thronassistenten oder einem Hofstaat umgeben ist. In diesem Namen ist der Gott Israels einzig, aber nicht allein. Die himmlischen Mächte umgeben ihn, aber sie konkurrieren nicht mit ihm. Sie sind keine Figuren im antagonistischen Zyklus kosmischer Gewalten, sondern dienstbare Geister im Himmel wie auf Erden. In diesem Sinne hat die Septuaginta es verstanden, wenn sie übersetzt *kyrios tōn dynameōn* („Herr der Mächte"), und die Vulgata mit *Dominus Deus exercituum* („Herr Gott der Heere"). Die katholische Liturgie hat im Sanctus der Messe den Ruf der Seraphim aus Jes 6,4 übernommen, darin aber das *zebaoth* des hebräischen Textes anders als Septuaginta und Vulgata unübersetzt gelassen: „Sanctus, sanctus, sanctus, Dominus Deus Sabaoth. Pleni sunt caeli et terra gloria tua."[23] Der Kontext der Präfation aber setzt die *Sabaoth* eindeutig in einen angelologischen Kontext, wenn dort die Engel und Erzengel, Throne und Herrschaften verbunden werden "cumque omni militia caelestis exercitus" ("mit der ganzen himmlischen Heerschar").[24]

zebaoth bedeutet keine himmlische Gewaltenteilung, wie sie für das polytheistische Pantheon kennzeichnend ist, sondern gesteigerten Nimbus des Einen. Wo der pluralische Sinn von *zebaoth* gar nicht bewußt realisiert wird, kann *Jahwe zebaoth* auch einfach die Konnotation „überweltliche Allmacht und Erhabenheit"[25] haben, im Sinne von *pantokrator*, wie die Septuaginta auch übersetzt. So spannt sich der Gottesname *zebaoth* vom erdnahen Kriegspalladium Israels zur höchsten Himmelshöhe.

Der Eigenname Jahwe ist in der Bibel also umgeben von Beinamen, die ihn durch die Beziehung zur Geschichte Israels einerseits, zum Pantheon des Landes, El und Baal vor allem, andererseits konturieren. So stellt sich der Gott Israels geschichtlich heraus, offenbart sich in der Zueignung und Aneignung von Namen.

In der Mitte dieses Namensgefüges steht Jahwe. Aber dieser prononcierte Eigenname, den man in seiner vierkonsonantigen Schriftform JHWH als Tetragramm bezeichnet, hat da noch einmal eine eigene, theologisch bedenkenswerte Sprachgeschichte. Wer in gebräuchlichen deutschen Bibelausgaben nach „Jahwe" sucht, wird nicht fündig. An den einschlägigen Stellen stößt er auf „Herr" oder, wie in der Lutherbibel, „HERR". Die Majuskeln der Lutherbibel markieren in graphischer Deutlichkeit, daß es sich hier um ein besonderes Phänomen der Sprachgeschichte handelt.

Die deutschen Bibeln folgen mit dieser Übersetzung einer Tradition, deren Anfänge in der allerersten Übersetzung des Alten Testaments aus dem hebräischen Urtext in eine fremde Sprache, ins Griechische liegen. Es ist davon auszugehen, „daß die ersten Septuaginta-Übersetzer und damit auch ihre Gemeinde in Alexandrien das Tetragramm als *kyrios*, ‚Herr' verstanden und wohl auch ausgesprochen haben (...); daß seit der Mitte des 3. vorchristlichen Jahrhunderts der JHWH-Name durch den Herrentitel ersetzt wurde."[26]

Das Bibelgriechisch des Diasporajudentums schließt sich damit einer Tendenz an, die schon vorher im Umgang mit dem hebräischen Text sich abzeichnet: „das wichtigste Moment in dieser Entwicklung und zugleich das paradoxeste ist, daß der Name, in dem Gott sich selber benennt und unter dem er anrufbar ist, sich aus der akustischen Sphäre zurückzieht und *unaussprechbar* wird. Er wird zuerst noch für einige wenige besonders ausgezeichnete Gelegenheiten innerhalb des Tempels als aussprechbar geduldet, wie beim Priestersegen oder am Versöhnungstag, wird dann aber, vor allem nach der Zerstörung des Tempels, völlig ins Unaussprechbare zurückgenommen."[27] Dies ist freilich nur die privative Seite des Vorgangs. Wenn das Tetragramm in seinem vorgegebenen Buchstabenbestand graphisch stehen bleibt, aber nicht mehr ausgesprochen wird, so führte das nicht einfach zu einer akustischen Lücke. Statt des zu erwartenden Gottesnamens wurde – „wohl schon um 300 v. Chr."[28] – immer Adonai gelesen. Die Diasporajuden übersetzten also im Schriftbild, was sie hörten, ins Griechische: Adonai-Kyrios-Herr. „Im Mittelalter, als der hebräische Text von den Masoreten punktiert wurde, wurden die Radikale von Jhwh mit einer geringfügigen Änderung mit den Vokalen von Adonai punktiert, was dann bei den Hebraisten zur Mißform JeHoWaH (Jehova) geführt hat."[29] Das unaussprechliche Tetragramm wird in der jüdischen Tradition seit dem 2. Jh. „schem hammeforasch" genannt, „was den geheimen und bei aller ausdrücklichen Bezeichnung doch sich der Erklärung entziehenden Namen bezeichnet".[30]

Beide Vorgänge, die Meidung wie die Ersetzung, sind gottesnamengeschichtlich von epochaler Bedeutung. Daß sich der Ureigenname des Gottes Israels, den er selbst geoffenbart und mit dem er doch angerufen werden wollte von Geschlecht zu Geschlecht (Ex 3,15), den Juden nicht mehr über die Lippen kommen will, daß sie ihn meiden wie eine verbotene Speise, stellt sich in dieser Entwicklung der Geschichte Gottes offenbar als Postulat des Namens selber dar. Das Gebot des Dekalogs „Du sollst den Namen des Herrn, deines Gottes, nicht mißbrauchen" (Ex 20,7) meint ursprünglich sicher nicht das Verbot, ihn überhaupt in den Mund zu nehmen. Man soll ihn gebrauchen, nur nicht „machen zu Nichtigem (*schaw*)", wie es wörtlich heißt. „Sowohl magische Praktiken, die das Verbot in die Nähe des Fremdgötterverbots bringen, falsches Schwören jeder Art, so daß das Verbot in die Nähe des falschen Zeugnisses reicht, aber auch das eigenmächtige Verkündigen der Heilspropheten und das Bestimmen der Zukunft, die doch Jahwe allein gehört, können gemeint sein."[31] Ist die Gefahr von alldem um 300 v. Chr. so groß, daß man, um den rechten Gebrauch zu sichern, den Gebrauch selbst gleich ganz untersagt? Oder ist es numinose Scheu, die die Heiligkeit des Namens als Geheimnis wahren möchte wie das unzugängliche Allerheiligste im Tempel, ja nach dessen Zerstörung vielleicht sogar als dessen Übertragung aus dem Gefüge der Architektur in das des Textes?

Der Topos von der Heiligung bzw. Entweihung des Namens weist sowohl auf kultische (vgl. Lev 20,3; 22,2) wie auf ethische (vgl. Lev 22,31; Jer 34,16; Am 2,7) Kontexte, darauf also, daß man im Namen, unter diesem Namen, als Priester, Könige, Volk dieses Namens etwas tut, was seinem Anspruch nicht genügt. Eine wichtige Stelle beim Propheten Ezechiel bezieht sich auf die Schande, die Israel durch die selbstverschuldete Verbannung ins Exil dem Namen seines Gottes angetan hat: „Als sie nun unter die Völker kamen, unter die sie verbannt waren, entweihten sie meinen heiligen Namen, indem man von ihnen sagte: Diese sind das Volk Jahwes und aus seinem Lande haben sie ausziehen müssen (...). Und ich werde meinen großen Namen wieder zu Ehren bringen, der bei den Völkern entweiht ist, den ihr unter ihnen entweiht habt, und die Völker sollen erkennen, daß ich Jahwe bin – spricht der Herr Jahwe (*adonaj jahwe*) –, wenn ich mich an euch als heilig erweise vor ihren Augen. Ich werde euch aus den Ländern herausholen und aus allen Ländern sammeln und euch heimbringen in euer Land" (Ez 36,20.23f). Da liegt die Entweihung im Spott der Heiden über die Kraftlosigkeit dieses Gottesnamens. Der Erweis der Heiligkeit aber liegt darin, daß er sich erholt und als geschichtsmächtig erweist, so daß er wieder Ansehen hat in den Augen der Welt.

Kann es auch mit diesem Blick der Völker zu tun haben, daß in Israel die Scheu wächst, den alten Eigennamen Jahwe so groß vor sich herzutragen, weil die darin angesagte Sonderrolle sich realgeschichtlich nicht validieren will? Der mit diesem Namen in der hellenistischen Welt auftauchende Gott Israels scheint einer von den vielen Göttern des Orients zu sein, nicht einzigartig und ausweislich nicht mächtiger als die Götter Syriens und Ägyptens, Griechenlands und Roms. Ist es angesichts einer solchen Situation religionspolitischer Ohnmacht im eigenen Land und Zerstreuung unter die Völker die unverbrüchliche Treue zum Namen, die das Tetragrammaton in der Schrift festhält, es aber doch als solches nicht auszusprechen wagt, damit der heilige Name nicht zum Spott der Heiden wird?

Aber sie sagen ja nicht nichts. Sie ersetzen den alten Eigennamen durch *adonaj, kyrios*. „Schon vor der Entstehung der hebräischen Bibel sind in allen Umweltkulturen Gottheiten als ‚Herr' oder ‚Herrin' bezeichnet worden. In der Regel handelt es sich dabei um die jeweiligen Hauptgötter, so daß oft Herren- und Königsprädikation beinah deckungsgleich zu sein scheinen. Der Herrentitel unterstreicht danach Herrschaftsanspruch und -fähigkeit der Gottheit."[32] Wenn eine Gottheit statt mit dem Eigennamen einfach als „Herr" oder „mein Herr" angesprochen wird, so könnte sich darin auch ein Modell hierarchischer Namenlosigkeit auswirken, wie es z B. in Rom in bestimmten Sozialverhältnissen üblich ist: „Namenlos in den internen Sozialbeziehungen ist (...) der Herr, wenn er von seinem Sklaven angeredet wird, der Fürst gegenüber seinen Untertanen, der Hausherr gegenüber den Familienmitgliedern"[33], ein Gebrauch von „Herr", wie er noch in „Monsieur" oder „Mylord" weiterlebt. Das absolut gebrauchte „Herr" oder „mein Herr" würde das Herrschaftsverhältnis und zugleich dessen besondere persönliche Qualität zum Ausdruck bringen.

Das hebräische Wort für Herr ist *adon*, und mit dem Possessivsuffix heißt *adonaj* „mein Herr". *adonaj* ist vor und außerhalb seines Gebrauch an der Stelle des Gottesnamens ein üblicher Beiname des Gottes Israels. „Der Herrentitel drückt (...) pointiert aus, daß JHWH der eigentliche Herr ist"[34], gegenüber den menschlichen Herren des Volkes vor allem.

So hat *adonaj* auch die Konnotation von „Allherr".[35] Die Kontexte realisieren aber auch die in *adonaj*, „mein Herr" angelegte persönliche Beziehung zu diesem höchsten Herrn, einerseits in der „bittenden Anrede an die Gottheit"[36] und der „hymnischen Prädikation"[37], andererseits zum Ausdruck der „Ergriffenheit des Propheten durch die herrscherliche Macht Gottes (...), so vor allem in Visionen".[38] „Gott wird also ‚Herr' genannt, weil man ihn als den Mächtigen und dennoch Nahen erlebt hat."[39]

Eben diesen Bedeutungskomplex bringt das Wort *adonaj* mit, als es dazu auserkoren wurde, den heiligen Gottesnamen selbst zu vertreten. „Das aber bedeutet, daß bei der Interpretation des Titels und Namensersatzes *adonaj* die so beschriebene Ambivalenz von persönlicher Nähe und herrscherlicher Macht in Rechnung zu stellen ist. Diese Konnotationen werden dazu geführt haben, daß sich *Adonaj* und nicht *El* anstelle des JHWH-Namens durchgesetzt hat."[40]

Mit *kyrios* als Äquivalent von *adonaj* hatte das griechisch sprechende Judentum einen Gottesnamen, der sich nicht, mit zweifelhaften Erfolgsaussichten, in das polytheistische Eigennamengerangel der hellenistischen Religionskultur begab, sondern als Gemeinname in absoluter Setzung (*ho kyrios*) den monotheistischen Anspruch hochhielt, ohne die am älteren Eigennamen, der darunter lag, hängende besondere Geschichte dieses Herrn zu vergessen.

Die christliche Sprachtradition hat sich an die vom hellenistischen Judentum gebahnte Linie gehalten, den Gottesnamen selbst nicht ausgesprochen, sondern mit *kyrios* Herr/HERR übersetzt und diesen bibelsprachlichen Usus dann auch in die Gebetssprache übernommen. Die römische Liturgie hat in ihren klassischen Texten, (Orationen, Präfationen, Meßkanon) auffällig häufig ein absolutes „Domine" als Gottesanrede. Der römische Brauch, den *paterfamilias* im Sinne hierarchischer Namenlosigkeit einfach als *domine* anzureden, könnte im Denkraum der *familia Dei* diese Anrede zusätzlich begünstigt haben. So sind „Herr", „Herr Gott", „Herr, unser Gott", ja „Herrgott" über den engeren Bereich der Liturgie hinaus die am meisten gebrauchten christlichen Gottesnamen geworden.

Im Raum der theologischen Wissenschaft wird der Gottesname häufig „Jahwe" ausgeschrieben und ausgesprochen, was, sofern man sich dabei im Raum religionsgeschichtlicher Dokumente bewegt, christlichen Theologen keine besonderen Sprachhemmungen zu bereiten scheint. F. Rosenzweig hat darin freilich schon 1929 nicht nur einen Akt der Sprachabweichung, sondern geradezu der christlichen Aggression gewittert: „Daß die protestantische Wissenschaft vom Alten Testament an dem Gebrauch von ‚Jahwe' im Deutschen, wo es doch ohne alle Bedeutung als ein nackter, sinnloser Name dasteht, so starr festhält (...), diese Degradierung des Gottesnamens zu einem Götzennamen ist aus rein wissenschaftlichen Gründen nicht zu begreifen; sie ist eine mit modernen Kriegsmitteln unternommene Fortführung des Kampfs gegen das ‚Alte Testament' oder wenigstens seinen Autarkieanspruch, seine Biblizität, die es für den Juden hat."[41]

Gleichwohl haben sogar zum religiösen Gebrauch bestimmte christliche Texte, wie z.B. die „Jerusalemer Bibel", sich dem wissenschaftssprachlichen Usus angeschlossen. Es könnte sein, daß bei solchen Versuchen die zusätzliche Absicht hineinspielt, die Dominanz von „Herr" und damit des Herrschaftlichen im christlichen Sprachgebrauch zurückzunehmen. Der riskante Preis solcher sprachpolitischen Demokratisierung ist freilich die Aufkündigung einer alten gottessprachlichen Gemeinsamkeit von Juden und Christen. Hinzu kommt die Irritation der Praxis. Bei der Probe des Gebets, dem Versuch also, diesen Namen in die Anrede zu übertragen, stellt sich unweigerlich das Gefühl des Fremdartigen ein, die Zumutung, den Namen einer doch irgendwie fremden, orientalisch partikularen Gottheit anrufen zu sollen. Ist es vielleicht das gleiche Empfinden, das bereits die hellenistischen Juden in Alexandrien darin bestärkte, *kyrios* zu wählen? Gott ist, nachdem er diesen Sprachweg in die Weltreligionsgeschichte eingeschlagen hat, nicht ohne weiteres wieder mit Jahwe anredbar.

In Achtung vor der jüdischen Namensempfindlichkeit wird in der neueren alttestamentlichen Literatur der Gottesname häufig als transliteriertes Tetragramm wiedergegeben – JHWH –, was sich an eine in frühjüdischen Übersetzungen ins Griechische schon praktizierte Übung anschließt. Aber dieser rein graphische Bestand hält natürlich immer noch offen, was man dann sagt, wenn man im Text an diese Konsonantenschwelle gerät.

Auffällig ist in deutschsprachigen jüdischen Texten, daß die christlich so selbstverständlich gewordene Übersetzung „Herr", die dem hebräischen *adonaj* ja wörtlich nachzukommen sucht, keineswegs allgemein üblich ist. F. Rosenzweig vermutet, daß „der Herr" „als christlich belastet ausschied; hatte es doch durch den Sprachgebrauch des griechischen und infolgedessen auch des deutschen Neuen Testaments eine Beziehung auf den Stifter des Christentums bekommen, die bis zum heutigen Tag auch das Alte Testament christlich einfärbt: wenn der fromme Christ sagt: ‚Der Herr ist mein Hirt', denkt er nicht an Gott, sondern an den ‚guten Hirten'."[42]

Mit welchem Namen konnte man sich diesem christlichen Sprachsog entziehen? Der Name, der seit dem 19. Jh. im deutschen und von da ausgehend im Welt-Judentum die größte Verbreitung erlangte, lautet: „Der Ewige". „Er ist nicht bloß von den meisten späteren jüdischen Bibelübersetzungen übernommen worden, sondern auch in die gebräuchlichen Gebetsübersetzungen, in die Predigten und in alles sonst noch im Kult und im Zusammenhang mit dem Kult deutsch Gesprochene eingedrungen und hat so die jüdische Frömmigkeit des Emanzipationszeitalters überall, selbst bis in die Kreise der Orthodoxie hinein (...) gefärbt."[43]

Der jüdische Philosoph Moses Mendelssohn (1729-1786), der diesem Namen Zugang in die jüdische Sprachwelt verschafft hat, wurde dabei vielleicht angeregt durch das in der französisch sprechenden Berliner Hugenottengemeinde übliche *l'Éternel* der Genfer Bibel[44]. Aber es ist mehr als eine äußerliche Adaption, Mendelssohn begründet die Sprachwahl in einem die jüdische Tradition aufgreifenden Kommentar zu Ex 3,14, an dessen entscheidender Stelle es heißt:

> *„Er sagt also mit diesem Namen gewissermaßen: ‚Ich bin mit den Menschenkindern: gewogen zu sein und mich zu erbarmen, dessen ich mich erbarme; sprich also nun zu ihnen, zu Jisrael, daß ich es bin, der war, ist und sein werde mit ihnen sein in all ihrer Not: werde ich mit ihnen sein in dieser Not und werde mit ihnen sein allemal, wenn sie zu mir rufen' – Nun gibt es aber im Deutschen kein Wort, das die Bedeutung der Allzeitigkeit mit der Bedeutung der Existenznotwendigkeit und der Bedeutung der Vorsehung in eins faßt, wie dieser heilige Name (‚das ewige notwendige, vorsehende Wesen'). So haben wir übersetzt: ‚der Ewige' oder ‚das ewige Wesen'."*[45]

Drei Wesensmomente entdeckt Mendelssohn in der an Moses ergangenen Offenbarung: Gott ist, wie es die griechische Übersetzung der Stelle sagt, *ho on*, der Seiende, das *ens a se*, das absolute, aus sich selbst heraus notwendige Sein selbst, *esse ipsum*. Als solches ist er, Gott, „der Allzeitige"; *aeternus*; *aeternitas* ist der metaphysischen Tradition zufolge ein Attribut, das dem *ens a se* notwendigerweise zukommt, insofern es seine absolute *immutabilitas* bezeichnet, seine Unveränderlichkeit, die kein *prius et posterius* kennt, keinen Anfang und kein Ende.[46] In solcher Allzeitigkeit übt er die *providentia* aus, die Vorsehung über das All und alles, was in ihm zeitlich geschieht. In dieser Interpretation ist es der Gott der Metaphysik, der sich im Dornbusch offenbart. Mendelssohn, der Philosoph der Aufklärung, der den biblischen Monotheismus als vernunftgemäß ausweisen wollte, stellt sich mit dieser Auslegung in die metaphysische Tradition, die mit der ersten Übersetzung des hebräischen Textes ins Griechische schon eingesetzt hat. „Die Mendelssohnsche Formulierung ‚Ich bin das Wesen, welches ewig ist' steht bruchlos in der onto-theologischen Tradition, die von der Septuaginta mit der bekannten Formulierung ‚Ego eimi ho on' eröffnet wurde und in die sich auch Maimonides stellt, wenn er im *Führer der Verirrten* ‚Ich werde sein, der ich sein werde' als ‚Ich bin der Seiende, der aus sich selbst heraus ist' übersetzt."[47] Aus dieser gewiß onto-theologischen Auffassung entspringt bei Mendelssohn aber für das Tetragramm nicht ein Name wie „Der Seiende", sondern „Der Ewige"

Rosenzweig hält Mendelssohns für das moderne Judentum so ungeheuer folgenreiche Sprachentscheidung für „verhängnisvoll" und „falsch getroffen, beeinflußt durch den Vorgang Calvins und einflußempfänglich geworden durch den rationalistisch-klassizistischen Geist seines Jahrhunderts, der sich ihm hier mit dem Geist des von Jugend auf verehrten, doch eben hier wie so oft aristotelisch beeinflußten Maimonides gegen den sichern Instinkt der jüdischen Tradition verbündete."[48] St. Mosès hat das damit zum Ausdruck gebrachte „Sein in absoluter Ruhe" als vollkommene Verkehrung der dem hebräischen Text eigenen Temporalstruktur angesehen: „Im Gegensatz zu jener Idee einer überzeitlichen Ruhe verweist die Formulierung ‚Ich werde sein, der Ich sein werde' auf die menschliche Erfahrung der Zeit, also auf die Unvorhersehbarkeit einer Zukunft, die unzählige, immer neue Formen annehmen kann. In diesem Sinne ist das zweite ‚Ich werde sein' nicht Zeichen seiner Identität mit dem ersten, sonder ganz im Gegenteil Zeichen seiner Differenz, denn das Ich, das Subjekt des Diskurses verzichtet hier zugunsten der Unendlichkeit von Figuren, die die Zukunft hervorbringen mag, auf jede Selbstidentifizierung. Die Formulierung ‚Ich werde sein, der ich sein werde' wirft die göttliche Idee ins Feld der Geschichte – dorthin, wo die Menschen ihr Schicksal leben; oder, um es umgekehrt auszudrücken, sie setzt die Differenz in den Kern der Gottesidee selbst hinein (...). Diese Sichtweise läßt all die Gottesnamen, die vom biblischen Text genannt werden, als in der Formulierung ‚Ich werde sein, der ich sein werde' bereits implizierte Virtualitäten erkennen, die sich nach und nach mit dem Auftreten neuer geschichtlicher Konstellationen enthüllen."[49] Namen sind dieser Auffassung zufolge keine Mitteilung über das Wesen, sondern kontextuelle Figuration des an sich immer unzugänglichen „Ich". „Indem sich das göttliche ‚Ich' einem je anderen geschichtlichen Kontext anmißt, entzieht es sich in seinem Sinn und enthüllt sich allein in seinem Erscheinen."[50] Das in einer exzeptionellen Situation der Geschichte Israels erschienene Tetragramm ist für St. Mosès „eine Kontraktion der Zeit (...), in der die älteste Vergangenheit und die entfernteste Zukunft in der Intensität ein und derselben Gegenwart aktualisiert werden".[51] Diese zeitdynamische Verbindung Gottes mit der Geschichte scheint der zeitenthobenen Ruhe, die in „Der Ewige" zum Ausdruck kommt, diametral entgegengesetzt.

Wenn damit dem westeuropäischen Judentum, das seit Moses Mendelssohn der Namensspur des Ewigen gefolgt ist, eine fundamentale Verfehlung attestiert wird, so scheint das in eigentümlichem Widerspruch zu stehen zu der zuvor behaupteten Offenheit des göttlichen Ich für immer neue geschichtliche Figurationen. Könnte es nicht sein, daß Gott dem europäischen Judentum dieser Epoche gerade als „der Ewige" erschienen ist? So wenig bestreitbar der onto-theologische Grund ist, das Nomen „der Ewige", der Vokativ „Ewiger, unser Gott", wahren dem Namen jene Personalität und Ansprechbarkeit, die die Narrativität der biblischen Texte und die Performativität des Gebets verlangen. „Der Ewige" muß nicht zwangsläufig eine Starre insinuieren, „welche nichts mit der menschlichen Erfahrung von Unruhe und Wandel gemein hat"[52], es kann auch die zeitüberlegene Ruhe meinen, nach der man sich sehnt. So hat F. Rosenzweig der Namenswahl doch nicht bloß einen Verrat am spezifischen Zeitsinn des biblischen Textes attestiert, sondern der ihr zugrundeliegenden metaphysischen Tradition etwas menschlich Bewegendes. „Ewig ist ja uns Vergänglichen das Wort der Sehnsucht, das letzte Wort unsres ‚Lieds von der Erde'. Unser Herz weiß keinen Wunsch darüber hinaus. Die großen Denker der Menschheit haben, von Platon und Aristoteles an, diesem Wunsch des Menschenherzens Erfüllung geschaffen, indem sie ihm ein Göttliches zeigten, in dem diese unsre Sehnsucht zur Ruhe kam. Auch der Gott der Bibel stillt dieses Verlangen, aber nicht, indem er es erfüllt oder ihm Erfüllung verheißt, sondern wirklich, indem er es stillt, indem er es schweigt. Die Sehnsucht nach seiner Ewigkeit vergeht dem Menschen, der Gottes Gegenwärtigwerden in dieser Weltzeit erfährt und erhofft."[53]

In Mendelssohns Kommentar war über dieses metaphysische „Ewig, ewig" hinaus auch noch ein biblisch dringlicher Ton mithörbar: „und ich werde mit ihnen sein in all ihrer Not (...) und werde mit ihnen sein, allemal, wenn sie zu mir rufen." Es gibt zwei prominente Stellen in der Bibel, wo das Tetragramm unmittelbar mit dem Gedanken des Ewigen verbunden ist. Gen 21,33 ruft Abraham nach dem Abschluß eines Vertrags mit dem König Abimelech „den Namen des Herrn, des ewigen Gottes (*jahwe el olām*)" an. Und am Anfang des Buchs Deutorejesaja, wo es um Trost und Kraft für das im fremden Land entmutigte Volk geht, heißt es: „Warum denn sagst du, Jakob, und sprichst du, Israel: ‚Mein Geschick ist dem Herrn verborgen, und mein Recht entgeht meinem Gott?‘ Weißt du nicht, oder hast du nicht gehört: Ein ewiger Gott ist der Herr (*elohē olām jahwe*), der die Enden der Erde geschaffen. Er wird nicht müde noch matt, unerforschlich ist seine Einsicht; er gibt den Müden Kraft und den Ohnmächtigen mehrt er die Stärke“ (Jes 40,27-29). Da ist „der ewige Gott“ durchaus nicht das teilnahmslose, absolute Sein, sondern der den Weltzeitmächten der Völker überlegene Schöpfer, der sich eben als solcher um das „Würmlein Jakob“, „die winzige Made Israel“ (Jes 40,14) kümmert. War vielleicht dieses „Der Ewige“ nicht nur der vom westeuropäischen Judentum im 18./19. Jh. zufällig oder in metaphysischer Verblendung gewählte, sondern der ihm providentiell zugedachte Name in diesem Zeitalter der Emanzipation, wo man als geringgeschätzte Minorität nach einer geachteten und gleichberechtigten Existenz suchte, im fremden Land in Ruhe und Frieden zu leben, „ein jeder unter seinem Feigenbaum sitzend, ohne daß einer sie aufschreckt“ (Mi 4,4): „Ewiger, unser Gott...“?

In den zwanziger Jahren des 20. Jh., als an der Grenze der Assimilation im europäischen Judentum eine Rückbesinnung auf das genuin Jüdische einsetzt, erscheint mit der Bibelübersetzung von F. Rosenzweig und M. Buber nochmals ein neuer Name für das verborgene Tetragramm:

> *„Von den vorgefundenen Arten, das Tetragrammaton zu übersetzen, konnten wir keine (...) übernehmen. Die Umschreibung ‚Der Herr‘, mit der sich die Siebzig, die Vulgata und Luther behelfen – im Anschluß an den jüdischen Brauch, an Stelle des nicht auszusprechenden Namen das Wort ‚adonai, meine Herren, sodann meine Herrschaft, zu sagen –, war ebenso unannehmbar wie das mißdeutende ‚der Ewige‘ Calvins und Mendelssohns; und auch die in der wissenschaftlichen Übertragung übliche Transkription war uns – abgesehen von der Fragwürdigkeit ihrer Vokalisation – deshalb nicht erlaubt, weil dadurch mitten in der Schrift der seine Botschaft sprechende Gottesname den stummen Eigennamen der Götter gleichgestellt wird. Aber auch ‚der Daseiende‘ oder ‚der Gegenwärtige‘ durften wir nicht schreiben, weil dies den in seinem Sinn aufleuchtenden Namen durch einen festen Begriff ersetzen hieße, der von jener Sinnerschließung nur das ‚Stets‘ und nicht das ‚Immer wieder neu‘ zu erfassen vermag. Es galt, eine Wiedergabe zu finden, die in dem hörenden Leser ein jener aus dem Namen zuströmenden Gewißheit verwandtes Gefühl erzeugt, als das Bei-ihnen, Bei-uns-Sein Gottes nicht begrifflich aussagt, sondern gegenwärtiglich verleiht. Die Einsicht in den pronominalen Charakter oder Gehalt der ursprünglichen Namensform gab die Richtung an. Darum steht in unserer Verdeutschung ICH und MEIN, wo Gott redet, DU und DEIN, wo er angeredet wird, ER und SEIN, wo von ihm geredet wird.“*[54]

Die Entscheidung, das ursprüngliche Nomen proprium nicht durch andere Nomina, sondern durch das Pro-nomen 1.-3. Person Singular mask. zu übersetzen, ist eine einschneidende Neuerung. Pronomina sind eigentümliche Sprachzeichen. Sie stehen für Nomina, betrachten diese aber ausschließlich in ihren Kommunikationsrollen. Die 1. Person ("ich") bezeichnet den „Sender" (Sprecher), die 2. den Empfänger (Hörer), die dritte den „Referenten", auf den die Kommunikation in irgendeiner Weise Bezug nimmt.[55] Wenn der Gottesname selbst also pronominal übersetzt wird, so wird er vor aller Bedeutung und Benennung als „Kommunikationsperson"[56] angesehen; Anrede geht jedweder namentlichen Kenntnis des Redenden voraus. Und wenn, so wie Luther HERR groß schreibt, hier die Pronomina groß geschrieben werden (ICH, DU, ER...), so wird damit graphisch markiert, daß es sich, wie da um den Herrn überhaupt, hier um Kommunikation überhaupt handelt, um Reden und Hören in einem erhabenen Sinn.

Diese Revolution der religiösen Sprachkonventionen scheint aus einer Verschmelzung religionsgeschichtlicher und religionsphilosophischer Brennelemente hervorgegangen. Vom Namen JHWH heißt es bei Buber, „daß er ursprünglich in der Urform Jah reiner Ausruf war, Urlaut, später um einen Laut zu Jahu erweitert, ein – ebenso wie der gleichlautende Derwischruf – aus einem Pronomen und einer Interjektion zusammengesetzter Ausruf war."[57] Die Dornbusch-Offenbarung hat diesen kommunikativen Präsenzsinn aufgenommen und affirmiert, in dem sie den Gottesnamen als „Versicherung des Bei-ihnen-Seins Gottes"[58] auslegte. Das urtümliche Pronomen wahrt in größter Sprachdichte, was die mosaische Geschichte als Leitsinn des Gottesnamens ausführt. Von diesem Präsenzgehalt soll der Leser des biblischen Textes aber nicht nur informiert werden, er soll selber von ihm gegenwärtig ergriffen werden, das Pronomen soll zur Performanz seines Gehalts werden, ihn hier und jetzt als Empfindung erzeugen. Die in Majuskeln gesetzten Pronomina geraten zu einer Art grammatischer Magie, ausgesprochen wie eine Beschwörung dessen, was sie meinen, wechselseitige Präsenz im Augenblick der Kommunikation.

Eben dieses ICH und du, DU und ich, diese dialogische Situation ist die Ursituation, in der sich für den Menschen überhaupt herausstellt, wer Gott ist. Gott ist nicht ein namentlich aliunde bekanntes Wesen, daß dann in Beziehung zum Menschen tritt, er ist vor und über aller Bestimmung DU:

> *„Ihr ewiges DU haben die Menschen mit vielen Namen angesprochen. Als sie von dem so Benannten sangen, meinten sie immer noch Du: die ersten Mythen*

waren Lobgesänge. Dann kehrten die Namen in die Es-Sprache ein; immer stärker trieb es die Menschen, ihr ewiges Du als ein Es zu bedenken und zu bereden. Aber alle Gottesnamen bleiben geheiligt: weil in ihnen nicht bloß von Gott, sondern auch zu ihm geredet worden ist.
Manche wollen verweisen, das Wort Gott rechtmäßig zu gebrauchen, weil es so mißbraucht sei. Und gewiß ist es das beladenste aller Menschenworte. Eben darum ist es das unvergänglichste und unumgänglichste. Und was wiegt alle Irr-Rede über Gottes Wesen und Werke (wiewohl es keine andere gegeben hat und geben kann) gegen die Eine Wahrheit, daß alle Menschen, die Gott angesprochen haben, ihn selbst meinten? Denn wer das Wort Gott spricht und wirklich Du im Sinn hat, spricht, in welchem Wahn immer er befangen sei, das wahre Du seines Lebens an, das von keinem andern eingeschränkt zu werden vermag und zu dem er in einer Beziehung steht, die alle andern einschließt.
Aber auch wer den Namen verabscheut und gottlos zu sein glaubt, wenn der mit seinem ganzen hingegebnen Wesen das Du seines Lebens anspricht, als das von keinem andern eingeschränkt zu werden vermag, spricht er Gott an."[59]

Die etymologische Ergründung von JHWH weitet sich hier also zu der religionsphilosophischen Überzeugung, daß im Pronomen der eigentliche Gottesname zu finden ist, mit dem Vorrang, scheint es, des DU, der Situation des Gebets also. In Bubers „Die Erzählungen der Chassidim" findet sich ein Text, der für diese pronominale Theologie ebenso charakteristisch ist wie für die davon durchtränkte Alltagsfrömmigkeit, die die Geschichten dieses Bandes vermitteln wollen:[60]

„Das Lied ‚Du'

Der Berditschewer pflegte ein Lied zu singen, in dem es heißt:

‚Wo ich gehe – du!
Wo ich stehe – du!
Nur du, wieder du, immer du!
Du, du, du!
Ergeht's mir gut – du!
Wenn's weh mir tut – du!
Nur du, wieder du, immer du!
Du, du, du!
Himmel – du, Erde – du,
Oben – du, unten – du,
Wohin ich mich wende, an jedem Ende
Nur du, wieder du, immer du!
Du ‚du, du!'"

Hört man Buber selbst diesen Text lesen, so überträgt sich im Ton der Stimme die eigentümliche Magie dieses Pronomens.[61] M. Buber war der

Ansicht, daß seine Bibelübersetzung auf Intonation angelegt sei. „Was (...) im Sprechen entstanden ist, kann nur im Sprechen je und je wieder leben (...). Auch unsere Verdeutschung der Schrift will ‚ausgerufen' werden."[62] Aber wo sollte der Ort dafür sein?[63] Die Christen haben Bubers Übersetzung hier und da übernommen, aber eher im freien Gebrauch, nicht offiziell in der Liturgie. Hatte ihr Gebet letztlich noch Vermittlungen („der Herr") zu berücksichtigen, die diese pronominale Präsenz jedenfalls verzögerten? Oder scheute man doch aufs Ganze die Expressivität dieses emphatischen Du, weil darin mit der mystischen Faszination auch die Versuchung spielen konnte, allein durch die Suggestion der Rede den Angerufenen herbeizuzwingen („das Bei-uns-Sein Gottes gegenwärtig verleiht"), daß die hochgetriebene Intensität solchen Namensgebrauchs auf höchstem Sprachniveau unversehens umschlüge in jenen Namenszauber, vor dem der Dekalog warnte?

Der pronominalen Ein- und Zudringlichkeit steht gegenüber ein Gestus äußerster Verhaltenheit. Als Moses sich dem brennenden Dornbusch zu nähern sucht, ruft ihm Gott zu: „Ziehe die Schuhe von den Füßen, denn der Ort, wo du stehst ist heiliger Boden" (Ex 3,5). So steht in rabbinischen Texten seit dem 3. Jh. da, wo man den heiligen Boden des Tetragramms betritt, häufig: *kadosch baruch hu*, „der Heilige", immer gleich verbunden mit der Eulogie „gelobt sei er".

Die kultische Herkunft der Erfahrung Gottes als des Heiligen ist in der Szene von Jesajas Berufung am prägnantesten gefaßt, wo die Seraphim rufen: „Heilig, heilig, heilig ist der Herr der Heerscharen" (Jes 6,3). Daraus ist der im Jesajabuch beliebte Name *kadosch Jisrael*, „der Heilige Israels" hervorgegangen. In ihm schwingt das *Mysterium tremendum* der Berufungsszene mit. Der „Heilige" ist Gott auf „einem hohen und erhabenen Thron", vor dem der Tempel erbebt und der kleine Mensch auf Erden sich unrein und verloren vorkommt (Jes 6,1-5). Wenn an der Stelle des unaussprechlichen Eigennamens einfach „der Heilige" steht, so wird das Moment der Hoheit und ehrfürchtigen Achtung („gelobt sei er") zum zentralen Aspekt der Gottheit. Wenn das Gebot der „Heiligung des Namens" zum Inbegriff der Verpflichtung Gott gegenüber geworden ist, dann wird das da, wo man es nicht ethisch und kultisch befolgt, sondern nur redet, liest und lernt, im Lehrhaus also, dadurch befolgt, daß da, wo dieser heilige Name erscheint, eben allein dessen Heiligkeit benannt und gepriesen wird: „der Heilige, gelobt sei er". Im Gang der Lektüren und Debatten ist es die ritualisierte Erinnerung, daß man nie vergißt, von wem und vor wem man da eigentlich redet.

Noch weiter scheint die ehrfürchtige Verhüllung des Eigennamens zu gehen, wenn an seiner Stelle nur noch *ha-schem* steht, „der Name".[64] Daß Jahwe von seinem Namen, seinem heiligen Namen spricht, sich für sein Handeln auf diesen Namen, das in ihm Angesagte bezieht, es einlösen will, so seinen Namen „heiligen" will und solche „Heiligung des Namens" auch von seinem Volk verlangt, diese eigentümliche Differenz und Handlungsspannung zwischen dem, der spricht, und dem diesem Sprechen vorausgeschickten Namen ist schon im AT gängiger Sprachgebrauch (vgl. Lev 20,3; Jes 48,9; Jer 44,26; Am 2,7; Ez 20,44; 36,20; 36,22; 39,7; 43,7). Dessen eingedenk las man später nicht in der gottesdienstlichen Anrede, wohl aber in der privaten Lektüre, wenn das Tetragramm in der 3. Person benannt und besprochen wurde, häufig einfach *ha-schem*, „der Name". Es ist der Name schlechthin, der Name über alle Namen.

3. VATER UND SOHN

Die griechische Übersetzung von *el, elohim* ist *theos* schon in der Septuaginta und, ihr folgend, auch im Neuen Testament. Mit der Übernahme von *theos* wird aber nicht nur eine jüdische Vorgabe übersetzt, *theos* bringt auch eigene Konnotationen mit, eben jene, die es in der griechischen Sprachkultur entwickelt hat.

theos ist wie *el* ein Appellativum, das sich zwanglos in den Plural setzen läßt. Es ist ein „Gemeinname", der „eine ganze Gattung gleichgearteter Dinge oder Lebewesen und zugleich jedes einzelne Wesen oder Ding dieser Gattung"[65] bezeichnet. Erst mit dem hinzukommenden Eigennamen (Apollo, Aphrodite usw.) erreicht man die Spezifikationsebene personaler Einmaligkeit. In der „altgriechischen Grammatik (gibt es) den Kasus des Anrufs, den Vokativ zu *theós* nicht (...). Im Vokativ ruft man griechisch die göttlichen Eigennamen aus. Nur diese kommen – jeweils einer oder mehrere von den ‚Göttern' oder auch alle Götter in einem – für den Kult in Betracht."[66] Wenn aber *theos* ein Prädikator ist, der, in den Plural gesetzt, vielen zukommen kann, wenn er eine Gattung, ein Genus bezeichnet, was ist es dann, das die Individuen dieser Gattung miteinander verbindet? Worin sind sie „gleichgeartet"? Läßt sich ein Wesen der Gottheit, des Göttlichen gewinnen durch Abstraktion von den individuellen Besonderheiten? Bietet die Etymologie oder die Phänomenologie einen Weg, ein Göttlich-Allgemeines auszumachen?

K. Kerényi zufolge bezeichnet das griechische „*theós*" ursprünglich eine besondere Eigenart von Ereignissen: „theós geschieht, zeitlich, in dieser Welt und ist ganz in diesem Geschehen".[67] Bei der Bestimmung dieser Eigenart folgt Kerényi der etymologischen Nähe von *theós* und Zeus. Beide haben „etwas mit dem Licht zu tun", weisen „auf ein Ereignis wie das Tageslicht" (*dies*), „das Aufleuchten nicht nur des Himmels und des Tages, sondern ein glückliches Aufleuchten überhaupt".[68] In Zeus, dem höchsten Gott der griechischen Religion, sammelt sich das Wesen von *theós* überhaupt. „Er ist jenes große Geschehen hinter den einzelnen Göttern, aus dem die übrigen heraustraten."[69] „Das große Geschehen, das Zeus heißt, ist das Aufleuchten ohne Unterscheidung, was es immer auch sei: das große Geschenk für die Menschen, die dafür offen sind. Es ist die göttliche Epiphanie vor dem ausgeführten Mythos, der ausgeführten Offenbarung oder wie man das Ausgeführte nennen will. – Das Erscheinen einer nicht ausgeführten, noch nicht einmal bildhaften Offenbarung in der Welt: das ist *theós*, ist das *theîon* der griechischen Philosophen. Es ist nicht nur auf unberechenbare Weise da, sondern wenn es in seiner Eigenschaft als *theîon* erkannt wird, leuchtet es überall – durch alles und in allem. Es leuchtet in Jahreszeiten und Mondphasen, und es leuchtet in allen Lebensaltern und Lebensbereichen. (...) Alle Bereiche des Lebens waren zugleich Erscheinungsformen von Göttern. Jeder Gott war der Ursprung eines Bereiches, der von ihm aus aufleuchtete, wenn er in seiner Besonderheit erkannt wurde. Diese Erkenntnisse, durch die Erfahrungen von Jahrhunderten, ergaben – realisiert in Statuen, verehrt in Tempeln und heiligen Bezirken – die Götter Griechenlands."[70]

Was *theos* in den vielen *theoi* ist, wird hier vom höchsten Gott her bestimmt, dem „Vater der Götter", dem Licht-Vater (*Juppiter*), der die Götter hervorbringt als vielfältige Epiphanien und Gestalten des himmlischen Urlichts. Wie *el* wird *theos* genetisch bestimmt. Es meint eine Gattung nicht bloß im Sinne semantischer Klassifikation, sondern auch, ja primär einer durch Abstammung erzeugten Verwandtschaft und Ähnlichkeit. Die Logik ist genealogisch. Und die theogonischen Geschichten des Mythos lassen sich als die verwickelte Bedeutungsgenese von *theos* lesen. Die genealogische Struktur des Mythos kann die philosophische Theologie dann in die generative Logik des aus dem Einen hervorgehenden Kosmos der Ideen und Begriffe transponieren. Das für das *theion* konstitutive Licht der Wahrheit wird die Mythos und Metaphysik verbindende Leitmetapher. Die dem Thema *theos* offenbar höchst angemessene genealogische Semantik läßt an L. Wittgensteins Kategorie der „Familienähnlichkeit"[71] denken. *theos* ist nur polytheistisch zu fassen, die Götter aber bilden eine weitläufige Familie, eine höchst verzweigte Sippschaft, deren verwickelte Interaktionen in sich und mit dem Menschengeschlecht im Mythos erzählt wird. Dazu bedarf es der Eigennamen, die man dann auch im Kult anrufen kann.

Der mit der christlichen Botschaft in die hellenistische Religionskultur eindringende Apostel Paulus muß das alles konzedieren: „Denn wenn es wirklich sogenannte Götter, sei es im Himmel oder auf Erden gibt – wie es denn viele Götter und viele Herren gibt –, so gibt es doch für uns nur *einen* Gott, den Vater, von dem alle Dinge sind und wir zu ihm und *einen* Herrn Jesus Christus, durch den alle Dinge sind und wir durch ihn“ (1 Kor 8,5f.). Nach festem monotheistischen Bekenntnis kann der Numerus in Bezug auf Gott nur die entschiedene Einzahl sein, und die „sogenannten Götter (*theoi*)“ sind Götzen (*eidola*), eingebildete Phantasmen: „So wissen wir, daß es keinen Götzen (*eidolon*) in der Welt gibt und daß es keinen Gott gibt, außer einem“ (1 Kor 8,4). So hält sich der Apostel in der ihm von den Vätern überkommenen Überzeugung, daß aller Plural in Bezug auf Gott nur Anmaßung und Täuschung sein kann. Das „Ich bin der Herr, dein Gott. Du sollst keine anderen Götter neben mir haben“ bleibt für ihn wie für das ganze Neue Testament selbstverständlich in Geltung.

Aber da ist dann doch merkwürdigerweise nicht von einem Einzigen, sondern von zwei Einzigen die Rede, von dem *einen* Gott und dem *einen* Herrn Jesus Christus. Was ist mit jenem zweiten Einzigen, dem Herrn Jesus Christus? Ist trotz der vom Text insinuierten Äquivalenz von *theos* und *kyrios* („viele Götter und viele Herren“) der *kyrios* Jesus Christus nicht Gott, Gott im eigentlichen Sinne? Oder ist er es, und wird damit dem Polytheismus nicht eigentlich ein Mono- sondern ein Ditheismus entgegengestellt? Wäre somit die christliche Rede von Gott als ein vermittelndes Mittleres zwischen einem jüdisch strengen Monotheismus und einem heidnisch ausschweifenden Polytheismus zu verstehen, eine Mitte, die freilich schwer zu halten wäre gegenüber der Leidenschaft des Einen und der Lust zum Vielen?

theoi sind, sosehr Götter in Menschengestalt erscheinen und Menschen auch zu *divi* erhoben werden können, Wesen einer über der sterblichen Sphäre der Menschen gelegenen Welt, die „Unsterblichen“. Als *kyrioi* können in der hellenistischen Sprachkultur Götter und menschliche Herren gleicherweise bezeichnet werden. In den Evangelien ist *kyrie* gängige Anrede der Jünger wie des Volks für Jesus von Nazareth. Es bezeichnet die Autorität des Rabbi und Wundertäters, ohne daß damit göttliche Konnotationen verbunden würden. Anders ist das in der neutestamentlichen Briefliteratur. Da wird *kyrios* zum herausragenden

Christustitel, das Bekenntnis „Jesus Christus ist der Herr" zur Prägnanzformel des christlichen Glaubens (vgl. Röm 10,5 u.ö.). Dieser *kyrios*-Name wird ihm auf Grund der Auferweckung verliehen; er ist der Inbegriff seiner Erhöhung: „Gott hat ihn auch über die Maßen erhöht und ihm den Namen gegeben, der über jeden Namen ist" (Phil 2,9). „Der *kyrios*-Name schließt gottgleiche Stellung in sich: das Kniebeugen und das Ausrufen von *kyrios Iesous Christos* sind zusammengehörende Handlungen."[72]

Der hier im Philipperhymnus so hochgelobte Name über alle Namen ist aber doch im Zuge der Septuaginta-Übersetzung der Schrift schon der ausgesprochene Gottesname selbst, *adonaj-kyrios* anstelle von JHWH. Ist der Messias Jesus von Gott (*theos*) an die Stelle Jahwes gesetzt worden? Die sich auf den alttestamentlichen Inthronisationspsalm 110 stützende neutestamentliche Rede vom „Sitzen zur Rechten Gottes" sucht einer solchen Identifikation zu wehren: „Es sprach der Herr zu meinem Herrn: Setze dich zu meiner Rechten" (Ps 110,1). Da steht das erste „Herr" für Jahwe, das zweite für *adon*, und meint den König, der zur Ehrenstellung an der Rechten des Himmelskönigs inthronisiert wird. In der Übertragung auf die Erhöhung des Messiaskönigs wird da also eine Differenz von HERR und Herr festgehalten. Wohin hat diese himmlische Erhöhung und die ihr folgende kultische Verehrung den Menschen Jesus getrieben? Ist er ein Gott neben Gott, nicht in Konkurrenz zu ihm, sondern von ihm selbst in diese gleichrangige Nähe gezogen? Hat der Eine Israels, der so streng verbot, neben ihm andere zu haben, selbst dieses Verbot außer Kraft gesetzt, indem er diesen Einen nicht nur, gezwungenermaßen, zuließ, sondern zu sich bat? Oder verkörpert sich unter dieser Gott zugeschriebenen Erhöhung nur die Abkehr von der leidenschaftlichen Liebe zum Einen, die unzulässige Einführung eines Idols? Wird, wie es immer der Einwand von Judentum und Islam war, mit dieser neuen Dominanz des Herrn Jesus Christus der Monotheismus aufs Spiel gesetzt?

Im Neuen Testament wird die Beziehung des einen Gottes zu dem einen Herrn Jesus Christus als die von Vater und Sohn gekennzeichnet. Das genealogische Modell des Polytheismus steht da in seiner Urrelation auf einmal so in der Mitte der christlichen Gottesrede, daß man an eine Wiederkehr des von Israel Verdrängten denken könnte.

„Die Anrufung der Gottheit unter dem Vaternamen gehört zu den Urphänomenen der Religionsgeschichte."[73] „Alle Völker des Mittleren Ostens bezeichnen ihre Götter als Vater und rufen sie sogar unter diesem Namen an. Diese Benennung ist nicht nur ein gemeinsames Gut der semitischen Völker; wir erfahren von der vergleichenden Religionsgeschichte auch, daß sie ebenso in Indien, in China, in Australien, in Afrika, bei den Griechen und bei den Römern geläufig war. Alle Menschen nannten ihren Gott ‚Vater'."[74]

Von dieser weltreligionsgeschichtlichen Allgemeinheit scheint Israel, soweit es sich im AT zu erkennen gibt, auf seltsame Weise ausgenommen. Die Schöpfungsgeschichte, die andernorts das Urszenarium eines zeugenden Vatergottes ist, ist in der Bibel frei von aller Theogonie. Als „Vater der Götter und Menschen" begegnet Gott dort ebensowenig wie er als Urahn der Sippe in den Vätergeschichten erscheint; der „Gott der Väter" mag wie ein fürsorgend mitgehender Vater erfahren werden, bezeichnet oder angerufen wird er als solcher nicht. Für Jahwe, den eifernden Gott vom Sinai her, sind Erwählung, Befreiung und Bundestreue des Volkes maßgebend, nicht Vaterschaft.[75]

Vereinzelt und randständig taucht auch im AT der Vater-Name auf. Indirekt im Blick auf Israels König, wenn es im Ps 2,7 heißt: „Kundtun will ich den Beschluß des Herrn; er sprach zu mir: Mein Sohn bist du, heute habe ich dich gezeugt." Mit dieser Inthronisationsformel wird die Erwählung des Königs durch Jahwe kundgetan. Der Spruch nimmt Bezug auf „ägyptischen Benennungsbrauch", demzufolge „der Gott Amon den König mit der Königinmutter zeugt", „jedoch ohne jegliche mythisch gegründete Vorstellung von einer physischen Zeugung. Der alttestamentliche König wird vielmehr ‚Sohn Gottes' durch Berufung und zugesprochene Einsetzung."[76] Der Gesamtkontext der alttestamentlichen Königsauffassung legt der alttestamentlichen Exegese nahe, diese singuläre Rede von der göttlichen Königszeugung im Sinne eines „Adoptionsvorgangs" zu interpretieren. Wenn in den geschichtlichen Büchern im Zusammenhang des Königtums die Gott-Vater-Vorstellung auftaucht, konnotiert sie dieses Moment der Erwählung. Zu Salomo heißt es: „Ihn habe ich mir zum Sohn erwählt, und ich will ihm Vater sein" (1 Chr 28,1). Die Zusage der Väterlichkeit schließt das Moment der Obhut und des Schutzes wie das der Aufsicht und Zucht ein (vgl. 2 Sam 7,14f; 1 Chr 17,13; 22,10). Es ist das Bild nicht des Erzeugers, sondern das des Hausvaters, der über den König und sein Haus die Hand hält und gegebenenfalls auch zur Züchtigung ausstreckt. Nicht der genealogische, sondern der pädagogische Aspekt dominiert.

Dieses Bild des Vaters als Hausvaters, in dem Fürsorge und Strenge, Vertrauen und Ehrfurcht sich verbinden, kann sich auch auf das Gottesverhältnis des Volkes wie des einzelnen übertragen (vgl. Ps 68,6; 89,27; Jes. 63,16; 64,8; Jer 3,4.19; 31,9; Mal 1,6; Wsh 11,10; Sir 23,1). Die ihm innewohnende Emotion spricht ein später prophetischer Text bewegend aus: „Blicke herab vom Himmel und schau hernieder von deiner heiligen, herrlichen Wohnstatt. Wo ist dein Eifer und deine Stärke? das Wallen deiner Liebe und deines Erbarmens? Halte dich doch nicht zurück, denn du bist unser Vater! Abraham weiß ja nicht von uns, und Israel kennt uns nicht; du, Herr, bist unser Vater, ‚unser Erlöser' ist dein Name von Urzeit an" (Jes 63,15f.). Diese Anrufung gibt zugleich zu erkennen, daß das Gottesbild des sich kümmernden Vaters nicht ein bloßer Vergleich ist, sondern den „Vater im Himmel" als den eigentlichen Vater im Blick hat, und das ist nicht der ferne Urahn aller Ahnen, sondern das alle vergänglichen Stammväter auf Erden (Abraham / Jakob / Israel) an lebendiger Gegenwärtigkeit überreffende Urbild aller Väterlichkeit, Vater und Erlöser „von Urzeit an" (*meolām*), als Schöpfer der Welt also. Ganz am Rande des AT, beim letzten der kleinen Propheten, wird dieser Konnex von Vater und Schöpfer ausdrücklich hervorgehoben: „Haben wir nicht alle *einen* Vater? Hat uns nicht *ein* Gott geschaffen?" (Mal 2,10).

Was so in wenigen Stellen im AT aufkommt, Gott als Vater zu denken und anzusprechen, nimmt im Judentum des 2. und 1. vorchristlichen Jahrhunderts zu. „Vater im Himmel" gehört „zu den vielgebrauchten, wenn auch nicht häufigsten Gottesbezeichnungen der palästinischen Synagogen".[77] Und was sich da anbahnt, erfährt dann im NT einen Frequenzsprung. Das Vorkommen des Vaternamens übertrifft hier, wie ein Blick in die Konkordanz schnell zeigt, das im AT um ein Vielfaches. Über alle neutestamentlichen Schriften verteilt wird „Vater" zum Hauptnamen Gottes. Was bedeutet diese unverhoffte Emergenz in der Geschichte des Gottesnamens. Ist es die Wiederkehr des Verdrängten, des alten Vaternamens also, der in der allgemeinen Religionsgeschichte so überaus üblich war und in der Geschichte Altisraels so auffällig in den Hintergrund getreten war? Ist es ein neuer, ganz anderer Gott, der unter diesem Namen sich offenbart? Oder handelt es sich um einen evolutionären Schub aus der bisherigen Namensgeschichte heraus, der die alten Namenspotentiale in etwas Neues hinein aufhebt?[78]

Der die Gottesrede des ganzen NT beherrschende Vatername bricht sich in den einzelnen Schriften in ein Spektrum von Facetten und Nuancen. Den synoptischen Evangelien zufolge steht die Botschaft Jesu von Nazareth im Zeichen der *basileia tou theou*, der Königsherrschaft Gottes. Wenn trotzdem der herrschende Gottesname nicht *basileus*, „König" ist, sondern „Vater", so wird die mit dem Leitwort *basileia* angezeigte politische Gottesinitiative nicht „polito-logisch", sondern „öko-logisch“ ausgelegt. Es ist wohl einmal davon die Rede, daß „dem Vater“ auf Abruf Militär zur Verfügung stünde, „mehr als zwölf Legionen Engel“ (Mt 26,53), aber eben als nicht realisierte Möglichkeit. Dominierend ist die Vorstellung, die das „Vater unser“ intoniert: „Vater unser im Himmel, dein Reich komme“. Das Reich Gottes ist das Reich des Vaters. Das Reich wird, wie auch die Welt der Gleichnisse unterstreicht, vom Haus her verstanden, dem der Hausvater vorsteht. Mit dem Vaternamen steht die Familie, die Großfamilie als Lebens- und Arbeitsgemeinschaft, der der Vater vorsteht, im Blick. Gott ist, wie eine stehende Formulierung der synoptischen Evangelien sagt, „der Vater im Himmel“. Der aber erscheint nicht als der Ur- und Übervater der irdischen Hausväter, als himmlischer Grund und Garant einer patriarchalisch verfaßten Gesellschaft, sondern in der Botschaft Jesu als Initiator einer Hausgenossenschaft und Hausverwaltung mit neuen Normen, Intentionen und Dimensionen.

Das Gebot, Vater und Mutter zu ehren, bleibt in Kraft (vgl. Mt 15,4), aber die Krise der überkommenen Familienbande ist doch offenkundig. Die Jüngerberufung setzt gleich damit ein: „Da verließen sie alsbald das Schiff und ihren Vater und folgten ihm nach“ (Mt 4,22). Familienkonflikte, die sich aus dieser Konversion zu einer neuen Ökonomie ergeben, werden nicht verschwiegen (Mt 8,21; 10,21.34-37; 13,54; 19,29). Die Absetzung des himmlischen vom irdischen Patriarchat kann auf den Satz zugespitzt werden: „Nennt niemand auf Erden euren Vater; denn *einer* ist euer Vater, der im Himmel“ (Mt 23,9). Dieser für alle, ungeachtet ihrer irdischen Herkunft und Abkunft, selbe und gleiche Vater leitet die neue Ökonomie des Reiches Gottes und leitet sie ein im Wirken Jesu von Nazareth, seines „Sohnes“. Bei der Taufe im Jordan wird er als „geliebter Sohn, an dem ich Wohlgefallen habe“ (Mt 3,17), vorgestellt, in der Versuchungsgeschichte wird der Sinn dieser Gottessohnschaft gegenüber teuflischen Weltherrschaftsverlockungen als Dienst durchgekämpft: „Du sollst den Herrn, deinen Gott, anbeten und ihm allein dienen“ (Mt 4,10).

Aus diesem Vertrauen und dieser Vertrautheit Jesu von Nazareth mit Gott entspringt der Name „Vater“, „mein Vater“. Kein irdischer Vater, der „Vater im Himmel“ allein bestimmt sein Leben, aber nicht als das eines Knechts, der unter einem ihm fremden Gesetz seine Pflicht tut, sondern als das des geliebten Sohnes, der aus Einsicht und Liebe den Willen seines Vaters tut: „Alles ist mir von meinem Vater übergeben worden, und niemand kennt den Sohn als der Vater und den Vater als der Sohn, und wem es der Sohn es offenbaren will“ (Mt 11,27). Der Vater hat alle Angelegenheit des Hauses an den Sohn, diesen Sohn übertragen, in einem vollkommenen und vorbehaltlosen wechselseitigen Einverständnis. Dieser Generalvorschuß wird gerade da durchgehalten, wo die Einwilligung das Leben kosten soll: „Mein Vater, wenn es möglich ist, so gehe dieser Kelch an mir vorüber; aber nicht wie ich will, sondern wie du willst" (Mt 26,38.42); das Markusevangelium hat an dieser Stelle ein aramäisches *abba* überliefert, was die Herkunft aus dem genuinen Idiom Jesu von Nazareth festzuhalten scheint (Mk 14,36, vgl. Röm 8,15; Gal 4,6). Die Passion widerspricht dem, was nach allgemeinem Religionsverstand der Vater, der im Himmel ist, seinem Sohn, dem geliebten, zumuten kann: „Er hat auf Gott vertraut, der helfe ihm jetzt heraus, wenn er ihn liebhat. Er hat ja gesagt: Ich bin Gottes Sohn" (Mt 27,43). Ist er also nicht der Sohn und Gott nicht der Vater? Oder ist dieser Tod am Kreuz der Wille des Vaters und der gottverlassene Schrei („Eli, eli, lema sabachthani", Mt 27,46) der äußerste Akt der Einwilligung? Die Lukaspassion hat es so gesehen: „Und Jesus rief mit lauter Stimme: Vater, in deine Hände befehle ich meinen Geist" (Lk 23,46).

Die singuläre Gottesintimität, die Jesus von Nazareth für sich in Anspruch nimmt, ist nicht exklusiv, sie ist auf Beteiligung angelegt: „(...) und wem der Sohn es offenbaren will" (Mt 11,27; vgl. 11,25). So lehrt er die Jünger, die ihn um Einweisung in den rechten Umgang mit Gott angehen, zu beten: „Vater unser im Himmel". Sie sollen partizipieren am Sohnessinn, der in Jesus sich offenbart. Das betrifft die Anrufung wie die Lebensform überhaupt. Das erste ist das Vertrauen: Keine Sorge! „Euer himmlischer Vater weiß ja, daß ihr all dieses nötig habt" (Mt 6,32; vgl. 6,8). Es ist das Vertrauen in die Fürsorge des Schöpfers aller Dinge. Der die Vögel des Himmels und die Lilien des Feldes in Obhut hat, kümmert sich auch um die leicht verzagten Menschenkinder („ihr Kleingläubigen", Mt 6,30). Aber der „Vater im Himmel" will mit dem Hauswesen, dem „Reich", das sein Sohn da auf Erden initiiert, auch etwas erreichen. So ist wie für den einen Sohn auch für dessen hinzugewonnene Geschwister im Geiste der Wille des Vaters die maßgebende Instanz: „Wer den Willen meines Vaters im Himmel tut, der ist mir Bruder und Schwester und Mutter" (Mt 12,50; vgl. 5,48; 7,21). Wie ein irdischer Hausvater belohnt auch der himmlische Vater, „der ins Verborgene sieht" (Mt 6,1), und er richtet, wenn die neuen Hausgenossen den brüderlichen Sinn, der ihnen durch Jesus zugetragen wurde, nicht beherzigen (Mt 16,27; 18,35). Vor allem aber ist er, wie die lukanische Parabel vom „Verlorenen Sohn" (Lk 15,11-32) mitteilen soll, der Vater, der barmherzig ist und vergibt. „Seid barmherzig, wie euer Vater barmherzig ist" (Lk 6,36). Das ist die Übertragung des Sohnesgeistes Jesu, der am Kreuze betet „Vater, vergib ihnen", auf die gesamte Jüngerschaft.

In dem „mein Vater" und „euer Vater" wird eine Differenz zwischen Jesus und denen, die dazukommen, festgehalten, aber zugleich das Gefälle einer Ausbreitung angelegt. Jesus von Nazareth ist der Auslöser dieser neuen Neigung zum Vaternamen, und was daran neu ist, wird in den synoptischen Evangelien durch das neuartige Hauswesen des Reiches Gottes bestimmt.

Gemeint ist in den Evangelien immer der Gott der jüdischen Überlieferung, der Gott der Väter, der auch der Schöpfer der Welt ist, nicht ein ganz anderer Gott, wie Markion im 2. Jh. suggerierte. Der aber offenbart sich, wie er es am Sinai unter dem Jahwe-Namen tat, im Dornbusch des Lebens und Leidens Jesu von Nazareth als „Vater im Himmel". Vater wird geradezu zum neuen Eigennamen Gottes.

Unter allen Schriften des NT mißt das Johannesevangelium dem Vaternamen die höchste Bedeutung zu. Das Verhältnis von Vater und Sohn steht im Zentrum seiner Theologie. Im Unterschied zu den Synoptikern ist bei Johannes, mit einer Ausnahme am Schluß (Joh 20,17), nie von „eurem/unserem Vater" die Rede, sondern nur vom „Vater" absolut oder von „meinem Vater". Der Name „Vater" ist im Munde Jesu der Ausdruck einer einzigartigen Gottesbeziehung: „Vater" bezeichnet die Herkunft. Wenn Jesus Gott seinen Vater nennt, so besagt das, daß er als dieser Mensch, in seinem Leben und Wirken, seinen Worten und Taten ganz und ausschließlich von Gott her kommt: „Denn ich bin von Gott ausgegangen und gekommen; und nicht von mir aus bin ich ja gekommen" (Joh 8,42). Er ist der Sohn, der nichts anderes im Sinn hat als Gott. Das ist ein ungeheurer Anspruch für alles, was dieser Mensch sagt und tut, der dementsprechend auch als blasphemisch aufgenommen wird: Sie suchen ihn zu töten, „weil er Gott seinen Vater genannt und sich selbst Gott gleichgemacht hatte" (Joh 5,18), „weil du, der du ein Mensch bist, dich zu Gott machst" (Joh 10,33) Die johanneischen Streitgespräche mit den Juden zielen immer von neuem darauf, das, was als Aneignung erscheint, als Enteignung zu erklären. Er hat nichts Eigenes, er ist gesandt, wie nur je ein Prophet gesandt und in Dienst genommen wurde, Gottes Wort und Werk auszurichten. Die Herkunft wird als „Geschick", als Sendung verstanden. Der „Vater" wird geradezu stereotyp bestimmt als „der, der mich gesandt hat" (vgl. Joh 3,17.34; 5,23.30; 6,38.44.57; 7,16.33; 8,18.29.42; 10,36; 12,49). Aber dieser Gesandte ist kein Knecht, der vom Ruf überfallen, widerwillig vielleicht, aber gehorsam seinen Dienst tut. Der „Sohn" ist nicht nur gesandt, sondern auch geliebt, nicht nur betraut, sondern auch vertraut. Über alles bisher Prophetische geht es hinaus in diesem vollkommenen Einverständnis: „Der Vater liebt den Sohn und hat alles in seine Hand gegeben" (Joh 3,34), „der Vater liebt den Sohn und zeigt ihm alles, was er selbst tut" (Joh 5,20), und umgekehrt ist „der Sohn" Gott in Liebe verbunden: „daß ich den Vater liebe, und so tue wie mir der Vater aufgetragen hat" (Joh 14,31). Im Einverständnis solcher wechselseitigen Liebe existieren sie sozusagen ineinander: „daß ich im Vater bin und der Vater in mir ist" (Joh 14,10; vgl. 14,20); in diesem Sinne kann es heißen: „Ich und der Vater sind eins" (Joh 10,30). Er ist der mit Gott vollkommen einige Mensch. Was die spätere griechische Theologie mit dem Begriff der „Perichorese" ontologisch zu fassen versucht[79], präsentiert sich hier als Implikation der Offenbarung.

Wenn die Sendung Jesu als Kundmachung des Namens verstanden werden kann („Ich habe deinen Namen den Menschen geoffenbart", Joh 17,6), so ist dabei an den Namen „Vater" zu denken. Nicht, daß dieser Name nominell unbekannt gewesen sei: „Sie sagten zu ihm: Wir sind nicht aus Unzucht geboren; wir haben *einen* Vater, Gott" (Joh 8,41). Jesu Antwort darauf macht deutlich, daß es nicht um die Benennung als solche, sondern um eine entschiedene Bedeutung geht: "Wenn Gott euer Vater wäre, würdet ihr mich lieben" (Joh 8,42). Der hermeneutische Zirkel der Liebe scheint in diesem Fall unausweichlich. Wer die Liebe zu Jesus nicht aufbringt, ehrt ihn nicht als den Sohn (vgl. Joh 5,23; 8,49), er kennt und anerkennt also nicht den Vater, hat Gott nicht zum Vater. Als solcher zu haben ist er nur durch den Sohn: „(...) niemand kommt zum Vater außer durch mich. Wenn ihr mich erkannt habt, werdet ihr auch meinen Vater erkennen" (Joh 14,6f; vgl. 14,9). Der Sinn des Vaternamens ist nicht von anderswoher zu supponieren, der Zugang zu ihm erschließt sich nur in dieser Relation: „Niemand hat Gott je gesehen, der einzige Sohn, der im Schoße des Vaters ist, der hat Kunde gebracht (*exegēsato*)" (Joh 1,18).

Der diesem Satz vorauslaufende Prolog identifiziert diesen einzigen Sohn als den göttlichen Logos, Gott bei Gott, durch den die Welt geschaffen wurde (Joh 1,1ff). Der hohe Offenbarungsanspruch scheint nur haltbar, wenn dieses Einssein nicht irgendwann in der Zeit gegeben oder erworben wurde, sondern wenn es schon „im Anfang" war, vor allen Dingen, nur jetzt „Fleisch" und sichtbar wurde, wohnhaft in der Welt (Joh 1,1-14). Die Herkunft Jesu ist der Schöpfer der Welt in dieser einzigartigen Intimität des Vaters zum Sohn. Nicht als bloßes Wort, sondern in der gesamten Konstellation des Johannesevangeliums ist „Vater" der neue und endgültige Name Gottes.

Die Offenbarung des Namens ist aber nicht als bloß informativer, sondern als performativer Akt zu verstehen. Es ist eine Kommunikation, die Teilnahme an dem, was er besagt, hervorbringen soll: „Ich habe ihnen deinen Namen kundgetan und werde ihn kundtun, damit die Liebe, mit der du mich geliebt hast, in ihnen sei und ich in ihnen" (Joh 17,26); „Heiliger Vater, erhalte sie bei deinem Namen, den du mir gegeben hast, damit sie eins seien wie wir!" (Joh 17,11). Die Relation, die sich im Vaternamen ausdrückt, soll sich auf das Verhältnis der Jünger zu Jesus und untereinander übertragen. Es handelt sich um eine sich ausbreitende proportionale Konjunktion, die als Evolution des Lebens verstanden wird: „Ich bin gekommen, daß sie das Leben haben, und es in Fülle haben" (Joh 10,10), „wie du ihm Macht gegeben hast über alles Fleisch, damit er allen, die du ihm gegeben hast, ewiges Leben gebe" (Joh 17,2). In dieser Belebung der Kreatur über den Tod hinaus wirkt sich zuletzt der Schöpfer der Welt als Vater aus.

Der im Namen des Vaters konzentrierte Vorgang der Offenbarung, seine Implikationen, Prämissen und Konsequenzen, scheinen dem Johannesevangelium wichtiger als der Gebrauch des Namens „Vater" im Gebet der Gläubigen. Ein „Vater unser" wird hier nicht gelehrt.

Als drittes Feld, auf dem der Vatername im NT sich entwickelt, ist das Corpus der Briefe, der paulinischen vor allem, anzusehen. Gal 4,6; Röm 8,15; 1 Petr 1,17 bezeugen die Anrufung Gottes mit dem Namen Vater als gemeinchristlichen Brauch der Frühzeit, die paulinischen Stellen sogar mit dem aramäischen *abba.*

Die Anrufung Gottes als Vater artikuliert bei Paulus das neue Pathos der Freiheit: „Weil ihr aber Söhne seid, hat Gott den Geist seines Sohnes in unsere Herzen gesandt, der da ruft ‚Abba, Vater'. Somit bist du nicht mehr Sklave, sondern Sohn" (Gal 4,6f); „Denn ihr habt nicht den Geist der Knechtschaft empfangen, so daß ihr euch weiter fürchten müßtet, sondern ihr habt empfangen den Geist der Annahme an Sohnes statt, in dem wir rufen: ‚Abba, Vater'" (Röm 8,15). „Vater" ist der dem Stand der Sohnschaft adäquate, ja von ihm geradezu hervorgerufene Name Gottes. In ihm durchbricht Gott selbst den über der Menschheit lagernden Gotteszwang der Gesetzeserfüllung und blinden Untertänigkeit unter die kosmischen Mächte. Vater wird der Name für religiöse Freiheit. „*patēr* wird zur eigentlichen Gebetsäußerung."[80]

In den Segenswünschen der Briefeingänge und -schlüsse (Röm 1,7; 1 Kor 1,3; 2 Kor 1,2; Gal 1,3; Eph 1,2; Phl 1,2; Kol 1,2; 1 Th 1,1; 2 Th 1,2; 1 Tim 1,2; 2 Tim 1,2; Tit 1,4; Ph 3; Eph 6,23) und Doxologien (Röm 15,6; 2 Kor 1,3; 11,31; Eph 1,3; Kol 1,3; 1 Kor 8,6; 15,24; Gal 1,1; Eph

1,17; 3,14f; 4,6; 5,20; Phil 2,11; 4,20; Kol 1,12; 1 Thess 1,3; 3,11.13; 2 Thess 1,1; 2,16) werden *theos* und *patēr*, „Gott" und „Vater" geradezu rituell miteinander verbunden, wobei „Vater" absolut (*ho patēr*) oder in der Verbindung „unser Vater" (*patēr hemon*) und „Vater unseres Herrn Jesus Christus" (*patēr tou kyriou Iesou Christou*) erscheint. Konstant bleibt bei aller Variation der Formeln im einzelnen die Verbindung des Namens des Vaters mit dem des Herrn Jesus Christus. Wenn Gott „Vater" genannt wird, ist der Kyrios Jesus Christus als Sohn immer kopräsent.[81] Man bekommt Gott als Vater gar nicht in den Blick ohne mit und durch Christus. Vater ist für Paulus der eigentlich messianologisch begründete letzte Name Gottes. Er ist als „unser Vater" immer „der Gott und Vater unseres Herrn Jesus Christus".

Die so in die christliche Gottesanrufung einziehende Relation kann, wie in der alten Formel zu Beginn des Römerbriefs (Röm 1,3: „eingesetzt zum Sohne Gottes in Kraft"), als Einsetzung verstanden werden, oder, wie Röm 8,3 und Gal 4,4 als Sendung. Der Gedanke der Sendung muß, wie die Prophetie des AT zeigt, nicht, kann aber den der Präexistenz nahelegen, den Gedanken also, daß dieser als Gottessohn auftretende Mensch seinen Ursprung aus Gott vor aller Zeit haben müsse. Der Prolog des Johannesevangeliums zeigt, daß damit kosmologische Zusammenhänge ins Spiel kommen. So ist es bei Paulus an eben jener Stelle, wo diese neue Dyade – „ein Gott, ein Herr" – mit dem heidnischen Polytheismus konfrontiert wird:

> *„So gibt es doch für uns nur einen Gott,*
> *den Vater, aus dem das All ist*
> *und wir zu ihm,*
> *und einen Herrn, Jesus Christus,*
> *durch den das All ist*
> *und wir durch ihn."*
> 1 Kor 8,6

Hier werden der Vater und der Sohn in ihrer Relation zueinander im Bezug auf eine dritte Größe bedacht, das All, *ta panta*, das Gesamt aller Dinge. Daß Gott alles, Himmel und Erde, geschaffen hat, steht vom ersten Satz der Bibel an fest. Daß dieser souveräne Herr, der spricht und es geschieht, der Vater ist, aus dem alles hervorgeht, ist eine Vorstellung, die die Schöpfung in die Nähe jener Kosmogonien zu rücken scheint, wo die Welt aus einer *archē*, einer *„patriarchē"* hervorgeht. Und der Sohn wird hier gesehen als der, „durch den das All ist", als der also, den der Vater offenbar zuerst hervorgebracht hat, um durch ihn dann den Kosmos aller Dinge zum Dasein zu bringen – Kosmogenese also als eine Art gestufte Erzeugung des Alls aus dem einen als Vater gedachten Ursprung heraus.

Diese Korintherbriefstelle scheint die christliche Rede von Gott als Vater nah heranzurücken an platonische Vorstellungen, wie sie in der hellenistischen Religionsphilosophie im Schwange waren, vor allem die im Mittelplatonismus häufig zitierte Stelle aus Platons Timaios 28C: „Den Urheber (*poieten*) und Vater (*patera*) dieses Weltalls aufzufinden, ist schwer".[82] Der oberste Gott, der, weil er der Ursprung (*archē*) von allem ist, den Namen Vater (*patēr*) trägt, bringt, dieser Kosmologie zufolge, als zweiten Gott, die Weltseele oder die kosmische Vernunft (*nous*) hervor, die ihrerseits die gesamte Physis der sichtbaren Welt ordnet. Der erste Gott ist der Vater des Demiurgen als des zweiten Gottes, aus dem die sichtbare Welt hervorgeht.

Der mit dem Kommen Jesu Christi und der dadurch erweckten Befreiung aus alten Gotteszwängen verbundene Vatername scheint an dieser Stelle hinüberzugleiten in kosmogenetische Vorstellungen, wie sie als philosophische Aufklärung des alten theogonischen Mythos in der gebildeten Welt sich verbreitet hatten. Messianisch-soteriologische Vorstellungen scheinen in demiurgisch-kosmologische hinübergespielt zu werden. Regrediert der im NT ganz von Jesus her entwickelte Vatername hier auf der philosophischen Kammhöhe in jenes genealogisch Alte, aus dem man doch herausgekommen war? Oder ist diese Aufnahme des „All-Vaters" in das Bekenntnis die den Heiden geschuldete Erklärung, daß dieser „Vater unseres Herrn Jesus Christus" mehr ist als eine Art Sippengott dieser messianischen Jesus-Gemeinden, daß er a priori, weil Ursprung des Alls, aller Gott ist, und daß allen die Botschaft vom Herrn Christus auszurichten ist, weil alles durch ihn schon ist?

Wenn Paulus sich in einem Zusammenhang, in dem es um die Unterscheidung des Christlichen vom polytheistischen Kult der Stadt Korinth geht, so auf die Seite monotheistischer Kosmologie schlägt, bedeutet das noch nicht die Mutation der Botschaft in Philosophie. Dafür steht der Name des Herrn Jesus Christus und seine irdische Geschichte. Dafür steht auch das „wir", das aus dem ganzen Zusammenhang wohl nicht die Menschen allgemein als Vernunftwesen meint, sondern die Besonderheit der Christgläubigen festhält: „und wir zu ihm" – „und wir durch ihn". Wenn also auch alles aus ihm, dem Vater ist, so ist die Menschheit doch nicht auch schon insgemein auf ihn zu, ausgerichtet auf ihn, vielmehr verfangen im Götzendienst. Mögen Philosophen auch den einen Ursprung schon denken, die Religion muß erst noch befreit werden zur Anrufung des einen Vaters, die die Christen im Glauben an den einen

Herrn Jesus Christus („wir durch ihn") schon praktizieren. So klein die korinthische Gemeinde auch sein mag, sie wird als Vorhut einer universalen Religion verstanden, in der alle – das All – Gott als Vater anrufen.

In dem verhältnismäßig kleinen Schriftraum des NT ist der Vatername für Gott erstaunlich vielfältig entwickelt worden. Der Name ist nicht auf den Begriff gebracht, daß er dies und nur dies bedeuten soll. Mit ihm ist vielmehr ein Bedeutungsraum eröffnet, in dem Menschen sich auf Gott hinbewegen können. Dadurch, daß diese neutestamentlichen Schriften zum kirchlichen Kanon wurden, zu lesen im Gottesdienst, zu lernen in der Katechese, auszulegen in der Theologie, bleibt dieses Potential im Gedächtnis der Christenheit. Aber das Gedächtnis ist selektiv und es ist produktiv zugleich. Es wählt aus, bevorzugt, läßt aus und entwickelt zugleich aus dem Überkommenen Neues.

Aus dem in den synoptischen Evangelien überlieferten „Vaterunser" – Lk 11,2 hat es die einfache Anrede „Vater", Mt 2,9 „unser Vater im Himmel" – ist *das* Gebet der Christenheit geworden. Schon um 100 n. Chr. ist es als tägliches Gebet der Christen im Gebrauch; Did. 8,2 enthält die Vorschrift, es dreimal täglich zu beten, und als solches privates Gebet hat es sich kontinuierlich bis in die Gegenwart gehalten.[83] Diese starke Stellung verdankt es zuvorderst der christlichen Katechese, die ihm neben dem Glaubensbekenntnis den ersten Platz einräumt.[84] Schon bei Tertullian findet sich das für die katechetische Tradition wichtige Axiom, daß im Vaterunser „wirklich ein kurzer Inbegriff des ganzen Evangeliums enthalten ist" (De or. 1).[85] Dieser katechetische Rang hängt eng mit dem in der Taufliturgie zusammen, wo die *traditio orationis dominicae* zusammen mit der *traditio symboli* sich zu einem wichtigen Akt ausbildet.[86] Die schon bei Tertullian (De or. 6) begegnende eucharistische Auslegung der Brotbitte führt zum Gebrauch in der Feier der Eucharistie. „In der öffentlichen Liturgie der Messe erscheint das Vaterunser, und zwar als Kommuniongebet gegen Ende des 4. Jh."[87] und hält diese Stellung bis in die Gegenwart. Aus dem sakramentalen Zentralbereich von Taufe und Eucharistie wird das Vaterunser in andere liturgische Kontexte, in das Stundengebet, in die private Frömmigkeit (Tischgebet, Rosenkranz etc.) übertragen.

Diese praktisch hohe Rekurrenz sichert ihm seine mnemische Konstanz, die auch da noch anzuhalten scheint, wo der aktive Gebrauch des Gebets sich sehr reduziert hat. Die Verbreitung über alle christlichen Konfessionsgrenzen hinaus erhebt das Vaterunser in den Rang einer ökumenischen Kernsubstanz. Daß dies unumstritten Gemeinchristliche ein Gebet ist, eine Anrufung Gottes also, gibt ebenso zu denken wie die

Tatsache, daß der Rufname Gottes hier „Vater" lautet, „Vater unser im Himmel". Der kleine Kontext dieses Namens, der von der Heiligung des Namens, dem Kommen des Reiches, dem Willen Gottes, vom täglichen Brot, der Vergebung der Schuld und der Erlösung vom Bösen spricht, zeichnet den Grundriß, der dann im Evangelium weiter ausgeführt wird. So ist, vom Vaterunser ausgehend, der Vatername, wie er in den synoptischen Evangelien verstanden wird, der eigentliche Hauptname Gottes in der christlichen Religion.

Das Vaterunser bestimmt aber nicht allein und ausschließlich den Sinnraum des Vaternamens. Die römische Liturgie, die man als einen Hauptstrom der christlichen Sprachüberlieferung ansehen kann, fügt dem Vaternamen weitergehende Attribute hinzu. Das erste Eucharistische Hochgebet, der Canon Romanus, setzt ein mit der Bitte: „*Te igitur, clementissime Pater, per Iesum Christum, Filium tuum, Dominum nostrum, supplices rogamus ac petimus...*" – „Dich, gütiger Vater, bitten wir durch deinen Sohn, unseren Herrn Jesus Christus...".[88] Die Anrufung ist, wie es paulinischem Formelbrauch entspricht, binär, gerichtet an den Vater durch den Sohn. Der Vater aber wird mit einem Attribut bedacht, das so bei Paulus nicht vorkommt: *clementissime, gütigster.* Die deutsche Übersetzung hat den lateinischen Superlativ zu einem „gütiger" zurückgenommen, wie es auch im 3. und 4. Hochgebet heißt, *clemens Pater.*[89] Den deutschen Liturgieübersetzern hat übrigens gerade diese Formel so zugesagt, daß sie mehrfach in allen vier Hochgebeten lateinisch einfaches „Domine" auch mit „gütiger Vater" wiedergeben. Das NT kennt an zwei Stellen die Verbindung des Vaternamens mit der Barmherzigkeit („Seid barmherzig, wie euer Vater barmherzig ist", Lk 6,36; „Vater der Barmherzigkeit", 2 Kor 1,3). *clemens* scheint an das *misericors* der Vulgata anzuknüpfen, aber es verleiht ihm doch einen besonderen römischen Akzent. Seneca definiert *clementia* als „*lenitas superioris adversus inferiorem in constituendis poenis*"[90], als Milde und Gelassenheit eines Oberen gegenüber Untergebenen bei der Zumessung von Strafen. Im Hintergrund steht hier das Bild des Vaters als Haupt der Familie, des *paterfamilias*, der für Ordnung im Haus und in der Erziehung der Kinder zu sorgen hat, und so mit der *patria potestas* auch die Instanz ist, die Strafen verhängt, was die Neigung zur Strenge, manchmal zur Überstrenge, ja zum zornigen Aufgebrachtsein gegenüber ungezogenen Kindern einschließt. Ganz im Sinne dieses Bildes ergeht in der Haustafel Kol 3,21 (vgl. Eph 6,4) die Mahnung: „Ihr Väter reizt eure Kinder nicht, damit sie den Mut nicht verlieren." Wenn der Vater also so betont auf seine *clementia* hin angesprochen wird, so steckt darin die Bitte, die Gottheit möchte statt des verständlichen Zorns angesichts dessen, was die Menschenkinder in der Welt immerzu anrichten, nicht überstreng mit ihnen sein, sie nicht alles büßen lassen, sondern gelassen und gelinde mit ihnen verfahren, „damit sie den Mut nicht verlieren"; und z.B. im Kontext der Eucharistie die Bitte an den *clemens Pater*, diese Opfergaben, statt sie als falsches Kultgetue von oben her abzutun („Barmherzigkeit will ich und nicht Opfer!", Mt 8,13) als kindliche Geschenke zur Versöhnung mit dem Schöpfer der Welt zu akzeptieren („uti accepta habeas et benedicas..."). [91]

Das zweite Attribut, das die römische Liturgie mit dem Vaternamen verbindet, ist das der Heiligkeit: „Sancte Pater". [92] Heiligkeit und Heiligung des Namens Gottes sind, wie bereits gesehen, ein Urmoment jüdischen wie christlichen („geheiligt werde dein Name!") Gottesumgangs. Die Anrufung „Heiliger Vater" ist im Wortlaut johanneisch (vgl. Joh 17,11), was im 4. Hochgebet der Messe auch nachklingt: „So sehr hast du die Welt geliebt, Heiliger Vater, daß du deinen eingeborenen Sohn als Retter gesandt hast" (vgl. Joh 3,16).

Das dritte Attribut ist die Allmacht: *pater omnipotens* – „allmächtiger Vater"; in den römischen Orationen wird es nicht selten durch das der Ewigkeit ergänzt: *omnipotens sempiterne Deus* – „allmächtiger, ewiger Gott". Die Verbindung könnte angeregt sein durch doxologische Formeln der Apokalypse: „Heilig, heilig, heilig ist der Herr, der allmächtige Gott, der war und der ist und der kommt" (Apk 4,8; vgl. Apk 1,8; 11,17).

Das „allmächtig" ist in die Christensprache zunächst durch die Septuaginta-Übersetzung von *schaddaj*, auch von *zebaoth* mit *pantokrator* eingezogen. Das in den hebräischen Ausdrücken liegende Machtmoment wird hier zur Allmacht erweitert. In der Apokalypse, dem eigentlichen Verbreitungsgebiet von *pantokrator* im NT, hat es eine ausgeprägt politische Konnotation. Gott ist der Allherrscher, der seine Herrschaft antritt über die Könige und Völker der Erde (vgl. Apk 1,8; 4,8; 11,17; 15,3; 16,7.14; 19,6.15; 21,22). Es konnotiert *basileus* (15,3: „allmächtiger Gott" / „König der Völker"), nicht *patēr*/Vater. Das aber ist an der einzigen neutestamentlichen *pantokrator*-Stelle außerhalb der Apokalypse der Fall, in einem aus alttestamentlichen Zitaten gebildeten Gottesspruch, in dem es heißt: „Und ich will euch Vater sein und ihr sollt mir Söhne und Töchter sein, spricht der Herr, der Allmächtige" (2 Kor 6,8). *pantokrator* ist Gott hier im Gegenspiel zu den nichtigen Götzen (*eidola*), zu denen die Gläubigen als Kinder des einen Gottes keine Verbindung haben sollen. Der keine Götter neben sich hat, seine Macht nicht mit anderen Mächten teilt, erhebt den Ansprach auf Monolatrie (vgl. 2 Kor 6,14-17).

pantokrator ist in diesem Kontext Implikation eines bundestheologischen („ich will ihr Gott sein, und sie sollen mein Volk sein", 2 Kor 6,16) Monotheismus.

Monotheistische Absetzung vom Vielgötterwesen ist auch der Zusammenhang der bereits besprochenen Stelle 1 Kor 8,6, in der freilich nicht ad verbum von Gott als *pantokrator* die Rede ist, aber über das *ta panta* ein Zusammenhang zwischen Vater und Schöpfer hergestellt wird. Eine direkte Verknüpfung von Vater und allmächtig findet sich erst vom 2./3. Jh. an.[93] In der weiteren Ausbildung christlicher Bekenntnisse wird daraus aber eine formelhaft feste Verbindung. So steht es auch in den beiden liturgisch wie katechetisch maßgebend gewordenen Glaubensbekenntnissen gleich am Anfang: „Credo in Deum, Patrem omnipotentem, creatorem caeli et terrae" – beginnt das Apostolische Glaubensbekenntnis, und das sog. „Große Glaubensbekenntnis", das Symbolum von Nizäa-Konstantinopel: „Credo in unum Deum, Patrem omnipotentem, factorem caeli et terrae." Die heute offizielle, ökumenisch vereinbarte Übersetzung lautet: „Ich glaube an Gott, den Vater, den Allmächtigen, den Schöpfer des Himmels und der Erde" und „Wir glauben an den einen Gott, den Vater, den Allmächtigen, der alles geschaffen hat, Himmel und Erde."[94] In der appositionellen Fassung „der Vater, der Allmächtige", die nur hier gebraucht wird, während schon im weiteren Verlauf des Apostolischen Glaubensbekenntnisses („er sitzt zur Rechten Gottes, des allmächtigen Vaters") und auch sonst in Texten der katholischen Liturgie (mit Ausnahme der Taufinterrogationen) „allmächtig" als Attribut zu Vater verstanden wird (*Pater omnipotens* – „allmächtiger Vater") verbirgt sich das interpretatorische Problem hinsichtlich des „genauen Verhältnisses von VATER und ALLMÄCHTIGER untereinander und zu GOTT".[95] Geht es um das Bekenntnis zu Gott dem Vater, der dann noch zusätzlich als Allmächtiger und Schöpfer bezeichnet wird? Oder geht es um das Bekenntnis zu Gott, zum *einen* Gott, wie das nizänische Credo betont, und dann zuerst um den „allmächtigen Vater" (*patēr pantokrator, patēr omnipotens*), im 2. Artikel dann, um „Jesus Christus, seinen eingeborenen Sohn" und schließlich den Hl. Geist. Die erste Deutung („Die grundlegende und uranfängliche Wahrheit, an welche Glauben bezeugt wird, ist GOTT DER VATER") bezieht sich darauf, daß die „Taufformel das Vorbild abgab"[96], die in der Fassung von Mt 23,19 („Taufet sie auf den Namen des Vaters und des Sohnes und des heiligen Geistes") die triadische Koordination einfach mit dem Vater beginnt. Die zweite Deutung hält das Bekenntnis zu Gott, dem einen und einzigen, für grundlegend, der dann sogleich als allmächtiger Vater bekannt wird, womit eine doppelte Relation eröffnet wird, die zum All (ausgeführt in „Schöpfer des Himmels und der Erde") und die zum Sohn („Jesus Christus, seinen eingeborenen Sohn, unsern Herrn"). Beide Sinnrichtungen von Vater sind in der Tradition gut belegt. Es gibt „aus dem 2. Jahrhundert viele Textstellen (z.B. bei Ignatius), in denen die Vaterschaft Gottes mit Bezug auf den Sohn Jesus Christus verstanden wird. Daß dieser Bezug auf jeden Fall ein Teil der Intention des Bekenntnisses bildet, ergibt sich deutlich aus der Redeweise des zweiten Artikels. Bei Verwendung des Begriffs ‚Vater' war zu dieser Zeit am häufigsten jedoch der Bezug auf Gott in seiner Eigenschaft als Vater und Schöpfer des Weltalls. So konnte Clemens von Rom von ‚dem Vater und Schöpfer des ganzen Weltalls' (...) sprechen, während Justin häufig von ‚dem Vater aller und Herr Gott' und ‚Vater aller Dinge' sprach (...) Theophilus von Antiochia bezeichnet (...) Gott als ‚Vater wegen seines Daseins vor dem Weltall', während Tatian von ihm als dem ‚Vater der wahrnehmbaren und der unsichtbaren Dinge' spricht."[97] So steht das „allmächtiger Vater" im sinnvollen Parallellismus zu „Schöpfer Himmels und der Erde", wie es zugleich die Beziehung zum Sohn, „durch den alles geschaffen ist" (*per quem omnia facta sunt*) schon eröffnet. Die syntaktische, rhythmische und musikalische Formierung, die der Credo-Anfang in der lateinischen Tradition erfahren hat, spricht für das *Pater omnipotens*, was im Deutschen mit „allmächtiger Vater" wiederzugeben wäre.

Die „kosmologische" Vaterrelation wird in den Glaubensbekenntnissen durch das Prädikat der Allmacht (*pantokrator, omnipotens*) akzentuiert und durch das parallel angefügte „Schöpfer des Himmels und der Erde". Der eine Gott, zu dem sich die Christen hier bekennen, ist als Vater zuerst und vor allem der alles Vermögende, Omnipotenz, die man nur als absolute Freiheit verstehen kann, die das All nicht notwendig aus sich hervorgehen läßt, sondern frei schafft, macht (*creatorem / factorem caeli et terrae*). Die Beziehung des „allmächtiger Vater" zu Jesus Christus als seinem Sohn wird im Apostolischen Glaubensbekenntnis nur als einzigartig herausgestellt („Filium eius unicum" – „seinen eingeborenen Sohn"). Das nizänische Symbolum, das ja als Symbolum des 1. ökumenischen Konzils kein einfaches Taufbekenntnis ist, sondern den formellen Abschluß einer hochkomplizierten theologischen Kontroverse bildet, läßt es sich angelegen sein, die Vater-Sohn-Beziehung noch genauer zu bestimmen.[98] Anders als beim All ist die Vater-Relation hier keine des Machens, sondern des Zeugens („genitum non factum" – „gezeugt, nicht geschaffen"), die als solche vor dem All schon existiert („et ex Patre natum ante omnia saecula" – „aus dem Vater geboren vor aller

Zeit"). Dann gehört der Sohn als solcher nicht auf die Seite der geschaffenen Dinge, ist auch nicht, wie der hier im Hintergrund stehende Arius meinte, das erste und höchste Geschöpf, er ist selbst Gott, „Gott von Gott", und zwar im wahrsten Sinne („wahrer Gott vom wahren Gott"), was unter den Denkbedingungen der Philosophie, denen der Gottesglaube hier sich aussetzt, nur heißen kann „eines Wesens mit dem Vater". *Homousios, consubstantialis* ist der Zentralbegriff, auf den das Bekenntnis hier zuläuft.

Die genealogische Nomenklatur (*genitum / natum*), die eine vorweltliche Theogonie nahelegt, wird von polytheistischer Götterzeugung zunächst abgesetzt durch das Moment der Einzigkeit des Sohnes (*unigenitum*), dann aber vor allem durch die ontologische Präzisierung, daß aus dieser Zeugung des Sohnes keinesfalls zwei Götter, Vater und Sohn, resultieren, die Zeugung vielmehr ein immanenter Vorgang in dem einen und ewigen Gott selbst ist. Das *Credo in unum Deum* wird also nicht nachträglich revidiert, sondern in die Identität ist eine Differenz eingesetzt, die als Bedingung der Möglichkeit der Schöpfung der Welt („per quem omnia facta sunt") wie der Menschwerdung Gottes in der Welt („descendit de caelis et incarnatus est") erscheint. Die Bewegung des einen Gottes aus sich heraus und auf etwas anderes als er selbst hin gründet in einer Bewegtheit dieses einen Gottes in sich selbst, die mit den überkommenen Anschauungsbegriffen von Vater und Sohn zu fassen versucht wird.[99] Daß diese innergöttliche Zeugung als geistiger Prozeß zu begreifen ist, unterstreicht das Bekenntnis durch die typisch griechische[100] Metaphorik des Lichts: „Deum de Deo, lumen de lumine" – „Gott von Gott, Licht vom Licht".

Das nizänische Credo bildet unter der Perspektive des Vaternamens im Gefüge der Meßliturgie eine Art Gegengipfel zum Vaterunser. Während dort die synoptische Vertrautheit der Kinder mit dem himmlischen Vater zum Ausdruck kommt, formuliert hier der *intellectus fidei,* wie das von Johannes und Paulus urgierte Verhältnis von Vater und Sohn zu denken ist, wenn das monotheistische Grundbekenntnis dabei nicht gefährdet werden soll. Dort sind es elementare Bitten, hier Grundsätze des Glaubens. Während das Vaterunser niemals entbehrlich ist, hat das „Große Glaubensbekenntnis" seine Zeit und Gelegenheit, erscheint ersetzbar durch das Apostolische Glaubensbekenntnis, das über das ontologische Wie des Verhältnisses sich keine weiteren Gedanken macht, sondern in Täuflingseinfachheit nur festhält, daß dies beides zum christlichen Gottesglauben dazugehört, Vater und Sohn. So ist es auch in den volkssprachlichen Credo-Liedern und überhaupt in vielerlei Formeln der christlichen Gebetspraxis: „Im Namen des Vaters und des Sohnes und des Heiligen Geistes“ ist die übliche Formel zur Eröffnung von Gebeten wie das „Ehre sei dem Vater und dem Sohn und dem Heiligen Geist“ zu deren Abschluß gehört. Doxologien können die Glieder einfach mit einem „und“ koordinieren, sie können aber auch durch Verhältniswörter funktionale Zuordnungen hervorheben. Ein feierliches Präpositionalgefüge bietet die Schlußdoxologie des römischen Meßkanons: „Durch ihn und mit ihm und in ihm ist dir Gott, allmächtiger Vater in der Einheit des Heiligen Geistes alle Herrlichkeit und Ehre jetzt und in Ewigkeit.“ Gewöhnlich begnügen sich die Formeln mit einem einfachen „per“, das den Sohn als Mittler zum Vater in Anspruch nimmt. Lob und Bitten laufen immer durch ihn hindurch. So lautet die übliche Conclusio der an den Vater gerichteten römischen Orationen: „durch unsern Herrn Jesus Christus, deinen Sohn, der mit dir lebt und herrscht in der Einheit des Heiligen Geistes, Gott von Ewigkeit zu Ewigkeit.“

Die aufgeführten Formeln sind allesamt trinitarisch strukturiert, d.h. sie ergänzen die Nennung von Vater und Sohn durch die des Hl. Geistes. Bei den römischen Orationen ist jedoch auch eine kürzere Schlußformel möglich, wenn z.B. beim Gaben- und Schlußgebet der Messe das an den Vater gerichtete Gebet die einfache Conclusio hat: „durch Christus, unsern Herrn. Amen.“ Solche binitarischen, also nur Vater und Sohn aufrufenden Formeln existieren schon im NT neben trinitarischen. Ihre Gleichwertigkeit zeigt, daß die für das christliche Beten und Bekennen konstitutive Relation die von Vater und Sohn ist. Das „et in Spiritum sanctum“ „cum Sancto spiritu“, „in unitate Spiritus sancti“ der trinitarischen Formeln fügt hinzu, daß diese Relation nur „im Geist, der in unsere Herzen ausgegossen ist“ (Gal 4,6) zu realisieren ist, jenem Geist, von dem das Credo sagt, „daß er vom Vater und vom Sohne ausgeht“ („a Patre Filioque procedit“), daß somit die „unitas Spiritus sancti“ der Raum („in“) ist, der diese Rede von Vater und Sohn in *einem* Gott vor polytheistischem Mißverstand bewahren kann.

Die Sprache, in der die christliche Religion ihr trinitarisches Gottesbekenntnis formuliert, operiert auf der Grenze von Anschauung und Begriff. „Vater“ und „Sohn“ evozieren immer auch Anschauungen, die, auch wenn sie im Geiste korrigiert werden, einen imaginativen Zug behalten, der sich in begriffliche Abstraktion nicht restlos auflösen läßt. Aus solchen den Worten anhaftenden Vorstellungen sind in der Geschichte des Christentums auch Darstellungen geworden. „Vater und Sohn“ und auch der Heilige Geist wurden nicht nur mit Worten bekannt, gepriesen und angerufen, sondern auch in Bildern dargestellt und verehrt. Das eröffnet ein neues Feld der Gotteslehre, das unter dem Titel „Bilder“ eine eigene Behandlung verlangt.[101]

COROLLARIUM: GOTTESMUTTER UND HEILIGER VATER

Die für die christliche Überlieferung zuständigen Institutionen halten sich bekanntermaßen nur *cum grano salis* an das, was sie sich als *norma normans* voraussetzen. Nicht nur, daß ihre Praxis dem hohen Ethos des Neuen Testaments hinterherhinkt, auch ihre Verfassung hat Wege eingeschlagen, die man von daher nicht geradewegs erwartet. Das betrifft auch die soziale Nomenklatur. Wie oben gezeigt, wird die jesuanische Einprägung des Vaternamens für Gott keineswegs als Perpetuierung patriarchalischer Verhältnisse auf Erden verstanden. In einem Kontext, der die Frage religiöser Hierarchien erörtert, wird für die Jesus-Gemeinde u.a. die Regel formuliert: „Nennt niemand auf Erden euren Vater; denn *einer* ist euer Vater, der himmlische“ (Mt 23,9). Nun ist aber die Welt der katholischen Kirche voll von Patres und Patriarchen, Äbten und Abbés. Ihr oberster Dienstherr („servus servorum Dei“) wird nicht nur offiziell Papst (*papa*) genannt, sondern auch mit Begeisterung „Heiliger Vater“ gerufen, ein Titel, der im Canon Romanus ausgesprochener Gottesname ist (“sancte Pater“). Nähme man jenen Satz aus Mt 23,9 nur halbwegs so streng wie andere zu ekklesialen Legitimationszwecken eingesetzte Sätze der Schrift, so müßte man, da es ja hier um den Monotheismus geht, mit dem kirchenamtlichen Gebrauch des Vaternamens doch höchst vorsichtig sein. Natürlich sind alle Begründungen für diese kirchamtlichen Vatertitel längst zur Hand, nicht nur daß die Kirche in der Welt wie andere irdische Sozialverbände ohne Autoritäten und Ämterhierarchien faktisch nicht auskommen könne, sondern auch, daß all diese kirchlichen Väter dies ja nur seien als irdische Stellvertreter Christi (*vicarius Christi*, wie der “Heilige Vater“ sich nennt und der Abt nach der Benediktregel sich verstehen soll) und damit des himmlischen Vaters, keinesfalls also in Konkurrenz zum Vater im Himmel träten, sondern ihn nur auf Erden repräsentierten.

Solches Repräsentationsdenken gehört freilich eher als zur Welt des Evangeliums zu jener außerbiblischen Religionswelt, in der Kaiser und Könige den Gottesmantel tragen und irdische Hierarchien himmlische abbilden. Daß dies nur verbale Probleme seien, wird man schwer behaupten können, wenn man sich all die Revolutionen gegen patriarchalische, paternalistische, papalistische Verhältnisse des Christentums vor Augen hält, Revolutionen, in denen das Pathos von Freiheit, Gleichheit und Brüderlichkeit steckt, das sich im NT ja mit der Anrufung des himmlischen Vaters verbindet. Wer sich zum Propheten berufen fühlt, wird da immer noch, und zwar durchaus im Namen des Vaters und des Sohnes und des Heiligen Geistes, hinreichend Stoff zum Aufruhr finden. Wer sich dazu nicht berufen fühlt, wird aber jedenfalls an dieser nicht unerheblichen Stelle den Abstand der Kirche vom Reich Gottes notieren müssen. Das christliche Hauptgebet, das Vaterunser, wird in der katechetischen Tradition, z.B. in Augustins „Enchiridion de fide, spe et caritate" der Hoffnung zugeordnet, der Bitten wegen, die allesamt die Zukunft, letztlich eine jenseitige, im Blick haben.[102] Auf die Heiligung des Namens, des Vaternamens, richtet sich die erste Bitte. Wenn christlich, kirchlich so gebetet wird, gesteht man wohl, daß das eben noch nicht der Fall ist, daß das eine Sache der Zukunft ist. Gott ist Vater, kann als solcher angerufen werden, aber er ist es doch auch noch nicht. Ein merkwürdiger messianischer Titel beim Propheten Jesaja lautet *abi ēd*, was die Vulgata übersetzt mit „Pater futuri saeculi" – „Vater der kommenden Welt". Sofern die Welt, die Kirche diesem Vater nicht entspricht, ist er erst noch ein Vater im Kommen.

In der neueren Zeit haben sich vor allem politische und feministische Theologien diesem „Befreiungskampf gegen patriarchale Herrschaftsstrukturen"[103] verschrieben. In der feministischen Theologie ist daraus auch ein Sprachkampf geworden: „In einer patriarchatskritischen Perspektive, die sensibel für die Kontextgebundenheit und Geschlechtsspezifik theologischen Aussagen ist, werden die zentralen traditionellen Gottesbilder fraglich. Einseitig androzentrisch herrschaftliche Gottesbilder (...) entfalten aber eine starke Wirkmacht im Lebensvollzug der Menschen, denn Gottesbilder fungieren als Leitbilder für die Gemeinschaft, die sie anerkennt und sich auf sie bezieht. Sie prägen Machtverhältnisse und Beziehungen im gesellschaftlichen und im privaten Bereich. Basis der Infragestellung traditioneller Gottesrede sind daher die schmerzhaften Erfahrungen von Fremdheit, Ausgrenzung, Heimatlosigkeit und Unterdrückung, die Frauen in Verbindung mit der androzentrischen Sprach- und Symbolwelt und spezifisch den Gottesbildern in Theologie und Kirche gemacht haben und immer noch machen. Mädchen und Frauen entdecken in verschiedenen Lebenssituationen die Verknüpfung patriarchaler Familien- und Gesellschaftsstrukturen mit der Rede von Gott als dem ‚allmächtigen Vater'. (...) Über die männliche Sprachform im Allgemeinen hinaus bezieht sich die Kritik besonders auf die Bereiche männlicher Herrschaft, denen Gottesbilder wie ‚allmächtiger Vater', ‚Herr', ‚Herrscher' und ‚König' entlehnt sind. Durch ein Gottesbild, das von Begriffen männlicher Herrschaft bestimmt ist, werden patriarchale Herrschaftstrukturen legitimiert und damit sowohl die Ausgrenzung als auch die Subordination von Frauen zusammen mit dem, was als ‚weiblich' gilt, festgeschrieben."[104] „Beispielhaft sei auf die Titulierung Gottes als ‚Vater' und ‚Allmächtiger' zu Beginn des apostolischen und des nizaeno-konstantinopolitanischen Glaubensbekenntnisses verwiesen, die die christlichen Kirchen für sich als verbindlich anerkannt haben."[105]

Grundlage der Sprachkritik sind geschlechtsspezifisch schlechte Lebenserfahrungen, in die offenbar die Rede von Gott als Vater unheilvoll verstrickt ist. Das ist ein schwer argumentierbares Syndrom. Leidenserfahrungen verlangen Mitgefühl, Hilfeleistung, solidarisches Handeln, und wenn sie aus repressiven Herrschaftsstrukturen erwachsen, gesellschaftliche Veränderungen. Das kann hier nur von Ferne gesichtet werden. Nahe liegt im vorliegenden Zusammenhang nur die mit all dem verwobene Gottesnamenkritik.

Auf die diagnostizierte patriarchalisch-androzentrische Erkrankung wird in den feministischen Theologien therapeutisch unterschiedlich reagiert. Die entschiedenste Lösung ist die, daß man den vom Vaternamen unheilbar kontaminierten christlichen Sprachraum schlicht verläßt zugunsten gar keiner oder einer matriarchal, polytheistisch oder apersonal geprägten Rede von Gott. Da gibt es vom Atheismus bis zum Buddhismus und zur Wiederbelebung archaischer, gnostischer etc. Mythen viele Möglichkeiten, von der Gottheit nicht mehr als dem „einen Gott, dem allmächtigen Vater" sprechen zu müssen.[106] Eine zweite Richtung scheint die Hoffnung auf sprachchirurgische Eingriffe zu setzen, die die bösartig wuchernde Rede von Vater und allmächtig, Herr und König eliminiert und durch vielleicht Gutartiges ersetzt. Wenn man freilich, wie im vorangegangenen Kapitel, bedenkt, wie diese Namen mit dem Corpus der Schrift, der Sprache der christlichen Überlieferung und Gebetspraxis verwachsen sind, sind die Risiken und Nebenwirkungen einer solchen Operation wohl zu bedenken. Eine dritte Richtung denkt an homöostatische Störungen: Im christlichen Sprachkörper ist das Gleichgewicht von männlich und weiblich gestört, daß die in Schrift und Tradition durchaus vorhandenen femininen und maternellen Konnotationen des Redens von Gott übersehen, verdrängt, unterdrückt werden. Vor allem exegetische und frömmigkeitsgeschichtliche (Mystik!) Forschungen suchen solche weiblichen Metaphern und Symbole zu Tage zu fördern, um zu einem integrativen oder inklusiven Gottesbild zu gelangen.[107] Diese Bemühungen scheinen vor allem auf imaginative Erweiterung, nicht nominelle Ersetzung aus zu sein.

Auffällig ist, daß die stärkste weiblich-mütterliche Erweiterung, die die christliche Rede von Gott imaginativ wie nominell vollzogen hat, bei alldem auf wenig Gegenliebe stößt. Maria, die Mutter Jesu von Nazareth, von der im NT nur wenige Geschichten erzählen, ist im Kosmos des christlichen Denkens schließlich zu den höchsten Höhen der Gottheit emporgestiegen: Sie wird als „Gottesmutter" und „Himmelskönigin", ja in einem weiblichen Rollenexzeß als „Gottes Tochter und Mutter und Braut"[108] angerufen und hat in der Imagination der Christenheit eine Bildpräsenz, die der des dreifaltigen Gottes kaum nachsteht. Doch scheint gerade diese singuläre Karriere einer Frau und Mutter Argwohn zu wecken. Eine „Hermeneutik des Verdachts"[109] kann gerade in solch ungewöhnlichem weiblichen Erfolg patriarchalische Absicht wittern. Da ist sicher einiges zu klären, aber die volksreligiös wie hochkulturell überwältigende Präsenz der „allerseligsten Jungfrau und Gottesmutter Maria" in der christlichen Kultur allein den psychologischen Listen des Zölibats zuzuschreiben[110], überschätzt diesen vielleicht doch. Es bedarf jedenfalls noch genaueren Hinsehens, was, wie die weitere Erörterung der Trinität und im engen Zusammenhang damit, in den Bereich der Gottesbilder führt.[111] Die Mariologie ist in der Geschichte des Redens von Gott ein gewagtes Projekt des christlichen Monotheismus. Das aber ist genau so offen anzusehen wie die Rede von Gott dem Vater. Und vielleicht zeigt sich, daß hier wie dort die Dinge vielschichtiger sind, als es im leiderzeugten Wahrnehmungsschema patriarchalischer Unterdrückung erscheinen mag.

4. NAMEN UND GESCHICHTEN

Wir kommen zu den Namen Gottes durch die Geschichte. Auch wenn man es Namen wie Herr oder Vater nicht geradewegs ansieht, sie sind der Sucus einer langen, gar nicht einfachen Geschichte. Viele miteinander verkettete Geschichten, ihre Kontexte, ihr Widerstreit sogar haben sich in ihnen abgelagert, erinnerbar. „Namengebung erfolgt aus Geschichten, oder auf Grund von Geschichten, in einer Geschichte, als Überschrift für eine Geschichte."[112] In diesem Sinne ist Gott in seinen Namen immer der Gott der Väter, der Überlieferung also, die uns von ihnen her erreicht hat.

Die beschränkt sich nicht auf Abraham, Isaak und Jakob und hat, genau besehen, am Ende immer einen ganz singulären Verlauf. Das wird für den, der sich nicht seiner orthodoxen Reinrassigkeit, wohl aber seiner besonderen Verstricktheit in die Menschheitsgeschichte vergewissern möchte, eine Frage der Genealogie. Unter der Überschrift „Sohn von" hat H. Oosterhuis einen Stammbaum des Redens von Gott aufgezeichnet:[113]

SOHN VON
Reden von Gott ist Wasser, das aus klaren und trüben Quellen zusammengeflossen ist. Unter einem Stein her, aus den Wolken. Aus Kränen, die sich nie ganz zudrehen lassen und immerfort tropfen und ticken.
Mein Kran ist angeschlossen an eine ziemlich gammelige Leitung, die über eine Pumpe in Verbindung steht mit einem kleinen Teich (irgendwo in einem Klostergarten), in den ein kleiner Kanal mündet, der wieder angeschlossen ist an den Arm eines Flusses, der zum Meer hin strömt.
So wie geschrieben steht: Er war nun einmal der Sohn von Toon, Sohn von Hendrik, Sohn von Tjeerd Pieter, Postbote zu Uithuizen, um die Mitte des neunzehnten Jahrhunderts. Sohn von Pieter Tjeerd, Sohn von –, dann eine Reihe von mageren und fetten Jahren nichts, Sohn von Claus, Zollbeamter in der Nähe von Bedum 1678, ein Bastard sagte man des Bischofs von Münster, Sohn von melken und mähen, Sohn von fahren, nachhausekommen und wieder weggehen, Sohn von Schreien, Worten, Liedern (Ein feste Burg), Sohn von Seufzern „alle Dinge sind mir zu enge", Sohn von unruhig ist mein Herz bis –, Sohn von warum hast Du mich verlassen, Sohn von Josef sagen Menschen, Sohn von Eli, Sohn von Mattat, Sohn von Sohn von Sohn, Lehm von Lehm, Dämmerlicht von Dämmerlicht, Böses aus Gutem aus Bösem, aus Schlimmerem, Sohn von David, Sohn von Juda, Sohn von Jakob Israel („Kampf mit Gott"), Sohn von Isaak (gerade noch dem Messer entronnen), Sohn von Sarais dürrem Schoß, Sohn von Terah, Händler in Göttern, Sohn von Nachor, Sohn von Seroeg, Sohn vom Sklaven vom Knecht, vom Sohn, vom Herrn vom Turm zu Babel, Sohn von Sem, Sohn von Noach, Sohn von Riesen, Sohn von Henoch, der so brav war, daß er nicht zu sterben brauchte – niemand hat ihn mehr gesehen.
Das war, als auf dem Mond die letzten Vulkane schon dreitausendmillionen Jahre erloschen waren, kurzum von Jared und von Kainan und Enos, Sohn von Seth („anstelle von Abel"), Sohn von Adam, Sohn von Dir.

Von sprudelnden Einfällen und dahinplätschernden Gesprächen, von literarischen Quellen und Einflüssen, kurzum vom Redefluß ist so lange schon in unseren Sprachen die Rede, daß wir die darin verborgenen Metaphern gewöhnlich nicht mehr bemerken. Die Poesie, die vor allem anderen ein empfindliches Sensorium für die Sprache ist, kann solche abgesunkenen Metaphern aufdecken und wiederbeleben.

„Reden von Gott ist Wasser...“, aber der Blick bleibt nicht am reinen Bild des Vorüberströmens hängen, sondern geht gleich „ad fontes“: „Wasser, das aus klaren und trüben Quellen zusammengeflossen ist“. Nicht bloß aus klaren (wie Theologen, wenigstens für ihr eigenes Reden von Gott, meinen könnten), aber auch nicht bloß aus trüben (wie die Ideologiekritiker aller Couleur argwöhnen); ein Zusammenfluß vielmehr von klarer und unklarer Herkunft; frisches und brackiges Wasser zusammen, ein Mischwasser.

„Unter einem Stein her, aus den Wolken“. Also, von unten her, aus Tiefenschichten der Erde (und des aus ihr genommenen Menschen), hier und da an den Hängen aus dem Boden tretend. Aber auch von oben. Auch dies ineins: aufsprudelndes, an die Oberfläche drängendes Reden, und über die Erde von oben her kommendes, sie aus der Höhe überkommendes.

Aber damit man es menschennah genug denkt, springt die Metapher aus der freien Stromnatur ins Haus, wo die Leute wohnen. Reden von Gott: Es ist wie mit Wasserkränen, die ein bißchen alt sind, und deshalb, auch wenn man es mit Gewalt versucht, sich nicht ganz zudrehen lassen und weiter tropfen und ticken (manchmal nervenaufreibend). Kräne sind höchstpersönliche Zapfstellen des weit verzweigten Leitungssystems. Und darauf läuft es hier hinaus: Nicht das Reden von Gott im allgemeinen und großen ganzen, sondern „mein“ Reden von Gott, also dessen, der mir (dem Leser) in diesem Text gegenübertritt und „ich“, „mein“ sagt (mit der unausgesprochenen Frage: „und dein?“).

Also: „Mein Kran ist angeschlossen an eine etwas brüchige Leitung“, die nicht stracks und direkt, aber doch, durch eine Pumpe vermittelt und unterstützt, zu einem kleinen Teich führt, nicht, noch nicht in Gottes freier Natur, sondern im Gehege eines Klostergartens. Der Kran im Stadthaus: auf Umwegen immer noch gespeist vom „Minnewater“ eines beschaulichen Kreuzgangs. Aber dieser Teich ist nicht schlechthin die Quelle, er ist verbunden mit einem kleinen Kanal, der wieder angeschlossen ist an den Arm eines Flusses, der seinerseits zum Meer strömt.

Die Einbildungskraft setzt sich aber nicht fest am Lauf des Wassers, sondern springt alsbald in einen neuen Vergleich: „So wie geschrieben steht“. Das ist jene bekannte Formel, mit der biblische Schriftsteller erklären, daß das, was sie gerade gesagt oder erzählt haben, zusammenzulesen ist mit dem, was bereits andernorts geschrieben steht. Diese schriftgelehrte Formel wird hier aufgenommen, um die Wasserparabel mit einer Stelle der Schrift in Beziehung zu setzen: „Er war nun einmal der Sohn von ...“. Das klingt an Lk 3,23 an: „Und er, Jesus, war, als er auftrat, etwa dreißig Jahre alt und war, wie man annahm, ein Sohn von Joseph...". Man wird in ein neues Genus biblischer Rede versetzt, den Stammbaum, das Geschlechtsregister. Daran, an der Liste der Geschlechterfolgen, den „Toledot", gibt es von den ersten Seiten der Schrift an ein lebhaftes Interesse. „Dies ist das Buch der Geschlechterfolge (*sepher toledot*) Adams" heißt es Gen 5,1 und so dann noch öfter (Gen 6,9; 10,1; 11,10; 11,27; 32,2 usw.). Im Neuen Testament beginnt das Matthäusevangelium mit einem solchen *sepher toledot, biblos geneseos.* In der Folge der „Zeugungen" und Namen verbindet der Stammbaum die Zeiten zu einem leiblichen Kontinuum, erklärt und begründet Zusammengehörigkeiten und Eigenschaften, Erbschaften und Ansprüche der Nachfahren. Am Rande des Neuen Testaments wird einmal davor gewarnt „auf Fabeln (*mythoi*) und endlose Geschlechtsregister (*genealogiai*) zu achten, die nur Streitfragen hervorbringen statt Dienstleistung im Haushalt Gottes" (1 Tim 1,4; vgl. Tit 1,14). Aber solche Pastoralbriefmahnung hat Huub Oosterhuis nicht davon abgehalten, das literarische Genus der Genealogie aufzugreifen, offenbar in der Meinung, daß es dem „Haushalt Gottes", seiner „Ökonomie" doch dienlich sein könnte.

„Er war nun einmal der Sohn von Toon", also nicht der Sohn Josephs; von dem ist hier (noch nicht) die Rede. Wer ist „er"? Der, von dem im parabolischen Vorspann die Rede war, möchte man meinen, der dort sagte: „mein Kran". Er setzt sich hier in die dritte Person und bedenkt sein Geschick, sein Herkommen, das er nicht gemacht und ausgesucht, sondern das er vorgefunden, in dem er sich vorgefunden hat: „Er war nun einmal der Sohn von Toon". Es ist diese einmalige, unausweichliche Stelle im Universum des Menschengeschlechts, nun einmal der Sohn dieses Vaters zu sein.

Und damit der Nachkomme anderer Väter: „Sohn von Hendrik, Sohn von Tjeerd Pieter...": ein niederländisches Familienregister, das nach Nordholland führt (Uithuizen, Bedum), kleine Leute, synchron mit der großen Geschichte (1678, der Friede von Nimwegen, der den „Holländischen Krieg" beendete). Keine lückenlose Geschichte, „eine Reihe von fetten und mageren Jahren", wie es im biblischen Ton der Geschichte vom ägyptischen Joseph heißt, „nichts", nichts namentlich Bedeutendes. Keine reinrassige Geschichte (was nachzuweisen ja oft genug die Absicht von Stammbäumen war, in Deutschland vor allem): „ein Bastard sagte man des Bischofs von Münster", ein Einschlag der weder besonders zölibatären noch gar friedliebenden höheren Klerisei, man munkelt es jedenfalls.

Aber auf solchen klandestinen Seitenlinien geht es denn doch nicht groß weiter. Das allgemeine Lebensmilieu ist als Herkunftsangabe wichtiger: Sohn des Landes, Sohn vom Lande, von Melken und Mähen, Bauernsohnschaft; aber nicht nur landwirtschaftliche Seßhaftigkeit, auch „Sohn von fahren, nach Hause kommen und wieder weggehen"; Abkunft von Seefahrt und Kauffahrt, von Erfahrung eben, die ohne Abschied und Rückkehr, und wieder Abschied nicht zu machen ist.

Niederländische „Toledot", nordholländische Geschlechterfolge. Ist es ein autobiographischer Stammbaum? Mag sein. Ohne autobiographischen Einschlag wird gewiß nichts gedichtet, was von einigem menschlichen Rang ist, aber erst die poetische Transformation hebt das Private auf eine Höhe, die jeden Leser angehen kann.

Der genealogische Rhythmus des „Sohn von, Sohn von" läuft weiter, doch unversehens ist man aus der geraden Linie einer leibhaftigen nordholländischen Familie herausgeraten: „Sohn von Schreien, Worten, Liedern". Ahnen tauchen auf, zu denen keine Blutsverwandtschaft mehr führt. Es ist Geistesverwandtschaft im Epochensprung, Zeugung durch Inspiration, mit dem Saatgut der Sprache.

Er, um dessen Stammbaum es hier geht, verdankt sich zuvorderst seinen leiblichen Eltern und dem Lebensstrom, der ihn durch sie erreicht hat; aber nicht minder hat ihn als lebendiges Wesen erzeugt, was er hörte und in den Büchern las, jedenfalls dort, wo ihn daraus Lebensatem anwehte.

Beispiele, mit kurzen Zitaten belegt: „Ein feste Burg", so beginnt Martin Luthers reformatorisches Urlied, und das evoziert den Einfluß der von der Reformation ausgegangenen reichen Singtradition (nicht nur der Klostergarten mit den gregorianischen Gesängen also). Und aus dem 16. Jh. zurück ins 13. Jh., in die mittelalterliche Mystik. „Alle dinghe sijn mi te inghe", Verse aus einem Gedicht der großen niederländischen Mystikerin Hadewijch, oder wahrscheinlicher von einer anonymen Frau aus ihrem Beginenkreis, ihrer Schule („Tochter von Hadewijch")[114]:

In deutscher Übersetzung lautet der mittelniederländische Text:

Alle Dinge
sind mir zu enge;
Ich bin so weit:
Ein ungeschaffen Wesen
hab' ich ergriffen
in ewiger Zeit.

Ich hab' es gefangen
Es hat mich befreit
Weiter als weit,
Alles Maß mir zu enge
Das weißt du wohl,
Der du dies und dort bist.

Man ist ganz frei
In diesem Nahbei,
Ungeschieden;
Darum will er,
Daß es also sei
Mit uns beiden.

Es ist Minnemystik, die sich aus der beschränkten Enge der Weltdinge in die freie, maßlose Weite des ungeschaffenen Gottes sehnt. Später lange vergessen, sind solche Verse auf einmal, Amsterdam um 1970, wieder da (Sohn von Tochter von Hadewijch, Tochter von) „Unruhig ist unser Herz, bis daß...". Damit ist man schon, auf der Linie der gotterfahrenen Vorfahren, in der Antike, auf der ersten Seite von Augustins „Confessiones". Und jedermann weiß, daß der Spruch zu Ende geht „bis daß es ruht in Dir, o Gott". Aber ein Gedankenstrich bricht den Satz ab, reißt ihn aus seiner schon fast sprichwörtlichen Konvention, gibt ihm grammatisch die Form der Unruhe, die er ja zum Ausdruck bringen will.

In den offen gelassenen Raum fällt ein anderes Wort: „Sohn von warum hast du mich verlassen". Kein Name wird genannt, als ob dessen Hinterlassenschaft sich letztendlich zusammendrängen ließe in dieses Wort. Kein Lied, glaubenssicher wie „Ein feste Burg ist unser Gott". Vom Psalter Israels, aus dem zweiundzwanzigsten Psalm, der letzte geschriebene Rest, das, was dem verspotteten Gottessohn („Er hat auf Gott vertraut, der helfe ihm jetzt heraus, wenn er ihn liebhat. Er hat ja gesagt: Ich bin Gottes Sohn", Mt 27,42) geblieben ist in seiner äußersten Not; nicht der mystische Seufzer aus der Enge der Dinge oder neuplatonische Unendlichkeitssehnsucht, sondern der Schrei dessen, der den Halt, den einzigen, an den er sich gehängt hatte, nicht mehr sah, im Stürzen in die Tiefe schrie: Warum? Wie kann man Sohn, Abkömmling eines solchen Schreis sein? Was soll daraus geboren werden können? Der Stammbaum hält es fest, ohne es zu erklären, und geht weiter.

„Sohn von Joseph, sagen Menschen". Das ist nun doch Lk 3,23, der Anfang des Stammbaums Jesu. Unmerklich geht der Stammbaum des „Sohn von Toon, Sohn von Hendrik, Sohn von Tjeerd Pieter" nach dem geistesverwandtschaftlichen Zwischenstück über in das „Sohn von Joseph, Sohn von Eli, Sohn von Mattat". Aber er besteht dann doch nicht auf der genealogischen Namensgenauigkeit, in der es biblisch weitergeht: „des Levi, des Melchi, des Jannai...", sondern: „Sohn von, Sohn von, Sohn von". Eben dies unablässige Gezeugtwerden, von Geschlecht zu Geschlecht.

„Lehm aus Lehm". – Das geht nicht. Anorganisches zeugt nicht, hat Teile, aber keine Kinder. Warum also? Es ist gesagt aus Erinnerung, weil ja geschrieben steht (Gen 2,7): „Da bildete Gott der Herr den Menschen aus Lehm vom Erdboden und hauchte ihm Lebensatem in die Nase. So ward der Mensch ein lebendes Wesen." Ein Lebewesen also, das Kinder haben kann nur durch diesen Gotteshauch. Sonst eben Lehmerde; „denn Erde bist du und zur Erde mußt du zurück" (Gen 3,19). So daß diese Geschlechterfolge des Zeugens nur die Kehrseite der Rückkehr in den Lehmboden der Erde ist; daß diese alle, die da gezeugt haben, dies auch getan haben, weil sie Anfang und Ende hatten, eine begrenzte Zeit auf dieser Erde, und in ihren Söhnen überlebten; also nicht ewig währten; gezeugt, aber zugleich geschaffen, geschaffene Kreatur und also nicht „Licht vom Licht" (wie es das Credo von dem ewiggeborenen Sohn sagt), sondern Dämmerlicht vom Dämmerlicht, bleibendes Halbdunkel, Halblicht. Nicht einfach erbsündlich verdorbene Menschenmasse, sondern: „Böses aus Gutem, aus Bösem aus Schlimmerem". Diese Geschichte der Depravation des Guten (auch Gutgemeinten) zum Bösen, und doch auch der „felix culpa" , in der die Übeltat wider Willen und glückseligerweise, wie durch ein Wunder Gutes gebiert. Dies in der Geschichte von Vätern und Söhnen, Eltern und Kindern.

Zum Exempel: David, wo aus der Verstrickung ins Böse doch noch Gutes kam, „Jedidja", der „Liebling des Herrn", eben der König Salomo, und die Lieder des Psalter (die wenigen, die er vielleicht wirklich gesungen, und die vielen, die man ihm als seine Kinder angedichtet hat), und schließlich der Davidssohn („warum hast du mich verlassen").

Von David gleich der Sprung hinweg über die Generationen, aber doch in der Linie noch des lukanischen Stammbaums (sonst müßte ja wohl von Moses die Rede sein) zurück in die Väterzeit, zu Juda und Jakob Israel, der zu seinem Geburtsnamen in der Nacht am Jabbok einen Namen dazu bekam, „Israel", was übersetzt eben heißt „Kampf mit Gott", und der die Stätte, wo er die Nacht hindurch mit dem Unbekannten kämpfte, „‚Pnuel‘ nannte, d. i. ‚Angesicht Gottes‘, denn ich habe Gott von Angesicht zu Angesicht gesehen und bin am Leben geblieben" (Gen 32,30), und der dies, das Ansichtigwerden Gottes im Kampf mit ihm, dem ganzen Volke vermachte, diese theophorische Spiritualität „Israel".

„Sohn von Isaak", mit der Evokation jener Geschichte von dem auf Gottes Geheiß gezückten und fallengelassenen Messer („und Abraham nannte die Stätte ‚Gottessicht'", Gen 22,14). Aber der hochberühmte Name des Stammvaters Abraham, auf den bei Matthäus überhaupt der ganze Stammbaum hinausläuft, wird hier ausgespart. Statt dessen: „Sohn von Sarais dürrem Schoß". Das ist eine Korrektur des lukanischen Stammbaums, der rein auf der männlichen Linie läuft (anders als der matthäische, der an bemerkenswerten Stellen immerhin kommemoriert, daß zur Genese von Menschenkindern auch Frauen gehören). So muß nun ausgerechnet der „Vater vieler Völker", „unser aller Vater Abraham" (Röm 4,16 f), die Stelle der alten Frau Sarai überlassen, die durch ein Wunder doch noch einen Sohn bekam (Gen 18,1-16; 21,1-7).

Und dann Terah, nach Gen 11,26f der Vater Abrahams, von dem Jos 24,2 sagt: „Eure Väter, Terah, Abrahams und Nahors Vater, wohnten vor Zeiten jenseits des Stromes und dienten andern Göttern." „Händler in Göttern" heißt es bei H. Oosterhuis. Die Spur führt aus der kanonischen Heiligen Schrift hinaus, ins frühjüdische Schrifttum, zu der aus dem 1. Jh. n. Chr. stammenden „Apokalypse des Abraham"[115], in deren ersten Kapiteln sehr anschaulich von Terah die Rede ist, der Götter produziert aus Holz, Stein, Gold, Silber und sie durch seinen Sohn verkaufen läßt auf der Straße. Komplikationen der Götterhandelei beschleunigen die religiöse Krise Abrahams; ein Offenbarungswort des wahren Gottes weist ihn fort aus seines Vaters Haus. Es sind kuriose Geschichten, in denen die Phantasie frommer Juden des 1. Jahrhunderts nach Christus sich jenen in der Schrift (Gen 12,1) so denkbar knapp geschilderten Abschied Abrahams ausgemalt haben als Krise der Idololatrie. „Sohn von Terah, Händler in Göttern" – der kleine Vermerk enthält ein ganzes Kapitel Religionsgeschichte, aufgenommen in den Stammbaum des Redens, dieses heutigen Redens von Gott, weil es eben nicht mit Abraham beginnt. Auch Abraham, der die Stimme des Einen hörte, ist Sohn von. Das Reden und Machen von Göttern „jenseits des Stromes", „in Ur in Chaldäa", der Idole anfertigende, mit Idolen Handel treibende Terah ist Abrahams Vater und auch einer der Erzeuger des Redens von Gott bis zum heutigen Tag („aus klaren und trüben Quellen").

Der Stammbaum geht zurück in den Alten Orient, fremde Namen, Nachor, Seroeg, Sem, Jared, Kainan, Enos, und Namen, die man von Kindestagen an kennt, eingeschrieben in das Gottesgedächtnis, wie Noach. Auch den Turmbau von Babel kennt man natürlich, nur nicht im Kontext eines Stammbaums, also im Hinblick auf die Zeugungskraft: „Sohn vom Sklaven vom Knecht vom Herrn vom Turmbau zu Babel" – das Monstrum ist Erzeugnis von Menschen, Ausgeburt der Sklavenhaltergesellschaft. Auch dieser Versuch (und sein Scheitern) gehört in die Genealogie des Redens von Gott, bis heutigentags, wie die Übermenschen und Halbgötter, die Giganten, von denen Gen 6,4 erzählt: "Sohn von Riesen".

Aber dann auch „Henoch". Die frühjüdische und frühchristliche Literatur hat diese Gestalt aus Gen 5,18.24 sehr geschätzt. Als Vorbild der Buße (Sir 44,16) und des Glaubens (Hebr 11,5) erscheint er, als apokalyptischer Visionär (Henochbuch; Jud 14f) und „als von den erdgeborenen Menschenkindern der erste, der Schrift, Wissenschaft und Weisheit lernte und die Himmelszeichen nach der Ordnung ihrer Monate in ein Buch schrieb" (Jubiläenbuch 36,17). Und alle rühmen sie seine Entrückung: „Henoch wandelte mit Gott, und auf einmal war er nicht mehr da; denn Gott hatte ihn hinweggenommen" (Gen 5,24). Dem niederländischen Genealogen ist das, so scheint es, ein wenig zu abgehoben vom Erdenleben der sterblichen Menschenkinder. So mischt er einen Tropfen Ironie in die Glaubensheldensage: "Sohn von Henoch, der so brav war, daß er nicht zu sterben brauchte – niemand hat ihn mehr gesehen".

Die Erinnerung an Henoch, seine Entrückung aus der sichtbaren irdischen Realität, hat im Text eine Unterbrechung provoziert. Man blickt dem Entrückten nach, und der Blick bleibt hängen am Mond, aber nicht bei seiner romantischen Tröstlichkeit oder dem Kult, der dazumalen in Haran praktiziert wurde, von wo Abraham fortzog, sondern an der Astronomie:"das war, als auf dem Mond die letzten Vulkane schon dreitausendmillionen Jahre erloschen waren".

Mit den astronomischen Maßen und Zahlen synchronisiert, reduziert sich die große biblische Menschheitsgeschichte augenblicklich auf ein Sandkorn im unermeßlichen Kosmos. Schwindelerregend und das ganze Reden von Gott zwischen Eden und Bedum aus den Angeln reißend – möchte man meinen. Aber so ist es nicht. „Kurzum von Jared und von Kainan" geht es weiter, als ob nichts wäre. Natürlich ist etwas; sonst wäre jener Gedankenmeteorit vom Mond ja gar nicht in diesen Stammbaum eingeschlagen. Aber hier, wo es um die Geschichte des Redens von Gott geht, erscheint dieser Einschlag freilich nicht so gravierend, daß die biblische Überlieferung dadurch vollends gesprengt würde. Die in der Schrift aufgezeichnete – zugegebenerweise – kleine Menschengeschichte bleibt der Rahmen, in dem auch jene ungeheuren Dimensionen des Kosmos wahrgenommen werden, wie geschrieben steht: „Alle Dinge sind mir zu enge“. „Kurzum von Jared...“.

„Nicht einer ward auf Erden erschaffen wie Henoch“, rühmt Jesus Sirach, „aber über allen, die je in der Welt gelebt haben, steht Adam“ (Sir 49,16). Bei ihm endet der monogenistische Stammbaum im Lukasevangelium, in der Genesis, und auch hier – doch nicht ganz. „Der des Adam, der Gottes“ heißt es bei Lukas, in der dritten Person, wie es sich für das Genus der Genealogie gehört, in dem man von Namen zu Namen immer weiter in die Vergangenheit zurückgeht, bis man den Urvater erreicht hat. In H. Oosterhuis’ „Sohn von“ springt der Text im allerletzten Wort aus dem Geleise des Ahnenregisters, aus der dritten in die zweite Person: „Sohn von dir“. Statt Aufzählung Anrufung: Du. Der letzte erreichbare Vater verschwindet nicht in der grauen Vorzeit, sondern ist in der Kurve des letzten Wortes auf einmal gegenwärtig, ihm, der von sich selbst in der dritten Person zu sprechen begonnen hatte: „er war nun einmal der Sohn von Toon“. Die Distanz der genealogischen Besprechung ist in die Präsenz des Gebets hineingerissen. Es ist, als ob die Geschlechterfolge nur eine große Flugschleife war, die das Gedächtnis gezogen hat, um von einem besprochenen in ein empfundenes Hier zu gelangen. Das „Reden von Gott“, das sich auf den Grund zu kommen sucht, indem es seiner Herkunft nachgeht, erhebt sich in ein „Reden zu“.

Der Leser, der dem Gang der Genealogie Schritt für Schritt gefolgt ist, wird durch die pronominale Wendung am Schluß aus der hermeneutischen Bahn geworfen und auf sich selbst gestoßen. Denn zu jenem „Sohn von dir“ gehört ja ein „Ich“, das „Du“ sagt. Und das ist eben jener, der dort den Stammbaum seines Redens von Gott aufgezeichnet hat, und nicht er, der es nachliest. Nicht von selbst jedenfalls läßt sich dieses „von Dir“ nachsprechen, denn des Lesers eigener Stammbaum, der seines Redens von Gott steht auf einem anderen Blatt, auch wenn dort (nach dieser Lektüre) nun auch „Sohn von Sohn von Huub Oosterhuis“ mit einzutragen wäre, und, so oder so, am Ende auch „Sohn von Dir“.

Dieser Stammbaum ist keine Theogonie, wie sie dem Dichter Hesiod von den Musen eingegeben wurde.[116] Die Namen, die auftauchen, sind nicht Namen von Göttern, sondern von Menschen, die von Gott geredet haben, so oder so, und dieses Reden eingespeist haben in den Strom der Sprache, von Gott gezeugt haben und so das Reden von ihm weitergezeugt haben von Geschlecht zu Geschlecht. So ist, was von Gott zu sagen ist, mit Menschennamen verbunden, einer ganzen Serie von

Menschennamen und den damit verbundenen Geschichten, von ihnen gar nicht ablösbar, weil auch der abstrakteste Name, den man Gott zudenken kann, einmal von einem Menschen in dieses Gerede eingebracht worden ist.

Der, der jetzt sein Reden von Gott genealogisch rekonstruiert, stößt im sprunghaften Gang durch die Geschichte immerzu nur auf Menschen, von denen dieses Reden von Gott herkommt, von denen er es bezogen hat, übernommen und angenommen. Genealogie ist eine besondere Art von Geschichtsbetrachtung. Sie läßt die Geschichte nicht teilnahmslos Revue passieren. Sie bezieht ihren Gang auf die lebende Generation: „mein Kran". Was Genealogie entdeckt und sich als Entdeckung zueignet, ist Erbgut, ererbt zu vererben. Darin steckt ein Moment unausweichlicher Individualität: „Er war nun einmal der Sohn von..." So gelangt man wohl, auch was das Reden von Gott anlangt, letztendlich zu so viel Stammbäumen, wie es einzelne Menschen gibt, unbeschreiblich.

Aber diese Einzelgeschichten sind doch so miteinander verbunden, daß sich Verwandtschaften ergeben. Wenn „Menschsein heißt in Geschichten verstrickt sein", so ist auch „jede Einzelgeschichte (...) zugleich eine Wir-Geschichte", „so daß jede Ich-Verstrickung eine Wir-Verstrickung enthält, und jede Wir-Verstrickung eine Ich-Verstrickung."[117]

Der von H. Oosterhuis aufgezeichnete Stammbaum des Redens von Gott ist unverkennbar ein christlicher, nicht auf Grund einer bestimmten Definition Gottes, sondern auf Grund der besonderen Selektion der Zeugen und Zeugungen. Diese Geschichte ist aber, da sie schließlich zurückgeführt wird bis zu Adam, eine Weltgeschichte oder jedenfalls eine Einzelgeschichte, die den Raum der ganzen Welt durchmißt, von hier bis zum Anfang der Menschheit. „Die größte Weite hat die Wir-Verstrickung in der All-Geschichte."[118] Es gibt eine Reihe von historischen Allgeschichten – „Homers Allgeschichte, die jüdische, die christliche, die islamische, die Allgeschichte des Gilgamesch oder Bhagavadgita und alle anderen."[119] „Während es nun unübersehbare Einzelgeschichten gibt, so viele wie Sand am Meer, ist die Anzahl der Allgeschichten wenigstens auf den ersten Blick schon eher übersehbar. Zu einer von diesen Allgeschichten gehört jeder Einzelne (...), jeder Jude gehört in die jüdische Allgeschichte. Darauf beruhen seine Grenzen und darin beruht seine Sicherheit. Dies Zu-einer-Allgeschichte-gehören macht die Substanz des Menschen aus. Für die Einzelnen ist die Allgeschichte und sein Platz darin, so lange beides nicht angefochten ist, vergleichbar mit dem, was der Philosoph unter dem Absoluten versteht."[120]

Wenn aber beides angefochten wird, „wenn die Allgeschichte verloren geht, kommt alles ins Treiben“[121]. Solche Krisen sind nicht unbekannt. „Die Welt Homers gerät in der klassischen Zeit Griechenlands in einen ähnlichen Strudel wie die christliche Welt in der beginnenden Neuzeit.“[122] Die Bekehrung des Paulus ist der eindrücklichste Fall der einzelgeschichtlichen Verstrickung in eine allgeschichtliche Umstellung, von der jüdischen zur christlichen Welt, dem Entwurf einer neuen Weltgeschichte, die die alte abzulösen sucht, indem sie sie in sich aufnimmt.[123]

„In den positiven Welten, die wir antreffen in der Welt Homers, Dantes, im Islam, im Alten Testament ist immer Gott vorhanden, treffen wir immer auf Gott und nicht so, daß wir Gott auch wegdenken könnten, sondern so, daß Gott, Zeus, Allah die ganze Welt durchdringt.“[124] Bei all diesen Welten spielt „fast selbstverständlich Gott oder ein Gott die erste Rolle“[125], auch wenn sie in den verschiedenen Welten sehr verschieden ist. Das bedeutet, daß jede Krise einer Welt, einer Allgeschichte auch eine Gotteskrise einschließt.

Gibt es auch Allgeschichten, Welten, in denen Gott, oder ein Gott keine Rolle spielt? Sind die moderne Naturwissenschaft oder der atheistische Marxismus ein Beispiel dafür? Oder wird nur seine Position anonym neu besetzt? Darüber ist so schwer im allgemeinen zu befinden, weil man aus dem Ort seiner Ich-Verstrickung nicht einfach herausspringen kann. So bietet sich in Zeiten der Unübersichtlichkeit, in denen vieles ins Treiben geraten ist, der Weg genealogischer Vergewisserung an: „Wer über Religionsforschung reden will, der müßte zuerst den Ort angeben, an dem er steht. Eine Theologie von außen kann es nicht geben.“[126] Diese Ortsangabe ist aber keine beliebige Setzung, sondern Erkundung von etwas Gegebenem. Der Ort wird nur indirekt sichtbar in dem, was von ihm aus zu sehen und zu zeigen ist.

5. SUCHE UND STREIT

Den Stammbaum seines eigenen Denkens zu erkunden, kann in Zeiten, da vieles, wenn nicht alles im Treiben ist, ein Weg sein, sich Gottes zu vergewissern, dessen, was man damit meint. Aber gelangt man auf diesem Weg zu mehr als einem Hausgötzen der eigenen Biographie? Kann man je weiter gelangen? Von dem Ort aus, wo man sich befindet, sieht man nicht nur in unterschiedlicher Entfernung das bunte Spiel der Göttergeschichten, man sieht auch den Kampf, den Kampf von Göttern untereinander und den Kampf von Menschen um den wahren Gott, wird da hineinverstrickt, bedrängt und befragt.

Im Streit um die Wahrheit erscheinen Menschen, die die Ahnentafel ihres Redens von Gott bewußt rein halten möchten von unerwünschten Einflüssen: „Gott Abrahams, Gott Isaaks, Gott Jakobs, nicht der Philosophen und Gelehrten", wie es Blaise Pascal 1654 in seinem Memorial niedergeschrieben hat, oder umgekehrt, statt dieses zufälligen Geschichtsgewusels der Bibel der reine Gott der Vernunft, Sohn von Immanuel Kant, „Alleszermalmer" („Das moralische Gesetz in mir..."), Sohn von Baruch Spinoza, von der Amsterdamer Judenschaft verstoßen („Deus sive natura"), Sohn von Descartes („idea clara et distincta"), Sohn von Aristoteles. Ist dieser „unbewegte Beweger", zu dem man da am Ende als Stammvater gelangt, ein anderer als der sich bewegende und zu bewegende Nomadengott der Bibel? Entstehen da ganz unterschiedliche Stammbäume? Ist das Reden von Gott, selbst das monotheistische, gar nicht monogenistisch? Geht das Leben des Redens von Gott gar nicht auf *einen* Ursprung zurück?

Da gibt es eine Mutter, die für das Reden ihrer Kinder strengen Monogenismus vorschreibt: „Die heilige Mutter die Kirche hält fest und lehrt: Gott, aller Dinge Grund und Ziel, kann mit dem natürlichen Licht der Vernunft aus den geschaffenen Dingen mit Sicherheit erkannt werden" (DH 3004). Dieser Gott des *lumen naturale humanae rationis* ist der Gott der Philosophen, soweit sie dabei kommen. Doch, sagt die „Heilige Mutter" weiter, hat es Gott in „seiner Weisheit und Güte gefallen, auf einem anderen, und zwar übernatürlichen Weg sich selbst und die eigenen Beschlüsse seines Willens dem Menschengeschlecht zu offenbaren" (DH 3004). Es ist kein anderer Gott, er offenbart sich nur auch noch auf anderem Wege (*via supernaturali*). Das *genus humanum* redet aus zweierlei Quelle von Gott, aus der Natur und aus der Geschichte, aus Vernunft und Offenbarung. Diese genetische Doppelhelix hält „die heilige Mutter die Kirche" für alles Reden von Gott, was in ihrem Einflußbereich hervorgebracht wird, fest, woraus sich eine komplizierte Genealogie ergibt, denn diese beiden genetischen Ströme laufen nicht einfach harmonisch ineinander, wirbeln auch gegeneinander, suchen einander zu überspülen: „Sohn von Hegel („absoluter Geist"), Sohn von Nietzsche („Gott ist tot"). Der Patron dieses Stammbaums ist wohl Jakob-Israel (d.i. Gottesstreiter, Gen 32,28), der nicht nur selig von einer Engelsleiter träumt, die von seinem Kopf geradewegs in den Himmel geht (Gen 28,12), sondern auch nächtens auf den Tod zu kämpfen hat, ob er den Übergang schafft, und nicht unverletzt durchkommt (Gen 32,24-31). Dieser genetische Kampf ist nicht irgendwann ein für allemal abgeschlossen, er flammt Generation für Generation wieder auf. Die Permanenz von Lehrverurteilungen, mit denen „Mutter Kirche" diese Evolution begleitet, zeigt, daß sie sich bei diesem Verkehr wohl eine willigere *ancilla* vorstellt, eine „philosophia perennis", die nicht dauernd riskante Neuerungen einspeist.

Während das 1. Vatikanische Konzil (1870/71) mit diesem gemischten Doppel von Vernunft und Offenbarung noch ganz im abendländischen Raum denkt, realisiert das 2. Vaticanum ein Jahrhundert später (1962-1965) eine neue weltgeschichtliche Lage: „In unserer Zeit, da sich das Menschengeschlecht (*genus humanum*) von Tag zu Tag enger zu vereinen sucht und die Beziehungen unter den verschiedenen Völkern sich mehren..." (Erklärung über das Verhältnis der Kirche zu den nichtchristlichen Religionen, Art. 1[127]). Was sich da säkular tut, weckt die Globalitätsvision der christlichen Religion: „Alle Völker sind ja eine einzige Gemeinschaft, sie haben denselben Ursprung, da Gott das ganze Menschengeschlecht (*genus hominum*) auf dem gesamten Erdkreis wohnen ließ, auch haben sie Gott als ein und dasselbe Ziel" (Art. 1). Diese Universalität ist, der hier vom Konzil zitierten Areopagrede des Paulus (Apg 17,26) zufolge, die von der Philosophie wie von der Offenbarung getragene Idee der Menschheit als genetischer Einheit, deren Evolution von Gott als Ursprung und Ziel (*origo* und *finis ultimus*) umfangen ist. Diese Einheit des *genus humanum* diversifiziert sich nicht nur in die Verschiedenheit der den Erdball bevölkernden Populationen, sondern auch in unterschiedliche Tast- und Suchbewegungen nach jenem Ursprung und Ziel, als die die Religionen verstanden werden. So findet sich „von den allerersten Zeiten bis in unsere Tage (...) bei den verschiedenen Völkern eine gewisse Wahrnehmung jener verborgenen Macht (*arcanae virtutis*), die dem Lauf der Welt und den Ereignissen des menschlichen Lebens gegenwärtig ist, und nicht selten findet sich auch die Anerkenntnis einer höchsten Gottheit (*Summi Numinis*) oder sogar eines Vaters" (Art. 2). „Im Hinduismus erforschen die Menschen das göttliche Geheimnis (*mysterium divinum*) und suchen es in einem unerschöpflichen Reichtum von Mythen und in tiefdringenden philosophischen Versuchen zum Ausdruck zu bringen" (Art. 2). Auch der Buddhismus wird, ohne dabei ausdrücklich von „Gott" zu sprechen, dieser universalreligiösen Suchbewegung eingeschrieben, die in den Satz zusammengefaßt wird: „So sind auch die übrigen in der ganzen Welt verbreiteten Religionen bemüht, der Unruhe des menschlichen Herzens (*inquietudini cordis hominum*) auf verschiedene Weise zu begegnen, indem sie Wege weisen: Lehren und Lebensregeln wie auch heilige Riten" (Art. 2). Triebkraft der Religion ist das *inquietum cor*, die Unruhe des menschlichen Herzens, die Augustins „Confessiones" dem christlichen Gedächtnis als anthropologischen Grund allen Gottesverhältnisses tief eingeprägt haben. Sie liegt nicht nur, wie es Augustinus primär vor Augen stand, der Philosophie zugrunde, sondern auch der Religion, den Religionen der Welt insgesamt. Sie sind, und zwar in ihrer jeweiligen doktrinellen, rituellen und moralisch-praktischen Ausgestaltung für das suchende Menschenherz erfundene Wege, zu seinem Ziel zu gelangen. Sie enthalten allesamt Irrsal und Wirrsal, aber ein „Strahl jener Wahrheit" (*radium illius Veritatis*), die alle Menschen erleuchtet" (Art. 2) dringt überall durch und schafft eine Beziehung zu dem, der *via, veritas et vita* in Person ist, Jesus Christus, der die volle Versöhnung des unruhig suchenden Menschenherzens mit Gott ist und so das, was die Kirche in Gottesdingen zu verkündigen und in das Gespräch mit den Religionen einzubringen hat (Art. 2).

In dieses Weltreligionspanorama führt das Konzil dann noch eine wichtige Stufung ein, indem sie im 3. und 4. Artikel gesondert vom Islam und vom Judentum spricht. Es ist zunächst die monotheistische Differenz. „qui unicum Deum adorant", heißt es gleich am Anfang von Art. 3 von den Muslimen: „die den alleinigen Gott anbeten, den lebendigen und in sich seienden, barmherzigen und allmächtigen, den Schöpfer des Himmels und der Erde, der zu den Menschen gesprochen hat." Dieser *Deus unicus* ist nicht bloß der Gott der Philosophen oder das als Ursprung und Ziel im Suchen der Religionen verborgene *eine* Mysterium, er ist das Subjekt einer geschichtlichen Offenbarung, in der er zu den Menschen gesprochen hat, angefangen bei Abraham, „auf den der islamische Glaube sich gern beruft" (Art. 3). Und so ist es auch im Verhältnis zu den Juden, daß die „christifideles", die Christgläubigen sich „als Söhne Abrahams dem Glauben nach" (Art. 4) dem „Stamme Abrahams geistlich verbunden" sehen. Der Monotheismus, der die drei Religionen verbindet, ist der eines gemeinsamen Offenbarungsstammbaums. Die mit Abraham einsetzende Offenbarungsgeschichte hat sich gegabelt, was diese drei enger als andere Weltreligionen miteinander verbindet. Aber diese genetische Nähe hat sie zugleich in eine Geschichte maßloser Aggression gegeneinander getrieben. Die alte christliche Judenfeindschaft zu begraben, war ursprünglich überhaupt der Antrieb zu dieser Konzilserklärung und die Beteuerung des Friedenswillens ist ihre unverkennbare Option. Aber in allem Aufbruch zu einem epochal neuen Religionsfrieden legt die für ein katholisches Konzil nicht zu umgehende Christofinalisierung der Offenbarung Gottes bloß, daß jenseits aller menschlichen Bosartigkeit am Grunde da auch ein Streit um Gott ist, der mit einer Erklärung zum freundlichen Umgang miteinander nicht aus der Welt ist.

Ist der eine Gott, den sie, abkünftig vom Vater Abraham, als denselben meinen, auch der gleiche? Läßt sich die Abrahamskindschaft so spirituell universalisieren, wie es die Christenheit seit Paulus meint? Oder ist dieser Stammbaum streng ethnisch zu verstehen, Gott, gebunden, sich gebunden habend an dieses besondere Volk? Die jüdische Theologie war sich in der Geschichte und ist sich bis heute keineswegs einig, ob der Christusglaube und seine Ausarbeitung zu einer trinitarischen Gottesdefinition den Raum des Sch^{e}ma Jisrael nicht in Richtung Götzendienst verlassen hat.[128] Und sind in den Augen der durch Mohammed wie den Koran rechtgläubig instruierten Muslime die Christen, wenn sie an ihrer christozentrischen Orthodoxie festhalten, nicht gleichfalls als Ungläubige anzusehen? Und gilt dies nicht auch umgekehrt, daß die jüdische Weigerung gegenüber einem neuen Gottesbund und die nachträgliche koranische Okkupation der Gottesoffenbarung den Christen als Verkennung des wahren Gottes erscheint?

Die Differenz ist weniger die von Lehren als die von inkongruenten Offenbarungsgeschichten ein und desselben Gottes. Das Konzil mahnt an dieser Stelle nicht nur im Namen Gottes zu friedsamer Brüderlichkeit (*fraterne nos gerere*, Art. 5), sondern regt auch zu *studia theologica* und *fraterna colloquia* an. Der christlichen Theologiegeschichte ist, von Raimundus Lullus und Nikolaus Cusanus angefangen, die Gattung des monotheistischen Religionsgesprächs mit Juden und Muslimen nicht unbekannt. Möglichkeiten und Grenzen sind schon ein wenig erkundet. Ein Religionsgespräch, das Bildungsgeschichte gemacht hat, ist literarische Fiktion. Es steht mitten in Lessings Drama „Nathan der Weise“:[129]

„SALADIN... Da du nun
So weise bist: so sage mir doch einmal –
Was für ein Glaube, was für ein Gesetz
Hat dir am meisten eingeleuchtet?

NATHAN Sultan,
Ich bin ein Jud'

SALADIN Und ich ein Muselmann.
Der Christ ist zwischen uns. – Von diesen drei
Religionen kann doch eine nur

Die wahre sein. – Ein Mann wie du, bleibt da
Nicht stehen, wo der Zufall der Geburt
Ihn hingeworfen: oder wenn er bleibt,
Bleibt er aus Einsicht, Gründen, Wahl des Bessern.“

Es ist die Frage der Aufklärung, die den puren Traditionalismus, das einfache Beharren beim genetischen Zufall der Geschichte aufstört, zur Rechenschaft herausfordert, zur Begründung des Eigenen oder gegebenenfalls zur Bekehrung, zur Wahl des Besseren, geleitet durch die allen zugängliche Vernunft.

In der kurzen Bedenkzeit, die das Drama dem so aus jüdischen Geschäftsgedanken aufgestörten Nathan genehmigt, wird nicht gleich eine Antwort überlegt, sondern zuerst einmal das Recht der Frage überhaupt erwogen:

„… *So ganz*
Stockjude sein zu wollen, geht schon nicht. –
Und ganz und gar nicht Jude, geht noch minder.
Denn, wenn kein Jude, dürft' er mich nur fragen,
Warum kein Muselmann?“

Auf ein Religionsgespräch sich einzulassen, das, mit reinen Mitteln der Vernunft bestritten, dazu führen könnte, die eigene, angestammte Religion zu verlassen und gegen eine andere auszutauschen, scheint ihm ganz und gar unmöglich („Ich bin ein Jud'“), nicht weniger jedoch, darin ganz einfach, ohne weitre Auskunft zu erstarren, was hieße, daß Vernunft die Segel striche.

Als Antwort auf die Wahrheitsfrage folgt dann die berühmte Ringparabel, das „Geschichtchen“ von dem kostbaren Ring, den ein Vater „von seinen Söhnen dem geliebtesten“ vermachte und diesem auftrug, es ebenso zu tun, und weiter so in jeder Generation einen zum „Fürst des Hauses“ auszuwählen.

„So kam nun dieser Ring, von Sohn zu Sohn,
Auf einen Vater endlich von drei Söhnen;
Die alle drei ihm gleich gehorsam waren,
Die alle drei er folglich gleich zu lieben
Sich nicht entbrechen konnte…“

Als es zum Sterben kommt, läßt er, um keinen Sohn zu kränken, zwei weitre Ringe machen, dem ersten vollkommen gleich. Es werden alle drei mit einem Ring bedacht, der Vater stirbt. Was ihm als Lösung seines inneren Konflikts erschien, löst geradewegs den äußeren der Söhne aus:

„NATHAN
Kaum war der Vater tot, so kömmt ein jeder
Mit seinem Ring, und jeder will der Fürst
Des Hauses sein. Man untersucht, man zankt,
Man klagt. Umsonst; der rechte Ring war nicht
Erweislich;–"

So geht Nathans Geschichte ihrem Ende zu mit einer Nutzanwendung ganz zum Schluß:

„Fast so unerweislich, als
Uns itzt – der rechte Glaube."

Weil Gleichnisse das Leben wohl erhellen sollen, aber niemals einfach spiegeln, sucht der mit der Geschichte abgespeiste Hörer schnell, wo der Vergleich zu seiner Ungunst hinkt. Der Sultan findet, daß die Ringe im Gleichbild der Religionen durchaus zu unterscheiden sind:

„SALADIN
Die Ringe! – Spiele nicht mit mir! – Ich dächte,
Daß die Religionen, die ich dir
Genannt, doch wohl zu unterscheiden wären.
Bis auf die Kleidung, bis auf Speis' und Trank!"

Die Phänomenologie der Religion kann mühelos die lebensweltlich unterschiedlichen Systeme beschreiben und Religionskomparatistik könnte doch durchaus nach diesem oder jenem Maßstab Vergleiche anstellen, Ranglisten vielleicht sogar erstellen in dieser oder jener Hinsicht.

Doch hatte zu Beginn der Sultan nicht nach Differenzen im Raum der äußern Phänomene gefragt, sie war vorausgesetzt, sondern nach „Gründen", nach Begründung also. Daran erinnert Nathan nun, daß die von der Parabel anvisierte Unterscheidbarkeit im Feld der Gründe liege:

„NATHAN
Und nur von seiten ihrer Gründe nicht. –
Denn gründen alle sich nicht auf Geschichte?
Geschrieben oder überliefert! – Und
Geschichte muß doch wohl allein auf Treu'
Und Glauben angenommen werden? – Nicht? –
Nun, wessen Treu' und Glauben zieht man denn
Am wenigsten in Zweifel? Doch der Seinen?
Doch deren Blut wir sind? doch deren, die
Von Kindheit an uns Proben ihrer Liebe
Gegeben? Die uns nie getäuscht, als wo

Getäuscht zu werden uns heilsamer war? –
Wie kann ich meinen Vätern weniger
Als du den deinen glauben? Oder umgekehrt. –
Kann ich von dir verlangen, daß du deine
Vorfahren Lügen strafst, um meinen nicht
Zu widersprechen? Oder umgekehrt.
Das nämliche gilt von den Christen. Nicht? –

SALADIN
(Bei dem Lebendigen! Der Mann hat recht.
Ich muß verstummen.)"

Es ist nicht einfach blinde Tradition, sondern begründete, die jeder für sich in Anspruch nimmt. Es ist geschriebene und mündlich überlieferte Geschichte, die man „auf Treu' und Glauben" übernommen hat. Das ist, wie es im biblischen Hebräisch das Wort *emet* meint, Wahrheit als Zuverlässigkeit, Glaubwürdigkeit und Treue, die man vorzüglich denen entgegenbringt, die einen hervorgebracht und aufgezogen haben, auf die man sich verlassen hat und auch verlassen konnte. Wie kann man, so fragt Nathan, solche verläßliche Gründung der eigenen Religion verlassen, nur um der vom anderen für sich als ebenso verläßlich angesehenen nicht zu widersprechen. Gilt solche Ununterscheidbarkeit der Gründe nicht für alle gleichermaßen, fragt Nathan, so daß der Wahrheitsstreit gar nicht, wie es dem Sultan scheinen mochte, von einem Standpunkt außer- oder oberhalb zu schlichten wäre? Dem Sultan scheint das einzuleuchten: „Der Mann hat recht".

Doch ist für Nathan selbst die Sache noch nicht abgeschlossen. Die Söhne jenes Vaters begnügten sich nicht mit dem jeweils eignen Vaterglauben, sie ziehen um das mit dem Ring verbundne Vorrecht vor Gericht. Jeder beschwört, den Ring aus seines Vaters eigner Hand zu haben und mit ihm auch das Vorrecht, das „Haupt, der Fürst des Hauses" zu sein. Dem Vater sei zu trauen, nicht den Brüdern, ihrem falschen Spiel. Da hier nun aber wiederum nur Zeugnis gegen Zeugnis steht, kommt schließlich nur der Vater selbst als Zeuge in Betracht. Der aber ist nicht vorzuweisen, von keinem seiner Söhne.

Da fällt dem Richter ein, daß jener Ring, der wahre, nicht nur ein Recht verlieh, sondern zuallererst eine „geheime Kraft" enthielt, die „Kraft, vor Gott / und Menschen angenehm zu machen, wer / In dieser Zuversicht ihn trug." Der Richter schmiedet das „vor Menschen angenehm" um in die Frage: „Nun, wen lieben zwei / Von euch am meisten?" Der müßte zweifelsfrei in Kraft des Rings der Menschen angenehmste sein. Doch schlägt die Probe fehl; sie schweigen. –

„Jeder liebt sich selber nur
Am meisten? – O, so seid ihr alle drei
Betrogene Betrüger! Eure Ringe
Sind alle drei nicht echt. Der echte Ring
Vermutlich ging verloren. Die Wahrheit
Zu bergen, zu ersetzen, ließ der Vater
Die drei für einen machen."

Im Leben, das das Gleichnis ja aufklären soll, ist das ein höchst fataler Schluß. Die drei ums Offenbarungsvorrecht kämpfenden Religionen hätten in ihrem Streit rechthaberisch nicht nur sich desavouiert, sondern auch noch Gott selbst: „Betrogene Betrüger".

Der Sultan scheint von dieser Lösung geradezu entzückt („Herrlich! Herrlich!"), doch Nathan ist noch nicht am Ende. Der Richter hat jenseits des klugen Spruchs noch einen weisen Rat:

„... Mein Rat ist aber der: ihr nehmt
Die Sache völlig wie sie liegt. Hat von
Euch jeder seinen Ring von seinem Vater:
So glaube jeder sicher seinen Ring
Den echten. – Möglich; daß der Vater nun
Die Tyrannei des einen *Rings nicht länger*
In seinem Hause dulden wollen! – Und gewiß;
Daß er euch alle drei geliebt, und gleich
Geliebt: indem er zwei nicht drücken mögen;
Um einen zu begünstigen..."

Die Aberkennung aller Offenbarungsrechtsansprüche vor dem Forum der Vernunft bedeutet nicht das Ende, sondern die Chance eines neuen Lebens der Religion. Sie sollen nicht, so rät der Weise, ob dieses Spruchs von Treu und Glauben ihrer eigenen Religion den Abschied nehmen zugunsten einer anderen oder etwa noch höheren Vernunftreligion, sondern in voller Wahrheitsüberzeugung darin bleiben, alles im Vollsinn als gegeben nehmen. Gott ist, weise betrachtet, kein selber hilfloser Betrüger, sondern ein Vater, der alle drei so liebt, als wären sie der einzige. Das wäre, vonseiten Gottes jedenfalls, das Ende jedes Religionsprivilegs.

Was folgt daraus auf Erden?

„... – Wohlan!
Es eifre jeder seiner unbestochnen
Von Vorurteilen freien Liebe nach!
Es strebe von euch jeder um die Wette,
Die Kraft des Steins in seinem Ring' an Tag

Zu legen! komme dieser Kraft mit Sanftmut,
Mit herzlicher Verträglichkeit, mit Wohltun,
Mit innigster Ergebenheit in Gott
Zu Hilf'!..."

Die Folge ist nun nicht, weil ohnehin ja alles gleich und jede Auszeichnung perdu ist, Gleichgültigkeit oder Resignation. Es geht nicht mehr darum, in der besondren Liebe Gottes sich fürstlich einzurichten, sondern den Glauben, einzigartig geliebt zu sein, als Liebe zu dem, der uns zuerst geliebt hat, eifrig zu tätigen, ohne mit Privilegien bestochen oder durch Vorurteile über andere erhaben zu sein. Die jeweils andern bleiben durchaus im Blick, aber der alte Machtkampf der Religionen ist abgelöst durch einen Wettstreit, die „Kraft des Steins" („vor Gott und Menschen angenehm zu machen") „an Tag zu legen", Offenbarung evident zu machen. Die Kraft ist da, das ist die *gratia praeveniens* in jedem Ring, man muß ihr, ihrer Entfaltung nur zu Hilfe kommen.

„Sanftmut", „herzliche Verträglichkeit" und „Wohltun" werden den auserwählten Söhnen da ans Herz gelegt; das klingt wie die Ermahnung des Apostels: „So ziehet nun als Gottes heilige und geliebte Auserwählte mitleidsvolle Barmherzigkeit, Gütigkeit, Demut, Sanftmut, Langmut an; ertraget einander und vergebt euch gegenseitig, wenn einer wider den andern eine Klage hat" (Kol 3,12f). Und in der äußeren Religionsausübung und über sie hinaus „innigste Ergebenheit in Gott". Der Auftrieb aller Kräfte dient der Evidenz der Offenbarung der Wahrheit auf dem Felde der Religionen.

Da wäre also jeweils dann Bilanz zu ziehen, wer jetzt und dann in diesem Wahrheitswettlauf vorn wäre, die Weltreligionsgeschichte stets also in ihrem Stand das Standgericht der Wahrheit? Da hat der Richter Nathans noch einen letzten Vorbehalt:

„*Und wenn sich dann der Steine Kräfte*
Bei euern Kindes-Kindeskindern äußern:
So lad' ich über tausend tausend Jahre
Sie wiederum vor diesen Stuhl. Da wird
Ein weisrer Man auf diesem Stuhle sitzen
Als ich; und sprechen..."

Es geht nicht nur um das, was man vielleicht gerade jetzt in diesem Zeitschnitt aufzuweisen hat, sondern um Nachhaltigkeit generationenlang. Das käme dann noch einmal vor einen Richterstuhl, auf dem dann einer sitzt, der weiser noch als Nathans Richter wäre.

„... So sagte der
Bescheidne Richter.

SALADIN Gott! Gott!

NATHAN Saladin,
Wenn du dich fühlest, dieser weisere
Versprochne Mann zu sein: ...

SALADIN (der auf ihn zustürzt und seine Hand ergreift, die er
Bis zu Ende nicht wieder fahren läßt)
Ich Staub? Ich Nichts?
O Gott!
NATHAN Was ist dir, Sultan?
SALADIN Nathan, lieber Nathan! –
Die tausend tausend Jahre deines Richters
Sind noch nicht um. – Sein Richterstuhl ist nicht
Der meine."

Nathan ist mit der Sache nun zu Ende. Er spielt dem Sultan, der den Fall ja vor das Forum der Vernunft zog, zum Schluß das Urteil zu. Der aber ruft nicht mehr „Der Mensch hat recht" oder gar „Herrlich! Herrlich!", sondern „Gott! Gott!". Er, der vielleicht als neuer Salomon über die Sache souverän befinden wollte, erschrickt zu Tode ob der messianischen Offerte (der „Versprochne Mann"). Nein, das Gericht in dieser Sache, weiß er, kann nur das Jüngste sein, Gottes Gericht über die wahre Liebe der Religionen. Da gibt's nichts vorzugreifen.

Wenn Nathans Ringparabel, wie man gesagt hat, „gleichsam modellhaft die Idee aufgeklärter Humanität"[130] enthält, so zeigt sich diese in der Entwicklung jedenfalls, die ihr der Nathan Lessings gibt, als theologisch sehr subtil. Als Ideal reiner Vernunftreligion, abstrakte Moralität, in Absehung von aller überlieferten Religion und ihrer Überlieferung bis hin zum Ende aller Zeit, ist sie kaum zu verstehen, auch nicht als intellektueller Hochmut, der über alle Sachen der Religion, ihre verfahrene Geschichte überhaupt sehr rasch zu einem Urteil kommt, vernichtend meistens und höchstrichterlich. Eher als tatkräftige Belebung, die zum Wohle der Menschheit in Bewegung zu bringen sucht, was seine Kräfte im Kampf gegeneinander lange genug verzehrt hat.

Daß nicht nur praktische Moral und Frömmigkeit den anvisierten Wettstreit auszuführen haben, sondern auch das Denken , in Sachen der Religion also die jeweilige Theologie, kann eben, wenn man Vernunft anstrebt, nicht a priori ausgeschlossen sein. Was daraus folgt, ist damit aber nicht schon ausgemacht. Unter den Theologen, den christlichen jedenfalls, gibt es nicht wenige, die ihren eignen Vätern, was Nathan nicht so leicht erschwinglich schien, weniger zu trauen scheinen als denen der andern, späteren Eigenwuchs gern so beschneiden, daß man dem Stamm der anderen so nah wie eben möglich kommt, „mit Sanftmut, mit herzlicher Verträglichkeit!". Das alles hat sein Recht und zweifellos auch gute Gründe, sich eher auf die Seite der Verfolgten der Geschichte zu schlagen als auf die Seite der Verfolger, und sich vom Schmutz der eignen Tradition zu reinigen, indem man mehr im Strom der andern Seite schwimmt. Es ist schon recht: kontaminierten Samen sollte man, wenn man's denn sicher weiß, nicht weiterhin im Erbgang halten.

Doch lehrt das Gleichnis der Natur, daß allzu rigoroser Ein- und Reinheitswille auch monotone Äcker hinterlassen kann. Wer bunte Wiesen, Disteln und Dornen eingeschlossen, lieber hat als monokulturelle Sauberkeit, der siebt nicht vor der Zeit schon allzu streng, sondern traut vielem, was auf ihn gekommen ist, erst einmal zu, daß es noch Frucht bringt, (wie Jesus einst im Gleichnis dem Feigenbaum, Lk 3,6-9), so oder so, wenn man es mit einer „unbestochnen / Von Vorurteilen freien Liebe" überdenkt.

6. STIMME

Es war eine Zeit, da war Gott rar, nicht das Reden von Gott und auch nicht das Reden zu ihm im Kult, sondern daß er selbst sich zeigte und sprach: „Rede des Herrn war selten in jenen Tagen, kein Gesicht drang durch." So beschreibt 1 Sam 3,1 eine Lage, in der die Religion Israels ihren Gang nahm, aber der, dem sie sich, mehr schlecht als recht, widmete, sich entzogen hatte. Er trat in all dem, was man mit Gott unternahm, selbst nicht in Erscheinung. In dieser Zeit diente der Knabe Samuel dem Herrn unter Aufsicht des Priesters Eli am Heiligtum in Silo: „puer ministrabat Domino..." (1 Sam 3.1). Und nachts schlief der Ministrant im Tempel, und er träumte in einer Nacht, daß er mit Namen gerufen würde, so dringlich, daß er aufwachte, zu Eli lief, weil er meinte, von ihm gerufen zu sein: „Hier bin ich" (1 Sam 3,5), aber der alte Priester war der Rufer nicht und schickte ihn wieder schlafen. So geht es noch zweimal. Beim dritten Mal „begriff Eli, daß der Herr es war, der den Knaben rief" (1 Sam 3,8) und wies ihn an, beim nächsten Anruf zu antworten: „Rede Herr, dein Knecht hört" (1 Sam 3,9). Und so geschieht es. „Und der Herr sprach zu Samuel: Siehe..." (1 Sam 3,11).

Und am nächsten Morgen nötigt ihn Eli, mitzuteilen, was der Herr zu ihm geredet hatte. Aus dem kleinen Ministranten wurde über Nacht ein Prophet, der ausrichtet, was Gott zu ihm intim gesprochen hat.

Der träumende Junge hatte nicht identifizieren können, was ihn da nächtens anrief: „Samuel kannte den Herrn noch nicht und Rede des Herrn war ihm noch nicht aufgegangen“ (1 Sam 3,7). Es bedurfte des alten Priesters, der selber nicht vom Herrn träumte, zu erkennen, daß bei diesem in der Nähe der heiligen Lade, von der es einmal geheißen hatte, daß der Herr von ihr aus reden würde (vgl. Ex 25,22), schlafenden Jungen der Herr selbst sich meldete. So viel konnte das Gedächtnis des in der Kultaufsicht müde und blind gewordenen Eli noch leisten, daß er in dieser numinosen Dringlichkeit des Traums die Stimme des Gottes Israels erkannte. Die Stimme, der er selbst zum Durchbruch verholfen hatte, bedeutete für Eli und seine korrupten Söhne den Untergang (1 Sam 3,11-14), für Samuel den Anfang einer prophetischen Existenz: „Und der Herr fuhr fort, in Silo zu erscheinen, denn in Silo offenbarte sich der Herr Samuel im Reden des Herrn“ (1 Sam 3,7). Immer ist da von Erscheinen und Gesicht die Rede, weil es offenbar um eine Entrückung aus der normalen Weltanschauung geht, aber das ist nur bedeutsam als Raum einer Rede, nicht der Erscheinung einer Gestalt.

Die Geschichte von der Berufung Samuels ist eine exemplarische Geschichte des Alten Testaments. Das Leben geht seinen Gang, so oder so, und dann immer wieder diese Unterbrechung: *wajikrah, wajomer* – „und Gott rief“, „und Gott sprach“, Interventionen einer Stimme, die in das Denken und Handeln der Menschen einfällt, es anhält, aus der Bahn wirft, in Bewegung bringt, hierhin und dahin weist, befiehlt, urteilt, verheißt. Wenn man das Alte Testament durchstreift, so ist Gott vor allem Stimme, jedenfalls wahrnehmbar in der Welt als Stimme, die redet und ruft.

Manchmal, wie in der zitierten Samuelgeschichte, wird man über die Umstände dieses Redens ins Bild gesetzt. Gott spricht im Traum, in einem Nachtgesicht (Gen 15,5) oder bei einem seltsamen Besuch in flimmernder Mittagshitze (Gen 18,1ff), in einem feurigen Busch (Ex 3,3ff), auf dem Berggipfel in Feuer und Rauch (Ex 19,18ff), im Gewitter (Ps 18,14), oder in dem leisen Wind danach (1 Kön 19,12), in Visionen am hellichten Tag im heimatlichen Tempel (Jes 6,1ff) oder am Ufer eines Flusses im Exil (Ez 1,1ff). Meistens ist aber von ungewöhnlichen Umständen des Redens Gottes gar keine Rede, es heißt, als ob es das Selbstverständlichste wäre, einfach *wajomer*, „und der Herr sprach zu...“. Für das Reden Gottes zum Menschen wird kein anderer Terminus verwendet als für das Reden von Menschen untereinander. Gottes Reden mischt sich ein in das Reden, das die Menschen untereinander führen, darin aber doch offenbar unterscheidbar als andere, einem anderen als einem menschlichen Subjekt zuschreibbare Stimme. Hier wie dort ist die „Skala der Bedeutungsnuancen außerordentlich reichhaltig“[131]: ansagen, aussagen, zusagen, absagen, vorhersagen, nachsagen... . Die akustische Sphäre, in der man Gott hört, unmittelbar oder vermittelt durch den Spruch des Propheten („So spricht der Herr: ...“), und dann hört oder nicht, gehorcht oder nicht, ist für das AT die dominierende Sinnesregion der Wahrnehmung Gottes. Das „Phänomen“ der Stimme drängt die Phänomenologie zu einer Art Phonologie. Die Theo-logie hat zu bedenken, daß der *logos* zuerst *vox* ist, *viva vox.*

Die narrative Exposition dieser für die Geschichte Israels so eigentümlichen Verbindung von Gott und Stimme findet sich in der Geschichte Abrahams, den Geschichten, die sich an seinen Namen geheftet haben. „Und der Herr sprach zu Abram: ‚Ziehe hinweg aus deinem Vaterland und aus deiner Verwandtschaft und aus deinem Vaterhaus in das Land, das ich dir zeigen werde.‘...“ (Gen 12,1). – So beginnt es unvermittelt mit der Geschichte, die Israel als seine besondere in der Völkerwelt ansieht, als ob es nichts Selbstverständlicheres gäbe als dieses *wajomer jahweh*; für Gott wird da ein Wort (*amar*) gebraucht, das für das Reden unter Menschen gang und gäbe ist.

Woran ist im Stimmengewirr, das die Menschen umgibt, diese andere Stimme erkennbar? Geht es um eine innere Stimme, wie das den Menschen ja vertraut ist, wenn sie den Kampf der Motive, der in ihrer Seele sich abspielt, als Austrag eines Rededuells oder auch nur eines inneren Dialogs empfinden.

Die antike Philosophie hat Denken als „ein Gespräch der Seele mit sich selbst, das sich ohne Stimmlaut vollzieht“[132] verstanden. In diesem dianoetischen Sinne ist in Platons „Apologie des Sokrates“ vom *daimonion* die Rede. Von der Mehrheit des Gerichts zum Tode verurteilt, gibt Sokrates den Richtern, die zu seinen Gunsten votiert hatten, einen Einblick in sein Inneres:

> *„Meine vertraute wahrsagende Stimme ließ sich mir sonst in aller Zeit vorher immer sehr oft hören und war mir auch in Kleinigkeiten entgegen, wenn ich etwas tun wollte, das mir nicht gut war. Und nun ist mir widerfahren, was Ihr vor Augen seht und was mancher für das allergrößte Unglück ansehen mag und was dafür gilt: mir ist weder heute früh, als ich aus dem Hause ging, das Zeichen des Gottes entgegen gewesen, noch als ich hier ins Richthaus heraufging, noch bei irgend einem Wort in meiner Rede. Während es mich sonst bei andern*

Gelegenheiten oft mitten im Sprechen zurückgehalten hat, so ist es mir bei diesem Handel ganz und gar nicht, weder in Werken noch in Worten, entgegen gewesen. Woran mag das liegen? Ich will es Euch sagen. Mir scheint, was mir widerfahren ist, das ist gut für mich."[133]

Die göttliche Stimme ist hier ein Widerstand, der sich je und je im Gang des menschlichen Handelns und Redens meldet, um ihn davon abzuhalten, den Weg des Guten zu verlassen. Es handelt sich um eine noetische, nicht phonetische Kommunikation der Gottheit mit der Seele.[134]

Was „der Herr" zu sagen hat, scheint jedoch über das sokratische *daimonion*, das wie eine Warnstimme den auf dem Weg zum Guten befindlichen Menschen immer nur vor Irrwegen bewahrt, hinauszugehen. Diese Stimme befiehlt Abram: „Zieh weg aus deinem Vaterland (...) in das Land, das ich dir zeigen werde" und verheißt: „So will ich dich zu einem großen Volke machen und dich segnen und deinen Namen berühmt machen..." (Gen 12,1f). Sie befiehlt „Opfere deinen einzigen Sohn" und dann wieder „Halt, nein!" (Gen 22). Sie befiehlt Moses: „Geh zu Pharao und führe mein Volk aus Ägypten" (vgl. Ex 3,10). Sie ruft Gideon zu: „Geh hin in dieser deiner Kraft, und du wirst Israel aus der Hand der Midianiter erretten (...). Wenn ich mit dir bin, wirst du die Midianiter schlagen wie *ein* Mann" (Ri 6,14-16). Sie verbietet David, einen Tempel zu bauen, und erlaubt es Salomon (2 Sam 7). Sie bietet Propheten auf, Jerusalem das Unheil anzusagen und es auch wieder zurückzunehmen. Sie gibt positive Weisung und spricht nicht nur via negationis als warnende Stimme des Gewissens.

Die persönliche Dringlichkeit des inneren Dialogs kann in polytheistischen Welten Göttergestalt annehmen:

„Auf einem Höhepunkt des Streites zwischen Agamemnon und Achill erwägt dieser ‚im Sinn' (kata phrena) und ‚im Mut' (kata thymon), ob er das Schwert ziehen und Agamemnon niederhauen oder seinem Zorn Einhalt tun solle. Diesen inneren Kampf der Motive stellt Homer dar als ein Gespräch zwischen Achill und Athena, die, ihm allein sichtbar, erscheint und durch ihre Rede ihn dazu bringt, nicht tätlich zu werden. Die den Umstehenden nicht hörbaren Worte Achills und der Göttin bezeichnet Homer mit den üblichen Ausdrücken für das auf dem Stimmlaut beruhende Sprechen. Lediglich die Situation des Gesprächs lehrt, daß es nur für die beiden Partner vernehmbar ist. Homer veranschaulicht durch diese Gestaltung den der Sinneswahrnehmung entzogenen psychisch-mentalen Vorgang, zeigt den Weg zum Entschluß des Achill als einen dialektischen Prozeß von Argument und Gegenargument."[135]

So könnte es auch bei dem aus Ur in Chaldäa ausziehenden Abram gemeint sein, aber es wird kein innerer Kampf von Stimmen dargestellt, es ist nur von der Stimme des Einen die Rede, vom Vertrauen zu ihr, dem widerspruchslosen Gehorsam: „Da zog Abram hin, wie ihm der Herr geboten hatte“ (Gen 12,4).

Th. Mann hat sich diesen von der Bibel nicht weiter vermittelten Aufbruch infolge einer Gottesanrede psychologisch plausibel zu machen versucht:

> *„Von dort nämlich war vor längeren Zeiten (...) ein sinnender und innerlich beunruhigter Mann nebst seinem Weibe, die er aus Zärtlichkeit wohl gern seine ‚Schwester‘ nannte, und anderen Zugehörigen ausgezogen, um es dem Monde, der Gottheit von Ur, gleichzutun und zu wandern, weil er das als das Richtigste und seinem unzufriedenen, zweifelvollen, ja gequälten Zustande Angemessenste empfunden hatte. (...) und da mit zweifelnder Seele nicht gut stillsitzen ist, hatte er sich eben in Bewegung gesetzt.“*[136]

Die Stimme, die Abram rief, war hiernach zuerst etwas Unbestimmtes in ihm selbst, Zweifel am Bestehenden, Unzufriedenheit mit dem Stand der Dinge im angestammten Land. Abram wäre hiernach anzusehen als der Erzvater jener inneren Unruhe, die Augustinus ja als den Urtrieb zum wahren Gott ansah: „Unruhig ist unser Herz, bis es ruhet in dir, o Gott.“ So wäre in der unbestimmten Beunruhigung, die ihn fortzog, schon, ohne daß der so Bewegte das gleich hätte benennen können, die Stimme des *finis ultimus* alles menschlichen Bestrebens erklungen?

Th. Manns Roman bestimmt die Welt, aus der es Abram forttrieb, dann doch noch näher, indem er das, was das Buch Genesis in den vorangehenden Kapiteln 10 und 11 vom Gewaltherrscher Nimrod und dem Turmbau zu Babel erzählt, religionsgeschichtlich ausmalt:

> *„Sein Auszug, dem eine Sinnbetonung von Widerspruch und Auflehnung nicht abzusprechen gewesen war, hatte zusammengehangen mit gewissen Bauwerken, die ihm auf beleidigende Weise eindrucksvoll gewesen und die der dortzulande eben herrschende Nimrod und Erdengewaltige wenn nicht errichtet, so doch erneuert und übermächtig erhöht hatte.“*[137]

Seine Unruhe ins Unbestimmte hinein hatte als Ausgangspunkt demnach einen bestimmten Widerspruch, den Zweifel an dem in machtvollen Tempeln sich auftürmenden Kult der Gestirne. In der Unruhe rief also doch bestimmter der Eine jenseits von Sonne, Mond und Sternen. Schon hellenistisch-jüdische Legenden hatten den Aufbruch als religiöse Krise Abrams in Auseinandersetzung mit seinem Götterfiguren fabrizierenden Vater Terach ausgestaltet.[138] Diese monotheistische Version der abrahamitischen Kehre, die Th. Mann aufnimmt („Was ihn in

Bewegung gesetzt hatte, war geistliche Unruhe, war Gottesnot gewesen."[139]), gilt M. Buber als epochales Ereignis der Religionsgeschichte:

> *„Mich dünkt es etwas Ungeheures in der Religionsgeschichte zu sein, daß einmal ein wandernder Aramäer – die biblische Tradition nennt ihn Abram – den von seiner Umwelt angenommenen Glauben an ‚the planet of way for the wayfaring Semitic race' verlor und den Glauben an Einen gewann, der kein ‚Naturgott' war. Kein Naturgott, sondern ein Schutzgott – aber nicht ein Sippenfetisch, sondern ein großer, zugleich verborgener und offenbarer Schutzgott, nicht der Terachiden, sondern der seine, Abrams und der seiner neuen, ‚abgesprengten' Sippe und aller, die sich ihm anschließen. Ein Gott, der schützend mitgeht, nicht in Mondnächten bloß, sondern auch in mondlosen und auch an Wintertagen, in der Zeit des Jahres, da der Nomade der mesopotamischen Steppe tags zu wandern vorzieht. Ein Gott, dessen Licht nicht erlischt. Ein Gott, dem man vertraut, weil man von ihm angeredet worden ist. Er ist ein Gott, der einem sagt, daß er einen führt."*[140]

Dieser Eine scheint Abram verläßlicher als die vielen, deren Spiel man sich nur durch einen aufwendigen Kult vergewissern kann, aber er ist zugleich unendlich ungewisser als die in kosmischen Zyklen, Land und Herkommen standortsicheren Götter, spricht er doch immer nur von Fall zu Fall an den nomadischen Stationen einer unabsehbar offenen Geschichte. Er führt.

> *„Aber wohin führt er einen? Nicht wohin man kommen wollte. Er schützt, wie er schützen will, und er führt, wohin er führen will. Er führt einen, wohin er einen schickt. Er bringt einen sicher nach Haran, man läßt sich hier nieder, man will hier bleiben, aber er will es anders, er schickt einen hinweg, führt einen hinweg – vom Vaterhaus hinweg in die Fremde: in die Fremde, die er verheißt. Er macht einen zum Nomaden des Glaubens."*[141]

Dies ist es wohl, was die religionsgeschichtliche Faszination Abrahams ausmacht, der Glaube an eine Stimme, die ins Offene ruft, immer weiter.

Ist die Stimme, die hier ruft, schlechthin die Stimme der Freiheit, Glaube an Befreiung, Bereitschaft zum Aufbruch ins Ungewisse, immer neu? So wie der Gott Abrahams dann Moses als Wille zur Befreiung anspricht (Ex 3) und sein Gesetz unter die Präambel der Freiheit stellt: „Ich bin der Herr dein Gott, der ich dich aus dem Lande Ägypten, dem Sklavenhause, herausgeführt habe; du sollst keine andern Götter neben mir haben" (Ex 20,2), keine anderen Götter als die befreiende Freiheit? Ist dies die Stimme, als die Gott Abraham erscheint, ihm zuerst?

> *„Es ist etwas in Menschen, ‚etwas wie eine Stimme', ‚jemand wie eine Stimme', der sagt: ‚Sei frei, befreit einander, tötet nicht, macht leben'. Wer das in sich selbst*

hört und wer den Willen verspürt und manchmal sogar die Kraft, so zu leben, der hört die Stimme des Befreier – Schöpfer – Gottes. Es ist seine Stimme, die in dir spricht, es ist sein Wort, womit alles begonnen hat, ‚Licht', das du in dir selbst erkennst, es wurzelt so tief in dir wie dein Lebensatem. Es ist in dich eingeschaffen; nenn es dein Gewissen: ‚Freiheit schaffende Freiheit – Ursprung meines Gewissens'.
Und es ist dieses Wort, dasselbe, das die Seele und der Lebensatem der biblischen Glaubenserzählungen ist, des Buches von Mose und von Jesus. In diesem Buch spricht die Stimme, die auch in deinem Gewissen spricht."[142]

Ist das die Definition Gottes, hörbar im Innern, lesbar im Buch, und im Zusammenklang von beidem unverkennbar?

Wenn dies der Gott Abrahams sein sollte, so ist er es doch, in den Geschichten, die von ihm erzählt werden, auf eine höchst umwegige Weise. Die Stimme verspricht dem „umherziehenden Aramäer" (Dt 22,5) auf Dauer ein Land (Gen 12,1; 13,14f), in dem andere wohnen (Gen 12,6), mit denen Konflikte entstehen und Verträge (mit Abimelech und Melchisedech) zu schließen sind (Gen 13; 20). Sie verspricht dem Mann Nachkommenschaft wie Sand am Meer und Sterne am Himmel (Gen 22,17) und läßt die alte Frau Sara kinderlos altern. Sie konzediert einen Sohn von der Sklavin Hagar, stimmt dann aber doch der Enterbung Ismaels und der Vertreibung von Mutter und Kind in die Wüste zu, um beide dort wieder zu retten und mit eigenen Verheißungen auszustatten (Gen 16; 21). Als Sara schließlich ein eigenes Kind versprochen und geschenkt ist (Gen 18; 21), gebietet die Stimme dem Vater, es umzubringen und zu verbrennen und fällt sich im letzten Augenblick doch noch ins eigene Wort, das Opfer zu verhindern (Gen 22). Sie läßt mit sich handeln um Sodom und läßt es dann doch zu Schutt und Asche aufgehen, weil sich angeblich nicht einmal zehn Gerechte in der Stadt fanden. Sie verspricht weltweiten Segen (Gen 12,3) und bindet sich dann doch mit dem Bundeszeichen der Beschneidung rituell exklusiv an die aus Abrahams Samen hervorgehende Ethnie.

Wenn man durch Blaise Pascals feurige Begeisterung zum „Gott Abrahams, nicht der Philosophen" sich anstecken läßt, kommen einem doch bei näherem Hinsehen schwierige Geschichten in die Quere. Bei Th. Mann spricht der alte Jaakob zu Joseph „von den Schwierigkeiten und von Abrahams Erbe, das mir ein Sinnen ist, denn der Herr ist nicht deutlich. Möge immerhin sein Antlitz zu sehen sein wie das Antlitz der Milde, so ist es doch auch zu sehen wie Sonnenbrand und wie die lohe Flamme; und hat Sodom zerstört mit Glut."[143]

Die Undeutlichkeit hat sich dem Gedächtnis der Menschheit am stärksten in der Geschichte vom „Opfer auf Moria" (Gen 22) aufgedrängt. Jüdische und christliche Überlieferung, Theologen, Philosophen, Literaten, haben sich an dieser Geschichte versucht, um Abraham zu begreifen, weil er ihnen ja als der Vater des Glaubens für alle Zeit vor Augen gestellt wurde, und mit ihm Abrahams Gott, diese eigentümliche Stimme am Ursprung Israels.

Der weitestgehende Antrag in dieser Sache stammt, wie auch sonst nicht selten, von Immanuel Kant. In einer Anmerkung seiner Spätschrift „Der Streit der Fakultäten" (1798) verweist Kant auf

> *„die Mythe von dem Opfer (...), das Abraham auf göttlichen Befehl, durch Abschlachtung und Verbrennung seines einzigen Sohnes – (das arme Kind trug unwissend noch das Holz hinzu) – bringen wollte. Abraham hätte auf diese vermeintliche göttliche Stimme antworten müssen: ‚daß ich meinen guten Sohn nicht töten solle, ist ganz gewiß; daß aber du, der du mir erscheinst, Gott sei, davon bin ich nicht gewiß, und kann es auch nicht werden, wenn sie auch vom (sichtbaren) Himmel herabschallete'"*[144]

Für Kant sind biblische Geschichten keine fraglose Offenbarung; er bewertet, was da geschrieben steht, nach Maßstäben der Vernunft. Er maßregelt folglich den Patriarchen ob seines blinden Glaubens an eine vermeinte Gottesstimme, die ihm befahl, was man nach allen Regeln der Vernunft nie und nimmer hätte befolgen dürfen. Er hätte dieser Stimme, die sich ihm als göttliche aufdrängte, ins Angesicht widerstehen müssen. Kants allgemeine Überlegung, der der Verweis auf die biblische Geschichte zum Beispiel dient, geht dahin, daß der Mensch Gott als Stimme, die etwas Bestimmtes positiv mitteilt, niemals mit Gewißheit erkennen kann. Es ist allenfalls negativ zu entscheiden, daß etwas, was sich als göttlicher Anspruch gibt, dies nie und nimmer sein kann:

> *„Denn wenn Gott zum Menschen wirklich spräche, so kann dieser doch niemals* wissen, *daß es Gott sei, der zu ihm spricht. Es ist schlechterdings unmöglich, daß der Mensch durch seine Sinne den Unendlichen fassen, ihn von Sinnenwesen unterscheiden, und ihn woran* kennen *solle. – Daß es aber nicht Gott sein könne, dessen Stimme er zu hören glaubt, davon kann er sich wohl in einigen Fällen überzeugen; denn, wenn das, was ihm durch sie geboten wird, dem moralischen Gesetz zuwider ist, so mag die Erscheinung ihm noch so majestätisch, und die ganze Natur überschreitend dünken: er muß sie doch für Täuschung halten."*[145]

Das „moralische Gesetz" in mir ist das absolute Maß aller an mein Handeln ergehenden Ansprüche, gäben sie sich auch noch so unwiderstehlich-göttlich. Der „kategorische Imperativ" hat die grammatische Form eines Anspruchs, einer Stimme also irgendwie, aber anonym und allgemeingültig für jedermann. Alles Besondere hat sich diesem allgemeinen Gesetz einer Moralität innerhalb der Grenzen der bloßen Vernunft zu fügen. Das hat zur Konsequenz, daß nicht nur in der Geschichte vom „Opfer Isaaks", sondern an allen Stellen, wo Gott, der Bibel zufolge, zu Menschen spricht, die Göttlichkeit der Stimme *in suspenso* bleiben muß. Was die Bibel als konkrete Führung der Geschichte erzählt, bleibt für Kant hinsichtlich ihres göttlichen Ursprungs prinzipiell ungewiß; nur wo sie die Grenze der Moralität antastet, ist negativ Täuschung klar diagnostizierbar.

Ob Gott mit Abraham, zu ihm redend, eine Geschichte angefangen haben könnte für Israel und bis in die Völkerwelt, bleibt ungewiß und ist auch eigentlich ohne Belang, da jede besondere Geschichte nur als Vehikel einer allgemeinen Moralität zu würdigen ist. Gott ist ein Postulat der praktischen Vernunft, nicht durch Geschichten namentlich definierbar.

Die ausführlichste Gegenrede zu Kants moralischer Reglementierung des Erzvaters stellt S. Kierkegaards „Lobrede auf Abraham", den „Ritter des Glaubens" dar. Die kleine Schrift „Furcht und Zittern"[146] spitzt aufs äußerste zu, was schon das NT (Röm 4, Gal 3, Hebr 11) an Abraham hervorgehoben hatte, seinen Glauben. Die dialektische Bearbeitung der Erzählung von Abraham zielt darauf, „zu sehen, welch ungeheures Paradox der Glaube ist, ein Paradox, das einen Mord in eine heilige und Gott wohlgefällige Handlung zu verwandeln vermag, ein Paradox, das dem Abraham den Isaak wiedergibt, dessen sich kein Denken bemächtigen kann, weil der Glaube gerade da beginnt, wo das Denken aufhört."[147] Das Denken ist in diesem Fall „das Ethische". „Das Ethische ist als solches das Allgemeine und als das Allgemeine das, was für jeden gilt, welches sich anderseits so ausdrücken läßt, daß es in jedem Augenblick Gültigkeit hat (...). Sobald der Einzelne sich geltend machen will in seiner Einzelheit dem Allgemeinen gegenüber, sündigt er und kann nur, indem er dies anerkennt, sich wieder mit dem Allgemeinen versöhnen."[148] Ebendies war es, was Kant Abrahams Bereitschaft, seinen geliebten Sohn zu töten, entgegengehalten hatte. Und ist es nicht auch so, daß, wenn überhaupt, in diesem Allgemeinen Gott sicher zu vernehmen ist? Kierkegaard räumt ein: „Das Ethische ist das Allgemeine und als solches wiederum das Göttliche. Man tut daher recht zu sagen, daß jede Pflicht im Grunde eine Pflicht gegen Gott ist. Die Pflicht wird Pflicht, indem man sie auf Gott zurückführt"[149], d.h. indem man sie als so verbindlich ansieht, wie es ja der kategorische Imperativ und das ihm angeschlossene Postulat der praktischen Vernunft formulieren. Aber, so fügt Kierkegaard hinzu „in der Pflicht trete ich nicht in ein Verhältnis zu Gott"[150], „,Gott' (wird) hier in einem völlig abstrakten Sinne genommen (...) als das Göttliche, d.h. das Allgemeine, d.h. die Pflicht".[151] Doch eben darum geht es nun Kierkegaard, um jenes besondere Verhältnis zu Gott, das der Glaube ist.

„Der Glaube ist eben dieses Paradox, daß der Einzelne als der Einzelne größer ist als das Allgemeine, daß er diesem berechtigt gegenübersteht, nicht subordiniert, sondern übergeordnet."[152] Aber Abraham ist kein Anarchist, der in verwegenem Stolz und unbekümmert um das Allgemeine alles auf die Absolutheit seines eigenen Willens setzt. So fügt Kierkegaard hinzu: „doch wohlgemerkt so, daß der Einzelne, nachdem er als der Einzelne dem Allgemeinen untergeordnet wurde, nun durch das Allgemeine der Einzelne wird, der als der Einzelne übergeordnet ist; daß der Einzelne als Einzelner in einem absoluten Verhältnis zum Absoluten steht."[153] Der Glaubende ist durch das Ethische hindurch- und über es hinausgegangen. Der Glaube ist ein durch die Abstraktheit Gottes in der allgemeinen Pflicht durchbrechendes, singuläres, absolutes Verhältnis zu Gott im absoluten Singular einer Person, deren Anspruch er hört und folgt. Dies ist nicht mehr, wie Kierkegaard sagt, „zu mediieren", d.h. im Bezug auf ethisch Allgemeingültiges zu vermitteln und zu begründen; es „bleibt in alle Ewigkeit ein Paradox".[154]

Ebendiese unvermittelbare, schreckliche Einsamkeit unterscheidet den „Ritter des Glaubens" auch von dem, was Kierkegaard „den tragischen Helden" nennt, als dessen Beispiele er Agamemnon aufführt, der Iphigenie den Göttern zu opfern bereit ist, und Jephtha, der sein Gelübde, im Falle eines Sieges über die Ammoniter das erste, was ihm danach aus der Türe seines Hauses entgegenkommt, dem Herrn als Brandopfer darzubringen, nicht zögert auszuführen, als der Zufall es will, daß es seine eigene Tochter ist (Ri 11,30-40).[155] „Der tragische Held bleibt noch innerhalb des Ethischen. Er läßt *einen* Ausdruck des Ethischen sein *telos* haben in einem (andern) höheren Ausdruck des Ethischen."[156] Das höhere Gut, dem der „tragische Held" sein Kind, sein Liebstes, opfert, ist z.B. das Wohl des Staates. So aber bleibt er noch immer im Raum des Ethischen. Abraham aber opfert Isaak nicht um eines höheren ethischen Gutes willen. „Warum tut es dann Abraham? Um Gottes willen und, durchaus identisch damit, um seiner Selbst willen. Um Gottes willen tut er dies, weil Gott den Beweis für seinen Glauben fordert, um seiner selbst willen tut er es, damit er den Beweis führen kann. Die Einheit dessen ist ganz richtig ausgedrückt durch das Wort, mit dem man dieses Verhältnis immer bezeichnet hat: es ist eine Prüfung, eine Versuchung."[157]

Gott ist für Kierkegaard nicht der absolute Geist, in dessen Prozeß alles einzelne sich dialektisch hineinvermittelt. Der Einzige ist der absolut Einzelne, zu dem der je Einzelne in ein absolut einzigartiges Verhältnis tritt. Der Einzelne zum Einzelnen, das ist der Glaube, und daß es ihn gibt, kann sich nur in einer Prüfung erweisen, die alles allgemein Vermittelbare hinter sich läßt, und dafür steht diese schreckliche, paradoxe Abrahamsgeschichte.

Was aber hilft diese dialektische Betrachtung Abrahams, wenn sie unvermittelbar „in der absoluten Isolation"[158] des Glaubens terminiert. „Der eine Ritter des Glaubens kann dem anderen überhaupt nicht helfen. Entweder wird der Einzelne selbst ein Ritter des Glaubens dadurch, daß er das Paradox auf sich nimmt, oder er wird es niemals. Kompaniegeschäfte sind in diesen Regionen gänzlich undenkbar. Jede nähere Erklärung dessen, was unter dem Isaak verstanden werden soll, kann der Einzelne stets nur sich selbst geben."[159]

„Der wahre Glaubensritter ist Zeuge, niemals Lehrer."[160] Die Figur des „Zeugen" erinnert an die des Märtyrers. Das ist ein Kontext, in den Abraham schon seit frühjüdischer und neutestamentlicher Zeit gerückt wurde.[161] Abraham ist da nicht nur der Gläubige, der sich zuerst vom Polytheismus zum einen Gott bekehrt hat, er ist auch der in diesem Glauben durch Versuchungen Bewährte, an den gerade in Zeiten der Bedrängnis und Verfolgung erinnert wird. Jdt 8,22f (Vg-Ergänzung) ermahnt Judith die Ältesten: „Sie sollen bedenken, wie unser Vater Abraham geprüft ward, und durch viele Leiden erprobt, der Freund Gottes geworden ist"; „er war als gläubig erfunden und als Gottesfreund auf die himmlischen Tafeln geschrieben", heißt es in dem aus dem 2. Jh. v. Chr. stammenden Jubiläenbuch (Jub 19,9), und die Opferung Isaaks gilt als „die zehnte Versuchung, womit Abraham versucht wurde, und er ward als gläubig und geduldig erfunden im Geist" (Jub 19,8[162]; vgl. 1 Makk. 2,52). Nach 4 Makk 13,12 ermutigen sich die makkabäischen Brüder im Martyrium: „Bedenket, von wem ihr abstammt! Oder wer war der Vater, durch dessen Hand sich Isaak um der Frömmigkeit willen schlachten lassen wollte!" An „diese Tradition der Bewährung des Glaubens durch Versuchungen"[163] schließt das NT an. Jak 2,21: „Ist nicht unser Vater Abraham aus Werken gerecht gesprochen worden, als er seinen Sohn Isaak auf den Altar legte? Da siehst du, daß der Glaube nur zusammen mit den Werken wirksam war und aus den Werken der Glaube vollendet wurde, und daß das Schriftwort erfüllt wird, das sagt: ‚Abraham aber glaubte Gott, und es wurde ihm zur Gerechtigkeit angerechnet, und er wurde ein Freund Gottes genannt.'" Das Werk, das den Glauben vollendet, d.h. bewährt, ist das Bestehen der Versuchung (vgl. Hebr 6,15; 11,17-19). Der Märtyrer gilt als der Glaubenszeuge schlechthin, weil er Gott und den Glauben höher schätzt als das eigene Leben. In dieser Situation wird Abraham kommemoriert, der in der Bereitschaft, Isaak zu opfern, mehr noch als sein eigenes Leben zu opfern bereit war, nämlich seinen geliebten Sohn, an dem die ganze Zukunft des alten Mannes und alle Verheißung Gottes hing.

Kierkegaards Abraham folgt dieser martyrologischen Tradition des aufs äußerste geprüften Glaubenszeugen, aber er spitzt sie zugleich zu einer absoluten Vereinzelung zu, die so den alten Märtyrergeschichten, jüdischen wie christlichen, fremd ist. Die jüdischen Märtyrer sterben für die „Gesetze der Väter" (2. Makk 7,2), die christlichen für Christus und den Glauben der Kirche. Das ist mehr als das ethisch Allgemeine, in dem jeder jederzeit den Anspruch des abstrakt Göttlichen vernimmt. Es ist ein darüber hinaus gehendes Besonderes. Aber dieses Besondere ist bestimmter als jenes leere Absolute, das „der Ritter des Glaubens", also nur der einzelne je für sich selbst als Anspruch vernimmt. In der makkabäischen Verfolgung wird das Essen von Schweinefleisch zum *status confessionis* für den „Gehorsam gegenüber dem Gesetz, das Moses unsern Vätern gegeben" (2 Makk 6/7). Die frühchristlichen Märtyrer verweigern das Weihrauchopfer vor der Statue des Kaisers als Zeichen des Abfalls von Christus. Daß so Kontingentes so absolut genommen wird, daß man dafür sein Leben zu lassen bereit ist, mag im Horizont des ethisch Allgemeinen paradox erscheinen, den Gläubigen vermittelt es sich durchaus; sie verehren in diesen Märtyrern die höchsten Zeugen ihres eigenen Glaubens. Der Glaube ist hier eben nicht jener Schauer des absolut Einzelnen, sondern Zugehörigkeit zu einer in einer bestimmten Geschichte gegründeten Gemeinschaft. Der gegenwärtige Ruf, der durchaus absolut ist, weil er ja das Leben fordert, kommt aus dem Resonanzraum dieser besonderen Geschichte.

Nicht also nur Kant, auch Kierkegaard bedenkt Abraham im Rahmen „einer Epoche (...), die das Vertrauen in die Echtheit der Schriften verloren hat, ohne jedoch die Fähigkeit verloren zu haben, hinter ihnen eine Stimme von jenseits zu hören. Die Schriften sind vielleicht auch unwichtig. Seit der historischen Bibelkritik werden sie durch mancherlei Kontingentes erläutert. Und dennoch gibt es in ihnen eine Botschaft."[164] Diese „Botschaft", „Stimme von jenseits" vernehmen sie beide, Kant als das ethisch Allgemeine einer menschheitlich generalisierten Thora, Kierkegaard als das religiös Einzelne, „als ganz nackte Subjektivität, die *alle* Formen verwirft, um nicht im Universalen sich zu verlieren."[165] Die „Stimme von jenseits" kann die Schriften der Glaubensüberlieferung wohl noch zum Vehikel nehmen, bestimmt wird sie in ihrem heutigen Anspruch durch deren geschichtliche Besonderheit nicht mehr.

Es ist E. Lévinas, der Kant (bzw. Hegel) und Kierkegaard so als konträren Ausdruck ein und derselben Epoche, der in ihr herrschenden „Seinsweise der Wahrheit"[166] vorgestellt hat: nicht ohne Gehör für Gott, aber jenseits jener besonderen Gottesüberlieferung, die die alten Religionen für sich in Anspruch nahmen. Auch Lévinas, der Philosoph und Talmudexeget, denkt in dieser Epoche. Er wendet sich vehement gegen Kierkegaards „Gewalttätigkeit". „Kierkegaard rehabilitiert die Subjektivität, das Einzelne, Einmalige mit unvergleichlicher Kraft. Doch indem er gegen die Absorption der Subjektivität in der Hegelschen Universalität protestiert, versieht er die Geschichte der Philosophie mit exhibitionistischem, schamlosen Subjektivismus (...). Kierkegaards gesamte Polemik gegen die spekulative Philosophie setzt Subjektivität als auf sich selbst zurückgebogen voraus, Existenz als Sorge, die ein Mensch für seine eigene Existenz verspürt, als Sichabmühen für sich selbst. Ethik ist für Kierkegaard das Allgemeine (..., das) das Geheimnis des Ich weder aufnehmen noch ausdrücken"[167] kann. „Es ist aber" meint Levinas, „keineswegs sicher, daß der Ort der Ethik da ist, wo er ihn sieht."[168]

Gegen Kierkegaards Überschreitung beharrt Lévinas auf der Ethik als letzter Instanz menschlichen Handelns. Er versteht aber „Ethik als Bewußtsein einer Verantwortung für den Nächsten".[169] Als solche ist sie „weit entfernt davon, uns in der Allgemeinheit aufgehen zu lassen, vereinzelt uns vielmehr, setzt uns als einmaliges Individuum, als Ich".[170] „Ich sein" entspringt nicht der Sorge des je Einzelnen um sich selbst, es „bedeutet (...) sich der Verantwortung nicht entziehen können".[171] „Die Infragestellung des Selbst ist nichts anderes als das Empfangen des absolut Anderen. Die Epiphanie des absolut Anderen ist Antlitz, indem der andere mich anruft und mir durch seine Nacktheit, durch seine Not, eine Anordnung zu verstehen gibt. Seine Gegenwart ist eine Aufforderung zur Antwort (...). In seiner Stellung selbst ist es (das Ich) durch und durch Verantwortlichkeit."[172] Der Andere, das Antlitz hat den Charakter eines Anrufs, einer Stimme. Einmal geht Lévinas so weit, „das Antlitz als das Wort Gottes zu bezeichnen"[173], aber nur als Spur, nicht, als ob Gott sich darin offenbarte. Diese Neufassung des Ethischen artikuliert sich als Einspruch gegen Kierkegaards Abraham-Verständnis:

> *„Wenn er von Abraham spricht, dann beschreibt er denjenigen Teil von dessen Berührung mit Gott, in dem sich die Subjektivität ins Religiöse erhebt, d.h. über das Ethische hinaus. Man kann es aber auch genau umgekehrt sehen: daß der Höhepunkt des Dramas in Abrahams Befolgen der Stimme der Ethik liegt, die ihm das Menschenopfer untersagt. Daß er der ersten Stimme gehorcht, ist zwar erstaunlich; daß er aber zu diesem Gehorsam genügend Distanz besitzt, um die zweite Stimme zu hören: genau darin besteht das Wesentliche.“*[174]

Lévinas legt das ganze Gewicht der Geschichte auf den zweiten, nicht, wie Kierkegaard, auf den ersten Anruf. Im letzten Augenblick ist die Stimme vom Himmel her geradezu der Ruf des nackten Angesichts des Anderen, der Not des wehrlosen Nächsten: Tu ihm, tu mir nichts!

Deswegen ist Abraham zu loben, daß er sich so doch noch zur Verantwortung für den Anderen rufen läßt. Lévinas Auslegung zufolge kann eigentlich nur dies die Stimme Gottes sein. Vom ersten Ruf Gottes, der die Geschichte überhaupt in Bewegung setzt, heißt es nur, daß es „erstaunlich“ war, daß Abraham dieser Stimme gehorchte. Eine Erklärung für dies „erstaunlich“ gibt Lévinas nicht. Muß er nicht mit Kant und wie jede vernunftgemäße Ethik bestreiten, daß ein solcher Anruf je die Stimme Gottes sein kann? Wenn es aber nicht die Stimme Gottes ist, auch nicht in jenem höheren, von Kierkegaard anvisierten Sinne, was ist sie dann? Eine Stimme, die der Stimme Gottes zum Verwechseln ähnelt, ohne es doch zu sein, wäre nach jüdischer und christlicher Tradition die Stimme Satans.

G. Steiner hat in einem fiktiven Rabbinergespräch über die Moria-Geschichte einem Talmudgelehrten diese Version in den Mund gelegt:

> *„ – In seiner Erschütterung, seiner Verwirrung, auch dem Wissen um seine Unvollkommenheit hat Abraham in die Einflüsterungen des Teufels die Stimme Gottes hineingehört. War es nicht der große Kabbalist Soloviel, der gesagt hat, daß diese beiden Stimmen, diejenige Gottes, die wir nicht benennen dürfen, und die des unnennbaren Bösen sich derart ähnlich sind, daß die Differenz zwischen ihnen nicht vernehmbarer ist als ein Regentropfen, der in den Ozean fällt?*
> *– In der Tat, es war die Stimme Satans. Gott ist kein Schauspieler: Noch gar ein sadistischer Versucher. Wie Gott am besten definieren, wie IHM in unserer Vorstellungskraft annähernd Genüge leisten? Haargenau als ein Wesen, das niemals von einem Manne verlangen würde, seinem Kinde ein Messer in die Kehle zu stoßen. Nichts beweist gewisser die Existenz Gottes als diese Unfähigkeit unseres Fühlens und Denkens, IHN zu begreifen als jemand, der Abraham in Versuchung führte, seinen eigenen Sohn zu ermorden, und derart unseren Vater, Abra-*

ham, während seiner Reise in die Berge der Dauerfolter zu unterwerfen. (...) – Und als der Allmächtige die Wirrnis von Abraham bemerkte, begab ER sich höchstselbst zum Berge Morija, bestellte einen Engel zum Schutz Isaaks und versetzte den Widder in den Dornbusch."[175]

G. Steiner greift hier eine jüdische Überlieferung auf, die seit dem 2. Jh. v. Chr., im Jubiläenbuch (Jub 6/7) und in Qumran (Fragmente 4 Q 180, 181.2) greifbar ist.[176] Da wird von Gott selbst dem Widergöttlichen, dem Widersacher Israels, dem Satan Raum gegeben, den Frommen auf die Probe zu stellen, um ihn am Ende selbst zu beschämen. Was dort (wie z.B. auch im Prolog des Hiobbuches, Hiob 1/2) als souveräne Disposition des Himmelsherrn erscheint, wird bei Steiner zu einer subjektiven Verwirrung Abrahams, zum *error invincibilis*, der ihn in blinden Bann schlägt, weil er die Stimme Gottes hört, der er immer gefolgt ist und auch jetzt unbedingt zu folgen hat, so schrecklich es ist, ein Bann, aus dem er sich selbst nicht durch vernünftige Überlegung zu befreien vermag, aus dem er befreit werden muß durch Gott selbst, die Stimme des Engels, die ihn aus dem Teufelskreis herausreißt. Was bei Lévinas „erstaunlich" genannt wurde, wir hier als teuflisch deklariert. Gott wird damit, wie in allen ethischen Entwürfen von Kant bis Lévinas, als Inbegriff des Guten gerettet, nicht erklärt wird freilich, wie Gott den Gehorsam dem falschen Gott gegenüber als Ausweis der Gottesfurcht anerkennen kann, heißt es im biblischen Text doch: „Lege deine Hand nicht an den Knaben und tue ihm nichts", mit der ausdrücklichen Begründung „denn nun weiß ich, daß du Gott fürchtest: du hast deinen Sohn, den einzigen, mir nicht vorenthalten" (Gen 22,12).

F.W.J. Schelling, Kierkegaards Lehrer, hat die für jede ethische Lektüre so schwer zu ertragende Spannung des Textes offenbarungslogisch zu verstehen versucht. Er betrachtet gerade diese Geschichte als „urbildlich für die ganze Folge der alttestamentlichen Offenbarung".[177] Die ethische Anfrage der Aufklärung, „wie es als übereinstimmend mit der Würde Gottes gedacht werden könne, einen Menschen, besonders aber einen völlig gottergebenen, auf diese Weise zu versuchen"[178], steht unabweisbar am Anfang. Das über Hiobs Prüfung noch Hinausgehende wird genau formuliert:

„*Denn hier wird nicht bloß gefordert, daß er ein Leiden, eine Trübsal auf sich nehme, ohne in seiner Gesinnung zu wanken, hier handelt es sich von einer* Handlung, *von einer* That, *gegen die sich das reinste menschliche Gefühl empört, und auf die noch außerdem der älteste Fluch gelegt worden bei dem Brudermord Kains, wie nach der Sündfluth unter den ersten dem zweiten Menschengeschlecht gegebenen Geboten auch dieses steht: ‚Wer Menschenblut vergeußt, deß*

> *Blut soll wieder vergossen werden. Denn Gott hat den Menschen zu seinem Bilde gemacht'. Es ist doch unmöglich, daß derselbe Gott, der nach der Sündfluth ausgesprochen: Ich will des Menschen Leben rächen an einem jeglichen Menschen, von Abraham das Leben des eignen Sohnes fordere.*"[179]

Auf die Frage, wie dieses strikteste Verbot des AT urplötzlich in ein Gebot umspringen könne, gibt Schelling das religionsgeschichtliche Umfeld zu bedenken:

> „*Ueberlegen wir nun aber, daß es ungefähr um dieselbe Zeit ganze Völker, und zwar dem Abraham stammverwandte Völker gab, welche es als ein göttliches Gebot ansahen, in gewissen Fällen die geliebtesten ihrer Kinder, nämlich die einzigen, ein- oder erstgebornen zu opfern, so müßten wir doch alle historische Wahrscheinlichkeit beiseitsetzen, wenn wir nicht annähmen, das Princip, von welchem Abraham zu jener Handlung unmittelbar versucht oder sollicitirt wurde, sey wesentlich dasselbe gewesen, das auch jene Völker verleitete.*"[180]

Das „Prinzip", das Abraham dazu treibt, sein einzig geliebtes Kind zu opfern, ist der Moloch, dem man im Land Kanaan in äußerster Not Kinderopfer darbrachte, was dem Jahweglauben als schrecklichstes Greuel galt: „Wer von den Israeliten (...) eines seiner Kinder dem Moloch hingibt, der soll getötet werden..." (Lev 20,2, vgl. Lev 18,21; 1 Kg 11,7; 2 Kg 16,3; 23.10; Jer 32,35; Jes 30,33; Jer 7,31). Die Geschichte könnte also erzählen, daß der Gott Abrahams nicht geringer ist als die Götter des Landes, weil auch er von seinen Gläubigen verlangen kann, daß man ihm gegebenenfalls das Liebste opfert, daß er dies aber dann doch nicht will in jener Weise, wie es die Moloch-Gläubigen vollführen, wenn sie ihre Kinder „durchs Feuer gehen lassen" (2 Kön 16,3); ein Widderopfer ist genug.

Das religionsgeschichtlich Faktische legt aber nun für Schelling urbildlich die Struktur von Offenbarung überhaupt offen. Man hat anzunehmen,

> „*daß für Abraham die Offenbarung des wahren Gottes an ein falsch-göttliches Princip gebunden war, oder dieses zur Voraussetzung hatte. Für sich allein ist jenes Princip allerdings das ungöttliche, ja widergöttliche, aber dieses Princip wirkt ja nicht für sich allein, wie der Verlauf der Erzählung zeigt. Denn als Abraham eben die Hand ausstreckt, den Sohn zu schlachten, ruft ihm der Engel Jehovahs zu, und wehrt ihm, die Hand an den Knaben zu legen. Hier ist also Elohim und der Engel Jehovahs, maleach Jahwe unterschieden. Das Verhältniß nun zwischen dem Elohim, der dem Abraham gebietet, seinen Sohn zu opfern, und dem Engel, d.h. der Erscheinung des Jehovah, welche ihn davon zurückhält, läßt sich nun schwerlich anders als so deuten. Der, welcher Elohim genannt wird, ist die Substanz des Bewußtseyns, der Engel Jehovahs ist nichts Substanti-*

elles, sondern ein im Bewußtseyn nur Werdendes, eben nur Erscheinendes, er ist nicht substantiâ, er ist immer nur actu da im Bewußtseyn, immer nur maleach Jahwe, d.h. eben nur Erscheinung, Offenbarung des Jehovah, und setzt daher den Elohim als Substanz, als Medium seiner Erscheinung fortwährend voraus (...); sonach ist eigentlich keiner von beiden für sich der wahre Gott, denn der wahre erscheint nur, indem er den vorausgehenden, soweit er nicht der wahre ist, aufhebt; er ist daher von diesem nicht zu trennen. Der wahre Gott ist also im A.T. durch den falschen vermittelt und gleichsam an diesen gebunden."[181]

Was man für den ersten Aufbruch Abrahams aus dem Land seiner Väter immer schon eingesehen hat, daß die Offenbarung dieses Einen die Verhaftung in der Vielgöttrigkeit des Landes als „falsch-göttliches Prinzip" zur Voraussetzung hat und aufhebt, gilt hiernach auch für die Offenbarung Gottes im Lande Kanaan. Abraham hat ihn nach seinem Aufbruch aus Chaldäa nicht einfach, er muß sich ihm immer wieder *actu* offenbaren in der Überwindung dessen, was unmittelbar als gottheitlich sich aufdrängt. Der wahre Gott erscheint nie anders als in Überwindung des falschen. Schelling verschiebt den Skopus der Geschichte von der Prüfung Abrahams auf die Seite Gottes. Gott muß durch solche Geschichten hindurch, um sich zu offenbaren. Anders als in solcher Selbstmitteilung kann er im Bewußtsein nicht als der wahre erscheinen. Im Einspruch wird die Stimme hörbar. Daß in einer Prüfung nicht nur der geprüfte Mensch in seiner Wahrheit sich herausstellt, sondern auch der ihn prüfende Gott, mag nicht die Lösung aller Rätsel dieser Abrahamsgeschichte sein, es gibt aber eine bedenkenswerte offenbarungsgeschichtliche Hypothese ab.

Das öffentliche Leben Jesu beginnt mit der Taufe Jesu, wo die Stimme aus dem Himmel Jesus als den „geliebten Sohn" proklamiert (Mt 3,17 par.). Vom selben Geist, der mit dieser Stimme auf ihn niederkam, wird er alsbald in die Wüste getrieben, um vom Teufel versucht zu werden (Mt 4,1 par.). Gott selbst treibt seinen Sohn in die teuflische Prüfung. Der Satan (Mk 1,13) prüft den nominierten Gottessohn mit der Stimme Gottes, zitiert er doch nicht nur das Bild, das man geläufig von einem Gottessohn hat, sondern auch Gottes Wort selbst, wie es in den heiligen Schriften niedergeschrieben ist (Mt 4,6). Der Gottessohn widerspricht mit der Schrift. Indem er die teuflische Verstellung Gottes aufdeckt, bewährt er nicht nur sich selbst als Gottes geliebten Sohn, er offenbart zugleich auch, wer der Gott in Wahrheit ist, der ihn nun als seinen geliebten Sohn in der Welt agieren läßt. Indem der Geist Gottes selbst in die Wüste treibt, setzt Gott sich den Satan in den Weg und so voraus, um in seiner Überwindung in Wahrheit zu erscheinen.

Der in der Taufgeschichte gebrauchte Titel „geliebter Sohn" (*hyios agapetos*) erinnert an Gen 22,2: „Nimm deinen Sohn, den einzigen, den du liebhast...", ohne daß hier wohl ein unmittelbarer Konnex vorliegt. Das scheint aber an einer anderen Stelle des NT der Fall[182], Röm 8,31: „Er, der seines einzigen Sohnes nicht geschont, sondern ihn für uns alle dahingegeben hat" – „Du hast deinen Sohn, den einzigen, mir nicht vorenthalten" (Gen 22,12). Christus rückt da in die Rolle Isaaks, aber der Vater, der ihn dahingibt, ist kein irdischer Vater mehr, sondern Gott selbst, und der Sohn wird nicht im letzten Augenblick gerettet, sondern kommt wirklich um. In dieser Christus-Isaak-Typologie verschwindet Abraham als menschliche Mittlerfigur des Gotteswillens, als Empfänger der himmlischen Stimme, es ist Gott selbst, der mit sich übereinstimmt, seinen einzigen Sohn, an dem für ihn alles hing, preiszugeben. Alles, was als ethisch-theologisches Problem das Verständnis der Abrahamsgeschichte umgetrieben hat, fällt nun in Gott selbst hinein, auf ihn selbst zurück.

Schon in der frühjüdischen-martyrologischen Exegese gab es eine Tendenz, Isaak nicht nur als schweigendes Opfer des väterlichen Willens zu verstehen, sondern als den, der im Gespräch mit seinem Vater seine freie Bereitschaft kundtat, den von Gott gewollten Tod anzunehmen.[183] Nur so konnte er Typus Christi werden, der in Gethsemane angesichts der drohenden Passion bittet: „Mein Vater, ist es möglich, so gehe dieser Kelch an mir vorüber; doch nicht, wie ich will, sondern wie du willst" (Mt 26,39). Das ist freilich wie bei Abraham der Gehorsam gegenüber einem dunklen Gott, der wie ein Moloch erscheint. Röm 8,31 führt als Begründung der Dahingabe an, daß sie „für uns", zu unseren Gunsten sei: „wie sollte er uns mit ihm nicht auch alles geben". Drei Verse weiter heißt es: „Christus Jesus ist es, der gestorben, ja noch mehr, der auferweckt worden ist, der auch für uns eintritt" (Röm 8,34). Anders als Isaak ist Jesus wirklich umgekommen; da kam kein Engel, der Einhalt gebot. Der Engel erscheint erst am Grab und verkündet den Frauen: „Er ist nicht hier. Er ist auferstanden" (Mt 28,5 par.).

Das also zusammen wäre, Schelling folgend, erst die Offenbarung des wahren Gottes, die schweigende Preisgabe des Sohnes und aller an ihm hängenden Verheißungen in den Tod und die leise Stimme danach: Auferstanden. Für Paulus ist der Gott Abrahams „der, der Jesus von den Toten auferweckt hat" (Röm 4,24). Der Gott, dem Abraham glaubte „ist der Gott, der die Toten lebendig macht und das, was nicht ist, ins Dasein ruft" (Röm 4,17).

Die Stimme, die Abraham aus seinem Vaterhaus und Vaterland herausruft, ist eine Stimme der Verheißung des Landes, der Nachkommenschaft, des Segens für alle Geschlechter der Erde (Gen 12,1-3). Der übergroßen Verheißung künftigen Lebens tritt der Tod entgegen, die unüberwindbare Kinderlosigkeit (Gen 15,1-6). „Aber Abraham war nicht schwach im Glauben, noch zog er seinen schon erstorbenen Leib in Betracht, obschon er fast hundertjährig war, noch den erstorbenen Leib der Sara (...) er wurde stark im Glauben, indem er Gott die Ehre gab und völlig überzeugt war, was er verheißen habe, das vermöge er auch zu tun" (Röm 4,19f). Und als der Sohn der Verheißung da ist, tritt der Tod ein zweites Mal der Verheißung entgegen, in der Forderung Gottes, das Kind, an dem alle Zukunft, die Abrahams und die Gottes hing, zu töten. Daß Abraham dem Gott, der dies verlangte, glaubte, wird, ähnlich wie Röm 4,17 auch Hebr. 11,17-19 begründet: „Aus Glauben hat Abraham den Isaak dargebracht, als er versucht wurde, und er brachte seinen Einzigen dar, er, der die Verheißungen empfangen hatte, zu dem gesagt worden war ‚Was von Isaak stammt, soll deine Nachkommenschaft heißen'. Er hielt nämlich dafür, daß Gott mächtig sei, auch von den Toten zu erwecken; und deshalb erhielt er ihn auch dadurch zurück, daß er ihn preisgab."

Von Jesus Christus her gesehen, rückt die Abrahamsgeschichte in eine messianische Perspektive. Ist Abrahams Gott der wahre, so bahnt sich in seiner Geschichte schon an, was in Tod und Auferstehung Jesu Christi endgültig offenbar wird. So hat M. Luther Gen 22 gelesen:

> *„Darum hat Abraham den Artikel von der Auferstehung der Toten wohl verstanden (...). Denn er hat also gedacht: Heute habe ich noch einen Sohn, morgen aber werde ich nichts haben denn Asche; wie lange aber dieselbe hin und wieder wird zerstreut liegen, weiß ich nicht; das aber weiß ich, daß sie wiederum lebendig werden wird."*[184]

Luther denkt das *holocaustum* (Gen 22,6.8 Vg.) bis zur Asche durch und mißt daran den Glauben an die Auferstehung.

Wenn aber der wahre Gott, wie Schelling meinte, nie einfach substantiell gegeben ist, sondern sich immer nur in Überwindung des widergöttlichen Gegenspiels erweist, so findet dies im „Gott, der die Toten lebendig macht" (Röm 4,17) seinen angemessenen Namen. Es ist in der Welt die Stimme dessen, der „was nicht ist, ins Dasein ruft" (Röm 4,17), also die Stimme des Schöpfers, der die Welt hervorgerufen hat und sie nun aufruft als ihr Erlöser. Seine Stimme wiederzuerkennen, wenn es an der Zeit ist, dient das Exerzitium der alten Geschichten.

CORROLARIUM: STIMME UND LICHT

Rembrandt hat die „Opferung Isaaks“ einige Male als Bildthema gewählt. Zwei Gemälde sind überliefert. Das ältere, von 1635, befindet sich in der Eremitage in St. Petersburg, das jüngere, von 1636, eine (wohl unter Beteiligung eines Schülers erstellte) Revision der älteren Fassung, in der Alten Pinakothek in München. Die Betrachtung beschränkt sich hier auf das letztere.[185]

Der Altar erscheint, wie in der biblischen Geschichte, im Gebirge ad hoc aus Steinen aufgeschichtet, kein wohlgeformter Kultaltar, das Holz darauf geschichtet, der Sohn darauf gelegt; ein Messer, das man zur Schächtung eines Opfertieres verwenden kann. Im Winkel zwischen des Messers Schneide und Scheide mit verängstigtem Blick der Kopf des verhedderten Widders. Dies ist der textnahe Realismus einer nicht schon ins Typologische stilisierten Szene: eine unheimliche Metzung oben im Gebirge.

Die biblische Geschichte weiß über dies realiter Anschauliche hinaus nur von einer Stimme, einer Gottesbotenstimme vom Himmel her, die das Geschehen im letzten Augenblick unterbricht und anhält. Wie aber kann diese gänzlich unanschauliche und zugleich wirksame Intervention der Stimme ins Bild gelangen. Die Intervention der Stimme spaltet sich in der Bildanschauung in eine doppelte Aktion, die Aktion des Engels und die Aktion des Lichts. Erst diese Doppelung macht unter den Bedingungen der Bildlichkeit deutlich, was die Intervention der Himmelsstimme besagt.

Die drei Figuren sind in einer „winklig gebrochenen, doppelten Diagonalkomposition“[186)] miteinander verbunden. Die Umschlagstellen der Bewegung sind markiert durch Hände; zunächst die linke Hand Abrahams, die den Kopf des Jungen niederdrückt, den Hals freilegt und zugleich das Gesicht verdeckt, damit dies Schreckliche nicht von Angesicht zu Angesicht geschieht. Am zweiten Wendepunkt erfaßt die rechte Hand des Engels das rechte Handgelenk Abrahams, während die linke im Namen des Himmels Einhalt gebietet. Unter dem plötzlichen Zugriff entfällt Abraham das gezückte Messer; es ist die Schrecksekunde, in der der Dolch noch in der Luft schwebt. Mit dieser Hervorhebung der Hände wird die Szene im Wortsinn als „Hand-lung“ markiert, ganz nah am Wortlaut des Textes. Die Stimme vom Himmel wird sichtbar als Eingriff ins menschliche Handeln. Dies Wort ist sichtlich nicht ein Anspruch, der eine Möglichkeit eröffnete oder noch eine Alternative ließe. Es ist *verbum efficax*, Wort, das vollbringt, was es sagt, indem es den handelnden Menschen aus der für ihn selbst unaufhaltsamen tödlichen Konse-

2 Rembrandt (Rembrandtschüler), Das Opfer Abrahams, München, Alte Pinakothek, 1636; Lwd 193,5 x 132,8 cm

quenz seines Handelns herausreißt. So wird der wirksame Einspruch der Himmelsstimme sichtbar als Anflug und Eingriff einer himmlischen Macht. Der Bote erreicht, was er zu sagen hat.

Aber die Stimme, sofern der Text darin alles zusammenfaßt, was vom Himmel her geschieht, erscheint in Rembrandts Bild zugleich als Einfall des Lichts. Der Text weiß nichts von einer Lichterscheinung. Das Licht im Bild offenbart eine Dimension der Stimme. Das Licht fällt mit gebündelter Helligkeit auf den hingestreckten Körper des Jungen, auf Gesicht und Hände Abrahams und auf die Rückseite des Engels. Er ist der Bote des Lichts, in dem das Licht sich handgreiflich verkörpert. Das Licht im Bild ist Reflexleuchtlicht einer außerhalb des Bildes liegenden Lichtquelle, die nicht bestimmt ist, aber doch verhältnismäßig nahegerückt erscheint. Der Überraschung des Eingriffs entspricht die Plötzlichkeit des Lichteinschlags. Der Lichteinfall erhellt schlagartig die finstere Szene, den Körper des Jungen und das Schreckensgesicht des Alten. Das Licht zeigt, was die Stimme sagt: „Deinen Sohn, deinen einzigen, hast du mir nicht vorenthalten."

Aber diese Offenlegung ist noch nicht alles, was das Licht wirkt. So wie der Eingriff des Engels die Rolle der Hände hervorhebt, so der Einfall des Lichts die Dramatik des Gesichts. Die Hand des Engels hat Abraham aus seiner Bewegung herausgerissen, das von schlohweißem Haar umwölkte Gesicht des Alten ist dem Licht zugewandt. Das Licht, das den Schrecken schonungslos aufdeckt, erleuchtet im gleichen Augenblick sein Gesicht, ohne den Schrecken darin zu beschönigen. Nur im Gesicht des Engels, das das noch unter der Hand des Vaters verborgene Gesicht des Sohnes im Blick hat, verkörpert sich das Licht zum Vorschein eines freundlichen Anblicks.

Ohne das Licht bliebe die Stimme im Bild der blinde Eingriff einer dunklen Macht, ohne die Figur des Engels bliebe die Stimme grelles Licht, erbarmungslose Offenlegung dessen, was ist. Beides zusammen, das Licht und der Engel übersetzen das Geheimnis der Gottesstimme ins Sichtbare des Bildes.

So könnte man sagen, daß Rembrandt diese Szene als das malt, als was sie nach dem Text der Schrift auch in Abrahams Augen sich schlußendlich zusammenfaßt: „Und Abraham nannte die Stätte ‚Gottessicht'; daher man noch heutigen Tages sagt: auf dem Berge ‚Gottessicht'" (Gen 22,14). So hat Rembrandt es gesehen, „heutigen Tages", 1636, und er läßt es uns so sehen „heutigen Tages".

Zwanzig Jahre nach den Gemälden – der Sohn Titus ist vierzehn Jahre alt, Rembrandt fünfzig – hat Rembrandt seine Aufmerksamkeit wie-

3 Rembrandt, Die Opferung Isaaks, B 35, Radierung 1655; 15,6 x 13,1 cm

derum der Geschichte zugewandt. Die Radierung von 1655[187] zeigt nicht mehr einen so wilden, gewaltsamen Ausbruch wie die Gemälde. Isaak liegt nicht hingeworfen auf dem Rücken, sondern kniet bereitwillig, birgt seinen Kopf in Abrahams Schoß (von ferne an Rembrandts Bilder vom Verlorenen Sohn erinnernd). Abraham bedeckt die Augen, aber drückt den Kopf nicht mit Gewalt nieder, sondern zieht ihn irgend-

4 Rembrandt, Die Opferung Isaaks, Federzeichnung, um 1655; 18 x 15,5 cm, Dresden, Kupferstichkabinett

wie an sich. In den Gemälden hält Abraham das Messer in der kräftigen Rechten, hier etwas linkisch in der Linken.

Der Himmel berührt die Erde mit einem riesigen Flügelpaar, das den ganzen Berg unter seinem Schatten zu bergen scheint. Vor diesem Flügelpaar die Figur eines jungen Mannes. Mit den Flügeln verbunden ein Engel, aber irgendwie auch selbständig, ein junger Mann mit wehendem Haar, der von hinten her den Alten umarmt, mit der Linken den linken, mit dem Messer bestückten Arm festhält, mit der Rechten die rechte Hand des Alten vom Gesicht des Jungen wegzuziehen sich anschickt. Dies alles tut er mit den Riesenflügeln als Bote des Himmels, aber er fliegt hier nicht aus ungeahnter Höhe im Sturzflug herab, wie in den Gemälden, sondern umfängt den alten Mann, hält ihn an, ohne abrupte Gewalt. Der Handlungszwang wird eher gelöst als abgebrochen. Die mörderische Anspannung wird durch die Umarmung aus dem Hintergrund angehalten, zurückgenommen. Der Ruf der Stimme „Abraham, Abraham! tue ihm nichts, ich weiß..." wird im Bild zur Geste der Umarmung. Die Stimme ist eben diese erlösende Geste: Laß los, es reicht, es ist genug! In dieser Geste bekommt die Stimme fast eine bestimmte Intonation.

Es hat den Anschein, als ob Abraham sich eher unwillig aus dem Vollzug herausbringen ließe: Ja, hier bin ich. Der Doppelstrahl, der aus der Wolke kommt und das Armgelenk Abrahams trifft, ist weniger ein Lichtstrahl, der etwas aufdeckt, als ein Energiestrahl, der der Hand des Engels am entscheidenden Drehpunkt zu Hilfe kommt. Er verbindet, wie die Flügel, das, was der junge Mann auf menschliche Weise tut, mit dem Himmel, erhebt es zu einer Aktion vom Himmel her. Für Isaak ist dieser Engel Schutzengel. Es ist eine ältere theologische Meinung, daß im konkreten Vollzug der göttlichen Providenz jedem einzelnen Menschen ein einzelner Engel zugeteilt ist, vom Leben bis zum Tod (vgl. Thomas von Aquin, Sth 1, q 113).

Aus demselben Jahr 1655 stammt eine Federzeichnung, in der die ausgemalte Dramatik der Gemälde ganz in die Skizze des Schreckens zurückgewichen ist.[188] Das Szenarium ist nur noch angedeutet: die Stufung des Berges, die Höhung des Altars, der Feuertopf. Alles ist konzentriert auf die Interaktion der drei Personen. Der Junge liegt da auf dem Rücken wie während einer Operation (von ferne an Rembrandts Anatomien erinnernd). Der Alte am Kopfende wie ein Operateur, nicht zum Leben, sondern zum Tod. Der Duktus des Federstrichs verdichtet sich, wo die Hand des Alten die Brust des Jungen berührt, und darüber in der Nackenpartie des Alten. Die schräge Linie des Arms endet an diesem harten Nacken, der Halsstarrigkeit des Greises, der da mit eingeknickten (im fahrigen Duktus der Feder) zitternden Knien steht, in seine absurde Arbeit vergraben.

Über beiden schwebt eine Gestalt: das Engelhafte liegt in dieser fast immateriellen Schwerelosigkeit; der Flügel ist nur noch eine Schwingung der Linie. In dieser himmlischen Leichtigkeit beugt sich der Engel über die beiden. Das Gesicht ist dem Gesicht des Jungen zugewandt: das ist die Achse des Bildes. Die Hand berührt den Kopf des Alten. Der Engel fällt Abraham nicht in den Arm, sondern legt ihm die Hand auf den Kopf. Die Stimme ist eine Handauflegung: Abraham, laß es! Er kann es nicht sehen, aber spüren am Kopf, daß es reicht, daß er aufhören soll. Er kann sich nicht selbst an den Kopf fassen. Das kann nur von außen geschehen. Nur durch die Stimme kann er aus dem befreit werden, was nicht er sich, sondern eine Stimme ihm in den Kopf gesetzt hat.

Das Gesicht des Engels ist hier nicht jugendlich-jungenhaft wie bei den anderen Bildern. Es ist eher das Gesicht einer Frau, einer mitleidenden älteren Frau. Man denkt unwillkürlich an Sarah; aber nicht die irdische Sarah, die zu Hause in Bersheba gelassen wurde, sondern die himmlische sozusagen, ihr Engel, der sie beschützt, indem er diese beiden rettet.

7. SCHRIFT UND OFFENBARUNG

Die Stimme scheint die Geschichte Israels zu begleiten und von Fall zu Fall zu dirigieren, es so zu lenken auf dem Weg durch die Zeit. Indem all diese unterschiedlichen Interventionen der Schrift ein und demselben Subjekt (Gott, der Herr) zugeschrieben werden, verketten sie sich miteinander. Manchmal stellt ein Sprechakt ausdrücklich solche Verkettung her: „Ich bin der Gott deines Vaters, der Gott Abrahams, der Gott Isaaks und der Gott Jakobs" (Ex 3,6), als sie zu Moses am Dornbusch spricht. „Ich bin der Herr dein Gott, der ich dich aus dem Land Ägypten, dem Sklavenhaus, herausgeführt habe" (Ex 20,2), als sie am Sinai die Zehn Gebote verkündet. In solchem Rekurs der Stimme auf sich selbst, ihre eigene Vorgeschichte, wird über das hinaus, was hic et nunc zu sagen ist, die Aufmerksamkeit auf das Subjekt gelenkt, das sich in dem, was es zu sagen hat, *in obliquo* auch selbst zu erkennen gibt. Im Zuge der Ansammlung der Überlieferungen und ihrer schriftlichen Fixierung scheint sich das Interesse zunehmend dahin zu neigen, aus dem gesamten Gang der Reden die Gang- und Wesensart des Redenden selbst zu erkennen, seinen Willen nicht bloß ad hoc, hier und jetzt, wo die Midianiter die Ernte vernichten, sondern im allgemeinen und überhaupt. Situationsenthobene Redekomplexe wie die für alle Zeiten gültige Offenbarung der Thora drängen in diese Richtung. Offenbarung, die zuerst Anruf im Hier und Jetzt war, wird auf Dauer gestellt, Stimme wird Schrift. Wer von der Offenbarung Gottes handeln will, hat nun von der Schrift zu handeln, jüdisch wie christlich.

Der neuere Stand der christlichen, genauerhin amtlich katholischen Offenbarungstheologie ist festgehalten in der „Dogmatischen Konstitution über die göttliche Offenbarung" des 2. Vatikanischen Konzils, die den lateinischen Titel trägt „Dei verbum".[189] Sie erhebt den Anspruch „die echte Lehre (*genuinam doctrinam*) über die göttliche Offenbarung und ihre Weitergabe vorzulegen" (Art. 1).

Daß das, was man jetzt als Schrift hat, aus der Stimme kommt, im lebendigen Reden Gottes seinen Ursprung hat, wird im Zitat aus dem Hebräerbrief festgehalten: „Vielfältig und auf vielerlei Weise hat Gott gesprochen" (*locutus est*, Hebr. 1,1; Art. 4), schon zu den Stammeltern, dann zu Abraham und den Patriarchen, Moses und den Propheten (Art. 3). Aber diese einzelnen Redeakte interessieren nicht je für sich, sondern als Passagen einer einzigen großen Rede, in der Gott sich selbst mitteilt: „Gott hat in seiner Güte und Weisheit beschlossen, sich selbst zu offenbaren und das Geheimnis seines Willens kundzutun" (Art. 2). Das über die Geschichte verstreute „und der Herr sprach" ist Teil einer Konversation Gottes mit den Menschen (*homines tamquam amicos alloquitur et cum eis conversatur*, Art. 2), um sich ihnen bekannt zu machen. Denn, was beim Lesen der Schrift als aktuell provozierter Redeeingriff erscheint, wird einer umfassenden Absicht unterstellt. Die Einzelgeschichten sind Momente einer *„historia salutis"* (Art. 2). Gottes Offenbarung hat die Verlaufsform eines Plans, einer Ökonomie (*oeconomia salutis*, Art. 4; vgl. Art. 15) und einer Pädagogie; von den Büchern des AT heißt es *„veram tamen paedagogiam divinam demonstrant"* (Art. 15). Diese geschichtliche Offenbarung Gottes ist aber nicht etwa die Entwicklung Gottes selbst, eine Autotheogonie sozusagen, sondern die seines Heilsplans und der Erziehung des Menschengeschlechts zur Erkenntnis hin. In der Sukzession der Zeit offenbart Gott schrittweise, was er von Ewigkeit her ist und im Sinn hat. Alle Vorläufigkeit der Geschichte entspringt einer souveränen Absicht, die das ganze *opus salutare* (Art. 4) und seine Vollendung immer schon im Blick hat.

Die so durch die Zeiten hin betriebene Selbstoffenbarung ist heilsökonomisch in Jesus Christus abgeschlossen: „am Ende der Tage hat er zu uns gesprochen durch seinen Sohn" . (Hebr 1,2). Der Sohn, er selbst mit allem, was er wiederum gesagt und getan hat, ist das letzte Wort Gottes, *verbum incarnatum*. Eine Offenbarung, die das selbst noch einmal überholen oder revidieren könnte, ist von Gott selbst her nicht mehr zu erwarten: *„nulla iam nova revelatio publica expectanda est"* (Art. 4). Gott hat sich vollkommen ausgesprochen.

Diese der Schrift als Geschichte vorausliegende Offenbarung ist in der Schrift so aufgezeichnet, daß diese selbst nun auch als „Dei verbum"

(Art. 1) bezeichnet werden kann: „Das von Gott Geoffenbarte (*divinitus revelata*), das in der Heiligen Schrift enthalten ist und vorliegt, ist unter dem Anhauch des Heiligen Geistes aufgezeichnet worden" (Art. 11). Der Hauch Gottes hat sich Schriftform verschafft. Der Geist, der schon „gesprochen hat durch die Propheten" und durch den der Logos Fleisch angenommen hat („*incarnatus est de Spiritu Sancto*"), hat die Autoren der Schrift inspiriert, das alles für immer buchstäblich festzuhalten, *Spiritus in littera.*

Solche Offenbarungslehre ist erfreulich und riskant zugleich. Erfreulich, insoweit das Schlußwort des langen Redens Gottes das pure Evangelium ist, alles, was das Herz von Gott begehrt. Riskant, insofern dieser kirchlich testierte Abschluß der Offenbarung Gott irgendwie zu Ende bringt: etwas Neues ist nicht mehr zu erwarten. Seid froh, könnte man sagen, denn etwas Neues könnte nur weniger und schlechter sein als, was wir haben als letztes Wort. Dennoch bleibt, weil dieses letzte Wort die Zeit, die sein erstes in Gang setzte (Gen 1,3) nicht einfach beschließt, die Frage, was denn mit Gott sei in der verbleibenden Zeit, ob er nun, weil er ja alles gesagt hat, forthin schweigt.

Das Konzil stellt solche Fragen nicht, geht aber darauf ein mit dem Begriff der Überlieferung. Die Schrift, ihre Entstehung, Anerkennung, Auslegung ist eingebettet in den Strom der kirchlichen Tradition. Erst in dieser kommunikativen Bindung und Verflüssigung bleibt, so scheint es, „das Evangelium (...) unversehrt und lebendig zugleich (*integrum et vivum iugiter*) bewahrt." Das Evangelium soll „integer" bleiben, ohne Abstriche oder Zusätze, aber zugleich nicht buchstäblich stillgelegt, sondern lebendig gehalten werden. Gott ist also mit seinem letzten Wort und Testament nicht verschieden, sondern nur entschieden, ein für allemal dieser und kein anderer zu sein, dies aber lebendig für alle Zeit. Diese „*vivifica praesentia*" wird Gott selbst zugeschrieben, der sich als Vater, Sohn *und* Heiliger Geist geoffenbart hat. Im Geist bleibt der festgeschriebene Gott ein redender, und nur wenn er dies bleibt, ist er der Gott, der gerade so sich geoffenbart hat: „So ist Gott, der einst gesprochen hat (*olim locutus est*) ohne Unterlaß im Gespräch (*colloquitur*) mit der Braut seines geliebten Sohnes, und der Heilige Geist, durch den die lebendige Stimme (*viva vox*) des Evangeliums in der Kirche und durch sie in der Welt widerhallt (*resonat*), führt die Gläubigen in alle Wahrheit ein" (Art. 8). Die Konversation geht also weiter, sie steht nur unter der Prämisse, daß schon alles gesagt, aber noch nicht alles verstanden ist. „Die Überlieferung kennt in der Kirche unter dem Beistand des Geistes (*sub assistentia Spiritus Sancti*) einen Fortschritt (*proficit*): es wächst (*cre-*

scit) das Verständnis der überlieferten Dinge und Worte" (Art. 8), und im Umkehrschluß ist ein solcher Fortschritt, wenn er denn statthat, Indiz des Geistes. Das Wirkungsfeld des Geistes sind Studium, Betrachtung, Spiritualität, Verkündigung und letztinstanzlich vor allem sicherheitshalber („munus authentice interpretandi") das kirchliche Lehramt (Art. 8; 10).

Was darin sukzessive zur Erkenntnis kommt, sammelt sich natürlich auch wieder schriftlich an, so daß Tradition nicht nur den Überlieferungsvorgang, sondern auch dessen Ergebnisse meint. Diesem Verständnis zufolge bilden Schrift und Tradition, miteinander unlösbar verbunden (Art. 9), das *„unum verbi Dei sacrum depositum"*, „den einen der Kirche überlassenen heiligen Schatz des Wortes Gottes" (Art. 10). *Depositum* meint als Terminus des antiken Rechts ein treuhänderisch anvertrautes Gut, das vom Deponenten dem Depositär im Vertrauen auf dessen Zuverlässigkeit (*fides*) zur sorgfältigen Verwahrung übergeben wird.[190] Die Pastoralbriefe des NT (1 Tim 6,20; 2 Tim 1,12-14) haben daraus einen theologischen Terminus gemacht, der vor allem die sorgfältige Verwahrung des Evangeliums gegen häretische Abweichungen akzentuierte. Von daher bleibt unversehrte (*integritas*) Bewahrung erstes Gebot der kirchlichen Treuhand: *„fideliter servent"*, sagt das 2. Vaticanum, fügt aber hinzu *„exponant atque diffundant"*: „treu bewahren, erklären und ausbreiten" (Art. 9).

Dabei geht es immer um Gott, sein Wort (*Dei verbum*), seine Offenbarung. Das 1. Vaticanum hatte den Inhalt dieser Offenbarung gedoppelt: „sich selbst (*Seipsum*) und die ewigen Beschlüsse (*decreta*) seines Willens dem Menschengeschlecht zu offenbaren" (DH 3004). Da ist ein Urmoment der Offenbarungsgeschichte, daß Gott mit seinem Reden nicht nur sich präsentierte, sondern immer auch Bestimmtes wollte, in Gesetzesform verewigt. Der juristische Geist der römischen Glaubensdepositenverwaltung hat, wie es scheint, dies zweite, die *decreta*, stärker interessiert als das *Seipsum*. Dekrete und Dekretalien, die Sicherung und Erklärung des Depositums via Dekret bleibt die Hauptverfahrensweise der kirchenamtlichen Traditionswahrung. Die Hl. Schrift wird primär als *lex*, als *Codex iuris* in Glaubens- und Sittenangelegenheiten verstanden, womit die christliche Religion ihr Buchverständnis dem religionsgesetzlichen von Thora und Koran wohl angenähert hat. Daß diese Neigung zu einem legislatorischen Verständnis der Offenbarung die lebendige Konversation, die der Geist Gottes eigentlich zu betreiben sich angeschickt hatte, nicht immer gefördert hat, ist schwer zu übersehen.

Das 2. Vaticanum hat dies „*decreta*“ seines Vorgängers traditionsbewußt zitiert (Art. 6), aber mit der Bevorzugung des Wortes *sacramentum* vorsichtig einen anderen Akzent zu setzen versucht: „Gott hat in seiner Güte und Weisheit beschlossen, sich selbst zu offenbaren und das Geheimnis (*sacramentum*) seines Willens kundzutun“ (Art. 2). Das liegt näher am „*Seipsum*“, am Wort als Anrede: „In dieser Offenbarung redet (*alloquitur*) der unsichtbare Gott (...) die Menschen an wie Freunde (...) und verkehrt mit ihnen (*conversatur*), um sie in seine Gemeinschaft (*societatem Secum*) einzuladen und aufzunehmen“ (Art. 2). Daß es in Schrift und Tradition um die anhaltende Zugänglichkeit Gottes für das Menschengeschlecht geht, wird da auch dem viel beschworenen amtlichen Dienst am Worte Gottes (*eidem ministrat,* Art. 10) als Präambel ans Herz gelegt.

Lenkt man das Augenmerk mehr auf das *Seipsum* als auf die *decreta,* so ergibt sich eine im engeren Sinne theo-logische Perspektive auf das Depositum fidei: „Diese Heilige Überlieferung und die Heilige Schrift beider Testamente sind gleichsam ein Spiegel (*veluti speculum*), in dem die Kirche Gott, von dem sie alles empfängt, auf ihrer irdischen Pilgerschaft anschaut (*contemplatur*), bis sie hingeführt wird, ihn von Angesicht zu Angesicht zu sehen (*videndum facie ad faciem*), so wie er ist“ (Art. 7). Die Wortsphäre von Schrift und Überlieferung wird hier in einen visuellen Horizont gesetzt. Man liest darin „wie in einem Spiegel“. Die sukzessive Lektüre der Texte wird zur Kontemplation eines Gesichts, das sich im Netz der Buchstaben spiegelt, des Angesichts Gottes. Die Pilgerschaft des Lesens zielt auf die *visio Dei,* die Präsenz Gottes von Angesicht zu Angesicht, so wie er ist. Unterwegs hat man nur diesen Spiegel aus Worten, Sätzen, Texten, Büchern, einen Vexierspiegel, in dem das Gesicht sich abzeichnet, indirekt. Die Anspielung dieser Konzilsstelle auf 1 Kor 13,12 ist, wenn auch nicht ausdrücklich zitiert, nicht zu überhören: „Wir sehen jetzt wie in einem Spiegel, rätselhaft (*en ainigmati*), dann aber von Angesicht zu Angesicht. Jetzt ist mein Erkennen Stückwerk, dann aber werde ich völlig erkennen, wie ich auch völlig erkannt bin.“ Die Wahrnehmung der Offenbarung Gottes in Schrift und Tradition ist änigmatisch und fragmentarisch, Umgang mit vielfältig Geschriebenem, um darin, soweit es hienieden möglich ist, Gottes ansichtig zu werden. Man hat ihn, obwohl doch ganz geoffenbart, „wo wir im Glauben wandeln nicht im Schauen“ (2 Kor 5,7), nicht ganz und klar *uno intuitu,* sondern nur im Verzug von Schriftzügen, die die Kontemplation in Gesichtszüge zusammenzulesen sucht.

Damit ist die Arbeit der Theo-logie in eine prognostische, eschatologische Perspektive auf die Anschauung Gottes, „wie er ist“, hin gesetzt. Sie korrespondiert einer archäologischen, die den Ursprung von Schrift und Überlieferung bedenkt. Die ganze Schrift ist *„divinitus inspirata"*, „von Gott inspiriert" (Art. 11), unter dem Anhauch des Heiligen Geistes aufgezeichnet" (Art 11), und hat in diesem Sinne Gott als Autor (*„Deum habent auctorem"*). Das gibt den Horizont der Lektüre ab: Sie ist „in dem Geist zu lesen und auszulegen, in dem sie geschrieben wurde" (Art. 13). Da dieser Geist der Gottes ist, ist sie auf Gott hin zu lesen.

Im Blick auf die Schrift wird diese Autorschaft Gottes genauer gefaßt: „Gott, der die Bücher beider Bünde inspiriert hat und ihr Urheber ist" (*„Deus igitur librorum utriusque Testamenti inspirator et auctor"*, Art. 16). Die Bücher des Alten wie des Neuen Testaments gehen auf die Eingebung Gottes zurück. Das „utriusque Testamenti" hält im Schrifttum Gottes eine konstitutive Bindung fest. Es ist nicht homogen, es gibt ein Altes und ein Neues Testament, zwei Bünde, zusammengebunden in ein Konvolut. Die Offenbarung des Einen ist prinzipiell gefaltet, lesbar nur im Zu- und Gegeneinander dieser beiden Teile.

Aber auch diese beiden Teile sind nicht in sich jeweils Werke aus einem Guß. Es sind hier wie dort *biblia, libri*, viele einzelne Bücher und Schriften unterschiedlichster Gattung und Herkunft, heterogenstes Schrifttum der Antike. Was man als „Gottes Wort" literarisch wirklich hat, sind disparate Menschenworte. „Gott hat in der Heiligen Schrift durch Menschen nach Menschenart (*more hominum*) gesprochen" (Art. 12). Will man die Rede verstehen, so bleibt also nichts anderes übrig, als das *more hominum* Geschriebene auch *more hominum* zu lesen. Das bedeutet Theologie als Literaturwissenschaft der Bibel nach allen Regeln der Kunst. In der Geschichte der neuzeitlichen Selbstaufklärung des Christentums sind das vor allem Regeln der historischen Kritik geworden, die jedem einzelnen Text bis ins Detail seiner Genese und seinem Sinn an Ort und Stelle nachgeht. So zu verfahren und ein solches Verfahren, wenn auch erst nach allerlei Widerständen, grundsätzlich anzuerkennen, entspringt der Einsicht, daß der Urheber Gott seine Mitteilung ganz und gar menschlichen Autoren anvertraut hat. Es bleibt, um zu ihr durchzudringen, kein anderer Weg, als sie mit aller erdenklichen Sorgfalt zu lesen.

Bei aller Anerkennung scheint sich die kirchliche Treuhand aber doch nicht ganz sicher, daß die historisch-kritische Methode als solche schon ans Ziel gelangt. Nur so ist der hermeneutische Zusatz zu verstehen: „Da die Heilige Schrift in dem Geist (*Spiritu*) gelesen und ausgelegt werden muß, in dem sie geschrieben wurde, erfordert die rechte Ermittlung des Sinns der heiligen Texte, daß man mit nicht geringerer

Sorgfalt auf den Inhalt und die Einheit der ganzen Schrift achtet, unter Berücksichtigung der lebendigen Überlieferung der Gesamtkirche und der Analogie des Glaubens“ (Art. 12). Diese Formulierung des Konzils erinnert an frühere Äußerungen in dieser Sache, von Enzykliken Pius XII. („Humani generis“, DH 3887), und Leos XIII. („Providentissimus Deus“, DH 3283) dem Antimodernisteneid (DH 3546), zurück zum 1. Vaticanum (DH 3007) und Tridentinum (DH 1501). Die Regulierung der Exegese ist da immer lehramtlich gedacht, die Exegeten vor Irrtümern zu bewahren und „leichtfertige Geister im Zaume zu halten“ (*„ad coercenda petulantia ingenia“*, DH 3007). Es ist Amtswaltung, die Offenbarung von den *decreta* her denkt und primär auf Inerranz in Glaubens- und Sittenangelegenheiten achtet. Um Gott vor den Abschweifungen der Häresie zu bewahren, ist der Geist, in dem die Schrift geschrieben und zu lesen ist, immer schon ein von der *auctoritas ecclesiae* eingefangener. Daß das katholische Bibelforscher in ihrer theologischen Kreativität eher gezügelt als beflügelt hat, ist wohl so und auch nicht weiter verwunderlich.

Das 2. Vaticanum hält traditionsbewußt an dieser letztinstanzlichen Subordination der Schriftauslegung unter die kirchliche Autorität fest (*ecclesiae iudicio ultime subsunt*, Art. 12), legt ihrer Arbeit selbst aber auch hermeneutische Kategorien ans Herz, die weniger auf Grenzziehung als auf Erweiterung der Denkräume zielen. Die Erinnerung an die Einheit der ganzen Schrift gibt zu bedenken, daß der eigentliche Text der Exegese, durch den sie sich von einer Teildisziplin antiker Literaturgeschichte unterscheidet, der Kanon ist, und d.h. für die christliche Exegese der des aus Altem und Neuem Testament und deren diversen Einzelschriften zusammengesetzte Kanon.[191] Für die patristische und mittelalterliche Exegese, die sich freizügig und assoziationsfreudig im Großraum der ganzen Schrift bewegte, war das selbstverständlich. Wenn die eher auf lokale Fixierung einzelner Texte ausgerichtete historisch-kritische Exegese an diese alte Weiträumigkeit erinnert wird, so bedeutet das nicht den Aufruf zur Rückkehr in vorkritische Geisteslagen, sondern die Anregung zur Weiterentwicklung der Methodik, was die Bibelwissenschaft mit dem „Konzept kanonisch-intertextueller Lektüre“[192] ja mittlerweile auch angegangen ist. Nachzufragen bleibt wohl noch, ob und wieweit ein solches zunächst literaturwissenschaftlich entwickeltes Programm die kirchliche Prämisse im Auge hat, daß dieses Kanon-Konvolut *ein* einziger großer Text sei, weil es einen einzigen Autor habe, Gott (*auctor utriusque Testamenti*), die Lektüre als letztes hermeneutisches Interesse also die Erkenntnis Gottes habe.

Für die Entwicklung dieser im vorliegenden Zusammenhang einer Gotteslehre allein interessierende Frage könnte vielleicht der vom 2. Vaticanum ohne weiteren Kommentar verwandte Terminus der *analogia fidei* („Analogie des Glaubens“) dienlich sein.[193] Die biblische Keimzelle des Begriffs „Analogia fidei“ ist Röm 12,6: „Hat einer die Gabe prophetischer Rede, dann rede er in Übereinstimmung mit dem Glauben (*kata tēn analogian tēs pisteos*).“ Es geht um die Ausstattung von Gemeindegliedern mit besonderen Geistesgaben, unter denen als erste die Prophetie genannt wird, das meint „den konkreten Gottesspruch, der das Zukünftige und Verborgene aufdeckt bzw. der Gemeinde in einer bestimmten Situation Weisung erteilt“[194]. Explizit oder implizit liegt dem, was der neutestamentliche wie der alttestamentliche Prophet verkündet, ein „So spricht der Herr:...“ zugrunde. Prophetie als aktuelle, je und je situationsbezogen ergehende Offenbarung ist im Neuen Bund offenbar nicht ausgestorben, vielleicht sogar von neuem aufgelebt. Die schon im AT virulente Frage, ob denn der oder jener, der sich als Stimme Gottes ausgibt, wirklich im Namen Gottes spricht oder nur im eigenen oder dämonischen Namen, verfolgt auch das NT. Auf diese kriteriologische Frage scheint sich das „*kata tēn analogian pisteos*“ in Röm 12,6 zu beziehen.

Es ist nicht einfach zu deuten, weil es nur an dieser einen Stelle im NT begegnet. Die exegetische Tradition läßt zwei Haupttendenzen erkennen. Die erste versteht die Maßgabe der Prophetie als Konkretisierung der generellen Regel von Röm 12,3, daß „Gott jedem ein bestimmtes Maß an Glauben (*metron pisteos*) zugeteilt hat“, das jeder einhalten soll, weil er nur in solcher besonnenen Achtung seiner Grenzen dem Ganzen des Leibes Christi als Glied dienlich ist (Röm 12,4f). Der Glaube als das die Gemeinde insgesamt Konstituierende ist charismatisch „portioniert“; dazu gilt es, sich „proportional“ zu verhalten. Die Maßgabe ist also intrinsisch von der Definition des Charismas als in sich begrenzter Dienstleistung her. In diesem Sinne ist *kata tēn analogian pisteos* in der griechischen Patristik allgemein verstanden worden.

Die lateinische Tradition übersetzt *analogia* mit *mensura, ratio, regula.* „Regula fidei war aber schon seit Irenäus (*kanon tes pisteos*) und Tertullian ein theologischer Begriff.“[195] Man dachte dabei an das „apostolische Kerygma“ oder den „von der Kirche überlieferten Glauben“, als deren kürzeste Zusammenfassung man das Taufsymbol betrachtete.[196] Interpretiert man die *analogia fidei* von Röm 12,6 in diesem Sinne als *regula fidei,* so wird der Prophetie, und d.h. allem jeweils neuen Reden im Namen Gottes, ein extrinsischer Maßstab gesetzt, der amtlich gewahrte, in

Bekenntnissen sich niederschlagende kirchliche Glaube. An ihm ist jede Innovation zu messen, ob sie als dienlich oder als schädliche Häresie einzustufen ist.

In diesem regulativen Sinne begegnet der Begriff *analogia fidei* in einem kirchenamtlichen Dokument erstmalig 1893 in der Enzyklika „Providentissimus Deus" Leos XIII., die sich mit dem Studium der Hl. Schrift beschäftigt. Im Gefolge der „Römischen Schule", aus der der Papst stammte, erscheint es als Aufgabe der Theologie und des Lehramtes, die in Schrift und Tradition gegebene Offenbarung zunehmend in ein System verbindlicher und sicherer Sätze zu überführen (*expositionem certam et definitam*). Wo das noch offen ist (*in ceteris*), kann die Bibelwissenschaft mitarbeiten, aber: *„analogia fidei sequenda est, et doctrina catholica, qualis ex auctoritate Ecclesiae accepta, tamquam summa norma est adhibenda."* („ist der Analogia fidei zu folgen und die katholische Lehre, wie sie von der kirchlichen Autorität empfangen wird, als höchste Autorität anzuwenden", DH 3283). Alle neue Schrifterkenntnis ist an der Übereinstimmung mit dem schon gewonnenen Lehrkonsens zu messen; Prüfungsinstanz ist das kirchliche Lehramt.

Leitende Idee dieser römischen Theologie ist die allmähliche Überführung der im Modus der Geschichte ergangenen Offenbarung Gottes in den Status zeitloser Inneranz. Die dogmatische Petrifizierung ist Gott selbst angemessen, weil sie die Offenbarung des Ewigen nicht dem Wechselspiel zufälliger Geschichtswahrheiten und subjektiver Meinungen überläßt, sondern im Dogma zeitlos für alle festhält. Das infallible Lehramt ist die von Gott selbst erwählte Instanz, seine „katholische Wahrheit" definitiv festzuhalten, wie es die berühmte Formel des Vincenz von Lerin formulierte: *„quod ubique, quod semper, quod ab omnibus creditum est, hoc est enim vere proprieque catholicum."* Die monumentale Ruhe und hieratische Statik des Dogmas ist der wahre Geistestempel des Ewigen in der Tribulation der Zeit, der sich (in den Definitionen des 1. Vaticanums) um so stärker als Fels ausbildet, je mehr sich die Weltgeschichte im revolutionären Zug der Neuzeit dynamisiert. Definiert im Dogma der Kirche, widersteht der Ewige dem alles relativierenden Sog der Zeit und dem Wechselspiel der Meinungen. Gegen das *panta rhei* des Heraklit, das in der Neuzeit triumphiert als Grundüberzeugung, daß alles im Fluß ist und durch das unabschließbare Spiel der Gegensätze sich voranbewegt, hat die *Ecclesia romano-catholica* hier auf „das parminedeische, immer gleiche, starre, in ewiger Ruhe verharrende Sein"[197] gesetzt: Gott hat sich geoffenbart, um als klare Ruhe des Ewigen mitten im Strom der Zeit zu erscheinen.

Der theologiegeschichtlich so eingebettete Terminus *analogia fidei* ist, ohne nähere Definition, von der Enzyklika Leos des XIII. in die mit der Schriftauslegung befaßten kirchamtlichen Dokumente des 20. Jh. eingegangen bis ins 2. Vaticanum, auch wenn man annehmen darf, daß sich die Einstellung zu Gott in Zeit und Ewigkeit darin am Ende ein wenig gewandelt hat. Der heraklitische Strom der Zeit hatte, moderat gewiß, auch das aus festem Stein erbaute Haus voll Glorie erreicht. War es der dreifaltige Gott selbst, sein Geist, der die ihm so freundlich gewährte kirchliche Schutzhaft auf Dauer doch nicht ertrug, das zeitliche Abenteuer der Wüste der ewigen Ruhe der Pyramiden vorzog?

Als 1965 das Konzil den Ausdruck *analogia fidei* so selbstverständlich beiläufig gebrauchte wie die Päpste vorher, hatte er in einem theologischen Winkel der Weltkirche einen erkenntnistheoretischen Rang erlangt, der im Gedanken an Gott nicht zu übergehen ist. Der deutsche Theologe Erich Przywara hatte darin den zentralen Begriff seines Offenbarungsdenkens gefunden, am Ende eines langen Denkwegs, der in den zwanziger, dreißiger Jahren des 20. Jh. beim Begriff der *analogia entis* begonnen hatte.[198] Im Begriff des *analogon*, wie ihn Aristoteles gebrauchte, hatte Przywara zunächst die Überwindung jenes Gegensatzes von „‚Sein als Identität‘ bei Parmenides und des ‚Sein als Widerspruch‘ bei Heraklit“[199] erblickt. Die All-Gegensätze stehen in „‚Proportion zueinander‘ in der ‚ewigen Bewegung‘ des ‚Kreisumschwung‘ des All“[200]. Das Sein ist hiernach weder etwas ewig Identisch-Statisches noch ist es der pure Wechsel von einem zum andern, sondern eine ewig in sich, in Gegensätzen schwingenden *kyklophoria*.

Diesen aristotelischen Gedanken des Seins als in sich schwingendem „All-Rhythmus“ nimmt, Przywara zufolge, die Formel des IV. Laterankonzils (1215) auf, die im Zusammenhang einer Erklärung zur Trinitätslehre des Joachim von Fiore definiert, „*ut inter creatorem et creaturam non potest tanta similitudo notari, quin inter eos maior sit dissimilitudo notanda*“ – „daß zwischen Schöpfer und Geschöpf keine so große Ähnlichkeit festgestellt werden kann, als daß nicht eine noch größere Unähnlichkeit festzustellen wäre“ (DH 806). In der *similitudo* des lateinischen Textes erkennt Przywara die *analogia*, und was dem nächsten Wortlaut nach eine prädikationslogische Regel (*notari/notanda*) ist, eine Regel also, die jede Aussage über Gott als Schöpfer der Welt betrifft, versteht er als ontologische Urstruktur des als Schöpfung, d.h. in der Spannung von Schöpfer und Geschöpf verstandenen Seins: *analogia entis*. Die lateranensische Formel ersetzt „den aristotelischen ‚Kreisumschwung zwischen Anders und Anders‘ durch die letzte ‚Proportion‘ des gesamten All hinein in das ‚Unendliche' des ‚je immer ganz andern Gott'"[201]. „Der aristotelische ‚Kreisumschwung des All' wird gleichsam über sich hinausgerissen in die ‚unausforschlichen und unausspürbaren Über-Höhen und Un-Gründe' (bathē: Rom 11,32) des Gottes, der nicht nur der einfach ‚Unbegreifliche' ist, sondern dies ‚je immer mehr', in einer ‚je immer größeren Unähnlichkeit' durch alle ‚noch so große Ähnlichkeit' (und hierin Begreiflichkeit) hindurch und über sie ‚je immer mehr hinaus'."[202] „Theologie", die dem als Reden des Geschöpfs vom Schöpfer der Welt entspricht „bedeutet im höchsten Sinn ‚reductio in mysterium': Rückführung alles theologisch Angebbaren ins unangebbare Mysterium."[203]

Gegen diese als katholische Urmetaphysik herausgestellte *analogia entis* stellte K. Barth in schroffem Widerspruch eine evangelische *analogia fidei*, was Przywara dazu brachte, diesen Begriff von der *analogia entis* her selber als „faktisch theologisches Prinzip"[204] neu zu bedenken. Darin geht es um jene kleine Offenbarungsinsel, die in der Hl. Schrift gegeben ist, als deren besonderer Urheber Gott genannt wird. Für sie gilt in spezifischer Weise, was in der *analogia entis* für die Welt insgesamt gesagt wird.

Das meint zunächst, im Sinne der patristischen Exegese, das wechselseitige „Zueinander zwischen Altem und Neuem Bund"[205], demgemäß das Neue im Alten verborgen, das Alte im Neuen offenbar ist (*novum in vetere latet, vetus in novo patet*), und weiterhin, „innerhalb dieses Corpus des Alten und Neuen Testaments keine einzelne Offenbarungsaussage für sich allein zu nehmen (hin zu einer ‚linear direkten Theologie' wie sie allen Häresien zugrunde liegt (...), sondern jegliche einzelne Offenbarungsaussage einzig und letztlich aus dem Gefüge der einen gesamten Offenbarung zu deuten suchen"[206]. Methodisch wäre *analogia fidei* „die altchristliche Methode (...), wie sie Origenes grundgelegt hat: daß echte Theologie darin bestünde, dem schwebenden Zusammenhang der Offenbarung nachzuspüren (weil jede isolierte Aussage immer zum Keim ‚gradliniger' Häresien und Ketzereien wird, ‚abgetrennt' im Sinne von Häresie, in ‚Rein-Kultur' im Sinne von Ketzerei)"[207]. Im ersten Angang wäre *analogia fidei* also der Versuch, was in der Hl. Schrift statisch nebeneinander und gegeneinander steht in die Schwingung eines Zueinander zu bringen, eines „dynamischen Hin und Zurück", in „einen schwebenden Zusammenhang aller Offenbarungsaussagen", eine „innere Rhythmik, (die) die einzelnen und in sich zum Teil widersprechenden Aussagen zu einer Einheit zusammenbindet".[208]

Aber dieses Gefüge steht und schwingt nicht wie der aristotelische Kosmos in sich, es wird in eben jene Bewegung hineingerissen, die, der *analogia entis* gemäß, „die Wesensstruktur jeglichen möglichen Verhältnisses zwischen ‚Schöpfer' und ‚Geschöpf' ist"[209], deshalb auch jenes besonderen, das in der Offenbarung Alten und Neuen Bundes vorliegt. So stellt sich *analogia fidei* dar als „letzte, innere Rhythmik aller einzelnen, noch so gegensätzlichen Offenbarungsaussagen untereinander zu jener Einheit beider Testamente, wie sie gemäß dem Konzil von Trient auf den ‚Einen Gott als Urheber beider (Testamente)' zurückgeht (D 783) – ebendarum aber zu einer solchen Einheit, in der eine ‚Einheit noch so großer Ähnlichkeit' notwendig zuletzt als ‚Einheit je immer größerer Unähnlichkeit' (wie sie zu ‚Gott als Urheber' gehört) sich darstellen muß. Das heißt dann aber: nicht als Einheit eines ‚menschlichen Systems' (...), sondern als Einheit im Mysterium"[210].

Indem die *analogia fidei* die *analogia entis* so als Formprinzip in sich aufnimmt, wird die Fluchtung aller Offenbarung wie ihrer Auslegung und Überlieferung auf die Erkenntnis Gottes hin sichtbar: *Seipsum revelavit. analogia fidei* ist also nicht eine äußere feste Regel, die dem offenen Spiel der Exegese entgegengesetzt wird, sondern bezeichnet die innere Struktur ihres Gegenstandes wie ihrer Methode. Und das kirchliche Lehramt, das sich als Wächterin der *analogia fidei* darstellt, soll eben darin nicht eine zunehmende Festigung des Lehrbestandes betreiben, sondern gegen die fixe Einseitigkeit der Häresien, die Gott klar und direkt festzulegen suchen, je und je den Rhythmus des Ganzen und darin das unergründliche Mysterium Gottes, seinen unbegreiflichen heiligen Namen zu wahren suchen.[211]

E. Przywara hat diese *analogia fidei* nicht nur als spekulatives Programm verkündet, sondern, vor allem in seinem großen Werk „Alter Bund und Neuer Bund", exegetisch ausgeführt. Wenn historisch-kritisch ins Detail gehende Exegese ihm darin methodisch nicht unmittelbar zu folgen vermag, ist ihr damit doch exemplarisch vorgezeichnet, was eine „Gott als Urheber beider Testamente" ernstnehmende theo-logische Schriftauslegung anzugehen hätte.

Przywaras Werk „Alter und Neuer Bund" hat den Untertitel „Theologie der Stunde". Es sind nicht zeitlose Exegesen, sondern Predigten, die der Verfasser zwischen 1943 und 1945 in München und Wien gehalten hat, „in den Sterbeschauern des Abendlandes"[212], wie er selbst sagt. Schriftauslegung im Sinne der *analogia fidei* ist also nicht der holistische Überblick über das Offenbarungsganze samt stolzer Einschwingung ins Mysterium, sondern die bescheidene Wahrnehmung dessen, was in der verfügten Stunde der Geschichte einem einzelnen Theologen erschwinglich ist und zu sagen sich aufdrängt. Dies nicht, wie es der natürliche Hang von theologischen Positionen und Schulen bis in die Gegenwart ist, intransigent zu behaupten, sondern als *prophetia kata tēn analogian* entschieden begrenzt dem geistigen Leben zur Verfügung zu stellen, ist der Gottesdienst, den die theologische Wissenschaft allenfalls zu leisten imstande ist.

8. MÜHSAMER FREUND

Der Wunsch, Gott einfach zu haben, ist begreiflich. Warum sollte der Eine nicht eindeutig sein? Das Denken muß die Dinge auf den Begriff bringen und kann auch bei Gott darauf nicht verzichten. Die religiösen Lehrer, das Lehramt der Kirche definieren, wie man von Gott reden soll und wie nicht; das Volk Gottes ist vor Irrtum und Götzendienst zu bewahren, gemeinsamer Gottesdienst ist sicherzustellen. Der einzelne hat, wenn er betet, Gott in wenigen Namen, Herr Gott, Vater im Himmel, mein Heil und meine Zuversicht.

Dieser Eindeutigkeit im Begriff, in der Lehre, im Gebet kommt aber immer wieder das Vieldeutige der Geschichte in die Quere, der eigenen Geschichte und der der anderen, daß Gott so verschieden ist in der Geschichte des Denkens, der Religion, der *praxis pietatis.* Man hat ihn als den „ganz Anderen" zu fassen versucht, fast schwerer zu fassen aber ist dieses konkrete anders und anders, in der eigenen Geschichte und in der Geschichte der anderen, die in die eigene unaufhaltsam hineinspielt. Dies vieldeutig Zerstreute kommt keineswegs nur, wie zu erwarten, aus dem unendlichen Gemenge der Religionsgeschichte, es kommt auch aus der Hl. Schrift, die jedenfalls die Christgläubigen als Ur-kunde Gottes unterstellen.

Die historisch-kritische Exegese hat das Paradies der Schrift, in dem die patristische und mittelalterliche Exegese sich so freizügig bewegte, verlassen, als sie vom Erkenntnisbaum der Religionsgeschichte aß. Wo jener, wenn es mit Gott, mit dem, was von ihm da geschrieben stand, zu schwierig wurde, immer der Ausweg der Allegorese offenstand, beharrt diese gnadenlos auf dem *sensus historicus.* Und da erscheint dann der Gott, den die Bibel als den Einen vorstellt, als kompliziertes Produkt der vorderorientalischen Religionsgeschichte. „Der Gott, den das alte Israel verehrte, entstand als Verschmelzung einer Anzahl der Götter, denen das Nomadenvolk auf seinen Wanderungen begegnet war."[213] Rekonstruierbar erscheinen unterschiedliche Gottesvorstellungen, die man, so oder so, Phasen der Religionsgeschichte Israels zuordnen kann. Das

Subjekt einer solchen Geschichte wäre ein komplexes und labiles Subjekt namens „Israel“, das sich erst spät die im Kanon versammelten Schriften als Zeugnis und Norm seiner Identität zu eigen gemacht hat.

„Gott“[214] heißt ein neueres Buch, das dieses alles zur Kenntnis nimmt, dann aber doch noch einmal umzudrehen versucht in die alte Prämisse, daß Gott der Urheber dieser Hl. Schrift sei, jedenfalls ihr Hauptakteur. So liest dieses Buch die Bibel – es beschränkt sich auf die hebräische Bibel in der Auswahl und Abfolge des jüdischen Tanach – als „Biographie Gottes“. „Der entscheidende methodische Zug in dieser Neuentdeckung der hebräischen Bibel – und der Grund, weshalb sie als Biographie bezeichnet werden kann – ist eine Verschiebung der Aufmerksamkeit weg von den menschlichen Akteuren hin zum göttlichen Akteur.“[215] Die alttestamentliche Religionsgeschichte hat die Disparatheit der Gottesvorstellungen offen gelegt. „Ein Literarkritiker, der ihre Arbeit kennt, kann diese objektive Vielfalt wieder in die Gestalt Gottes des Herrn als literarischen Protagonisten hineinlesen und in seiner Phantasie die (...) zu beobachtenden Widersprüche in einen inneren Konflikt verwandeln, den Gott in sich austrägt. Auf diese Weise kann die Herausbildung des Monotheismus aus dem Polytheismus für die Literatur als die Geschichte eines einzigen Gottes, der mit sich selbst kämpft, genommen werden.“[216]

Jack Miles' Buch „Gott“ liest die hebräische Bibel als Theogonie, aber nicht im Sinne der polytheistischen Gottesgenesen, in denen das allmähliche Werden der kosmischen Mächtevielfalt erzählt wird, sondern als Autogenese des Einen, den sich die Menschen, weil sie sich nach seinem Bild geschaffen wissen, selbst nach Menschenart denken, als ein bewußtes Wesen, das sich in einer langen Geschichte allmählich selbst entdeckt, seiner selbst im Durchgang durch die Konflikte mit dem Wesen, das er nach seinem Bilde erschaffen hat, bewußt wird als eines Wesens von höchst widersprüchlichem Charakter. „Das Leben Gottes des Herrn im Tanach beginnt in Aktivität und Reden, und es endet in Passivität und Schweigen.“[217] Die Biographie endet nicht mit dem Tod seines Protagonisten. Gott ist nicht tot, er hat sich nur als weiser, nun alles wissender Alter von allem Reden und Handeln zurückgezogen und diese komplexe Geschichte zum immerwährenden Gedenken hinterlassen. Eben in dieser Hinterlassenschaft liegt nach Miles' Ansicht Gottes anhaltende Bedeutung: „Gott der Herr liegt im Streit mit sich selbst, aber sein Streit ist der unsere, denn kulturell gesprochen leben wir seit Jahrhunderten mit ihm. Jeder, ausnahmslos jeder hat von ihm gehört, bevor er ihm begegnet. Für wen sonst läßt sich dieser Anspruch erheben?“[218]

Miles' Konzept „Gott“ ist modern, weil es Komplexitätssteigerung, auch charakterologische, nicht als Defizit ansieht, das man zugunsten widerspruchsfreier Einfachheit auflösen müßte. So geht es über ältere Theologien, die die Widersprüche interpretatorisch aufzulösen suchten, ebenso hinaus, wie über neuere Exegesen, die Einfaches nur mehr in der historischen Stückelung des Ganzen auszumachen vermögen. Mit diesem Vorstoß kann er die Theologie aus ihrem arbeitsteiligen Halbschlaf aufstören. Das ist ein Gewinn.

Was aber ist es, das diese „allerhöchsten Lehr- und Wanderjahre“[219] dann doch schließlich in das Genre schöner Literatur zurücksinken läßt? Miles' „Biographie Gottes“ beschränkt sich bewußt, in schriftstellerischer Freiheit auf den Tanach, die hebräische Bibel, in der ihr eigenen Auswahl und Abfolge. Ist es also der Gott des Judentums, dessen Lebensgeschichte hier erzählt wird? Denn christlich ließe sich Gott, sein Leben, zweifellos nur fassen, wenn man die Bibel Alten und Neuen Testaments zugrundelegte. Und es ist wohl rein faktisch doch so, daß dieser Gott in seiner alt-/neutestamentlichen Komplexität die abendländische Kultur geprägt hat. Auch dieser ist *einer*, wenn aber seine Lebensgeschichte von vornherein wegen der vom Tanach abweichenden Auswahl und Anordnung der Schriften (die Propheten stehen hier am offenen Ende) und des nicht unerheblichen neutestamentlichen Nachtrags eine andere ist, ist er dann selbst auch ein anderer? Forciert das auf einen identitätsstiftenden Lebensbogen abzielende Genre der Biographie nicht die Differenz von Gottesbildern, seien sie auch noch so komplex, statt im unsystematisierbaren Land der Schrift weiter zu wandern ohne abschießendes Bild? Muß das Bild intellektueller Komplexität, das J. Miles in Gott verehrt, als des Autors allzu offenkundiges Spiegelbild, also Idol, noch zerbrochen werden? In Gottes Namen?

Es gehört zum Genus der Biographie, einen Lebensüberblick zu schaffen, ein lebensmäßig Abgeschlossenes in seinem Verlauf umfassend darzustellen. Warum ein solch ambitioniertes Unternehmen die einschlägigen Frommen, wenn man sie einmal als genuine Subjekte der Religion beiziehen darf, dann am Ende doch nur vorübergehend interessiert[220], muß wohl damit zusammenhängen, daß sie nicht den Überblick über Gott, sondern sein Angesicht suchen. Dabei können sie sich durchaus durch das Dickicht der Schrift und Überlieferung hindurchschlagen, aber eher, um seine Spur zu finden, als ihm bei seinen Selbstfindungsprozessen zuzusehen. Der Gang wird, wie es die Perikopenschnittcollagen der Liturgie vorspielen, eher diskontinuierlich sein. Eine über Abgründe springenden Litanei erscheint eher das angemessene Genus einer solchen Suche.

Litanei

Gott Abrahams
Nacht und Wüste
Stern am Himmel
Name in seinem Fleisch
Same im toten
Schoß seiner Frau.

Gott Jakobs,
ringender Fremdling
Faust, die ihn schlug
Wunde in seinem Leib.

Gott des Moses,
brennende Stimme, Feuer
Unter den Füßen
Wort als Wolke
Licht vor im her
Wasser und Brot
Land der Verheißung.

Gott Davids
Harfe in Händen,
Lied im Munde
Liebe mehr
als von Frauen
Eckstein seines
Hauses, Kind seiner
Sünde Kälte
in seinem Gebein.

Gott in Babel
Gott unnennbar
ausgestreut
in der Fremde
Gott der Toten
Gott Hiobs
Mann der Schmerzen
kleingekriegt
gestaltlos
Zweiglein, Staubkorn
auf der Waagschale
der Welt.

Gott Jesu,

Schatten über
ein jüdisches Mädchen
Gott nach Auschwitz
du verstreute
Asche der Juden
an meinen Schuhen.

Gott meiner selbst
Zunge aus Schnee
verlockende
Stimme, die mitten
im Wort mir stockt
Sturm gegen –
Wind der zärtlich
rauh gefährlich
mich bedeckt
wie ein Leib.

Gott von niemand
doch von Menschen
Gang der Jahrhunderte
Nach und nach be-
bekannter Fremdling
unfindbarer
Stein der Weisen
du kein Gott
wie wir dich denken
Ofen der Stille
mühsamer Freund.[221]

Das ist keine Litanei im gängigen Sinne, kein dringendes Bittgebet: *erhöre uns, erbarme dich unser.* Es ist wohl auch nicht, wie in der großen Allerheiligenlitanei, die Anrufung einer Vielzahl von Adressaten. Es tauchen unterschiedliche Namen auf: Abraham, Jakob, Moses..., aber als Attribute Gottes. Es sind nicht viele Götter, die da angerufen werden, gemeint ist immer ein und derselbe, dieser aber im Durchgang durch die Zeit, beginnend bei Abraham.

Gott stellt sich heraus im Verbund mit Menschennamen und ihren bestimmten Geschichten, die nur stichwortartig aufgerufen werden, um den Leser der Schrift zu erinnern und das Erinnerte in Bildmomenten festzuhalten, die lange Geschichte vom Auszug Abrahams, den nächtlichen Gesichten, der Verheißung unübersehbar zahlreicher Nachkommenschaft, der Einsetzung der Beschneidung des Fleisches als Zeichen des Bundes, der Überwindung des Todes in Isaak, das alles in den kurzen Versen:

> *„Nacht und Wüste*
> *Stern am Himmel*
> *Name in seinem Fleisch*
> *Same im toten*
> *Schoß seiner Frau.*

Es geht nicht um Vollständigkeit, bei Jakob ist es nur der nächtliche Kampf am Jabbok, aus dem er als hinkender Gottesstreiter in die Geschichte eingeht. Bei Moses sind es die Urelemente des Auszugs ins gelobte Land, Feuer und Wolke, Licht, Wasser und Brot. Bei David ist es der Sänger und Liebhaber, Dynast und Sünder. Babel, das schon vom Turmbau her sich mit Zerstreuung verband, wird zum Namen der Diaspora nicht nur des verbannten Volkes, sondern auch seines Gottes. Damit verbinden sich Hiob, Ezechiels Visionen des Volkes als Totenfeld, Jesajas Gottesknecht, seine Völkergewichtung und messianische Hoffnung. Beim Gott Jesu wird nur der unscheinbare messianische Anfang („die Kraft des Höchsten wird dich überschatten") erinnert; wo man die Passion erwarten könnte, steht gleich Auschwitz, nicht in, sondern nach Auschwitz, denn der hier spricht, war nicht dort, lebt aber danach, geht unweigerlich in diesem Exzeß der Zerstreuung.

Hier, erst hier (*„an meinen Schuhen"*) wird ausgesprochen, daß alles Vorhergehende in Selbstbeteiligung geschah, keinen kurzgefaßten Überblick über die Geschichte des biblischen Gottesgedankens geben wollte, sondern die gedrängte Prüfung war, ob dieser Gott „meiner" sein könnte. Das wird nun explizit bedacht: „Gott meiner selbst". Da wird nun nicht, wie bei den Zeugen der Geschichte, die Konstellation eines Lebensfeldes evoziert, sondern der Zwiespalt, Konflikt dieses einzelnen, nach alledem von Gott zu sprechen.

Die Gabe, von Gott zu reden, ist bei Moses und den Propheten, Jesus und den Aposteln Gabe des Geistes, der als Lösung der Zunge, Reinigung der Lippen, als Atem gedacht wird, als Wind und Sturm, der Menschen, auch widerwillige, anregt und bewegt, etwas von Gott auszurichten. Moses bekennt sich als Mensch „mit schwerer Zunge" (Ex 4,10), Jeremia wendet ein, daß er noch zu jung sei, um als Prophet zu reden (Jer 1,6), Jesaja empfindet sich, als er berufen wird, gleich als „Mensch mit unreinen Lippen" (Jes 6,5). Sie müssen von Gott selbst dazu gebracht werden, von ihm zu reden. Jesus wird vom Geist aus der Taufe durch die Versuchung der Wüste getrieben, ehe er anfängt, vom Reich Gottes zu reden. Über die eingeschlossenen Apostel kommt zu Pfingsten das Pneuma wie ein gewaltiger Sturm, der sie zum Reden antreibt. Paulus bekennt immer wieder, daß es nicht so glatt geht mit der neuen

Botschaft, aber „ein Zwang liegt auf mir; denn wehe mir, wenn ich das Evangelium nicht predige“ (1 Kor 9,16).

Dies ereilt auch den Theologen, denn ein solcher spricht und dichtet hier ja zweifellos. Feuer, Antrieb und Verlockung zu reden und der Einbruch von Frost, Stockung, Gegenwind. Der sich in seinem Reden von Gott prüft, sieht, Gott ist niemandes Gott, auch seiner nicht, er hat ihn nicht so klar und fest, daß er, gefragt, es geradewegs sagen könnte. Aber er kann auch nicht schweigen.

Er ist in niemandes Hand und doch zugewandt, ein „Gott der Menschen“, der durch die Geschichte gegangen ist, ein Gast, der immer wieder zur Welt gekommen ist, ein Fremder, der durch solche Heimsuchungen sich bekannt gemacht hat. „Nach und nach bekannter Fremdling“, das klingt wie ein Prozeß fortschreitender Vertrautheit der Menschheit mit diesem Anderen. Aber in dieser Annäherung bleibt er fremd, jedenfalls als „Stein der Weisen“, Weltformel, Lösung aller Welträtsel nicht zu finden. Die Geschichte, die eine Anbahnung seiner Kenntnis zu sein scheint, ist zugleich deren Irritation: „Kein Gott, wie wir dich denken“.

Das Reden von Gott, das auch in dieser Litanei wieder einen neuen Anlauf genommen hat, endet in der Stille, dem merkwürdigen Bild „Ofen der Stille“. Gott und Feuer ist eine der Hl. Schrift vertraute Verbindung, aber es ist gewöhnlich dessen gefährliche Macht und verzehrende Kraft, die da ins Bild rückt. Öfen, wenn von ihnen die Rede ist, sind in der Bibel keine ruhigen Stellen. So denkt man bei diesem Bild – „Ofen der Stille“ – doch eher als an das große offene Feld der Geschichte von Abraham an, an einen stillen Raum, wo einer sitzt und das alles, Gott und seine Geschichte bedenkt, wo Gott selbst so etwas wie ein leise knisternder Ofen geworden ist.

„Mühsamer Freund“ ist die Quintessenz der langen Litanei. Von Abraham, mit dem sie begonnen hat, heißt es Jak 2,24: „Und er wurde ein Freund Gottes genannt“. Das greift eine alttestamentliche (vgl. Jes 41,8; 2 Chr 20,7; Dan 3,35) und jüdische (Jub 19,9; Jdt 8,21ff Vg.) Überlieferung auf, die sowohl in der talmudischen wie frühchristlichen Literatur, wie im Islam (vgl. Sure 4,125) weitergeführt wird.[222] Auch von Moses heißt es „Der Herr redete mit Moses von Angesicht zu Angesicht, wie jemand mit seinem Freund redet“ (Ex 33,11). Allgemeiner heißt es Weish. 7,14.27, daß die Weisheit „Freunde Gottes hervorbringe“. Im christlichen Sprachgebrauch werden die Heiligen „Freunde Gottes“ genannt (vgl. F. Spees Lied „Ihr Freunde Gottes allzugleich“[223]). „Gottesfreunde“ nennen sich im späten Mittelalter mystisch mit Gott vertraute Fromme.[224] Die Intention all dieser Stellen scheint dahin zu gehen, Menschen auszeichnen zu wollen, die mehr als die üblichen Gläubigen, die Gott in Ehrfurcht als Herr und Vater anrufen, mit Gott vertraut sind, persönlich bekannt. Freundschaft bezeichnet ja im Unterschied zu Herr und Knecht, Vater und Sohn, eher ein symmetrisches , wechselseitiges Verhältnis, „*mutua redamatio*", wie Thomas v. Aquin sagt (Sth 1/2 q 65 a 5 c): Beide sind Freunde. Gott als Freund anzusehen, gehört in den Bereich der „*familiaris conversatio*".

Dieser intimen Genossenschaft der Gottesfreunde scheint sich die Litanei am Ende zuzugesellen, wenn sie ihr langes Gottbedenken mit dem Namen Freund beschließt. Die Gottvertrautheit, die sich darin ausdrückt, erhält jedoch einen besonderen Akzent: *moelijke vriend* heißt es im holländischen Original, also schwieriger, mühsamer Freund. Er ist ein Freund, einer, mit dem man sich angefreundet hat im Laufe der Zeit, mal nah und ganz einig, dann auf einmal gestört durch etwas Fremdes, Befremdliches, was da eingefallen ist, sich eingeschlichen hat, das Verhältnis trübt, daß man sich nicht mehr versteht, und doch zueinander hält, weil es so lange schon ist und auch einmal anders war, und dann auch wieder anders wird, weil man allen Schwierigkeiten zum Trotz festgehalten hat, ohne absehen zu können, wie alles weitergeht. Und all diese Schwierigkeiten werden nicht einfach dem Menschen, seinem Wankelmut und Mißtrauen zugerechnet, sondern Gott selbst. Er ist, wie er sich in der Geschichte der Menschheit und des eigenen Lebens gibt, schwer zu begreifen und oft nur mühsam zu ertragen. Daß alles das die Freundschaft nicht zerbricht, sondern vertieft, ist das Geheimnis der Gottesfreunde, das, wie bei jeder schwierigen Freundschaft, Außenstehenden so schwer zu vermitteln ist.

9. VIELNAMIG. NAMENLOS

„Mit seinem Namen genannt zu werden, bedeutet aus der Anonymität herausgehoben zu sein, Person zu sein, der ein spezifisches Handeln zugeordnet wird."[225] Wie für Menschen gilt das auch für die Gottheit. Der Name geht über das diffus Numinose hinaus, identifiziert in der Anonymität des Heiligen, das den Menschen umgibt oder angeht, ein Individuum, macht darin eine Person namhaft, die zu handeln und im Hinblick auf die man zu handeln imstande ist. Polytheistische Religionen denken die Gottheit wie die Menschheit gesellschaftlich differenziert. Das Heilige gliedert sich in eine Vielzahl von Götternamen.

Das Prinzip der Polyonymie kann dann aber auch die einzelne solcherart herausgehobene Person ergreifen. Gerade in späteren Phasen einer Religion werden der im Eigennamen vereinzelten Gottheit weitere Namen zugesprochen. Der eine, zur Identifikation an sich ausreichende Name wird angereichert. „Ein Blick auf Epiklesen, Gebete und Hymnen zeigt (...), daß gerade die Vielzahl von Namen besonders beliebt ist."[226] In der Anrufung und Auflistung der Zunamen wird die Reichhaltigkeit und Machtfülle der angesprochenen Gottheit ausgesprochen, um sie zu loben und zu erfreuen und zugleich in eben dieser polyonymen Potenz für sich zu gewinnen. Große Götter scheinen in solcher aretalogischen Namensfülle auch die Epitheta anderer kleiner oder äquivalenter Gottheiten anderer Kulturen an sich zu ziehen. „Musterfall für eine mit einer Gleichsetzung mit anderen Göttern (Astarte, Nemaia, Leto, Meter, Hera, Aphrodite, Hestia, Rhea, Demeter (...) parallellaufende Häufung von Epitheta ist die Isisreligion."[227] „Als vielnamige Göttin schlechthin gilt der hellenistischen Welt Isis, die nicht nur *polyonymos*, sondern auch *myrionymos* als kultisches Epitheton trägt."[228] Die polytheistische Polyonymie läuft so in eine synkretistische Kumulation zusammen. Die göttliche Namensvielfalt in polytheistischen Religionen gründet also in der Differenzierung des Göttlichen einerseits, ihrer Wiedereinsammlung andererseits. Polyonymie resultiert aus der inneren Bewegung des Polytheismus.

Im monotheistischen Bekenntnis verschwindet die Polyonymie der vielen Götter: „Höre Israel, Jahwe ist unser Gott, Jahwe allein" (Dt 6,4). „Du sollst keine andern Götter neben mir haben" (Ex 20,3); „Sprich: Er ist Allāh, der Einzige (*achad*). Allah der Einige (*samad*). Er zeugt nicht und ward nicht gezeugt; und keiner ist ihm gleich" (Sure 112; vgl. Sure 6,101; 17,111; 37,4; 41,6). Darin sind sich Thora und Koran einig: Alle Vielzahl ist von Gott auszuschließen, keine Götter neben dem Einzigen, keine durch Zeugung hervorgebrachte Götterfamilie, nicht die kleinste Differenz in Gott selbst.

Wenn es mehr als den einen heiligen Gottesnamen, der auf die einzige, ungeteilte Gottheit hinzeigt, geben sollte, dann könnten es nur Zu- und Beinamen dieses Einen sein, in denen sich die Zuwendung dieses an sich unaussprechlich Einen ausspricht. Der Islam kennt solche Attribute nicht nur, sie stellen ein elementares Moment des Koran und der islamischen Frömmigkeit dar. Die „*Basmala* (...), das Gebet, das fast alle Suren des Korans eröffnet und das im Tagesablauf jeden denkwürdigen Akt des Gläubigen heiligt, ist auf ein zentrales Attribut konzentriert: Bismillāh al-Rahmān al-Rahām, im Namen Gottes, des barmherzigen Erbarmers".[229] Die Einsammlung der vielen Namen Gottes aus dem Koran und der muslimischen Überlieferung hat vor allem die mystische Theologie beschäftigt. Unter Berufung auf Sure 7,179; vgl. Sure 17,110 („und Allahs sind die schönsten Namen. Darum rufet ihn an mit ihnen...") „wurden die 99 ‚schönsten Namen' Gottes in eine Ordnung gebracht, damit sie der fromme Muslim mit Hilfe der Kügelchen einer *Subha* (‚Rosenkranz', vgl. einen ähnlichen Brauch der altsyrischen Christenheit) hersagen und über sie meditieren konnte (...). Dieser fromme Brauch geht auf einen *Hadith* zurück ‚Gott hat 99 Namen. Hundert weniger einen; denn Er, der Ungerade (...) liebt (...) einen um den anderen (...); wer die 99 Namen kennt, kommt ins Paradies.'"[230] Die Polyonymie wird zu einer Sache der theologischen Ästhetik und Arithmetik. Die Namen sind in ihrer Schrift- und Sprachform schön; sie vor- und zusammenzutragen, erfreut Allah. Und es ist eben genau diese Zahl (100 minus 1), die er, „der Ungerade", d.h. „der Einzige" liebt. Die Litanei der Gottesnamen geht nicht auf in einer geraden Summe aller Attribute, die Gottes Wesen voll erfassen würde, sie läßt die letzte Stelle leer. Den meisten Kommentaren zufolge ist der hundertste „der ‚allerhöchste Name', den niemand kennt oder niemand aussprechen darf".[231] Er markiert also das aller sprachlichen Artikulation entzogene Geheimnis des Einzigen. Die monotheistische Polyonymie läuft am Ende in Anonymie hinein. Das ist nicht die anfängliche Anonymität, aus der Namen überhaupt hervorgegangen sind, sondern jenes namenlose Geheimnis, auf das alle menschliche Namensbemühung schließlich hinausläuft, weil Allah genannt werden will und sich doch in seiner absoluten Einzigkeit allen Worten entzieht, Anhalten vor dem Unaussprechbaren, dem man sich mit dem ganzen Anlauf der Namen zu nähern gesucht hat, und das immer wieder im Gang der Perlen der Subha. Diese dialektische Verknüpfung von Namensfülle und Namenlosigkeit hat, bei aller Aufnahme durch die Volksfrömmigkeit, ihr Quellgebiet in einer Mystik, die sich nur äußern kann, indem sie die sprachlichen Bedingungen ihrer Mitteilung reflektiert.[232]

Im Judentum ist es nicht anders. Die Spekulation über Vielnamigkeit und Namenlosigkeit Gottes hat ihren Ort in der kabbalistischen Mystik. In der theosophischen Spekulation des mittelalterlichen Traktats „Sohar" ist die Rede von den „Sefiroth". Es „sind jene zehn Namen, mit denen Gott vornehmlich genannt wird. Sie bilden, im ganzen genommen, seinen großen Namen."[233] Sie gehen hervor aus dem „En-Soph". „Der verborgene Gott, sozusagen das innerste Selbst der Gottheit, hat weder Bestimmungen noch Attribute. Dieses innerste Selbst nennen der Sohar und die meisten Kabbalisten gern En-Sof, das heißt ‚*das Unendliche*'."[234] Die polyonyme Namenstheologie kann über die Lehre von den zehn Sephirot aber auch auf die ganze Thora ausgedehnt werden. Für den spanischen Kabbalisten Joseph Gikatilla „ist die offenbarte Tora ganz und gar auf dem Tetragramm aufgebaut und aus ihm und seinen Beinamen, das heißt aus den aus ihm ableitbaren Epitheta Gottes, die irgendein Moment an ihm hervorheben, gewebt."[235]

Diese sprachliche Dialektik von Polyonymie und Anonymie scheint das Faszinosum aller monotheistischen Mystiken zu sein. Auch die christliche kennt es. „Alles kann von Gott gesagt werden", heißt es beim Hl. Augustinus, „und nichts wird angemessen von Gott gesagt. Nichts ist reicher als diese Armut. Du suchst einen passenden Namen, du findest keinen; du suchst ihn irgendwie zu nennen, du findest alles."[236] In dem für die mittelalterliche Mystik und Theologie so folgenreichen Traktat „Über die göttlichen Namen" des Dionysius Areopagita (um 500) faßt eine Passage dies Zueinander von *polyonymos* und *anonymos* im Reden von Gott anschaulich zusammen:

> *„Weil die Hagiographen das wissen, so feiern sie die Gottheit sowohl als namenlos als auch hinwieder mit jeglichen Namen. Als namenlos preisen sie dieselbe, wenn sie z.B. sagen, die Urgottheit selbst habe in einem jener mystischen Gesichte der sinnbildlichen Theophanie den, der da fragte: ‚Welches ist dein Name?' getadelt und, wie wenn sie ihn von jeglicher Erkenntnis der Gottesnamen abbringen wollte, ihm gesagt: ‚Warum fragst du denn nach meinem Namen? Und der ist ‚Wunderbar'. Oder ist dieser nicht in der Tat der wunderbare Name, der Name über jeden Namen, der namenlose Name, der Name, welcher über jeden genannten Namen erhaben ist, sei es in dieser Weltzeit, sei es in der künftigen? Vielnamig heißen sie ihn aber, wenn sie ihn hinwieder als redend einführen: Ich bin der Seiende, das Leben, das Licht, der Gott, die Wahrheit, und wenn die Theosophen (Gotteskundigen) selbst den Urheber von allem auf Grund aller verursachten Dinge vielnamig feiern als gut, als schön, als weise, als liebenswert, als Gott der Götter, als Herrn der Herren, als Heiligen der Heiligen, als Ewigen, als Seienden und als Ursache der Weltzeiten, als Spender des Lebens, als Weisheit, als Vernunft, als Logos, als Kenner, als alle Schätze jeglicher Erkenntnis überreich besitzend, als Macht, als Machthaber, als König der Könige, als den Alten der Tage, als den Nichtalternden und Unveränderlichen, als Heil, als Gerechtigkeit, als Heiligung, als Erlösung, als den vor allem Übergroßen und als den in gelindem Säuseln der Luft Erscheinenden."*[237]

Die Verwandtschaft dieser dionysischen Namensspekulation mit entsprechenden islamischen und jüdischen Traktaten legt sich ebenso nahe wie ihre Lokalisierung im esoterischen Bereich der Religion. Der exoterische Bereich der christlichen Religion, wenn man darunter die offiziellen Liturgien und das gewöhnliche Repertoire der Frömmigkeit verstehen will, hat der Vielnamigkeit und Namenlosigkeit Gottes keine besondere Aufmerksamkeit gewidmet; Versuche in dieser Richtung sind neueren Datums und eher am Rande[238], haben jedenfalls mitnichten den Rang, den die islamische Subha der schönsten Namen Allahs im Islam hat.

Wenn es eine christliche Entsprechung zur islamischen Basmala („Im Namen Gottes, des barmherzigen Erbarmers") gibt, so ist es wohl das „Im Namen des Vaters und des Sohnes und des Heiligen Geistes. Amen". Da begegnet nun eine Vielnamigkeit, die nicht in die Vielzahl von göttlichen Attributen ausfährt, sie beschränkt sich auf die Dreizahl. Die trinitarische Konzentration stellt offenbar die typisch christliche Form der Polyonymie dar. Katholische Litaneien beginnen nach einer kurzen christologischen Intrada („Kyrie eleison, Christe eleison, Kyrie eleison") mit den Anrufungen: „Gott Vater vom Himmel, erbarme dich unser. Gott Sohn, Erlöser der Welt, erbarme dich unser. Gott, Heiliger Geist, erbarme dich unser." *Pater de caelis Deus; Fili, Redemptor mundi, Deus; Spiritus Sancte, Deus*[239] – das klingt wie die Anrufung einer Göttertrias, und so haben es die beiden anderen monotheistischen Religionen auch verstanden, als Rückfall in den Polytheismus. Die Vielheit, die ihnen in den Attributenreihen monotheistisch zulässig erschien, führte mit der Nennung von drei, auch noch genealogisch („Vater und Sohn") verbundenen Personen zur Aufspaltung der einen Gottheit. Das christliche Bekenntnis selbst wollte aber an der Einzigkeit Gottes auf gar keinen Fall rütteln. Das dreimalige *Deus* war nicht addierbar zu *tres Dei.* So fügen die Litaneien der Anrufung der drei Personen unmittelbar an: *Sancta Trinitas, unus Deus.* Heilige Dreifaltigkeit, *ein* Gott.

Anders als in den Attributenreihen wird hier das Viele dem Einen nicht zu-, sondern selbst eingeschrieben. Es ist in sich selbst dreifaltig, dreieinig. Die Unsagbarkeit des Einen erscheint nicht in der Freihaltung einer Stelle des Namenlosen am Ende aller Namen, sondern in der Paradoxie des Ausgesprochenen selbst: „Confitemur et credimus sanctam et *ineffabilem* Trinitatem", wie es das Konzil von Toledo (675) formuliert: „Wir bekennen und glauben die heilige und *unaussprechliche* Dreifaltigkeit". Nicht am Rand des Ausgesprochenen, sondern in ihm selbst liegt das Unaussprechliche. Das Geheimnis Gottes ist als solches offenbar: *Sancta Trinitas, unus Deus.*

Liturgie und Frömmigkeit können dies Geheimnis schlicht verehren: „Wir beten drei Personen / in einer Gottheit an, / die in dem Lichte wohnen, / dem niemand nahen kann."[240] Die christliche Theologie aber hat dies Unaussprechliche auch zu besprechen, um eben in dieser Arbeit der Sprache zu erfahren, was sie bekennt, daß es nicht zu fassen ist. Was da zu denken ist, ist ein Jenseits der klaren Distinktion von Monotheismus und Polytheismus. Ein reiner Monotheismus, das sehen dessen klassische Repräsentanten zu Recht, ist es nicht mehr, ein Polytheismus aber soll es keinesfalls wieder sein. Das christliche Bekenntnis zum dreieinigen Gott ist aus dem strengsten Monotheismus hervorgegangen. Ist denkbar, daß es hier, durch die Offenbarung des einen Gottes selbst initiiert, um eine Heilung des Risses geht, die der Monotheismus mit seiner ausschließenden Schärfe in die Weltreligionsgeschichte geschnitten hat, um die Heimholung und Aufhebung der ungeheuren, vom Stolze der Monotheisten so verachteten Vielgötterneigung der Menschheit in das Geheimnis des Einen? So daß dieses *Trinidad* am Ende der Hafen der ganzen Gottesgeschichte dieses Planeten wäre, gesichtet schon, aber schwer zu begreifen, geschweige denn erreicht?

Hat man einmal begonnen, in solcher Richtung zu denken, wird die christliche Polyonymie insgesamt davon erfaßt. Die Allerheiligenlitanei, Mutter aller katholischen Litaneien, fährt nach der Anrufung der Dreifaltigkeit fort: *Sancta Maria. Sancta Dei Genitrix. Sancta Virgo virginum.* Natürlich, die Bittrufe ändern sich, gehen vom *miserere nobis* zum *ora pro nobis* über, markieren so eine Differenz zwischen Gott selbst, den man um Erbarmen, und den Heiligen, die man um Fürbitte angeht. Aber zugleich gibt es ein unüberhörbares Kontinuum der Heiligkeit: *Sancta Trinitas unus Deus. Sancta Dei Genitrix.* Nach der Nennung des dreifaltigen Gottes begegnet allem voran der Name einer Frau, die als „Gottesgebärerin" angerufen wird. Wie soll man dies *Theotokos* (431 auf dem Konzil von Ephesus, der Stadt eines berühmten Artemiskultes definiert) nicht als weiteren Abweg vom strengen Pfad des Monotheismus verstehen? Die christlichen Theologen haben viel Mühe darauf verwandt, diese ungeheure Nobilitierung der Mutter Jesus als monotheistisch kompatibel zu erweisen. Sie ist sowenig eine Göttin, wie die drei göttlichen Personen Götter sind. Aber es läßt sich doch schwer bestreiten, daß im christlichen Marienkult das, was in polytheistischen Religionen den Göttinnen zugeflossen ist, hier ein freundliches Unterkommen erhalten hat. Wenn es in der christlichen Überlieferung so etwas wie einen Rosenkranz der schönsten Namen gibt, so gilt er nicht Gott selbst, sondern seiner Mutter. In der Lauretanischen Litanei[241] steht Maria der großen „Gottesmutter" Isis an schöner Polyonymie nicht nach.

Auf Maria folgen in der Allerheiligenlitanei die Namen der Engel und Heiligen. Im Umkreis des dreifaltigen Gottes breitet sich Vielnamigkeit aus, nicht von Göttern, aber von „Freunden Gottes“. Die Polyonymie reicht am Ende ins Unabsehbare, nicht mehr namhaft zu Machende: „Alle Heiligen Gottes, bittet für uns.“ Wenn man hier noch von Epitheta Gottes sprechen will, so sind es personale Schmuckstücke, in denen die Heiligkeit des Dreieinigen sich vielfältig bricht und spiegelt.

C. BEGRIFF

1. BEDENKEN

Ist es nur der alte triadische Hang christlicher Gotteslehre, der noch einen dritten Teil verlangt und mit der Überschrift „Begriff" zu verheißen scheint, daß man nun beim Geist angekommen ist, beim Hl. Geist, der, Joh 16,3 zufolge, in alle Wahrheit einführt, oder beim absoluten Geist sogar, in dem alles begriffen und einbegriffen ist? Am Ende auf den Begriff zu kommen, ist bedenklich, für eine Poetische Dogmatik jedenfalls, die das Vielfältige so wahrnimmt, daß es nicht von vornherein als konsequente Ausführung des Einen erscheint, in das man es dann als Summe auch wieder rückführen könnte.

Hätte man dies im Sinn gehabt, wäre es besser gewesen, statt im offenen Feld menschlicher Interjektionen und Geschichten zu beginnen, gleich zu Anfang „Gott" terminologisch zu sichern, so wie der Hl. Thomas in der „Summa" es tut und viele ihm nachgetan haben. Die Poetische Dogmatik ist aber der Diaspora Gottes in der Welt nachgegangen, nicht ziellos und planlos gewiß, aber doch außerstande, den Ertrag der Reise nun am Ende schlüssig zusammenzufassen: „Ihr Brüder, ich bilde mir nicht ein, daß ich es schon ergriffen hätte" (Phil 3,12).

Warum dann doch noch diese Wendung zum Begriff? Es ist zunächst die einfache Anerkennung, daß es wie Anrufung und Erzählung dies eben auch in der Geschichte der Menschheit gibt, die Wahrnehmung Gottes als Begriff. Um 500 v. Chr. beginnen im kleinasiatischen Milet Leute wie Thales und Anaximander sich aus dem kultischen und mythischen Umgang mit der Gottheit aufzuraffen, um sie zu denken. Das wird dann ein langer Weg von Heraklit bis Heidegger, der Weg der Philosophie.[1] Das Denken Gottes setzt sich aus der Religion heraus, ohne die Verbindung mit ihr zu kappen. Daraus ergibt sich eine schwierige Geschichte, eine Geschichte wechselseitiger Beobachtung und Kritik, der Einflüsse hinüber und herüber, des Kampfes um die Vorherrschaft, zwischen Indienstnahme und Vernichtungswille. Man könnte, wie der altrömische Varro, der Meinung sein, daß diese Philosophen, gemessen am öffentlichen Rang der Religion doch eine sehr begrenzte Spezies seien, die ihre elitären Diskurse am besten hinter den Mauern der Schule, unter Ausschluß der Öffentlichkeit praktizieren sollten.[2] Aber je mehr solche Denkschule Öffentlichkeit gewinnt, um so mehr können die wenigen der Religion der vielen lästig werden, wie Sokrates den Bürgern von Athen.

Die christlichen Theologen haben, wie paradigmatisch die Geschichte von Paulus auf dem Areopag zeigt[3], diese Herausforderung, daß da andere waren, die auch von Gott redeten, nicht im Kult und Mythos, sondern im reinen Denken, von Anfang an angenommen. Das hat ihr eigenes Reden von Gott in Mitleidenschaft gezogen, über zwei Jahrtausende, in wechselnden Konstellationen.

Haben sie damit rechtgetan und sollten sie es weiter tun? M. Heidegger hat den Theologen, die gerade ihm wie keinem anderen Philosophen des 20. Jh. nachgegangen sind, abgeraten:

> *„Eine ‚christliche Philosophie' ist ein hölzernes Eisen und ein Mißverständnis. Zwar gibt es eine denkend fragende Durcharbeitung der christlich erfahrenen Welt, d.h. des Glaubens. Das ist dann Theologie. Nur Zeiten, die selbst nicht mehr echt an die wahrhafte Größe der Aufgabe der Theologie glauben, kommen auf die verderbliche Meinung, durch vermeintliche Auffrischung mit Hilfe der Philosophie könne eine Theologie gewinnen oder gar ersetzt und dem Zeitbedürfnis schmackhaft gemacht werden. Philosophie ist dem ursprünglich christlichen Glauben eine Torheit."*[4]

Natürlich hat die Philosophie, die sich hier so reserviert gibt, die Theologie verführt, sich so mit ihr abzugeben, indem sie sich ihr Hauptwort angeeignet hatte. „Wie kommt Gott in die Philosophie?", hat Heidegger selbst gefragt und im Verfolg dieser Frage offengelegt, was er die „onto-theologische Wesensverfassung der Metaphysik"[5] nennt: „Denkt die Metaphysik das Seiende als solches im Ganzen, d.h. im Hinblick auf das höchste, alles begründende Seiende, dann ist sie Logik als Theo-Logik."[6] Dieses theo-logische Wesen beherrscht, Heidegger zufolge, die ganze Geschichte der Philosophie, von den griechischen Anfängen bis zu Hegel und Nietzsche. Aber diese Geschichte ist, wie er meint, an ihr Ende gekommen, „der onto-theologische Charakter der Metaphysik ist für das Denken fragwürdig geworden"[7], was zur Folge hat:

> *„Wer die Theologie, sowohl diejenige des christlichen Glaubens als auch diejenige der Philosophie, aus gewachsener Herkunft erfahren hat, zieht es heute vor, im Bereich des Denkens von Gott zu schweigen."*[8]

Der einmal in die Philosophie gekommene Gott hat sich ihr offenbar wieder entzogen, soweit jedenfalls, daß sie ihn besser („zieht es vor") nicht mehr nennt. Das wird für die Philosophie gesagt, die zweieinhalb Jahrtausende Gott zum höchsten Gegenstand hatte und nun ohne ihn, ohne dieses Wort jedenfalls auszukommen hat, und offenbar auch auskommen kann, da sie ja weitergeht. Von der Theologie wird nicht gesagt, daß auch sie besser schwiege, wonach sie ja auch wohl kaum weitergehen könnte; sie ist durch ihren Namen gebunden.

Ist es hier und da ein anderer Gott, der nur durch diese nominelle Identität zusammengesehen wurde? Heidegger scheint es so zu sehen:

> *„(...) Causa sui. So lautet der sachgerechte Name für den Gott in der Philosophie. Zu diesem Gott kann der Mensch weder beten, noch kann er ihm opfern. Vor der Causa sui kann der Mensch weder aus Scheu in die Knie fallen, noch kann er vor diesem Gott musizieren und tanzen.“*[9]

Das Denken, das sich in seinen griechischen Anfängen aus Mythos und Kult herausgedacht hat, hat sich demnach etwas erdacht, das der Religion, die wesentlich in Gebet und Opfer, Anbetung und Kult sich vollzieht, eigentlich fremd ist. In „Gott“ liegt eine Äquivokation, die aufzulösen der Religion nur heilsam sein kann:

> *„Demgemäß ist das gott-lose Denken, das den Gott der Philosophie, den Gott als Causa sui preisgeben muß, dem göttlichen Gott vielleicht näher. Dies sagt hier nur: es ist freier für ihn, als es die Onto-Theologik wahrhaben mochte.“*[10]

„Freier für ihn“, das könnte heißen, freier für eine neue, andere Ankunft des Göttlichen im Raum des Denkens selbst, worauf der späte Heidegger wohl hinzudeuten scheint. Aber es könnte auch heißen, freier für eine Theologie, die sich dem „göttlichen Gott“ widmete.[11] Die Theologie selbst sollte sich, meint Heidegger, zu ihrem eigenen Frommen aus dieser alten Verstrickung in die Philosophie befreien. Statt sich mit Hilfe der Philosophie aufzufrischen, sollte sie suchen, sie selbst zu sein, „eine denkend fragende Durcharbeitung der christlich erfahrenen Welt, d.h. des Glaubens“.[12] Das klingt ganz nach der *fides quaerens intellectum* und dem *intellectus fidei* der theologischen Tradition. Aber die Durchführung des so von Anselm von Canterbury formulierten Verständnisses der Theologie hat dann, in Heideggers Augen jedenfalls, immer nur in eine heillose Vermischung mit der Philosophie geführt: „Ob eine Theologie möglich ist, die ohne Anleihen an eine Philosophie ihre eigene Begrifflichkeit schöpft, soll hier nicht diskutiert werden. Jedenfalls hat bisher die Theologie nur von der Philosophie gelebt.“[13]

Man könnte diese andere Theologie, wie der Heidegger von „Sein und Zeit“ andeutet, „als begriffliche Selbstexplikation der gläubigen Existenz“[14] begreifen, auszuführen vielleicht als streng biblische Theologie. Gegenüber einer solchen, eher lutherisch orientierten Befreiung der Theologie aus ihrer babylonischen Gefangenschaft[15] könnte die Rede des späten Heidegger „vom göttlichen Gott", der als der Gott von Kult und Gebet verstanden wird, noch in eine andere, vielleicht eher katholische Richtung weisen, „die Durcharbeitung der christlich erfahrenen Welt" nicht auf den reinen Existenzakt des Glaubens und die Schrift allein einzugrenzen, sondern „Welt" hier im Sinne der Zusammenkunft von Gott und Menschen im Raum von Kult und Gebet, Liturgie und Frömmigkeit verstehen, in deren Durcharbeitung sie ihre eigenen Begriffe und Denkweisen entwickelt.

Diesen Weg hat die Poetische Dogmatik von Anfang an eingeschlagen. Den Titel „Dogmatik" trage sie eben darum auch nicht zu Recht, ist ihr entgegengehalten worden: „denn die Dogmatik ist und bleibt auf das Programm der ‚fides quaerens intellectum' verpflichtet, weshalb sie in ihrer theologischen Hermeneutik auf eine philosophische Denkform angewiesen ist."[16] Heideggers Skepsis, daß die Theologie bereit und imstande sei, sich ganz auf die eigenen Füße zu stellen, kann sich in diesem „weshalb" bestätigt sehen. Ob das, wie der Philosoph meint, Indiz ist von Zeiten, „die selbst nicht mehr recht an die wahrhafte Größe der Aufgabe der Theologie glauben", steht aber noch dahin.

Auffällig ist freilich, daß die Theologie, die katholische jedenfalls, auch wo ihr im 20. Jh. die alte *ancilla* weithin die kalte Schulter zeigt, nach philosophischem Anschluß sucht. Das ist gewiß das patristische und scholastische Denkformerbe, dessen man sich auch unter den erschwerten Bedingungen der Moderne würdig erweisen möchte. Und das Lehramt der katholischen Kirche hat sich ja ebenfalls in dieser Sache unmißverständlich erklärt: „Die heilige Mutter die Kirche hält fest und lehrt: Gott, aller Dinge Grund und Ziel, kann mit dem natürlichen Licht der menschlichen Vernunft aus den geschaffenen Dingen mit Sicherheit erkannt werden"[17], wobei sie sich auf die Schrift beruft, in der es Röm 1,20 heißt: „Denn sein unsichtbares Wesen läßt sich seit Erschaffung der Welt durch das, was gemacht ist, deutlich erkennen." Die Offenbarung selbst räumt die Möglichkeit einer *theologia naturalis* ein, in der „naturali humanae rationis lumine" Gott als „omnium principium et finis" erkannt werden kann. Da wird präzise das, was Heidegger als ontotheologische Metaphysik diagnostiziert und zugleich denkgeschichtlich für beendet erklärt hatte, als Möglichkeit einer *philosophia perennis* festgehalten.

In dieser kirchenamtlich definierten Hochschätzung der menschlichen Vernunft in Gottesdingen treibt schon seit der zitierten Stelle aus dem Römerbrief, die ja die Heiden als Adressaten der christlichen Mission im Auge hat, ein universalistisches Interesse: „im Kern des Christentums reift eine Theologie heran, die Gott nicht anders zu denken vermag als den Gott *aller*."[18] Und das ist der Gott, der von allen mit dem ihnen von diesem Gott verliehenen Licht der Vernunft erkannt werden kann, auch wenn sie wie Röm 1,21ff dann ja ausgeführt wird, ihm faktisch nicht, wie es vernunftgemäß wäre, „Ehre oder Dank erwiesen". Da ist es offenbar der Kult, der falsche Götterkult, der die „Erhabenheit des unvergänglichen Gottes", die man doch zu denken vermochte, mit der Verehrung selbstgemachter Bildwerke vertauschte, samt allem, was an dekadenter Lebensform daraus hervorging. Bei ihrem Weg zu „allen Völkern" (*panta ta ethnē*) stößt die christliche Mission eben auf das jeweils Ethnische, das Heidnische im Sinne des bestimmten Kults der bestimmten Kultur eines bestimmten Volks. Es sucht die Koalition mit der Philosophie, die die Gottheit ihrerseits aus der kult-kulturellen Bindung ins Allgemeine der menschlichen Vernunft zu denken suchte. Das könnte so scheinen, als wäre die christliche Religion als Bündelung aller Kräfte der Menschheitsvernunft die universalistische Philosophie par excellence; Justin nannte sie „die wahre Philosophie"[19]. Aber das Christentum war keine erdachte, es war eine krisenhaft aus dem Judentum hervorgegangene Religion mit einer bestimmten Geschichte und geschichtlichen Erinnerung und kultischen Begehungen dieser Geschichte, mit eigenem Mythos und Kultus also, die sie bei ihrem Gang in alle Welt nicht abstreifen konnte. Ihre Universalität war die eines *concretum universale*, die Universalisierung einer konkret-kontingenten Geschichte: „Gehet und machet alle Völker zu Jüngern und taufet sie..." (Mt 28,19). Wenn es auf dieses *concretum* zuläuft, erscheint immer wieder die Bruchstelle der schönen Koalition der Vernunft: „Als sie aber von der Auferstehung der Toten hörten, spotteten die einen, die andern sagten: Darüber wollen wir dich ein andermal hören" (Apg 17,32).[20]

Weil dies immer wieder so ist, erscheint es prophetischen Geistern auch immer wieder so, daß man von dieser faulen Koalition definitiv Abschied nehmen sollte: „Gott Abrahams, Isaaks, Jakobs, nicht der Philosophen" (B. Pascal). Die Poetische Dogmatik könnte dieser Seite zugerechnet werden, weil sie nicht von einem philosophisch gesicherten Fundament, sondern ganz vom Grund und Boden der konkreten christlichen Kultur, aus dem Fonds ihres Mythos und Kultus her denkt. Es ist freilich ein Denken, das über das schlichte Glauben hinausgeht, daß das Faktische auch nicht einfach fideistisch, fundamentalistisch affirmiert, sondern das Licht des Gedankens darin anzuzünden sucht, damit es leuchtet und vielleicht auch einleuchtet. In dieser Lust auf Evidenz liegt ein universalistischer Zug, das Konkrete einsichtig zu machen, statt von ihm der Vernunft zuliebe zu abstrahieren.

In dieser Offenheit, die aus der Geschichte der Weltmission für diese Stunde der Geschichte gelernt hat, daß sich hier nichts erzwingen oder erschleichen läßt, kommt auch das, was die Philosophen an Gott zu begreifen vermögen, in den Blick, nicht zur Sicherung, sondern zur freien Beteiligung an einem noch nicht abgeschlossenen weltweiten Unternehmen. Mehr als ein Ausblick dahin wird aber nicht möglich sein.

2. HEN KAI PAN

> *„Denn weil sie sich wunderten, haben jetzt und immer schon die Menschen begonnen, nachzudenken, sie haben sich anfangs verwundert über die Unbegreiflichkeiten des Alltags und sahen sich dann Schritt für Schritt immer größeren Fragen gegenüber, den Wandlungen des Mondes, den Bewegungen der Sonne und der Sterne, der Entstehung des All. Wer aber ratlos ist und sich verwundert, hat das Gefühl der Unwissenheit, weswegen auch ein nachdenklicher Mensch Sagen und Märchen nachgeht, weil sie voller Wunder sind.“*[21]

So beschreibt Aristoteles (384/83-322/321 v. Chr.) zu Beginn des 1. Buches der „Metaphysik“ den Urantrieb der Philosophie. Es ist das Staunen, das am Anfang steht, die Verwunderung der Menschen über die Phänomene der Welt, der nahen Welt des Alltags zunächst und dann des Alls insgesamt, seiner Wandlungen und Bewegungen. Die den Menschen immer schon eigene Weltnachdenklichkeit hat sie in den Mythos geführt und über ihn hinaus: „Um der Unwissenheit zu entrinnen, dachten sie nach, und nur um zu wissen, trachteten sie nach Erkenntnis, nicht um zu verdienen.“[22] Was die Menschen hier betreiben, entstammt nicht ökonomischen Interessen, es behebt keine unmittelbare Lebensnotdurft, es ist der reine Wunsch nach Erkenntnis. Und weil die Wissenschaft, die daraus entspringt, zu nichts anderem nütze ist, nennt Aristoteles dies nutzlose Unternehmen wahrhaft frei: „(...) wie wir einen Menschen frei nennen, der sich selbst und keinem anderen lebt, so ist von allen Wissenschaften diese allein frei, weil sie nur um ihrer selbst willen da ist.“[23]

Die Erkenntnis, um die es hier geht, nennt Aristoteles „Weisheit“ (*sophia*).[24] Die aus dem Staunen über die Welt hervorgehende Weisheit aber ist „Erkenntnis des Zusammenhanges und der Gründe“[25], sie ist „das Wissen um gewisse Gründe und Grundlagen“[26]. Es geht um die Erforschung der *archai* der Dinge, die bis zu den letzten Gründen, dem

5 Aristoteles
Büste, Wien, Kunsthist. Museum

letzten Grund nicht nur dieser und jener Dinge, sondern des Weltalls insgesamt sich durchzufragen sucht.

Diese dem Staunen über die Welt entsprungene nutzlos freie Wissenschaft nennt Aristoteles auch Theologie. Die Philosophie, das „Streben nach Weisheit" ist die

> *„göttlichste Wissenschaft (...), und zwar aus zwei Gründen: göttlich ist die Wissenschaft, deren Besitz eines Gottes würdig ist und diejenige, die das Göttliche zum Gegenstand hat, und nur auf die Weisheit, von der wir reden, trifft dies beides zu; der Gott ist doch Grundlage und Ursache für alle Dinge und das Wissen darum hat Gott entweder allein oder in besonderem Maße."*[27]

Man darf an dieser Stelle nicht unterstellen, was man auf Grund der späteren christlichen Theologie von Gott denkt. Die Philosophie entspringt allein aus ihrer eigenen, von der Ergründung der Phänomene angezogenen Bewegung, und das äußerste, was sie da im Blick hat, benennt Aristoteles mit einem Namen, der der Religion entstammt; im mythologischen Vorspiel der Philosophie ist der Hervorgang der Welt, wie bei Hesiod, Theogonie. Der Name „Gott", „göttlich" hält diesen Menschheitszusammenhang des Nachdenkens fest: „jetzt und immer schon".

Das mit den ionischen und italischen Naturphilosophen, die man später die Vorsokratiker nannte, einsetzende Nachdenken über die Welt, ist freilich eine entscheidende, neue Stufe gegenüber dem Mythos, weil es sich nicht mehr auf überlieferte Erzählung verläßt, sondern aus eigener Weltwahrnehmung und Vernunft die Welt selbst zu ergründen sucht.[28] Aristoteles rekapituliert im 1. Buch der Metaphysik (A) die Denkarbeit derer, die ihm vorangegangen sind. „Die meisten unter den ältesten Denkern wollten überall nur die stofflichen Ursachen anerkennen (...). Freilich über Zahl und Ort dieses Grundstoffs waren sie sich nicht einig: Thales, der Begründer dieses Gedankengangs, behauptete, es sei das Wasser (...). Später haben Anaximenes und Diogenes die Luft noch über das Wasser gestellt und in ihr das ursprünglichste aller Elemente gesehen, der Metapontier Hippasos und der Ephesier Herakleitos das Feuer, Empedokles endlich lehrte die vier Elemente, indem er zu den genannten die Erde als viertes hinzufügte (...). Aus solchen Gedanken heraus könnte man meinen, Grundlage sei das alles, was unter irgend einer Art des Stofflichen fällt."[29] Was diese vorsokratischen Naturphilosophen hier je und je als letzte Ursache und Grundlage des Kosmos herausfinden, ist für Aristoteles nicht ausreichend, entscheidend aber ist, daß die Liebe zur Wahrheit sie überhaupt auf den Weg des Denkens gebracht hat: „die Sache selbst (brachte) sie doch auf den richtigen Weg und lenkte ihr Forschen."[30] Und es ist diese Sache selbst, die das Denken nicht zur Ruhe kommen läßt: „nach diesen und ähnlichen Versuchen wurden die Denker (...) von der Wahrheit selbst weiter gedrängt, (...) die andere Art des Ursprungs zu erforschen".[31] „Wenn also nun jemand lehrte, es sei Vernunft auch in der Natur, genau wie in den Lebewesen, die Ursache aller Schönheit und Ordnung, so mußte er als der erste Besonnene erscheinen, während die Früheren nur so daherredeten. Und wir wissen zuverlässig, daß Anaxagoras sich mit diesen Gedanken befaßte (...). Mit dieser Lehre gab man zugleich den Ursprung des Schönen in der Wirklichkeit an und auch den Ursprung der Bewegung für alles Wirkliche."[32] Damit kommt über den Bereich der Materialursache des Kosmos hinaus das für Aristoteles selbst so wichtige Bewegungsmoment ins Spiel des Denkens, die Frage nach dem Ursprung der Bewegung.

Auf dem weiteren Weg der Erkundung erscheinen dann die Pythagoräer, die in den Zahlen und Zahlenverhältnissen die Grundlage des Kosmos entdeckten, also annahmen, „daß die Elemente der Zahlen auch die Elemente aller anderen Dinge seien und also der ganze Himmel Zusammenklang sei und Zahl"[33]. Mit Xenophanes und Parmenides kam, Aristoteles zufolge, in diesen allmählichen Fortgang des Denkens ein henologischer Zug, „vom All wie von einer einzigen Natur"[34] zu sprechen. Sokrates und Platon erweiterten das Feld der zu bedenkenden Phänomene, indem sie über die kosmologischen Fragen hinaus, ethische und erkenntnistheoretische aufgriffen, die sie im Rückgang auf das Allgemeine, den Begriff (*logos*), das Wesen der Dinge (*ousia*), d.h. die zugrundliegenden Ideen zu erforschen suchten. Die Sinnenwelt ist nur als Teilhabe (*methexis*) an der geistigen, ewigen Welt der Ideen, und dieser *kosmos noetos* gründet wiederum in einer Idee der Ideen.[35]

Aristoteles unterzieht den platonischen Versuch der Weltergründung wie den all seiner Vorgänger einer Kritik, die immerzu herauszuarbeiten sucht, was dabei unklar und nicht weit genug gedacht ist. Es ist die Rekapitulation eines Denkwegs, auf dem sich die menschliche Vernunft allmählich dem Licht der Wahrheit nähert: „Wie sich nämlich die Augen der Nachtschwärmer zum Tageslicht einstellen, so auch die Vernunft unserer Seele zu den gesamten Erscheinungen unserer Natur. Es ist daher billig, nicht nur denen Dank zu wissen, deren Meinungen man sich anschließen möchte, sondern auch denen, die mit ihrer Lehre mehr an der Oberfläche geblieben sind, weil auch sie etwas beigetragen haben: sie haben unsere Einstellung vorbereitet."[36]

In dieser kritischen Dankbarkeit all seinen Denkvorläufern gegenüber entwickelt Aristoteles im 11. Buch der „Metaphysik“ (Λ) seine eigene „Theologie“. Hier sucht er zur Klarheit zu bringen, was ihm in allem ungeklärt geblieben schien, die Bewegung, die Bewegung des Kosmos wie des menschlichen Geistes. Aus dieser Erörterung entspringt der Gedanke des „unbewegten Bewegers“ (*kinoun akineton*), der als der letzte Grund von allem zu denken ist: „muß es gewiß auch etwas geben, was selber unbewegt bewegt, etwas das ewig ist und Wirklichkeit.“[37] Dies letzte ist für Aristoteles entscheidend gegenüber der platonischen Ideenlehre: „Wir haben (...) nichts davon, wenn wir nur ewige Wesenheiten, wie die Ideen, annehmen, falls nicht in ihnen auch eine Kraft liegt, die Wandlungen hervorbringen kann“[38], wobei es nicht genügt, daß diese Kraft bloß eine Potenz (*dynamis*) ist, die wirken oder nicht wirken kann, sie muß reine Wirklichkeit und Wirksamkeit (*energeia*) sein: „Es muß also einen solchen Urgrund geben, dessen Wesen reine Wirklichkeit ist“[39], die ewig wirkende Wirkursache aller Wirklichkeit. Weil alles im Kosmos bis hin zu den für Aristoteles ewigen Kreisbewegungen des Himmels wirklich bewegt ist, bedarf es einer wirklichen, und weil ein *regressus in infinitum* für ihn nicht möglich ist, letzten unbeweglichen Ursache, die alles bewegt. Sie ist notwendig.

Diese letzte Ursache kann, weil Stoffliches vom Wesen her möglich und veränderlich ist, nur etwas Geistiges sein. Das Wesen dieses geistigen Urgrunds der Welt gewinnt Aristoteles aus eben dem, das ihn zu denken vermochte:

> *„Auf diesem Urgrund aber ruht der Himmel und die Natur. Er verbringt sein Dasein wie wir nur in unseren besten Augenblicken. So nämlich ist er immer (uns ist dies unmöglich), da er seine Freude hat an seiner Betätigung. Deshalb ist ja auch Wachen, Wahrnehmen, Denken unser liebstes.“*[40]

Der Urgrund der Welt ist, was die Menschen nur in ihren hellsten Momenten zu sein vermögen: vollkommen wache Präsenz des Denkens (*noesis*). Das, was dieses Denken denkt, kann aber nichts Höheres oder Niedrigeres sein als es selbst; es denkt sich selbst, es ist *noesis noeseos*. „Wenn darin die Seligkeit besteht, wie wir nur gelegentlich, Gott aber immer sein kann, dann ist es schon ein Wunder“[41], das also, in dem das Staunen, das den Urantrieb des Denkens ausmacht, sich findet: „Auch Leben kommt dem höchsten Wesen zu, denn die Tätigkeit der Vernunft ist Leben, sie ist aber reine Tätigkeit. Diese ihre reine Tätigkeit ist das beste, das ewige Leben.“[42] Daß der Urgrund von allem unbewegt ist, heißt demnach nicht, daß er tot ist, wie unbewegter Stoff tot wäre, er ist vielmehr reine Tätigkeit, *actus purus*, und so Leben.

Wie aber bewegt dieser in sich unbewegte Beweger. Er bewegt, sagt Aristoteles, *hos eromenon*, „er bewegt dadurch, daß er ersehnt wird“[43]. „Das Begehrte und das Gedachte bewegen, ohne selbst bewegt zu werden.“[44] Die wirkende *energeia* ist die Anziehungskraft dessen, was man liebt und zu denken sucht. Der Urgrund ist ein attraktiver *telos*, die Kinetik ist teleologisch. Und dieses alles Bewegende, Urgrund und Ziel, ist eines.

Den so zu verstehenden Urgrund aller Wirklichkeit nennt Aristoteles „Gott“: „Das beste, ewige Wesen nennen wir Gott, so daß Gott Leben hat und ununterbrochen ewige Dauer. Das nämlich ist Gott.“[45] So ist die Geschichte des Denkens, die Aristoteles in ihren Stadien rekapituliert und der Weg seines eigenen Denkens ein *itinerarium mentis in Deum.*

Der theologische Weg der Philosophie ist mit der „Metaphysik“ des Aristoteles nicht zu Ende. Die platonische Schule, die er als Vorstufe seines eigenen Denkens ansah, treibt im Neuplatonismus des 3.-5. nachchristlichen Jh. den Urantrieb des griechischen Denkens noch weiter und weit in die christliche Ära hinein. Heraklits (um 540-480 v. Chr.) „aus Allem Eins und aus Einem Alles“ (*ek panton hen kai ex henos panta*)[46] wird in Plotins (205-270 n. Chr.) *to hen panta* verdichtet und henologisch durchdacht: „das Eine ist Alles, weil *durch* es oder *aus* ihm Alles ist, weil es Ursprung, Prinzip (*megalē archē*) oder Ursache und Grund von Allem ist“, und es ist zugleich „kein Einziges dessen, was *aus* ihm ist, wesenhaft, da der Ursprung von Allem (qua Definition) *nicht* Alles ist oder sein kann“; das Eine ist also „Nichts“, „Nichts von Allem“[47]. „Dem Nicht-Sein des Einen selbst entspricht (...) die Emphase seiner Transzendenz: es ist ‚jenseits‘ (*epekeina*) von Sein, welches als ein in sich differenziertes Ganzes als Einheit *in* der Vielheit gedacht wird.“[48] Das *hen panta* verschärft sich zum *to hen panta kai oude hen*:[49] „Das Eine ist Alles, indem es *in* Allem ist; es ist nichts von Allem – absolute Negativität –, indem es *über* Allem nur es selbst ist.“[50] Dieses plotinsche „In- und zugleich -Übersein des Einen“[51] wird zu einem mächtigen Paradigma aller späteren All-Einheitslehren. Vor allem das Moment der Transzendenz und Negativität faszinierte die Seinsmystik der folgenden Jahrhunderte, die *via negationis* zu erreichende Henosis, die *unio mystica* mit dem absolut jenseitigen Grund des Seins. Mit Plotin bekommt das philosophische *itinerarium mentis in Deum* eine mystische Tendenz, die aber rein als Vollzug des Denkens zu denken ist.

Der damit angebahnte religiöse Zug verstärkt sich am Ende des antiken Neuplatonismus; bei Proklos (412-485 n. Chr.) werden sowohl polytheistische Götterwelt wie theurgische Praxis in die Vermittlungsbewegung des Denkens aufgenommen.[52] Indem das Denken Mythos und Kult der heidnischen Religion in sich hineinvermittelt, formiert sich die griechische Philosophie hier am Ende auch als Heilslehre gegenwendig zu der sich ausbildenden christlichen Theologie.

„Keine anderen Philosophen", schreibt Augustinus (354-430 n. Chr.), nachdem er im 8. Buch „Über den Gottesstaat", Aristoteles vergleichbar, die Geschichte der vorsokratischen Philosophie hat Revue passieren lassen, „sind uns so nah gekommen wie die Platoniker"[53]. Das sieht nach einer Konvergenz aus, in der das *itinerarium mentis in Deum* der griechischen Philosophie nach einem tausendjährigen Verlauf und gehöriger Reinigung am Ende in den christlichen Hauptstrom der biblischen Gottesoffenbarung einmündet und ihn in seiner menschheitlichen Ausrichtung verstärkt.[54] Doch ob sich all das, was da ins Bett des Glaubens eingeleitet wird, auf alle Zeit so willig kanalisieren läßt, steht um 400 n. Chr. noch dahin.

6 Raffael, Die Schule von Athen, Rom, Vatikan, Stanza della Segnatura, 1508 bis 1511.

3. FIDES QUAERENS INTELLECTUM

Die christliche Religion zeigt von Anfang an Interesse für diese griechische Philosophie (vgl. Apg 17 und die paulinischen Briefe). Die christlichen Apologeten des 2. Jh. nehmen die Diskussion mit der heidnischen Philosophie auf, die griechischen (Klemens v. Alexandrien, Origenes, die Kappadozier usw.) und lateinischen (Augustinus, Boethius usw.) Kirchenväter führen sie weiter. Es ist die universale Orientierung der aus dem Judentum herausgesprengten neuen Religion, die sie mit der Philosophie ins Benehmen setzt. Der Gott, von dessen Geschichte sie berichtet, ist der Gott aller und soll der Gott aller werden. Dieser weltmissionarische Antrieb bringt sie in Beziehung zur Philosophie, die auf ihren eigenen Denkwegen menschheitlich-universale Ambitionen jenseits von Mythos und Kultus verfolgt. Wo sie diese Herausforderung auf Augenhöhe annimmt, wird die christliche Theologie zur Apologetik, die die in Anspruch genommene Wahrheit ihrer Botschaft gegen Anfeindungen und Einwände vernünftig zu rechtfertigen sucht. Die durch die missionarische Expansion in die hellenistische Welt herausgeforderte Apologetik wird zunehmend zum inneren Antrieb, die überlieferte Glaubenswelt mit den Mitteln der Vernunft durchzuarbeiten, ihre Texte auszulegen und ihre Lehre zusammenhängend darzustellen. Das geht nicht, ohne das Repertoire, das der Logos der Philosophie erarbeitet hat, zu Rate zu ziehen. Diese im Hauptstrom der altkirchlichen Theologie entwickelte Grundeinstellung geht auf die mittelalterliche Scholastik über, die neben der platonisch-neuplatonisch-stoischen Philosophie Aristoteles neu entdeckt; wenn Thomas v. Aquin sagt „ut patet per Philosophum“ meint er Aristoteles.

Die antike Philosophie wird in der christlichen Ära nicht arbeitslos. Sie wird umworben und im christlichen Haushalt angestellt. Sie hat der dominierenden Glaubenswissenschaft wichtige Dienste in vielerlei Hinsicht zu leisten. Was sie an Denkerfahrung, das Göttliche betreffend, aus ihrer langen Geschichte mitbringt, ist dem christlichen Glauben durchaus willkommen. Es ist ein Glaube, der das Denkens sucht, *fides quaerens intellectum.* Die Stellung der alten, durchaus selbstbewußten Magd – *ancilla theologiae* – ist nicht unumstritten und konfliktfrei, aber ihre Kooperation ist grundsätzlich gewollt, ja scheint unentbehrlich.

„Fides quaerens intellectum“ ist der ursprüngliche Titel einer Schrift Anselms von Canterbury (1033/34 in Aosta geboren, 1060-1070 Mönch und Abt der Benediktinerabtei Bec in der Normandie, dann Erzbischof von Canterbury, gestorben 1109). Aus editorischen Gründen gab er ihr

7 Anselm von Canterbury und Mathilde von Tuszien, Dedikationsbild, 3. Viertel 12. Jh. Admont, Stiftsbibliothek

schließlich den bis heute üblichen Namen „Proslogion", was auf die literarische Gattung anspielt; die Reflexion ist eingebettet in ein Gebet: „Anrede".[55]

Das „Proslogion" ist nach dem vorangegangenen „Monologion" ein zweiter Versuch, „über den Grund des Glaubens" (*de ratione fidei*), nachzusinnen mit der Frage, „ob sich nicht *ein* Argument finden ließe, das keines anderen bedürfte, um sich zu beweisen (*ad se probandum*), als seiner allein, und das allein hinreichte, um zu stützen, daß Gott in Wahrheit existiert (*quia Deus vere est*)."[56] Anselm berichtet dann im Prooemium, wie dieser Gedanke ihn angezogen und abgewiesen habe, wie ihm schließlich gerade, als er verzweifelt alle weiteren Versuche aufgeben wollte, unverhofft des Rätsels Lösung zugefallen sei. Es ist eine Intuition, die der verzweifelten Anstrengung des Intellekts am Ende geschenkt wird. Es ist die Freude eines Fundes (*quod me gaudebam invenisse*), die dazu treibt, ihn anderen mitzuteilen. Die Schrift ist die Nachschrift einer Entdeckung und teilt als solche dem Leser nicht nur ein Ergebnis mit, sondern animiert ihn, den Weg dahin selbst zu gehen: „*Eia nunc homuncio...*":

> *„Wohlan, jetzt, Menschlein, entfliehe ein wenig deinen Beschäftigungen, verbirg dich ein Weilchen vor deinen lärmenden Gedanken. Wirf ab jetzt deine drückenden Sorgen und stelle zurück die mühevollen Geschäfte. Sei frei ein wenig für Gott und ruhe ein bißchen in ihm.*
> *‚Tritt ein in die Kammer' deines Herzens, halte fern alles außer Gott und was dir hilft, ihn zu suchen und nach ‚Schließung der Türe' suche ihn. ‚Sprich' jetzt, ‚mein ganzes Herz', sprich jetzt zu Gott: ‚Ich suche Dein Antlitz; Dein Antlitz, Herr, suche ich'. Wohlan, jetzt also, Du mein Herr-Gott, lehre mein Herz, wo und wie es Dich suche, wo und wie es Dich finde. Herr, wenn Du hier nicht bist, wo soll ich suchen, Dich Abwesenden?"*[57]

fuge aliquantulum, vaca aliquantulum, requiesce aliquantulum – das Menschlein soll ein wenig in Gang gebracht werden, aber nicht zu mehr äußerer Aktivität, sondern zur Abkehr von aller unruhigen Weltbeschäftigung, zur Einkehr in sich selbst: „halte fern alles außer Gott und, was dir hilft, ihn zu suchen." Dazu gehört offenbar die Hl. Schrift, denn schon dieser erste Ruf ist von daher motiviert: „*Intra in cubiculum*", Mt 6,6: „Du aber geh, wenn du betest in dein Kämmerlein und schließ die Tür zu..."; und was dann folgt, nimmt den Psalter vielfältig zu Hilfe, eben dazu, ihn zu suchen.

Das Merkwürdige dieser Einkammerung ist freilich, daß das Herz den, mit dem es ganz allein und ausschließlich zusammensein wollte, gerade nicht hat, daß er nicht da ist, daß er abwesend ist, jedenfalls nicht sichtbar, wie es alles Anwesende sonst ist. Die sich von aller Welt in sich zurückziehende Seele soll anfangen, zu Gott zu sprechen, aber sie hat den Adressaten nicht vor Augen; das Beten ist überhaupt erst die Suche nach ihm oder überhaupt erst die Anfrage, wie ein solches Suchen vonstatten gehen könnte. Der resolute Rückzug in sich selbst beschwört eine riskante Situation herauf. Die Tür zur Welt ist geschlossen, aber drinnen ist es dunkel, man hat die überlieferten Worte: „Ich suche dein Antlitz. Dein Antlitz, Herr, suche ich", aber der, den die Worte rufen, zeigt sich nicht. Der Rückzug in sich selbst erzeugt nicht von selbst eine selige Zweisamkeit: *deus et anima*, sondern erst recht heillose Einsamkeit. Daraus erhebt sich im „Proslogion" eine aus Psalmversen zusammengenähte, langanhaltende Klage des gottverlassenen Menschen.

> *„Nie habe ich Dich gesehen, Herr, mein Gott, ich kenne Dein Antlitz nicht. Was soll tun, höchster Herr, was soll tun dieser Dein in die Ferne Verbannter? Was soll tun Dein Knecht, der ängstlich besorgt ist um die Liebe zu Dir und weit hinweg ‚von Deinem Antlitz verstoßen ist'?"*[58]

Freilich ist dies nicht, wie so oft in den Psalmen, die Klage eines Armen, Kranken, Verfolgten, es ist die Klage eines Intellektuellen, eines Theologen, der sich ganz und gar auf seine eigenen Sache konzentriert hat, auf Gott allein, in sich und nun diese Sache nicht vor Augen hat, wie alle in der Welt Tätigen sonst ihre Sache vor Augen haben, die schreckliche Aporie, von etwas zu sprechen, das nicht da ist, zu jemandem zu sprechen, der sich nicht zeigt.

Aus der langen *lamentatio* rafft sich der Beter (soll sich aufraffen der Leser; das Ganze ist ja auch eine Ermahnung an das Menschlein) schließlich zu einem Bekenntnis auf:

> *„Ich versuche nicht, Herr, Deine Tiefe zu durchdringen, denn auf keine Weise stelle ich ihr meinen Verstand gleich; aber mich verlangt, Deine Wahrheit einigermaßen einzusehen, die mein Herz glaubt und liebt. Ich suche ja auch nicht einzusehen, um zu glauben, sondern ich glaube, um einzusehen. Denn auch das glaube ich: ‚wenn ich nicht glaube, werde ich nicht einsehen'.*"[59]

Nein, das ist zuzugestehen, Gott und der Intellekt sind nicht komparabel; deshalb soll gar nicht der Versuch gemacht werden, in diese Höhe oder Tiefe Gottes vorzudringen, um sie zu durchdringen. Aber festgehalten wird an dem *desiderium, aliquatenus intelligere veritatem tuam, quam credit et amat cor meum.* Der Glaube und die Liebe des Herzens ist das fraglos erste, der Glaube an die Wahrheit Gottes, daß nämlich Gott wirklich ist (*quia Deus vere est*), daß das Herz mit seinen Gottesanrufungen und -sehnsüchten nicht allein bleibt und in sich kreist. Das Herz glaubt dem Unsichtbaren und liebt den Abwesenden vorgängig zu allem Nachweis des *intellectus*, und ganz unabhängig davon. Der Glaube macht sich nicht abhängig von der Einsicht des Verstandes, aber er sucht sie gleichwohl (*credo, ut intelligam*), ja er setzt sich ausdrücklich selbst als Voraussetzung der Einsicht: „Denn auch das glaube ich: ‚wenn ich nicht glaube, werde ich nicht einsehen'." Was auf diese Confessio folgt, kann also nicht die Sache eines rein auf sich sich stellenden Denkens sein. Die Prämissen werden dankenswerterweise vollkommen offengelegt. Es geht um den *intellectus fidei.*

„Ergo, Domine, qui das fidei intellectum, da mihi..."[60] Das ist für die hier herrschende Vorstellung von Gott entscheidend. Er ist nicht nur der, der dem Herzen Glauben und Liebe zu sich eingibt und das Herz so zum Gebet erregt, er ist zugleich Instanz des Intellekts. Und darum kann man ihn auch um Einsicht bitten in das, was man glaubt. Das ist nicht als Anmaßung des „Menschleins" anzusehen, sondern als in aller Demut berechtigte Bitte um wohldosierte Teilnahme an etwas, was Gott selbst zu eigen ist: „(...) verleihe mir, daß ich, soweit du es nützlich weißt, einsehe..."[61]

Was von dem, was ihm selbst schon eignet, möchte der Glaube einsehen? – „(...), daß du bist, wie wir glauben, und das bist, was wir glauben."[62] Zweierlei hat der Glaube bei Gott im Sinn, ein bestimmtes Wesen und seine wirkliche Existenz. Was der Glaube hier, Gottes Essenz wie Existenz betreffend, vorschießt, soll vom Verstand, so weit es Gott selbst nützlich zu sein scheint, eingeholt werden.

Was aber ist es, das der Glaube von Gott glaubt? Wenn es etwas sein soll, das dem Verstand überhaupt zugänglich ist, muß es in Bezug zur Tätigkeit des *intellectus* bestimmbar sein, zur *cogitatio*. Daraus entspringt Anselm von Canterburys berühmte Definition: *„Et quidem credimus te esse aliquid quo nihil maius cogitari possit"*. – „Und zwar glauben wir, daß über Dich hinaus Größeres nicht gedacht werden kann."[63]

Anselm greift mit einem absoluten Komparativ (*quo maius*) die Dynamik des Denkens auf, den im Gebet Angeredeten (*te*) immer weiter und größer zu denken. Das Denken, das im Begriff alles zu erfassen und zu umfassen sucht, wird durch das, was der Glaube im Beten mit Gott meint, an seine Grenze getrieben. Daraus ergibt sich in Anselms „Proslogion" ein Gedankengang, der die Aspekte des Wesens Gottes und seiner Existenz unlöslich miteinander verbindet:

> *„Oder gibt es etwa kein solches Wesen, weil der Tor in seinem Herzen spricht: es ist kein Gott? Aber selbst dieser Tor versteht meine Worte, wenn ich sage: etwas, worüber hinaus Größeres nicht gedacht werden kann; und was er versteht, ist in seinem Erkennen, auch wenn er nicht versteht, daß es dieses Etwas wirklich gibt."*[64]

Als was der Glaube Gott glaubt und als was er somit zu denken ist, steht für Anselm außer Frage, infrage steht allein, ob ein solches Wesen auch existiert. An dieser Stelle kommt der Tor des Psalters ins Spiel: „dixit insipiens in corde suo: non est Deus" (Ps 13,1 Vg.). Ihn, den Atheisten, nimmt Anselm beim Wort, indem er seinem Satz die Definition *„id quo maius cogitari non possit"* unterstellt. Das kann der Tor hören (*audit*) und einsehen (*intelligit*); als gedachter ist Gott somit jedenfalls in seinem Verstand (*in intellectu*). *Quidquid intelligitur in intellectu est.* Die Frage ist, ob Gott nur *in intellectu* ist, ob er mehr ist als ein Gedankending.

Den Unterschied exemplifiziert Anselm an einem simplen Beispiel:

> *„Es ist zweierlei, ob eine Sache im Erkennen sei, oder ob erkannt werde, daß die Sache (in Wirklichkeit da) sei. Wenn ein Maler sich ein Bild ausdenkt, so hat er dieses in seinem Denken, aber er kann es nicht als daseiend erkennen, da er es noch nicht gemacht hat. Hat er es aber gemalt, so hat er es sowohl in seinem Denken als auch erkennt er, daß das von ihm Gemachte (wirklich da) sei."*[65]

Und dann kommt Anselm zu seinem eigentlichen Beweisschritt:

> *„Aber das, worüber hinaus Größeres nicht gedacht werden kann, kann nicht nur im Denken sein. Ist es nämlich nur in unserem Denken, so kann man sich es auch als wirklich seiend vorstellen; das aber ist mehr (als bloß in Gedanken wirklich sein). Wenn also das, worüber hinaus Größeres nicht gedacht werden kann, nur im Denken ist, so ist eben das, worüber hinaus Größeres nicht gedacht werden kann, etwas, über das hinaus etwas Größeres denkbar ist. Dies ist aber offenbar unmöglich. Daher ist zweifellos etwas, worüber hinaus Größeres nicht gedacht werden kann, sowohl dem Denken als der Sache nach wirklich.“*[66]

Die Argumentation ist eine *reductio ad absurdum.* Wer dies *quo maius cogitari non possit* versteht und gleichwohl behauptet, das da Gedachte sei ein nur Gedachtes, nur *in intellectu,* verwickelt sich in einen Widerspruch, da als nur Gedachtes eben dies Gedachte nicht sein kann, insofern man sich eben darüber hinaus Größeres denken könnte, nämlich eben dies als über sein Gedachtsein hinaus auch in Wirklichkeit existierend. Es muß notwendigerweise *in intellectu et in re* existieren, weil es anders gar nicht zu denken ist. Es gibt also etwas, das als nichtseiend gar nicht gedacht werden kann.

> *„Und das bist du, Herr, unser Gott. So wirklich also bist du, Herr, unser Gott, daß du als nichtexistierend auch nicht gedacht werden kannst.“*[67]

Anselms Gottesbeweis, Kant hat ihn später den „ontologischen“ genannt, hat das Denken bis in die Gegenwart fasziniert und zur logischen Überprüfung herausgefordert.[68] Thomas v. Aquin mit seiner überragenden Autorität für die ganze katholische Tradition hat ihn verworfen. Zu Beginn der „Summa contra gentiles“ wie auch der „Summa theologica“ kommt er, ohne den Namen zu nennen, auf Anselms Argument zu sprechen.[69] Es leuchtet ihm logisch nicht ein. Nicht, daß man Gottes Existenz nicht beweisen könnte, man kann es, nur nicht auf diesem Wege.

Der erste Einwand bezieht sich auf die von Anselm geradewegs eingeführte Definition Gottes als „id quo maius cogitari non possit.“ Wenn dies von Gottes Wesen auch an sich (*quoad se*) durchaus zu denken sei, so gelte das doch nicht für uns (*quoad nos*) so selbstverständlich, daß man es als Grundlage eines allgemeingültigen Vernunftbeweises nehmen dürfe. In einem allgemeinen, verschwommenen Sinne (*in aliquo communi, sub quadam confusione*) sei uns zwar die Erkenntnis, daß es Gott gebe, von Natur aus eingegeben (*naturaliter insertum*), aber das verhalte sich zu einer klaren Gotteserkenntnis wie die Erfahrung, daß man aus weiter Ferne jemanden kommen sieht, ohne zu erkennen, wer es ist: „Sicut cognoscere venientem, non est cognoscere Petrum, quamvis sit Petrus veniens" (Sth 1 q 2 a 1, ad. 1).

Aber selbst, und das ist Thomas' zweiter Einwand, wenn jemand Anselms Wesensdefinition anerkenne, folge daraus nur, daß Gott in der Vernunft (*in apprehensione intellectus tantum*), nicht aber, daß er auch *in rerum natura* sei (Sth 1 q 2 a 1 ad 2). Das, was als nichtexistierend nicht gedacht werden kann, ist als solches eben nur ein Gedachtes, nicht in seinem Dasein Erwiesenes. Man kann, meint Thomas, wohl aus dem, was realiter ist, das Wesen der Dinge erkennen, aber nie aus dem Wesen eines Dings seine Existenz erschließen, und das gilt auch für ein Wesen, das als nichtexistierend gar nicht gedacht werden kann. „Es gibt keine Wesenserkenntnis von Dingen ohne vorausgehende Erfahrung ihres wirklichen Daseins."[70] Auch Gott ist uns wirklich gegeben, aber nicht an sich, sondern nur in seinen Wirkungen. Wenn man seine wirkliche Existenz beweisen will, bleibt kein anderer Weg, als bei den wirklich existierenden Weltdingen zu beginnen und nach ihrer wirklichen Ursache zu fragen. Es ist der aristotelische Sinn für die *energeia*, der sich hier im Raum des christlichen Denkens durchgesetzt hat.

Wer von Anselms „Proslogion" über zwei Jahrhunderte in den Anfang der „Summa theologica" des Hl. Thomas springt, unterzieht sich einem Ortswechsel, der auch als Klimawechsel spürbar ist. Thomas ist nicht der Mönch, der in der Abgeschiedenheit des Klosters sich in das *cubiculum mentis* als seinen eigentlichen Aufenthaltsort zurückzieht, um dort mit Gott allein im Gebet alles durchzusprechen und auch durchzudenken bis hin zum Erweis der Existenz dessen, zu dem er spricht. Thomas ist der Predigerbruder, der auf dem Forum der Stadt, in der Denköffentlichkeit der neuen Universitäten des 13. Jh. die Theologie als Wissenschaft neu einzurichten sucht. Die allererste Frage der Summa theologica ist, ob es überhaupt nötig ist, außer der Philosophie eine andere Wissenschaft zu haben („Utrum sit necessarium, praeter philosophicas disciplinas aliam doctrinam habere"), weil es doch (siehe die „Metaphysik" des Aristoteles) eine philosophische Theologie bereits gebe (Sth 1 q 1 a 1). Thomas kommt dann freilich dazu, daß es eine eigenständige, auf die Offenbarung Gottes und die Hl. Schrift sich gründende Wissenschaft zu geben habe, aber die Philosophie bleibt daneben mit ihren eigenen Möglichkeiten, *lumine rationis* etwas von Gott zu sagen, erhalten.

Thomas nimmt, wo er *de Deo* zu handeln beginnt (Sth q 2), diese Nachbarschaft bewußt wahr. Er beginnt, was bei einer auf Offenbarung sich gründenden *sacra doctrina* ja denkbar wäre, nicht geradewegs mit dem Glauben an Gott, mit Glaubensbekennntnis und Hl. Schrift, sondern fragt zuerst, ob es den Gegenstand, von dem gehandelt werden soll, überhaupt gibt, ob es allgemein bekannt und anerkannt ist, daß es ihn gibt: „Utrum Deum esse sit per se notum" (Sth 1 q 2 a 1). Bei dieser Quaestio kommt er auf Anselms Gottesargument zu sprechen und gelangt, indem er es abweist, dann auf den Weg seiner eigenen Gottesbeweise. Der Ort, an dem Anselms Argument von Thomas aufgenommen wird, betrifft also die Nahtstelle von Philosophie und Theologie, und da muß im universitären Diskurs des 13. Jh. alles reißfest sein nach den Regeln aristotelischer Logik. Und da besteht Anselms Argument die Probe nicht.

Für diese Probe mußte es freilich aus dem Kontext, in dem es ursprünglich entwickelt worden war, herausgenommen und als in sich stehendes logisches Konstrukt behandelt werden. Sein ursprünglicher Ort ist das Gebet *in cubiculo mentis*, der in seiner Herzensabgeschlossenheit Gott anrufende, aus der Paradiesesgegenwart Gottes vertriebene, Gottes Angesicht seufzend suchende, ihn um den Erweis seiner Gegenwart bittende Mensch. Der so in sich eingekehrte Fromme glaubt fest, daß er mit all seinen Gebetsworten nicht nur in sich kreist, daß der Gott, den er anruft, nicht nur *in intellectu* ist, ein Gedanke bloß, ein äußerster vielleicht, aber nicht mehr. Es ist das Antlitz eines Anderen, wirklich Anderen, aber er sieht es nicht. Er glaubt es und betet aus diesem Glauben heraus. Und man könnte ihm sagen: Mehr gibt es nicht in dieser Zeit. Wir leben im Glauben, nicht im Schauen (2 Kor 5,7). Aber Anselms Frommer ist mit solchem Fideismus nicht zufrieden. Es geht ihm nicht darum, den Glauben in die *visio facialis* aufzuheben, in der die Wirklichkeit des Antlitzes sich unabweisbar zeigt, er sucht aber nach Einsicht in das, was er glaubt, und er glaubt, daß der Glaube selbst es ist, der dazu treibt, *fides quaerens intellectum.* Diese Einsicht versteht er als eine Erleuchtung (*illuminatio*), die das, was er glaubt, auch dem Verstand einsichtig und einleuchtend macht. So endet die Beweisführung des „Proslogion" im 4. Kapitel dann auch, wie oft in den Psalmen, wenn einer aus seiner Not befreit wurde, mit einem Dankgebet:

> *„Dank Dir, guter Herr, Dank Dir, daß ich das, was ich zuvor durch Dein Geschenk geglaubt habe, jetzt durch Deine Erleuchtung so einsehe, daß ich, wollte ich es nicht glauben, daß Du existierst, es nicht nicht einsehen könnte."*[71]

Da ist das intellektuelle Glück der gelungenen Erleuchtung am Ende so überschwenglich, daß selbst, wenn *per impossibile* der Beter seinen Glauben aufgäbe, die Einsicht ihn in die Knie zwänge. Da wagt sich der fromme Intellektuelle sehr weit vor. Und es fragt sich natürlich, was ihm geschieht, wenn spätere, wie der Hl. Thomas, nachweisen, daß diese angebliche göttliche Illumination nichts als menschliche Illusion sei. Er wird wohl auf seinen Glauben zurückgeworfen, zurückverwiesen in die Bescheidenheit des *status viatoris*, aber sein Begehren, daß er es bei dem Adressaten all seiner Gebete und d.h. ja dem Bezugspunkt seiner ganzen (monastischen) Existenz mit jemandem zu tun hat, den er sich nicht erdacht hat, den es wirklich gibt, ist damit nicht desavouiert.

Der Hl. Thomas würde dem Hl. Anselm vielleicht raten, bei dem Versuch, der Wirklichkeit Gottes gewiß zu werden, sich nicht ins innere Kämmerlein des Geistes zurückzuziehen, sondern draußen zu bleiben bei den bewegten Weltdingen und ihrer Wirklichkeit auf den Grund zu gehen, um so zu einem Gott zu gelangen, der nicht bloß *in intellectu* ist. Der Hl. Anselm könnte dem damit angeratenen Umweg, zur Wirklichkeit Gottes zu gelangen, vielleicht Folge leisten, würde aber vielleicht den aristotelisch seinssicheren Hl. Thomas fragen, ob nicht diese Einkehr in das *cubiculum mentis* und die darin aufkommende Sehnsucht, das Angesicht Gottes zu sehen, die Wirklichkeit dessen, den man gläubig anruft, zu erfahren, ob dieser (platonische) Eros der Frömmigkeit nicht die ganze intellektuelle Arbeit der Gottesbeweise erst religiös einsichtig mache. Anselm erinnert daran, daß im hohen Drang, die Theologie der Philosophie gegenüber vernünftig zu begründen, nicht zu vergessen ist: Die *fides quaerens intellectum* ist eine Bewegung des Glaubens selbst, eine nicht ungefährliche, wie die intellektuelle Beschleunigung des Gebets zum Beweis im „Proslogion“ zeigt. Wie immer man das Ergebnis dieses Denkexperiments des Glaubens rückblickend bewertet, es hat von einem Kloster in der Normandie aus für Jahrhunderte beträchtlichen Schwung in das Denken von Gott gebracht, in das der Theologie wie der Philosophie.[72]

4. FÜNF WEGE

„Deum esse quinque viis probari potest.“ – „Daß Gott ist, kann auf fünf Wegen bewiesen werden“ (Sth 1 q 2 a 3 cp.). Die *quinque viae* des Hl. Thomas sind zur klassischen Formel des Gottesbeweises geworden. Wege, aus der Welt heraus zur Erkenntnis Gottes zu gelangen, sind viele entwickelt worden, vor Thomas und nach ihm, mit unterschiedlichen Ausgangspunkten, Richtungen und Routen. Ob dieser oder jener Weg gangbar, logisch trittsicher ist, ob man so überhaupt zu dem anvisierten Gipfel gelangen kann, oder sich weit unterhalb versteigt, – das ist in der

Geschichte der Philosophie und Theologie höchst umstritten. Wer den Verlauf dieser Geschichte bis in die Gletscherregionen der formalen Logik des 20. Jh.[73] verfolgt, könnte geneigt sein, die Leidenschaften, die in diese Sache gesetzt wurden, zu bewundern, ohne davon doch eigentlich religiös berührt zu werden. „Das Paradoxe des Beweises liegt darin, daß er das Höchste, Letzte, Gewaltigste ans Licht zu bringen hofft und dabei doch weder die Vernunft erschüttert noch das Herz aufrührt. Statt dessen läßt er uns kalt. Die absolute Ursache, als die Gott im Beweis gedacht wird, ist ein papierenes Konstrukt."[74] Das ist nicht die Äußerung eines

8 B. Gozzoli, Triumph des Hl. Thomas v. Aquin, 1471; Tempera auf Holz, 230 x 102 cm, Paris, Louvre

gefühligen Frommen, sondern eines Philosophen, der an anderer Stelle bekennt: „Für mich (...) liegt, wie schon für Anselm von Canterbury, in dem Satz ‚Gott ist' die tiefste Herausforderung des menschlichen Denkens. Mir kommt vor, daß alle Probleme der Philosophie entweder auf diesen Satz bezogen bleiben oder sich letzten Endes in belanglosen Spielereien, in einem denksportlichen L'art pour l'art, verlieren."[75] In der skeptischen Schlucht zwischen dieser Notwendigkeit und jener Aussichtslosigkeit bewegt man sich also, wenn man das Thema der Gottesbeweise anfaßt. Kann man ihm nicht entkommen, so darf man sich doch beschränken, und da verdient am ehesten Aufmerksamkeit, was den *doctor communis* bei dem Entwurf seiner fünf Wege bewegt hat.[76]

Eine gedrängte Beschreibung findet sich am Anfang der Summa theologica, Sth 1 q 2, im Corpus des Art. 3, der unter der einfachen Frage steht „Utrum Deus sit", „Ob Gott ist". Die Frage dieses 3. Artikels taucht auf, nachdem im 1. Artikel die Frage ob die Existenz Gottes per se, allgemein also bekannt sei, mit Nein und die darauf folgende Frage, ob sie denn beweisbar sei (*Utrum Deum esse sit demonstrabile*) mit Ja beantwortet wurde. Im 3. Artikel ist also die Stunde des Beweises gekommen. Die Frage lautet „an sit", „ob er ist". Bewiesen werden soll, daß er ist. Wer? Gott! Aber wer oder was ist Gott, daß man die Existenz dieses Wesens beweisen könnte? So wird nicht gefragt. Es wird keine Definition des Wesens Gottes, seiner *essentia* vorausgeschickt. Es beginnt geradewegs mit der Existenzfrage. Das ist ein Novum. Bei Anselm von Canterbury und überhaupt in dieser ganzen platonisch-augustinischen Denktradition geht es zuerst und zuletzt um das Wesen Gottes, das man zu verstehen, zu dem aufzusteigen, an dem teilzuhaben man wünscht, wirklich natürlich. Wie soll man auch anders fragen? Wie kann man nach der Wirklichkeit von etwas fragen, von dem man nicht vorher gesagt hat, was es ist, das wirklich sein soll?

Aber eben das scheint Thomas so zu wollen. Er beginnt bei der Wirklichkeit, der Wirklichkeit überhaupt. Während die platonisch-augustinische Tradition, die bei Anselm noch so lebendig am Werk ist, den Weg nach innen, in das *cubiculum mentis*, die Abkehr also von den äußeren Dingen, die Einkehr in sich selbst als den Königsweg der Gotteserkenntnis vorsieht, geht Thomas entschlossen nach draußen, zu den Dingen (*res*), der wahrnehmbaren (*sensibilia*) Realität. Er wendet sich der Wirklichkeit im umfassenden Sinne zu, so wie sie dem Denken materialiter vorgegeben ist.

Was sieht er da? Er sieht die einzelnen Dinge, aber er ist nicht entzückt über einen wunderbaren Baum oder die Schönheit des Sternenhimmels, er staunt nicht über Wasser und Feuer, er betrachtet nicht ihr Wesen, um aufzusteigen zu den Ur-Bildern und dem Ur-Bild aller Ur-Bilder. Sein Blick ist nicht phänomeno-logisch, er ist onto-logisch. Es geht ihm rein um das Sein der Dinge, daß sie sind, nicht was sie sind. Denn seine Frage, *an sit*, „ob er ist", betrifft ja das Sein, das pure, nackte „Daß", nicht ein „Was", nicht die *essentia*, sondern den *actus essendi*. Die Dinge, die er sieht, sind aber nicht einfach da, statisch, ständig aus sich und durch sich, sie bewegen sich und anderes, gehen von einem Zustand in den anderen über, werden und vergehen, zeigen sich in unterschiedlicher Intensität, bewegen sich auf Ziele hin. Was Thomas am Sein der Dinge konstatiert, ist die Inkonstanz. Die Dinge sind wirklich, sie wirken und werden bewirkt. Das Universum ist Wirklichkeit, Tatsächlichkeit, aber es ist nicht reine Wirklichkeit, es ist überall von Möglichkeit durchsetzt, der Möglichkeit, sich zu verändern, sich zu steigern und zu vergehen. Die Realität ist, griechisch gesprochen, nicht reine *energeia*, sondern von *dynamis* durchsetzt, nicht, lateinisch gesprochen, *actus purus*, sondern immerzu von *potentia* durchsetzt. Diese eigentümliche Dynamik und Potentialität der Wirklichkeit löst die Frage nach den Ursachen solcher Tatsachen aus. Es ist ein Fragen rein auf der Ebene der Existenz. Aus diesem fragenden Rückgang, der der Wirklichkeit auf den Grund gehen will, ergeben sich die fünf Wege.

Der erste und für Thomas augenfälligste Weg (*manifestior via*) ist „der, welcher von der Bewegung her genommen wird. Es ist nämlich gewiß und steht für die Sinneswahrnehmung fest, daß einiges in dieser Welt bewegt wird. Alles aber, was bewegt wird, wird von einem anderen bewegt (...). Wenn nun das, wovon es bewegt wird (ebenfalls) bewegt wird, so muß auch dieses von einem anderen bewegt werden, und dann wieder von einem anderen."[77] Der *motus*, den man sich primär als Ortsveränderung vorstellt, wird von Thomas in einem weiteren Sinn verstanden. Er führt als Beispiel an, daß „etwas Warmes in Wirklichkeit, wie das Feuer, bewirkt, daß das Holz, das warm der Möglichkeit nach ist, in Wirklichkeit warm wird, und dadurch bewegt es dieses und verändert es (*movet et alterat ipsum*)." Bewegung meint also Veränderung überhaupt im Sinne der Überführung von Möglichkeit (*potentia*) in Wirklichkeit (*actus*). Bei dieser, der beobachtbaren Weltwirklichkeit zugrundeliegenden Kausalität ist aber, nach Thomas Ansicht, ein *regressus in infinitum* nicht möglich: „Hier aber kann es nicht ins Unendliche gehen, weil so nicht etwas erstes Bewegendes wäre, und infolgedessen auch kein anderes Bewegendes, weil die zweiten bewegenden (Ursachen) nur dadurch bewegen, daß sie vom ersten Bewegenden bewegt sind (...). Also ist es notwendig, zu etwas erstem Bewegenden zu kommen, das von nichts bewegt wird (*primum movens, quod a nullo movetur*)." Wenn nicht etwas wäre, das ganz von sich aus wäre (*ens a se*), reine Wirklichkeit (*actus purus*), könnte es das, was man als bewegte Wirklichkeit doch unübersehbar vor Augen hat, überhaupt nicht geben.

Mit diesem ersten Weg ist die logische Gangart der *quinque viae* vorgezeichnet. Die *secunda via* ist aus dem Begriff der Wirkursache (*ex ratione causae efficientis*) genommen. Der Verlauf gleicht dem der *via prima*, nur daß das Augenmerk vom Passivum aufs Aktivum verschoben ist. Zugrunde liegt nicht die Beobachtung, daß in der sinnlichen Welt etwas bewegt wird, sondern daß Dinge als wirkende Ursachen begegnen, die etwas, was ihnen nachfolgt, verursachen. „Nun ist es nicht möglich, daß etwas Wirkursache seiner selbst sei, da es so früher wäre, als es selbst." Also muß das als Wirkursache tätige Ding selber von einer anderen Wirkursache verursacht sein. Und dann folgt wieder das Argument von der Unmöglichkeit eines *regressus in infinitum*: „Wenn die Wirkursachen ins Unendliche gehen, wird es keine erste Wirkursache geben und so wird es weder eine letzte Wirkung noch mittlere Wirkursache geben, was offenbar falsch ist. Also ist es notwendig, eine erste Wirkursache anzunehmen", sonst gäbe es die ganze als *ordo* von Wirkursachen zu beobachtende Wirklichkeit überhaupt nicht.

„Der dritte Weg ist von dem Möglichen und Notwendigen her genommen (*ex possibili et necessario*)." Zugrunde liegt die Beobachtung, daß Dinge entstehen und vergehen und also die Möglichkeit in sich tragen, zu sein und nicht zu sein. Sie sind nicht mit Notwendigkeit da, sondern zufällig, kontingent. Es ist der Beweis *e contingentia mundi*. Wessen Existenz also nicht notwendig, sondern zufällig ist, muß zwangsläufig irgendwann auch wirklich nicht sein oder gewesen sein (*quod possibile est non esse quandoque non est*). Wenn aber alle Dinge von dieser Art wären, wenn also alles zufällig wäre, „alles die Möglichkeit hat, nicht zu sein, dann war hinsichtlich der Dinge auch einmal nichts. Wenn dieses aber wahr ist, dann wäre auch jetzt nichts, weil das, was nicht ist, nur anfängt zu sein durch etwas, was ist (...). Also ist nicht alles Seiende nur Mögliches (*possibilia*), sondern es muß auch etwas Notwendiges unter den Dingen (*necessarium in rebus*) geben (...). Jedes Notwendige aber hat die Ursache seiner Notwendigkeit entweder von anderswo her, oder es hat keine solche Ursache." Hier führt der dritte Weg dann in die Route der beiden ersten Wege hinein mit dem Abschluß: „Also ist es notwendig, etwas anzunehmen, das an sich notwendig ist (*per se necessarium*)."

„Der vierte Weg wird von den Graden (*ex gradibus*) her genommen, die sich bei den Dingen finden. Es findet sich nämlich bei den Dingen etwas mehr oder weniger Wahres, Gutes und Edles (*bonum et verum et nobile*)." Der Ausgangspunkt dieses Weges mutet ganz platonisch-augustinisch an. Der Mensch nimmt Wahrheit, Güte, Nobilität wahr, aber begrenzt und eingeschränkt, und sehnt sich danach, das *verum, bonum, nobile* in seinem wahren Wesen, seiner ganzen, reinen Fülle zu erfahren, die Wahrheit schlechthin, das *summe bonum,* und steigt im Geiste so stufenweise dazu auf. Bei Thomas wird dieser essentialistische Aufstieg nun onto-logisch in die ihn allein hier interessierende Existenzebene umgedacht. Die verschiedenen Grade werden also nicht als gedachte Expansionsgrade des Wesens, sondern als Intensitätsgrade des Seins verstanden. Es gibt in der Welt der wahrgenommenen Dinge ein Mehr oder Minder an Wirklichkeit. „Mehr oder weniger wird aber von verschiedenen (Dingen) ausgesagt, sofern sie sich auf verschiedene Weise (*diversi mode*) etwas annähern, das am meisten (*maxime*) ist", das am meisten Sein hat. „Also gibt es etwas, was am wahrsten, besten und edelsten ist und infolgedessen am meisten seiend (maxime ens)." Bei diesem Übersprung von wahr zu seiend beruft sich Thomas auf Aristoteles, Metaphys II. Der Gedanke klingt an Anselms „quo maius cogitari nequit" an, ist aber anders gedacht, weil Thomas ja von einem tatsächlichen Mehr oder Minder in der Wirklichkeit ausgeht und nach dessen realen Ursachen fragt. So ist für ihn z.B. das heißeste Feuer nicht nur die heißeste Feuer-idee, sondern die reale Ursache von allem abgestuft Heißen in der Wirklichkeit: „das Feuer, das am meisten warm ist, ist die Ursache von allen warmen Dingen." Die Perfektion, die in den Dingen in einem Mehr oder Minder wahrgenommen wird, ist ihnen aber nicht einfach zu eigen – sonst wäre diese Gradierung nicht erklärlich – sondern wird ihnen in unterschiedlichem Maße mitgeteilt. Das gilt dann auch für das Wahre, Gute, Noble etc., das allen Seienden eignet: „Es gibt etwas, was von allem Seienden die Ursache des Seins, der Gutheit und jeder Vollkommenheit ist", ein *summe bonum, summe verum, ens perfectissimum,* das nicht bloß das Ur-bild, sondern die wirkende Ur-sache von allem, was, in welchem höheren oder minderen Grad auch immer, in der Welt wahr, gut, edel, etc. ist.

„Der fünfte Weg wird von der Leitung der Dinge genommen (*ex gubernatione rerum*). Wir sehen nämlich, daß einige Dinge, die des Denkens entbehren (*cognitione carent*), nämlich die natürlichen Körper zielgerichtet tätig sind: was daraus deutlich wird, daß sie immer oder meistens auf dieselbe Weise tätig sind, um das zu erreichen, was das Beste ist." Thomas hat hier offenbar Dinge wie Pflanzen oder Gestirne und ihr eigentümliches Verhalten im Auge. Sie geben sich in ihren Wachstums- oder ihren Bewegungsabläufen so zielorientiert, daß das nicht der pure Zufall (*a casu*) sein kann, sondern einer Absicht (*ex intentione*) entspringen muß. Ihnen selbst geht aber das für intentionales Handeln vorauszusetzende Denken (*cognitio*) ab, woraus sich als Schluß ergibt: „Diejenigen Dinge aber, die kein Denken haben, streben nicht zum Ziel, außer weil sie geleitet sind von einem Denkenden und vernünftig Erkennenden (*ab aliquo cognoscente et intelligente*), wie der Pfeil vom Bogenschützen geleitet wird." Die unvernünftige Natur ist in einer Weise tätig, die nur durch die wirksame Lenkung einer übergeordneten Intelligenz erklärbar ist. „Also gibt es etwas vernünftig Erkennendes (*aliquid intelligens*), von dem alle Naturdinge auf ein Ziel hingeordnet werden."

Alle fünf Wege beginnen in der Realität, bei bestimmten Seinsbesonderheiten der Dinge, fragen nach ihren realen Ursachen und gelangen jeweils zu einer letzten Realität: *primum movens; causa efficiens prima; ens per se necessarium; causa esse, et bonitatis et cuiuslibet perfectionis; aliquid intelligens, a quo omnes res ordinantur in finem.*

Solcherart Begriffe sind jeweils das Ende des eigentlichen Beweises. Und dann folgt immer noch als abschließender Zusatz: „et hoc omnes intelligunt Deum", „quem omnes nominant Deum" o.ä. – „ und das verstehen alle unter Gott", „und das nennen alle Gott" o.ä. Da kommt nun ganz am Ende der Name „Gott" ins Spiel mit der Behauptung einer allgemeinen Sprachkonvention, daß nämlich das, was da mit strenger philosophischer Terminologie als existent nachgewiesen wurde, eben das sei, was der allgemeine Verstand und Sprachgebrauch als „Gott" bezeichnet. Nur wegen dieser abschließenden Identifizierung kann man überhaupt von „Gottesbeweisen" sprechen. Die Einführung des Namens „Gott" am Ende aller fünf Wege leistet ein doppeltes. Es wird klargestellt, daß das, was man da auf den fünf unterschiedlichen Routen erreicht hat, nicht fünf unterschiedliche Ziele sind, sondern ein und dasselbe, derselbe Gipfel sozusagen aus fünf verschiedenen Ansichten. Und dann wird mit diesem Namen der in rein philosophischer Terminologie durchgeführte Diskurs an die religiöse Sprache angeschlossen.

Warum unternimmt Thomas diesen schwierigen Angang? Warum beginnt er, wenn doch die Theologie, wie es gleich im allerersten Artikel der „Summa theologica" heißt, eine *doctrina secundum revelationem* (vgl. Sth 1 q 1, a 1, cp.) ist, eine auf göttliche Offenbarung gegründete Wissenschaft, nicht gleich im Raum dieser Offenbarung, am Anfang der Hl. Schrift („Im Anfang schuf Gott Himmel und Erde...") oder der *articuli fidei* des Credo („Ich glaube an Gott, den allmächtigen Vater, den Schöpfer, Himmels und der Erde...")? Warum beginnt er außerhalb seines eigenen Spielfelds? Der nächstliegende Grund steht auch in diesem ersten Artikel, daß es da nämlich noch eine andere Wissenschaft gibt, die auch von Gott handelt, nicht auf Grund von Offenbarung, sondern *lumine rationis,* die Philosophie. Natürlich stellt sich die Frage, ob dieser und jener Gott, der Offenbarungsgott und der Vernunftlichtgott der- oder dasselbe sind. Der da heraufziehenden Gefahr einer doppelten Wahrheit (vgl. z.B. den mit dem Namen Siger von Brabant verbundene Averroismusstreit) sucht Thomas zu wehren, in dem er gleich zu Anfang die beiden um Gott konkurrierenden Wissenschaften in eine positive Beziehung zueinander zu setzen sucht. Die Theologie *secundum revelationem* geht weit über das hinaus, was man *lumine rationis* von Gott erkennen kann, aber sie spricht von niemandem anders als von dem, den auch die Philosophie bedenkt (vgl. Sth 1 q 1, art. 1). Der Gott der Philosophen ist kein anderer Gott, kein Götze. Das bedeutet, daß man das, was man mit dem Licht der Vernunft von Gott zu erkennen vermag, theologisch voraussetzen kann, ja nach Kräften voraussetzen sollte, damit die Einheit des Denkens von Gott gewahrt bleibt. Niemand, dem all diese philosophischen Prozeduren zu schwierig sind (*qui demonstrationem non capit,* Sth 1 q 2 a 2 ad 1), ist gehindert, die Gottesdinge auch als reine Glaubenssache anzusehen. Thomas konzediert durchaus (Sth 1 q 1 a 1 cp.), daß das philosophische Gottesdenken eher eine Sache von wenigen ist (*a paucis*), langwierig (*per longum tempus*) und irrtumsgefährdet (*cum admixtione multorum errorum*), aber er hält fest, daß die Erkenntnis der Existenz Gottes und ähnlicher Dinge an sich nicht zu den *articuli fidei* gehört, sondern zu den *praeambula fidei,* zum vernünftigen Vorlauf des Glaubens: *fides praesupponit cognitionem naturalem.*

Für dieses Zutrauen in die Vernunft stützt sich Thomas auf die Offenbarung, auf den klassischen Vers Röm 1,20: „invisibilia Dei per ea, quae facta sunt, intellecta, conspiciuntur" – „Das Unsichtbare Gottes wird durch das, was geschaffen ist, indem man es erkennt, eingesehen." Im Kontext des Römerbriefs hat dieser Vers eine rhetorische Funktion, die Heiden nämlich bei ihrer Schuld zu behaften, daß sie den, den sie durch Betrachten und Bedenken der Natur erkennen konnten, nicht angemessen verehrt haben, vielmehr in der *religio,* im *cultus divinus* von dieser Erkenntnis in die verderbliche Vielgötterei abgefallen seien (vgl. Röm 1,21ff). Das scheint nicht Thomas' Problem zu sein. Er hat keine aus der monotheistischen Theorie in polytheistische Praxis abgerutschte Adressaten im Auge, sondern Monotheisten, freilich philosophische und theologische. Zu den philosophischen gehören auch nichtchristliche. Die Metaphysik aristotelischer Prägung ist zu den christlichen

Theologen über die arabische (Averroes, Avicenna u.a.) und jüdische (Maimonides) Philosophie gekommen. Unterhalb der Kontroverse der Christen mit Muslimen und Juden über die Offenbarung war in dem, was von Gott *lumine rationis* zu erkennen war, Konsens zu finden.

So ist zunächst nicht über den Glauben zu sprechen, der trennt, sondern über die allen gemeinsame Wirklichkeit der Welt. Indem man sie betrachtet und genau bedenkt, gelangt man zur Wirklichkeit Gottes, die alles bewirkt. „Wo immer ich etwas Wirkliches, etwas auf welche Weise immer Existierendes antreffe, da treffe ich etwas an, das unmittelbar von Gott her ‚entflammt' ist (...). Jedes existierende Ding (...), alles, was Dasein hat, konfrontiert mich auf höchst unmittelbare Weise mit der Ur-Wirklichkeit Gottes. Wenn ich das Existierende, was auch immer es sei, *als* ein Existierendes nehme (...) dann kann ich es unmöglich vermeiden, zu denken: dies ist etwas vom *actus purus* her Entflammtes."[78] Es ist dieses Pathos der Wirklichkeit, des wirklichen Seins, das in allem wirkt, was die Gottesbeweise auf den Weg bringt. Wenn man zu ihm nicht durchdringen, es nicht zu teilen vermag, bleiben die thomanischen Gottesbeweise schon vor aller logischen Einzelprüfung, Denkoperationen, die Herz und Geist nicht recht zu berühren vermögen.

Daß dieses philosophische Pathos des Seins sich mit der christlichen Rede von Gott verbinden konnte, hat seinen biblischen Ankerpunkt in jener Stelle aus dem AT, die Thomas als einzige im Artikel „Utrum Deus sit" zitiert: „quod dicitur Exodi 3,14 ex persona Dei: Ego sum qui sum" – „was in Exodus 3,14 von der Person Gottes her gesagt wird: ‚Ich bin der ich bin'." An dieser zentralen Offenbarungsstelle hat Gott es somit von sich selbst gesagt, daß sein Wesen das Sein ist, daß *essentia* und *existentia* hier eins sind. Im Text der Vulgata geht die zitierte Stelle ja weiter: „Sic dices filiis Israel: Qui Est, misit me ad vos" (Ex 3,14). Im griechischen Text der Septuaginta steht da: *ho ōn*, der Seiende. Diese Übersetzung eröffnete schon im alexandrinischen Judentum die Verknüpfung der biblischen Offenbarung mit dem philosophischen Seinsdenken.

Es gehört heutzutage zum exegetischen Elementarunterricht, zu erklären, daß mit dieser onto-theologischen Deutung der Dornbuschoffenbarung das dynamisch-geschichtliche Gottesdenken der Bibel in eine fatal falsche Richtung gelenkt worden sei. Ein solches, historisch-kritisch sicher wohlbegründetes Urteil setzt freilich einen nicht geringen Teil der Überlieferung des Gottesdenkens, des philosophischen wie theologischen, des christlichen wie islamischen wie jüdischen aufs Altenteil. Wenn der theologische Erkenntnisfortschritt das verlangt, wird es wohl sein müssen.

Die Poetische Dogmatik entspricht sicher kaum den wissenschaftstheoretischen Vorstellungen, die Thomas v. Aquin sich, gut aristotelisch, von einer anständigen Theologie macht. „Scientia non est singularium" heißt es unter der Frage „Utrum sacra doctrina sit scientia", es sei denn beispielshalber (Sth 1 q 1 a 2,2). Die Poetische Dogmatik aber ist gerade in die *singularia*, die Einzeldinge verliebt.[79] *Poetica est infima inter omnes doctrinas* heißt es wenig später (Sth 1 q 1 a 9,1), wo es um die Frage geht, welche Rolle Bilder und Metaphern in einer streng argumentativen Wissenschaft haben können; die Poetische Dogmatik bewegt sich natürlich vornehmlich in diesen anschaulichen Niederungen. Sie hätte also genügend Anlaß, die metaphysischen Konstrukte der Gottesbeweise auf sich beruhen zu lassen oder den dafür Zuständigen anheimzustellen.

Andererseits hat sie die Neigung, sich den Werken der Altvordern gerade dann besonders zuzuwenden, wenn der Geist der Zeit über sie hinweggeht, nicht bloß aus Achtung für die Arbeit früherer Glaubensgenossen, sondern auch in der Erwartung, gerade im Fremdgewordenen den Funken einer neuen Erkenntnis zu entdecken. So wurden hier ein wenig gegen den eigenen Strich die *quinque viae* des Hl. Thomas aufgenommen und so poetisch wie theologisch möglich bedacht. Zu entdecken war dieses Pathos der Wirklichkeit, der Wirklichkeit der Dinge und ihres Grundes. Die Gottesbeweise der Summa theologica wurden in Augenschein genommen als intensive Artikulationen dieses Wirklichkeitsdenkens. Ihre logische Prüfung gehört in andere Zuständigkeiten. Aber selbst, wenn sie, wie Immanuel Kant meinte, allesamt die philosophische Aufnahmeprüfung nicht bestehen, und unbeschadet der Frage, ob und wie man von diesem unbewegten Beweger und *ens necessarium* zu dem Gott der Bibel gelangt, der sich bewegt und zu bewegen ist, mitgeht, hinabsteigt, ganz kontingent ein vergänglicher Mensch wird, bleibt für die auf Offenbarung gegründete Theologie immer noch dieser energetische Schub, das als wirklich zu denken, was man glaubt.

5. ZWEIFEL UND FEUER

Die weit schon *ante Christum natum* in der Menschheit aufgekommene Philosophie ist für ein Jahrtausend eine sehr enge, wenn auch nicht immer konfliktfreie Liaison mit der christlichen Theologie eingegangen. Spricht man von der *ancilla theologiae*, so hattte diese doch nicht immer, Kants Bonmot zufolge, ihrer Herrin nur willfährig die Schleppe nachgetragen, sie ist ihr ebenso *lumine rationis* mit der Fackel vorangegangen (*praeambula fidei*). Ein Subordinationsverhältnis ist es freilich schon, und der Herrin scheint sehr daran gelegen, diesen Dienst in der gemeinsamen Sache des Redens von Gott als Dauerstellung zu halten: *philosophia perennis*.

Aber die Philosophie emanzipiert sich dann doch mit Beginn der Neuzeit, stellt sich auf eigenen Grund, gründet einen eigenen Hausstand in der Ökonomie des Geistes. Diese neue, neuzeitliche Philosophie ist nicht einfach nachchristlich zu nennen, wie die griechische vorchristlich war. Die christliche Theologie mit ihren eigenen philosophischen Ambitionen geht ja weiter und hält der Philosophie, wenn sie es denn selbst überhaupt vergessen könnte, ihre Beziehung zu dem, was da christlich-religiös gedacht wird, im Gedächtnis. Aber auch für die neue Philosophie selbst bleibt Gott ein Thema von erstem Rang, vorläufig jedenfalls. Im Widmungsschreiben an die Theologische Fakultät der Sorbonne, das er seinen "Meditationes de prima Philosophia" vorausschickt, betont Descartes: „Ich bin immer der Ansicht gewesen, daß die beiden Fragen bezüglich Gottes und der Seele die vornehmlichsten derer sind, welche eher mit Hilfe der Philosophie als der Theologie deutlich zu machen sind“[80]; und in der Einleitung zur „Kritik der reinen Vernunft“ bezeichnet Kant als „die unvermeidlichen Aufgaben der reinen Vernunft selbst (...) Gott, Freiheit und Unsterblichkeit“[81]. Aber in Descartes' „eher“ wetterleuchtet schon die neue Konkurrenz. Er bittet zwar die hohe Theologische Fakultät um allfällige Korrekturen, reklamiert aber die primäre Sachzuständigkeit in Gottesdingen doch für die Philosophie, die allein imstande sei, Ungläubigen und Atheisten gegenüber die Existenz Gottes zu beweisen, während die den Glauben und die Hl. Schrift zugrundelegende Theologie immer schon voraussetze, was jene bezweifelten. Und er ist sich des Sieges dieser philosophischen Weltmission vollkommen sicher: „und es wird niemand mehr in der Welt (*in mundo*) sein, der die Existenz Gottes (...) in Zweifel zu ziehen wagte.“[82] Was sollte die Theologische Fakultät daran hindern, diesem Unternehmen ihre volle Unterstützung zu geben? Oder beginnt hier eine Übernahme von Aufgaben, die in der Übernahme des ganzen Geschäfts, seiner Liquidierung schließlich enden wird?

Wenn das Denken auf keinen Glauben, keine tragende Überlieferung, sondern ganz auf sich selbst gestellt, Gewißheit, und zwar in allerhöchsten Dingen gewinnen will, muß es – das ist Descartes' neuer Anfang – alles in Zweifel ziehen, die Welt, Gott, sich selbst. „Descartes will zweifeln, um durch einen Umsturz alles bisher Gültigen ein neues und festes Fundament, ein Certum zu gewinnen.“[83] Um die Atheisten in die

9 F. Hals, René Descartes, um 1649

Knie zu zwingen, wirft er sich probeweise ganz auf ihre Seite; „der methodische Wille zum Atheismus“[84] treibt seine Argumentation.

So bezweifelt Descartes in der 1. Meditation alle angelernte Vormeinung von der Welt, ja das, was als Wirklichkeit sich gibt, überhaupt, spielt durch, daß da kein guter und allmächtiger Gott als Grund von allem ist, sondern nur ein *genius malignus*, ein böser Dämon, der alles nur als Traum- und Gaukelspiel inszeniert. Auf dem Grund dieses alles in Zweifel ziehenden Strudels findet die 2. Meditation dieses eine, das alles

Zweifeln nicht in Zweifel ziehen kann, eben daß ich zweifle, also denke. Dies scheint eine allem Zweifel trotzende Wirklichkeit, daß ich, jedenfalls solange ich denke, bin, als denkend bin, eine *res cogitans.* Es ist die in die berühmte Formel „cogito ergo sum“[85] gefaßte Einsicht.

Nachdem alles, Gott und die Welt in Zweifel gezogen wurde, zeigt sich dies *cogito,* „das denkende Selbstbewußtsein als das erste Feste und Gewisse, das allem und jedem Zweifel standzuhalten vermag“[86]: „sum certus me esse rem cogitantem.“[87] Ist dieses *fundamentum inconcussum* der neue Gott, der einzig wahre, nachdem alle überkommene Gottheit im Strudel des Zweifels untergegangen ist?

Descartes' Meditationen bleiben nicht auf diesem Felsen der Gewißheit hocken, sie fragen weiter, was denn nun, von da aus gesehen, mit all dem sei, was auf dem Weg dahin in Zweifel gezogen wurde. So geht es in der 3. Meditation darum, „zu untersuchen, ob irgendwelche Sachen, deren Ideen in mir sind, außer mir existieren“.[88] „Decartes sagt sich: jede Idee, die ich in mir trage, muß von irgendeinem realen Seienden ausgehen und von diesem begründet werden. Das ist aber nur möglich, wenn dieser reale Träger so viel Seinskraft besitzt, daß er diese Idee als solche hervorbringen kann.“[89] Die Seinskraft der *res cogitans* selbst aber erscheint so groß, daß sie selbst all diese in ihr auftauchenden Ideen hervorbringen kann: „ich selbst in meiner eigenen realen Seinsmacht kann der Ursprung aller Ideen sein, die mein eigenes Sein an Seinskraft und Seinshaltigkeit nicht übertreffen (...). Es ist nicht notwendig, daß es Naturdinge mir gegenüber, andere Menschen um mich herum gibt, denn das Dasein dieser Ideen in meinem Bewußtsein ist erklärbar und zurückführbar auf mich und meine eigene Seinsmacht.“[90]

Nun gibt es aber außer den Ideen der körperlichen und geistigen Dinge, die das denkende Ich, weil es sie einbegreift, auch hervorbringen kann, noch diese besondere „Idee Gottes, hinsichtlich welcher zu untersuchen ist, ob sie irgend etwas sei, das von mir selbst nicht hat ausgehen können“[91]. Das ist die Leitfrage dieser Meditation wie die Hauptfrage des ganzen Werks, ob die Idee Gottes eine, vielleicht die höchste Kreation des menschlichen Geistes ist, oder ob Gott als etwas außerhalb des Denkens zu denken ist.

Die Idee Gottes ist für Descartes nichts Diffuses; es ist eine *idea clara et distincta*: „Unter dem Namen Gottes verstehe ich eine gewisse unendliche, unabhängige, höchst einsichtsvolle, höchst mächtige Substanz, von der einmal ich selbst, dann auch alles andere, was irgend existiert – wenn etwas anderes existiert –, geschaffen worden ist.“[92] Es ist für Descartes nicht wichtig, ob über eine solche Definition Gottes allgemeiner

Konsens besteht, es genügt, daß er diese Idee Gottes in sich vorfindet (*intelligo*). Und, das ist nun der entscheidende Schritt, diese Idee kann ich aus meiner eigenen Seinsmacht nicht hervorgebracht haben. Sie kann nur von jenem Wesen selbst in mir hervorgebracht sein, woraus zu schließen ist, daß „Gott notwendigerweise existiert (*Deum necessario existere*)“[93].

Descartes verwirft die Möglichkeit, daß das Denken des Menschen selbst diese Idee doch hätte hervorbringen können auf dem Wege der Negation, „durch die Verneinung des Endlichen“[94]. Eine solche Annahme verkehrt für Descartes jedoch die Logik der Erfahrung: „Denn auf welche Weise würde ich verstehen, daß ich zweifle, daß ich begehre, d.h. daß mir etwas fehlt und ich nicht gänzlich vollkommen bin, wenn keine Idee eines vollkommeneren Seienden in mir wäre, aus dessen Vergleichung ich meine Mängel erkennen würde?“[95]. „Die Vorstellung des Unendlichen ist in mir in gewisser Weise früher als die des Endlichen, d.h. die Gottes früher als die meiner selbst.“[96] Es ist eben das zu Beginn als eigentliche Seinsmacht des denkenden Menschen erkannte An-allem-zweifeln-können, das Gott beweist. Denn eben die darin eingeschlossene Erkenntnis der eigenen Endlichkeit kann sich nur einstellen von der Idee eines Unendlichen her. Diese Idee ist eine *idea innata*, „mir eingeboren (...), ebenso wie mir auch die Idee meiner selbst eingeboren ist“[97]. „Und es ist nicht verwunderlich, daß Gott mir bei meiner Erschaffung diese Idee eingegeben hat, damit sie gleichsam das seinem Werke eingedrückte Kennzeichen des Meisters wäre.“[98] Daß der Mensch nach dem Bilde Gottes geschaffen ist, heißt für Descartes, daß ihm die Idee Gottes eingepflanzt wurde, so daß er nun im gleichen Akt, indem er sich selbst als endliches Wesen erkennt, auch Gott erkennt, den Unendlichen, als wirklich existent. Der Umkehrschluß macht es deutlich: „Wenn ich dagegen von mir selbst existierte (*si a me essem*), so würde ich weder zweifeln noch wünschen, noch würde mir überhaupt etwas fehlen, denn ich hätte mir alle Vollkommenheiten gegeben, von denen irgendeine Idee in mir ist, und so wäre ich selbst Gott.“[99] „Gottes Unendlichkeit und die Endlichkeit des Menschen gehören zusammen, denn nur *der* Mensch, der seine Endlichkeit durch die Idee Gottes erkennt, ist gezwungen, Gott als den Anderen seiner selbst über sich zu setzen. Der Gott Descartes' ist kein bloßer Begriff, sondern das mit innerer Notwendigkeit gegen mich und über mich gesetzte Maß, an dem ich mich als endlich erkenne. Allein im Blick auf diesen Gott kann ich meine Endlichkeit hinnehmen und ertragen, weil dieser Gott in seiner absoluten Allmacht mich selbst mir übergibt.“[100]

Daß der hier *more geometrico* vorgelegte Beweisgang kein bloß kaltes Vernünfteln ist, zeigt der Schluß dieser 3. Meditation, wo Descartes innehält mit der Bemerkung: „finde ich es gut, hier eine zeitlang in der Betrachtung desselben Gottes (*in ipsius Dei contemplatione*) zu verweilen, seine Attribute bei mir abzuwägen und die Schönheit dieses unermeßlichen Lichts (*immensi huius luminis pulchritudinem*), soweit es der Blick meines Finsternis verbreitenden mir eingeborenen Denkvermögens wird ertragen können, anzuschauen, zu bewundern, anzubeten (*intueri, admirari, adorare*)."[101] Das Denken selbst führt zur staunenden Anbetung des unendlichen Gottes durch seine endliche Kreatur. Die aus dem reinen Denken erwachsene *contemplatio Dei* ist für Descartes das Vorspiel jener „höchsten Glückseligkeit des anderen Lebens (*summam alterius vitae felicitatem*)", das „allein in der Betrachtung der göttlichen Majestät (*in hac sola divinae maiestatis contemplatione*)" liegt, woraus schon hier die „höchste Lust (*maximam voluptatem*) empfangen werden kann, deren wir in diesem Leben fähig sind".[102]

Anders als der aristotelisch seinssichere Thomas v. Aquin hat sich Descartes von den Dingen weg ins *cubiculum mentis* des reinen *cogito* zurückgezogen, aber nicht, um dort wie Anselm zu Gott zu beten, sondern um an allem zu zweifeln. Auch dies ist ein Weg zum Erweis der Existenz Gottes *extra mentem*, aber er geht nicht, wie bei Anselm, über die äußerste Steigerung des Gottesbegriffs, sondern über die mit dem Akt des Zweifelns selbst gesetzte Erfahrung der Endlichkeit und deren notwendige Begründung im Unendlichen. Der ontologische Gottesbeweis Anselms hat damit eine neue, neuzeitliche Form angenommen.[103]

Wie bei Anselm löst der gelungene Beweis eine Empfindung geistigen Glücks aus, die ins Gebet übergeht. Die bei Descartes in den philosophischen Diskurs eingelegte Anregung zum Gebet zeigt die religiöse Dimension seines Denkens und wirft zugleich, im Blick auf den Adressaten der Meditationen, die Theologische Fakultät, die Frage auf, ob sich da eine eigene, sich selbst vollkommen genügende Theologie etabliert. Wenn das im reinen Denken zu Erfahrende so eindeutig schon der höchstmögliche irdische Vorgeschmack der ewigen Glückseligkeit ist, wozu bedarf es dann am Ende noch jener großen Heilsveranstaltung, deren Anwalt die auf Offenbarung gegründete Theologie ist? Ist das *lumine rationis* von Gott Wißbare am Ende auch das allein Wissenswerte? Genügt die Frömmigkeit des Denkens zum Heil?

Descartes' (1596-1650) Zeitgenosse Blaise Pascal (1623-1662) schätzte das Denken in Gottesdingen nicht gering, aber er war der Überzeugung, daß mit diesem die dialektische Einheit von Endlichkeit und Un-

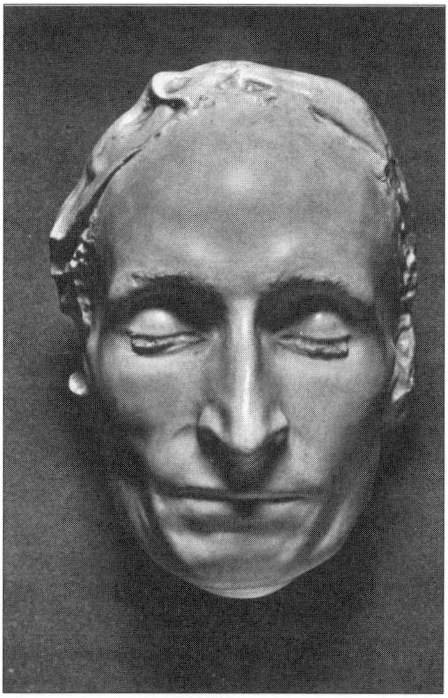

10 Blaise Pascal, Totenmaske

endlichkeit erschwingenden methodischen Zweifel die wahre Lage des Menschen und sein wirkliches Verhältnis zu Gott nicht erfaßt sei: „Ich kann Descartes nicht verzeihen, daß er in seiner ganzen Philosophie am liebsten ohne Gott ausgekommen wäre. Doch konnte er nicht umhin, ihm den Nasenstüber zuzuschreiben, durch den er die Welt in Bewegung versetzt hat. Darüber hinaus aber weiß er mit Gott nichts anzufangen."[104] Es ist möglich, auf dem Wege der metaphysischen Gottesbeweise, Gott zu erkennen, aber es ist zu nichts nütze ohne die gleichzeitige Erkenntnis, „daß es in der Natur (des Menschen) eine Verderbtheit gibt, die seiner unwürdig macht. Es ist für die Menschen gleich wichtig, die eine wie die andere Wahrheit zu erkennen, und es ist gleicherweise gefährlich für den Menschen, Gott zu erkennen, ohne sein Elend zu erkennen, wie sein Elend zu erkennen, ohne den Erlöser zu erkennen, der ihn davon heilen kann. Eine dieser Erkenntnisse allein führt entweder zum Hochmut der Philosophen, die Gott erkannt haben, doch nicht ihr Elend, oder zur Verzweiflung der Atheisten, die ihr Elend erkennen ohne den Erlöser."[105] Der Gott der Christen erschöpft sich nicht im Unendlichen der metaphysischen Gottesbeweise:

> *„(...) der Gott Abrahams, der Gott Isaaks, der Gott Jakobs, der Gott der Christen ist ein Gott der Liebe und des Trostes, ist ein Gott, der Seele und Herz derer erfüllt, die er besitzt, ist ein Gott, der sie in ihrem Innern ihr Elend und Seine unendliche Erbarmung fühlen läßt, der sich ihnen in ihrem Seelengrunde vereint, der sie mit Demut, Freude, Vertrauen, Liebe erfüllt, der sie unfähig macht, zu einem andern Ziel zu streben als zu ihm.*
> *Alle, die Gott anderswo als in Jesus Christus suchen, die bei der Natur haltmachen, finden entweder keine Einsicht, die sie befriedigen könnte, oder es gelingt ihnen, sich ein Mittel zu schaffen, Gott ohne Mittler zu erkennen und ihm ohne Mittler zu dienen. Dadurch verfallen sie entweder dem Atheismus oder dem Deismus, zwei Dinge, die die christliche Religion beinahe gleicherweise verabscheut.“*[106]

Pascal denkt den von der philosophischen Theologie so hochgeschätzten Vers Röm 1,20 gleich mit den nachfolgenden Versen 1,20ff zusammen, die Möglichkeit natürlicher Gotteserkenntnis nicht ohne die faktische Verderbtheit der menschlichen Gottesverehrung. Es ist in einem Schlag der ganze Paulus. Und wie bei Paulus ist es nicht der ruhige Gang *more geometrico*, der zur Gotteseinsicht führt, sondern der Umsturz einer Bekehrung, nicht selbstgewonnene Erkenntnis, sondern der nächtliche Überfall der Gnade, nicht das gleichmäßige *lumine rationis*, sondern loderndes Feuer, so wie es in jenem berühmten „Memorial“ festgehalten ist, das er seit dem 23.November 1654, in seine Kleider eigenhändig eingenäht, stets bei sich trug:

> +
>
> *„Im Jahr der Gnade 1654*
> *Montag, den 23. November, am Feste des Heiligen Klemens, Papst und Märtyrer, und andere (Heiliger) im Martyrologium.*
> *Am Vortage des Festes des heiligen Chrysogonus, Märtyrer, und anderer (Heiliger).*
> *Von etwa zehneinhalb Uhr abend bis etwa eine halbe Stunde nach Mitternacht:*
>
> *Feuer*
> *‚Gott Abrahams, Gott Isaaks, Gott Jakobs,*
> *nicht der Philosophen und der Gelehrten.*
> *Gewißheit, Gewißheit, Empfinden: Freude, Friede.*
> *Gott Jesu Christi*
> *Deum meum et Deum vestrum*
> *'Dein Gott wird mein Gott sein‘.– Ruth –*
> *Vergessen von der Welt und von allem außer Gott.*
> *Nur auf den Wegen, die das Evangelium lehrt, ist er zu finden.“*[107]

Das Feuer eines solchen Redens von Gott leuchtet wohl stärker in die theologische Gegenwart als Descartes’ Licht der Vernunft. Aber man wird zugeben müssen, daß es das Feuer einer mystischen Erfahrung ist, das keine biblische Theologie herbeizaubern kann. Und wenn sie es versuchte, könnte ein cartesianischer Zweifler aufstehen, der alles, auch dies für eine pure Illusion hielte, und doch nicht im reinen Skeptizismus sitzen bliebe, sondern versuchen würde, dem eigenen Zweifel auch noch auf den Grund zu gehen. Und wenn er nur bis zu jener Einsicht in die eigene Endlichkeit gelangte, die sich an einem Unendlichen nicht nur zu messen hat, sondern es auch anbetet, so wäre das doch immerhin ein denkbarer Schritt auf Gott zu. Das Elend kann man sich wohl nicht ausdenken, man erfährt es und macht sich dann vielleicht auf die Suche nach einer anderen Zuflucht, als sie das reine Denken bieten kann.

„Im Denken des Descartes hat sich eine geistesgeschichtliche Entscheidung vollzogen, die anerkanntermaßen das neuzeitliche Welt- und Selbstverständnis des Menschen mitbegründet hat" und „mit diesem zugleich das Gottesverständnis neu organisiert hat".[108] Mit dieser Ehre verbindet sich aber der Verdacht, daß er mit seiner Neuentdeckung Gottes am Grunde des *cogito* Gott herabgesetzt habe zu einer Funktion des menschlichen Denkens: Gott wird sichergestellt „zum Zwecke der Rückversicherung des menschlichen Ich"[109] und seiner Erkenntnismöglichkeiten. Der in der 3. Meditation gelungene Gottesbeweis führt nicht, wie bei Anselm und Thomas, weiter in die Mysterien der Offenbarung, sondern in die weiten Felder irdischer Erkenntnistheorie. Daran heftet sich der Verdacht, daß so „Gott ganz und gar durch den Menschen relativiert"[110] wird. In dieser anthropologischen Relativierung hat, so lautet die Epochenvermutung, Descartes den Grundzug der philosophischen Theologie der Neuzeit initiiert, der bis ins 19. Jh. in immer neuen Varianten durchgespielt wird, um schließlich (von Fichte zu Feuerbach zu Nietzsche) in der Undenkbarkeit Gottes zu enden.[111] Die anthropologische „Sicherstellung Gottes" führt selbst zur „Zersetzung der Gottesgewißheit".[112]

Daß die bei Descartes allen Atheismus so denkgewiß herausfordernde Philosophie am Ende in demselben enden soll, kann die Theologie, die es ja immer noch gibt, mit zwiespältigen Gefühlen erfüllen. Insofern die Philosophie in einer zur natürlichen Vernunft sich aufklärenden Gesellschaft auch in Gottesdingen die selbstverständliche Meinungsführerin des allgemeinen Bewußtseins geworden war, konnte ihre metaphysische Erschöpfung im 19. Jh. nicht ohne weitreichende Folgen bleiben. Konnte die Herrin Gott nicht mehr denken, blieb dem Gesinde nur der praktische Atheismus. Wer noch an Gott dachte, stützte sich auf den Glauben; der aber wurde zur Privatsache, ohne den äußeren Beistand der natürlichen Vernunft. Daß dieser Glaube als Theologie weiter die Vernunft suchte, *fides quaerens intellectum* bleiben wollte, blieb ihm natürlich unbenommen.

Denkbar wäre freilich, daß die Theologie dieses Scheitern der Philosophie an ihrer von Descartes so hochgesetzten Aufgabe nicht bedauerte, sondern sogar begrüßte, weil sie diesen Weg zu Gott zu gelangen, immer schon als Irrweg angesehen hatte, und somit die Zersetzung dieses erdachten Gottes als allmähliche Implosion eines Götzenbildes getrost verfolgen konnte. Ist erst einmal erwiesen, daß die zur Herrin aufgestiegene Magd das Geschäft in dieser Sache nicht weiterführen kann und mag, kann die alte Herrin als wahre Sachwalterin wieder auf den Plan treten. So konstatiert E. Jüngel zum Abschluß seines Durchgangs durch die Denkgeschichte seit Descartes: „Die paradoxe Situation der Selbstaufhebung des traditionellen Gottesgedankens bringt die Chance, daß an die Stelle des über das Sein Gottes entscheidenden Gedankens ein dem Sein Gottes entsprechendes Denken tritt, das zu einer Neukonstituierung des Gottesgedankens führen könnte."[113] Was da der philosophischen Theologie als denkgeschichtliches Novum entgegengesetzt wird, ist eine „evangelische Theologie". „Evangelische Theologie unterscheidet sich also von philosophischer Theologie dadurch, daß sie *nicht voraussetzungslos* sein will, sondern in ihrem Ansatz als evangelische Theologie bereits bestimmte Entscheidungen impliziert."[114] „Darin weiß sich eine das Evangelium, und das heißt: eine den gekreuzigten Jesus als den wahren Gott verantwortende Theologie von so etwas wie philosophischer Theologie grundlegend unterschieden: daß sie eindeutig und unbeirrbar von ihrer sehr spezifischen Aufgabe her den Versuch unternimmt, aus der Begegnung mit Gott diesen selbst und *damit* das Denken neu zu denken."[115] Die Voraussetzung ist klar, daß diese alte, neue Theologie „durch die Wirklichkeit der biblischen Texte gesteuert ist"[116], zusammengezogen im „Evangelium", fokussiert in einer *theologia crucis.* [117]Von solchen Bekenntnisvorgaben geleitet, soll Gott neu gedacht werden, aber auch das Denken überhaupt, womit das neue Gottesdenken sich zwangsläufig und für immer in ein „Gespräch mit der philosophischen Theologie, das wohl nur als Streitgespräch denkbar ist"[118], hineinverwickelt. Der alte, neue Gott muß ja dann auch auf dem Fechtplatz des Denkens als der wahre erwiesen werden. Was solch ein Streit mit der Waffe der *theologia crucis* bedeuten kann, zeigt ein Zitat: „Der cartesische Gott am Kreuz – und das Kreuz würde zerbrechen. Die substantia infinita, independens, summe intelligens et summe potens ist zu schwer. Eben das ist ihre Schwäche."[119]

So mit dem Gekreuzigten zu Felde zu ziehen, scheut sich die „Poetische Dogmatik“ ein wenig. Sie ist gewiß keine Theologie, die in irgendeinem Sinne sich philosophisch zu begründen suchte oder vermöchte. Aber sie ist auch keine „evangelische“ Theologie in dem von E. Jüngel entworfenen Sinne. Sie gründet sich nicht auf die Schrift allein, schon gar nicht in der lutherischen Zuspitzung einer *theologia crucis.* Und sie vermißt sich auch nicht, von solchem *fundamentum inconcussum* aus es mit allem Denken aufnehmen zu können. Es ist eine „katholische“ Theologie, die sich auf die Schrift samt ihrer weiträumigen Überlieferung stützt, sie nicht zusammenzufassen vermag in einem zentralen Kerygma, ihre Diaspora nur aufsuchen kann, um die Werke der Dichter und Denker und sonstigen Künstler anzusehen und anzuhören, eher neugierig darauf, was sie zu diesem Mysterium Gott mitzuteilen haben, als darauf, ihre Schwächen auszumachen, um sie zu übertrumpfen. Sie kann es mit den Philosophen nicht aufnehmen, sieht sie aber aufgenommen in das Gespräch der *communio sanctorum,* wo am Ende jede endliche Kreatur etwas zu Gott beigetragen hat, auch René Descartes.

6. IDEE UND POSTULAT

Was Immanuel Kant 1787 in der Einleitung zur „Kritik der reinen Vernunft“ noch zu den „unvermeidlichen Aufgaben der reinen Vernunft selbst“ rechnete, scheint zweihundert Jahre später auf dem Felde der Philosophie zwar nicht gänzlich vermieden zu werden, aber doch unschwer vermeidbar zu sein: Gott. Aus der von Kant aufgeführten metaphysischen Trias „Gott, Freiheit und Unsterblichkeit“[120] scheint allein die Freiheit ihre unstrittige Position gehalten zu haben, aber wohl eher im Verbund mit Gleichheit und Brüderlichkeit. Wenn, was Kant so hochsetzte, so abgesunken ist, stellt sich, angesichts seines großen Einflusses auf die neuere Philosophie die Frage, ob dieser Schwund auch mit der Lösung zusammenhängt, die Kant dieser Aufgabe gab, ob er „Gott mit uns“ so dachte, daß wir uns ohne ihn am Ende auch gut denken können.

Im „Beschluß“ der „Kritik der praktischen Vernunft“ stößt man auf jene berühmten Sätze, mit denen die Kantsche Philosophie sich auch jenseits der engeren Zunftgrenzen eingeprägt hat:

> *„Zwei Dinge erfüllen das Gemüt mit immer neuer und zunehmender Bewunderung und Ehrfurcht, je öfter und anhaltender sich das Nachdenken damit be-*

> *schäftigt: Der bestirnte Himmel über mir, und das moralische Gesetz in mir. Beide darf ich nicht als in Dunkelheiten verhüllt, oder im Überschwenglichen, außer meinem Gesichtskreise, suchen und bloß vermuten.*"[121]

Von Stimmungen des Gemüts ist da die Rede, die im Verfolge des Nachdenkens sich nicht verflüchtigen, sondern in Proportion dazu nur noch steigern. Es sind zwei naheliegende Dinge, bei denen das Nachdenken beginnt: „ich sehe sie vor mir und verknüpfe sie unmittelbar mit dem Bewußtsein meiner Existenz. Das erste fängt von dem Platze an, den ich in der äußern Sinnenwelt einnehme, und erweitert die Verknüpfung, darin ich stehe, ins unabsehlich-Große mit Welten über Welten und Systemen von Systemen, überdem noch in grenzenlose Zeiten ihrer periodischen Bewegung, deren Anfang und Fortdauer. Das zweite fängt von meinem unsichtbaren Selbst, meiner Persönlichkeit, an, und stellt mich in einer Welt dar, die wahre Unendlichkeit hat, aber nur dem Verstande spürbar ist, und mit welcher (dadurch aber auch zugleich mit allen jenen sichtbaren Welten) ich mich nicht, wie dort, in bloß zufälliger, sondern allgemeiner und notwendiger Verknüpfung erkenne."[122] Das erste, der Anblick des Sternenhimmels, „einer zahllosen Weltenmenge"[123], läßt den Menschen seiner räumlichen und zeitlichen Verlorenheit und Zufälligkeit im Weltall bewußt werden. Das zweite, der Einblick in "das unsichtbare Selbst"[124] bedeutet im Gegenzug eine unendliche Erhebung über alle Sinnenwelt und ihre Abhängigkeiten.

Dies beides, der Anblick der Natur und der Einblick in sich selbst, in seiner Differenz und Wechselbeziehung, ist der lebensweltliche Antriebsgrund der Kantschen Denkarbeit. Sie versteht sich als Kritik, die Irrtümer und Gefahren, die auf beiden Feldern der Menschheit drohen, zu wehren sucht: „Die Weltbetrachtung fing von dem herrlichsten Anblicke an, den menschliche Sinne nur immer vorlegen, und unser Verstand, in ihrem weiten Umfange zu verfolgen, nur immer vertragen kann, und endigte – mit der Sterndeutung. Die Moral fing mit der edelsten Eigenschaft in der menschlichen Natur an, deren Entwicklung und Kultur auf unendlichen Nutzen hinaussieht, und endigte – mit der Schwärmerei, oder dem Aberglauben."[125]

Das gilt es zu bekämpfen, angemaßtes „Scheinwissen"[126]: Naturkunde, die den Phänomenen der Natur einen Sinn beimißt, den sie nicht haben können und religiöse Schwärmerei samt abergläubischen Praktiken, die die Moral in den nebligen Niederungen unvernünftiger Religionsausübung halten. Die Menschen sind zur Vernunft zu bringen. Philosophie ist Aufklärung, vor allem über die Grenzen seines Vermö-

11 Immanuel Kant, Kupferstich, S.F. Bause nach Veit Hans Schnorr von Carolsfeld, 1791.

gens. Das beginnt mit der „Kritik der reinen Vernunft“, „des Vernunftvermögens überhaupt“[127], die sich „mit unserer Erkenntnisart von Gegenständen, sofern diese a priori möglich sein soll“ befaßt, was Kant „Transzendental-Philosophie“[128] nennt.

Die „Transzendentale Elementarlehre“ der „Kritik der reinen Vernunft“ läuft aus in die „Kritik aller Theologie aus spekulativen Prinzipien der Vernunft“[129]. Ein Tableau der verschiedenen Möglichkeiten, Theologie zu betreiben, d.h. zur Erkenntnis Gottes zu gelangen, wird da entworfen.[130] Erörtert werden nur die Möglichkeiten einer von der *theologia revelata,* also einer auf Offenbarung sich gründenden Gotteserkenntnis, zu unterscheidenden *theologia rationalis,* die alles „aus bloßer Vernunft“ betreibt. Darin wiederum unterscheidet Kant zwischen einer „transzendentalen Theologie“, die sich ihren Gegenstand „vermittelt lauter transzendentaler Begriffe (ens originarium, realissimum, ens entium)“ denkt und einer „natürlichen Theologie“, die „auf die Eigenschaften und das Dasein eines Welturhebers, aus der Beschaffenheit, der Ordnung und Einheit; die in dieser Welt angetroffen wird“ schließt. Die „transzendentale Theologie“ ihrerseits heißt „Ontotheologie“, sofern sie das „Dasein des Urwesens“ „durch bloße Begriffe, ohne Beihülfe der mindesten Erfahrung“ abzuleiten gedenkt; sie heißt „Kosmotheologie“, wenn sie dies „von einer Erfahrung überhaupt (ohne über die Welt, wozu sie gehört, etwas näher zu bestimmen) abzuleiten gedenkt“. Die „natürliche Theologie“ „steigt (...) von dieser Welt zur höchsten Intelligenz auf, entweder als dem Prinzip aller natürlichen, oder aller sittlichen Ordnung und Vollkommenheit. Im ersten Fall heißt sie Physikotheologie, im letzten Moraltheologie.“

Diesem Viergespann rationaler Theologien ordnet Kant die Gottesbeweise zu, den ontologischen, kosmologischen und physikotheologischen, deren Unmöglichkeit er nacheinander nachzuweisen sucht. Das *ens necessarium* des ontologischen (cartesischen) Gottesbeweises ist „ein reiner Vernunftbegriff, d.i. eine bloße Idee, deren objektive Realität dadurch, daß die Vernunft ihrer bedarf, noch lange nicht erwiesen ist.“[131] Der *e contingentia mundi* (Leibniz) argumentierende kosmologische Beweis operiert mit dem nach Kant nur für die Sinnenwelt geltenden Kausalitätsprinzip, um über dieselbe, die Welt insgesamt hinauszukommen zu einem notwendigen Wesen, dessen Wirklichkeit durch die Identifikation mit dem *ens realissimum* des ontologischen Beweises erwiesen zu sein behauptet wird. Sowohl der unzulässig ausgedehnte Gebrauch des Kausalitätsprinzips wie der letztendliche Rücklauf in die reine Begrifflichkeit des ontologischen Gottesbeweises nehmen dem kosmologischen Beweis für Kant seine Beweiskraft.

Als Resultat der Kritik dieser beiden Beweise bleibt für Kant: „Das Ideal des höchsten Wesens ist nach diesen Betrachtungen nichts anders, als ein regulatives Prinzip der Vernunft, alle Verbindung in der Welt so anzusehen, als ob sie aus einer allgenugsamen notwendigen Ursache entspränge, um darauf die Regel einer systematischen und nach allgemeinen Gesetzen notwendigen Einheit in der Erklärung derselben zu gründen, und ist nicht eine Behauptung einer an sich notwendigen Existenz.“[132] Es ist ein formales Prinzip, wie z.B. der Raum, das dann unvermeidlich, aber unzulässig zu einem „Ding für sich“ hypostasiert wird.

Der physikotheologische Beweis unterscheidet sich vom kosmologischen, in dessen Nähe er in der Tradition oft gestellt wird, nach Kant dadurch, daß er nicht an der puren, von aller konkreten Eigenschaft der Gegenstände der Erfahrung absehenden Kontingenz der Welt ansetzt, sondern „die besondere Beschaffenheit dieser unserer Sinnenwelt“ zum Ausgangspunkt nimmt: „1) In der Welt finden sich allerwärts deutliche Zeichen einer Anordnung nach bestimmter Absicht, mit großer Weisheit ausgeführt, und in einem Ganzen von unbeschreiblicher

Mannigfaltigkeit des Inhalts sowohl, als auch unbegrenzter Größe des Umfangs. 2) Den Dingen der Welt ist diese zweckmäßige Anordnung ganz fremd, und hängt ihnen nur zufällig an, d.i. die Natur verschiedener Dinge konnte von selbst, durch so vielerlei sich vereinigende Mittel zu bestimmten Endabsichten nicht zusammenstimmen, wären sie nicht durch ein anordnendes vernünftiges Prinzip, nach zum Grunde liegenden Ideen, dazu ganz eigentlich gewählt und angelegt. 3). Es existiert also eine erhabene und weise Ursache (oder mehrere), die nicht bloß als blindwirkende allvermögende Natur, durch Fruchtbarkeit, sondern, als Intelligenz, durch Freiheit die Ursache der Welt sein muß. 4) Die Einheit derselben läßt sich aus der Einheit der wechselseitigen Beziehung der Teile der Welt, als Glieder von einem künstlichen Bauwerk, an demjenigen, wohin unsere Beobachtung reicht, mit Gewißheit, weiterhin aber, nach allen Grundsätzen der Analogie mit Wahrscheinlichkeit schließen."[133]

Anders als den zuvor abgehandelten „transzendentalen Beweisen" bringt Kant diesem „physikotheologischen" Beweis eine unüberhörbare Sympathie entgegen: „Dieser Beweis verdient jederzeit mit Achtung genannt zu werden. Er ist der älteste, kläreste und der gemeinen Menschenvernunft am meisten angemessene. Er belebt das Studium der Natur, so wie er selbst von diesem sein Dasein hat und dadurch immer neu Kraft bekommt. Er bringt Zwecke und Absichten dahin, wo sie unsere Beobachtung nicht von selbst entdeckt hätte, und erweitert unsere Naturkenntnisse durch den Leitfaden einer besonderen Einheit, deren Prinzip außer der Natur ist. Diese Kenntnisse wirken aber wieder auf ihre Ursache, nämlich die veranlassende Idee, zurück, und vermehren den Glauben an einen höchsten Urheber bis zu einer unwiderstehlichen Überzeugung."[134] Es ist ein Beweis, der nicht stracks auf ein höchstes Wesen zielt, sondern mit dem Studium der Natur und dessen ständiger Erweiterung lebendig verbunden ist. Es wäre „nicht allein trostlos, sondern auch ganz umsonst (...), dem Ansehen dieses Beweises etwas entziehen zu wollen. (...Der) „Blick (...) auf die Wunder der Natur und der Majestät des Weltbaus"[135] bleibt ein mächtiger Antrieb der Vernunft. Kants Bedenken richtet sich nur gegen die Behauptung, es handle sich im strengen Sinne um ein schlüssiges Beweisverfahren: „Ob wir aber gleich wider die Vernunftmäßigkeit und Nützlichkeit dieses Verfahrens nichts einzuwenden, sondern es vielmehr zu empfehlen und aufzumuntern haben, so können wir darum doch die Ansprüche nicht billigen, welche diese Beweisart auf apodiktische Gewißheit"[136] machen möchte.

Der Beweisgang geht über die Idee einer bloß neutrischen Weltursache hinaus auf einen intelligenten, freien Welturheber, in dem die Welt als ganze nach „Analogie (...) mit demjenigen, was menschliche Kunst hervorbringt“[137] gedacht wird. Nach diesem Analogieschluß betrifft diese Urheberschaft aber nur die Form der Weltdinge, nicht ihre Materie, ihre Substanz. „Der Beweis könnte also höchstens einen Weltbaumeister, der durch die Tauglichkeit des Stoffs, den er bearbeitet, immer sehr eingeschränkt wäre, aber nicht einen Weltschöpfer, dessen Idee alles unterworfen ist, dartun, welches zu der großen Absicht, die man vor Augen hat, nämlich ein allgenugsames Urwesen zu beweisen, bei weitem nicht hinreichend ist.“[138] Um über den Gedanken eines solchen die Welt weise gestaltenden Demiurgen hinauszugelangen, müßte der Beweisgang doch den Kausalitätssprung des kosmologischen Beweises zur Hilfe nehmen und würde so zwangsläufig wieder beim ontologischen Beweis enden, dessen Unmöglichkeit schon erwiesen war. Bei aller Bewunderung für den bestirnten Himmel, die dem physikotheologischen Beweis als Sympathie zufließt, genügt er eben doch nicht den strengen Ansprüchen, die Kant an ein vollends schlüssiges, also allgemein überzeugendes Beweisverfahren stellt.

Bei dieser Kritik aller Gottesbeweise – es gibt für Kant nur diese drei – ist nicht zu übersehen, daß er jene zweite Art der „natürlichen Theologie“, die er „Moraltheologie“ nennt, hier keiner Kritik aussetzt. Sie wird zum Angelpunkt aller weiteren theologischen Erörterung, und d.h. zum Thema der „Kritik der praktischen Vernunft“.

Kants Weg zur „Ethikotheologie“[139] ist lang und weitläufig. Mehr als die wichtigsten Wegmarken kann eine poetisch-dogmatische Betrachtung daraus nicht festhalten. Die „Grundlegung zur Metaphysik der Sitten“ (1785) beschreibt die Talstation: „Ein jedes Ding der Natur wirkt nach Gesetzen. Nur ein vernünftiges Wesen hat das Vermögen, *nach der Vorstellung* der Gesetze, d.i. nach Prinzipien, zu handeln, oder einen *Willen.* Da zur Ableitung der Handlungen von Gesetzen, *Vernunft* erfordert wird, so ist der Wille nichts anders, als praktische Vernunft.“[140] Welt ist für Kant Gesetzmäßigkeit. Das Besondere vernünftiger Wesen ist nur, daß sie dem Gesetz nicht blindlings wie Naturdinge den Naturgesetzen unterliegen, daß es ihnen vielmehr als Imperativ begegnet. Das „Verhältnis eines objektiven Gesetzes zu einem Willen“[141] zeigt sich als Sollen. Imperative können „hypothetisch“ sein, wenn sie „die praktische Notwendigkeit einer möglichen Handlung als ein Mittel zu etwas anderem“[142] vorstellen. Als „Absicht, die man sicher *und a priori* bei jedem Menschen voraussetzen kann, weil sie zu seinem Wesen gehört“, gilt Kant „die Absicht auf Glückseligkeit“[143]. Der „hypothetische Imperativ“

stellt die „praktische Notwendigkeit der Handlung als Mittel zur Beförderung der Glücksseligkeit" vor; er ist eine „Vorschrift der Klugheit"[144]. Die Vorstellung von dem, was einen Menschen wirklich glücklich macht und wie er dazu sicher gelangt, „ist nicht nach irgendeinem Grundsatz, mit völliger Gewißheit zu bestimmen (...), darum, weil hiezu Allwissenheit erforderlich würde"[145]. Man bewegt sich hier faktisch auf dem Gebiete der Erfahrung, Einbildungskraft, „Anratung", nicht auf dem der Sittlichkeit.

Der „kategorische Imperativ" hingegen gebietet ohne Hinblick auf irgendeine weitergehende Absicht oder Rücksicht auf diesen oder jenen Erfolg ein „Verhalten unmittelbar"[146]. In ihm kommt die dem Willen eigene Form der Gesetzlichkeit rein zum Ausdruck. So formuliert Kant: „Der kategorische Imperativ ist nur ein einziger, und zwar dieser: handle nur nach derjenigen Maxime, durch die du zugleich wollen kannst, daß sie ein allgemeines Gesetz werde."[147] Dem Gesetz des Willens eignet wie dem Gesetz der Natur Allgemeinheit. Nur, hier ist sie nicht einfach gegeben, sondern als solche selbst gewollt: „Handle so, als ob die Maxime deiner Handlung durch deinen Willen zum allgemeinen Naturgesetze werden sollte"[148]. Dies Gesetz, die mit dem „kategorischen Imperativ" ausgedrückte „Pflicht" ist dem Willen nicht von außen, von einer wie auch immer verstandenen höheren Instanz heteronom auferlegt, es ist die reine Selbstgesetzgebung des Willens. „Autonomie des Willens ist die Beschaffenheit des Willens, dadurch derselbe ihm selbst (...) ein Gesetz ist. Das Prinzip der Autonomie ist also: nicht anders zu wählen, als so, daß die Maximen seiner Wahl in demselben Wollen zugleich als allgemeines Gesetz mit begriffen sein."[149] „Autonomie ist also der Grund der Würde der menschlichen und jeder vernünftigen Natur."[150] Darum kann der kategorische Imperativ dann auch so formuliert werden: „Handle so, daß du die Menschheit, sowohl in deiner Person, als in der Person eines jeden andern, jederzeit zugleich als Zweck, niemals bloß als Mittel brauchest."[151]

Diese „Grundlegung der Metaphysik der Sitten" kommt ohne Gott aus. Ihn als höheren Bestimmungsgrund des kategorischen Imperativs einzuführen, würde die mit der Autonomie gesetzte Menschenwürde durch Sanktionen herabsetzen. Wie aber soll eine solche in ihrer apodiktischen Autonomie einleuchtende Ethik noch mit so etwas wie Theologie in Verbindung kommen? Wozu sollte sie der Erweiterung zu einer Art „Ethikotheologie" bedürfen?

Der Weg führt über die Wiederaufnahme des Gedankens der Glückseligkeit, die nicht als Grund der Sittlichkeit, aber doch als mit dem Wesen des Menschen a priori gesetzte Absicht anzusehen war. Ist nun beides für die Menschen naturkonstitutiv, so kann nur beides zusammen, „Tugend und Glücksseligkeit zusammen, den Besitz des höchsten Guts in einer Person“[152] ausmachen. Die Tugend hat nicht die Glückseligkeit zur Absicht, aber sie ist „(als die Würdigkeit, glücklich zu sein) die oberste Bedingung (...) aller unserer Bewerbung um Glückseligkeit“[153], woraus sich dann ergibt, daß „Tugend und Glückseligkeit, ganz genau in Proportion der Sittlichkeit (als Wert der Person und deren Würdigkeit glücklich zu sein) ausgeteilt, das *höchste Gut* einer möglichen Welt ausmachen.“[154]

„Glückseligkeit ist (nun) der Zustand eines vernünftigen Wesens in der Welt, dem es, im ganzen seiner Existenz, allein nach Wunsch und Willen geht, und beruhet also auf der Übereinstimmung der Natur zu seinem ganzen Zwecke, imgleich zum wesentlichen Bestimmungsgrunde seines Wesens.“[155] Aber „das handelnde vernünftige Wesen in der Welt (...) ist doch nicht zugleich Ursache der Welt und der Natur selbst“[156], die ganz nach eigenen Gesetzen ihren Gang nimmt; es vermag den notwendigen Zusammenhang von Tugend und Glückseligkeit selbst nicht zu gewährleisten. Aus dieser Antinomie entspringt das Postulat Gottes: „Also wird auch das Dasein einer von der Natur unterschiedenen Ursache der gesamten Natur, welche den Grund dieses Zusammenhanges, nämlich der genauen Übereinstimmung der Glückseligkeit mit der Sittlichkeit enthalte, *postuliert.*“[157] Da diese „oberste Ursache“ den Grund der Übereinstimmung der Natur mit der als Wille, Autonomie etc. bestimmten Sittlichkeit des vernünftigen Wesens enthalten muß, „ist die oberste Ursache der Natur, sofern sie zum höchsten Gut vorausgesetzt werden muß, ein Wesen, daß durch Verstand und Willen die Ursache (folglich der Urheber) der Natur ist, d.i. Gott. Folglich ist das Postulat der Möglichkeit des *höchsten abgeleiteten* Guts (der besten Welt), zugleich das Postulat der Wirklichkeit eines *höchsten ursprünglichen* Guts, nämlich der Existenz Gottes.“[158] „Auf solche Weise führt das moralische Gesetz durch den Begriff des höchsten Guts, als das Objekt und den Endzweck der reinen praktischen Vernunft, zur Religion, d.i. *zur Erkenntnis aller Pflichten als göttlicher Gebote.*“[159]

Kants Kritik der Gottesbeweise war in der „Kritik der reinen Vernunft“ zu dem Ergebnis gelangt, daß „wenn man nicht moralische Gesetze zum Grunde legt, oder zum Leitfaden braucht, es überall keine Theologie der Vernunft geben könne.“[160] Er hat sie dann selbst am Leitfaden der Sittlichkeit zu begründen unternommen. Erst auf dem Umweg über die Autonomie des Willens und ihre Verbindung mit der Glückseligkeit war auch für die Natur ein vernünftiger und freier Urheber einzufordern. Der Weg der „Ethikotheologie“ läßt das nur für den Zusammenhang der Naturdinge geltende Kausalitätsprinzip hinter sich. Im Reich der Freiheit ist Gott, seine Existenz ein Postulat. Die so begründete „Moraltheologie“ ist in Kants Augen die einzig möglich rationale Theologie.

„Moral führt also unumgänglich zur Religion, wodurch sie sich zur Idee eines machthabenden Gesetzgebers außer dem Menschen erweitert, in dessen Willen dasjenige Endzweck (der Weltschöpfung) ist, was zugleich der Endzweck des Menschen sein kann und soll.“[161] So steht es in der Vorrede zur 1. Auflage von Kants: „Die Religion innerhalb der Grenzen der bloßen Vernunft“ (1793), wo dann im einzelnen ausgeführt ist, was eine nach den Prinzipien dieser Moral reformulierte (christliche) Religion beinhalten kann.

Die so entwickelte moralische Religion setzt sich aber nun nicht friedlich neben die geschichtlich-offenbarte und bietet sich schon gar nicht als rationale Grundlegung eines dann erst aufzuführenden Baus an. Sie setzt sich vielmehr selbst als die eigentlich wahre, weil menschheitsallgemeine Weltreligion. Was eine Religion, auch die christliche, darüber hinaus zum Dienst Gottes verlangt, ist geschichtlich zufällig. Es mag in engen Grenzen als Darstellung oder Vehikel der Vernunftreligion nützlich sein, ist aber, wenn und weil es sich so leicht verselbständigt, nichts als gefährlicher „Religionswahn“. Als „eines keines Beweises benötigten Grundsatz“ nimmt Kant: *„alles, was außer dem guten Lebenswandel der Mensch noch tun zu können vermeint, um Gott wohlgefällig zu werden, ist bloßer Religionswahn und Afterdienst Gottes.“*[162] „Ob der Andächtler seinen statutenmäßigen Gang zur Kirche, oder ob er eine Wallfahrt nach den Heiligtümern in Loretto oder Palästina anstellt, ob er seine Gebetsformel mit den Lippen oder, wie der Tibetaner (...) es durch ein Gebet-Rad an die himmlische Behörde bringt, oder was für ein Surrogat des moralischen Dienstes Gottes es auch immer sein mag, das ist alles einerlei und von gleichem Wert.“[163] Wenn das alles irgendetwas anderes sein soll als Darstellung der moralischen Gesinnung, ist es nichts als „frommes Spielwerk und Nichtstuerei“.[164]

Diese strenge moralische Gerichtsbarkeit über alles, was die Religion in Kult und Gebet, samt den dazu erfundenen Einrichtungen und Ausstattungen weltweit anstellt, ist, jedenfalls für das europäische Christentum des 19. und 20. Jh., nicht ohne Eindruck geblieben, sei es, daß man die als „Afterdienst“ in Verruf gekommenen Kultveranstaltungen als moralische Dienstleistungen zu retten suchte, sei es, daß von der Allgenugsamkeit einer Religion des guten Lebenswandels überzeugte vernünftige Wesen dies überflüssige fromme Spielwerk zunehmend mieden. Moralisierung des Kultes und Entkirchlichung der Moral erscheinen als Kehrseiten ein- und derselben Münze, die von der „Religion innerhalb der Grenzen der bloßen Vernunft“ als harte Währung an die Zivilisationsgeschichte ausgezahlt wurde.

Zu fragen bleibt freilich, ob jene allein vernünftige Religion des guten Lebenswandels am Ende sich selbst noch als Religion zu halten vermag, ob sie also Gott weiterhin benötigt. War Kants ethikotheologischer Gottesbeweis, demgemäß Moral „unumgänglich zu Religion führt“, so schlüssig, daß er für alle vernünftigen Wesen für alle Zeit die tragfähige Grundlage einer Weltreligion bot? Hatte Kant zuviel bewiesen? War Kants moralischer Gottesbeweis, wenn man auf ihn dieselben strengen Kriterien anwandte, mit denen er die überlieferten Gottesbeweise zu Fall gebracht hatte, selber noch zu halten? Der Vorwurf geht dahin, daß Kant, was er dort als Fehler angemahnt hatte, hier selber beging, daß er nämlich, was nur eine Idee des Vernunftglaubens war, zu einem „Ding für sich“ hypostasierte, ja zu einem vernünftigen Wesen selbst personifizierte. „Hat man denn erwarten dürfen, Kant würde hier ein letztes theologoumenon vor der kritischen Auflösung retten? Warum sollte denn die Warnung vor der metaphysischen Illusion, wie sie aus den drei Grenzverletzungen der Vernunft, nämlich der Realisierung, Hypostasierung und schließlich der Personifizierung einer Idee entsteht, nicht mehr gelten?“[165] Diese auf Konsistenz der Kritiken drängende Frage führt zum Resultat: „Auch im Kontext der praktischen Vernunft ist Gott nicht als Substanz zu hypostasieren, der Ausdruck ‚Gott‘ meint vielmehr ein Konstrukt der Vernunft.“[166] Gottes Existenz war in der „Kritik der Urteilskraft“ postuliert worden, weil nur so, durch einen vernünftigen, allwissenden Welturheber die Erreichung des höchsten Guts, die der Tugend als Glückswürdigkeit proportionale Glückseligkeit auch gewährleistet schien. Das wird nun aufgelöst: „Gott ist nach dieser Transformation nicht mehr länger die Bezeichnung eines Garantieprinzips, sondern eines Verantwortungsprinzips für den Umgang mit der prognostischen Unverfügbarkeit des Handlungserfolgs.“[167] Was der Ethik von Gott bleibt, ist keine Person mehr; „Gott“ ist die Chiffre einer Idee, der subjektiven Regeln nämlich, daß wir in unserem Umgang mit der Natur, deren Gesetze wir zunehmend erkennen und technisch für uns zu nutzen vermögen, „die Folgeabschätzung soweit wie nur eben möglich treiben, um den Beitritt der Natur epistemisch sicherzustellen“, und d.h. „riskantes Handeln“[168] zu meiden.

Was bei Kant den Übergang von der Moral zur Religion herbeiführte, wird hier in das formale Ethos einer in der technischen Naturbeherrschung immer weiter voranschreitenden Zivilisation zurückgenommen. Vom Ausmaß solcher instrumentellen Überlistung der Natur zu unseren Gunsten konnte Kant noch keine Ahnung haben, und es ist müßig zu spekulieren, ob er einer solchen das Ende seiner Religionsphilosophie ansagenden Transformation zugestimmt hätte.

In eben jenem Kapitel, das Gott als Postulat der praktischen Vernunft zu erweisen sucht, kommt Kant auf die Glückseligkeitslehren der Stoiker und Epikureer zu sprechen, deren Besonderheit darin liege, daß sie das höchste Gut zu erlangen vermeinten, „ohne, ihrem Bedünken nach, das Dasein Gottes dazu zu bedürfen“[169]. Wie lösten sie das Problem der Beziehung von Sittlichkeit und Glückseligkeit? – „Der Begriff der Tugend lag, nach dem Epikureer, schon in der Maxime, seine eigene Glückseligkeit zu befördern; das Gefühl der Glückseligkeit war dagegen nach dem Stoiker schon im Bewußtsein seiner Tugend enthalten. (...) Der Stoiker behauptete, Tugend sei das ganze höchste Gut, und Glückseligkeit nur das Bewußtsein des Besitzes derselben.“[170] Charakteristisch für diese beiden antiken Schulen scheint Kant die Minderung des Glücksverlangens zu sein. Die Ethik der Epikureer folgt allein dem „hypothetischen Imperativ“ des höchstmöglichen irdischen Glücks, dergestalt, daß sie „keine größere Glückseligkeit erwarteten, als die sich durch menschliche Klugheit (wozu auch Enthaltsamkeit und Mäßigung der Neigungen gehört) erwerben läßt, die, wie man weiß, kümmerlich genug, und nach Umständen sehr verschiedentlich, ausfallen muß.“[171] Die Stoiker hatten „die Tugend als Bedingung des höchsten Guts ganz richtig gewählt“, ließen jedoch „das zweite Element des höchsten Guts, eigene Glückseligkeit“ weg, „indem sie es in die Zufriedenheit mit der eigenen Tugendausübung selbst setzten.“[172]

Gegen diese beiden antiken Grundmöglichkeiten einer praktischen Vernunft führt nun Kant, in einem rein philosophisch argumentierenden Zusammenhang, die „christliche Moral“ ins Feld: „Die Lehre des Christentums, wenn man sie auch noch nicht als Religionslehre betrachtet, gibt in diesem Stücke einen Begriff des höchsten Guts (des Reichs Gottes), der allein der strengsten Forderung der praktischen Vernunft ein Genüge tut.“[173] „Die christliche Moral, weil sie ihre Vorschrift (wie es auch sein muß) so rein und unnachsichtlich einrichtet, benimmt dem Menschen das Zutrauen, wenigstens hier im Leben, ihr völlig adäquat zu sein, richtet es aber doch auch dadurch wiederum auf, daß, wenn wir so gut handeln, als in unserem Vermögen ist, wir hoffen können, daß, was nicht in unserm Vermögen ist, uns anderweitig werde zu statten kommen, wir mögen nun wissen, auf welche Art, oder nicht.“[174]

Die philosophisch zur äußersten Strenge des kategorischen Imperativs getriebene Moral kann in einer auf Erden, durch menschliche Klugheit erreichbaren Glückseligkeit keine angemessene Entsprechung finden. Ihre unbedingte Höhe verlangt die Höhe einer ewigen Seligkeit, die allein Gott verleihen kann. Epikureer und Stoiker sind moralisch wie glückselig mit weniger zufrieden, verzichten darum auf Gott und die Ewigkeit. Historisch gesehen scheint das Christentum dieses Äußerste aufgebracht zu haben, das Kants Denken dann auch als das Höchste der Vernunft philosophisch zu begreifen versucht.

Warum hat man davon wieder abgelassen? Es könnte sein, daß im Zuge der technisch-industriellen und sozialen Revolutionen des 19. und 20. Jh. sich die Proportion von Sittlichkeit und menschlich erreichbarer Glückseligkeit in einem Maße verändert hat, daß H. Heines „Wir wollen hier auf Erden schon / das Himmelreich errichten" zur eigentlichen Antiphon des Weltfortschritts avancieren konnte. Wenn auf dem Wege der Naturbeherrschung die irdischen Lebensverhältnisse sich, was immer man darunter im einzelnen verstehen mag, immer glückseliger gestalten, verblaßt die Verheißung einer jenseitigen Welt offenbar. Schon erreichte Paradiese zerstörende Naturkatastrophen spornen die Menschheit zu nur noch stärkerer Mobilisierung ihrer globalen Kräfte an. Der Universalanspruch des kategorischen Imperativs läßt sich in die diskursethische Kommunikationsregel wechselseitiger Anerkennung und solidarischer Gerechtigkeit umformen und so als moralisches Korrektiv gegenüber einer den anderen als Mittel (Menschenmaterial, Humankapital) zur eigenen Glückseligkeitssteigerung instrumentalisierenden Zivilisationstendenz hochhalten. Was in einem solchen technisch beschleunigten Epikureismus hier und jetzt unaufhebbar elend bleibt, kann nur „prinzipiell trostlos", also „stoisch" ertragen werden.[175]

Eine weiterdenkende Theologie kann einer solchen neuen Ethik auf den Fersen bleiben, sie in ihre philosophischen Aporien treiben, so daß Kants Gottespostulat doch am Ende wieder erscheint.[176] Das sind lange und denkwürdige Wege der theologischen Vernunft. Es sind die Wege derer, die wie Kant, vom Christentum als der wahren Religion belehrt und überzeugt sind und dieses in die Waagschale des philosophischen Diskurses werfen.[177]

Wie alle große Arbeit des Geistes ist das zu bewundern, aber nicht von jedermann zu betreiben. Die Poetische Dogmatik entzieht sich in gewisser Weise der von Kant so folgenreich angebahnten Kanalisierung der Religion, indem sie in aller Freiheit ihr natürliches Flußbett samt Überschwemmungsgebieten befährt, eben das, was Kant nur in sehr engen

Grenzen zur Beförderung des moralischen Hauptstromes anzuerkennen vermochte. Von den Ansprüchen einer nur als Weltethos zu denkenden Menschheitsreligion her scheint das, was hier sich auftut, geschichtlich zufällig, kulturell kontingent, ohne Anspruch auf universale Geltung, also jederzeit in Gefahr, in ästhetische Beliebigkeit ohne angemessenen ethischen Ernst abzurutschen. Das alles ist nicht zu vermeiden. Was die Poetische Dogmatik bearbeitet, läßt sich nicht a priori konstruieren, sondern nur a posteriori aufnehmen und als gegeben bedenken. Es ist der weitläufige Lebensraum einer Geschichte der Menschen mit Gott, Gottes mit den Menschen, der denen drinnen und draußen als lebenswert zu zeigen ist, potentiell allen; das ist seine besondere Katholizität, ein *concretum universale*.

Wenn Kant auch solcherart Religion in den Grenzen der bloßen Vernunft kaum Unterkunft genehmigen konnte, so kann er selbst darin, wenn er den ganzen Raum nicht für sich benötigt, ein gutes Unterkommen finden, als jene moralische Person, die die Religion immerzu ermahnt, sich von unnützem Tandaradei und trügerischem Afterglauben zu hüten. Und was die in religiöser Hinsicht mittlerweile relativ unmusikalisch gewordene Ethik anlangt, bezeugt er jedenfalls immer noch die Möglichkeit, nicht nur ethikotheologisch zu denken, sondern auch zu empfinden, sofern man ein Beispiel, das er einmal einsetzt, als aus eigener Empfindung hervorgegangen ansetzen darf:

> *„Setzet einen Menschen in den Augenblicken der Stimmung seines Gemüts zur moralischen Empfindung. Wenn er sich, umgeben von einer schönen Natur, in einem ruhigen heitern Genusse seines Daseins befindet, so fühlt er in sich ein Bedürfnis, irgend jemand dafür dankbar zu sein. Oder er sehe sich einandermal in derselben Gemütsverfassung im Gedränge von Pflichten, denen er nur durch freiwillige Aufopferung, Genüge leisten kann und will: so fühlt er in sich ein Bedürfnis, hiemit zugleich etwas Befohlnes ausgerichtet und einem Oberherren gehorcht zu haben. Oder er habe sich etwa unbedachtsamer Weise wider seine Pflicht vergangen, wodurch er doch eben nicht Menschen verantwortlich geworden ist: so werden die strengen Selbstverweise dennoch eine Sprache in ihm führen, als ob sie die Stimme eines Richters wären, dem er darüber Rechenschaft abzulegen hatte.“*[178]

7. KEIN GOTT

„Der Tor spricht in seinem Herzen: Es ist kein Gott.“ So beginnt der 14. Psalm. Dem *ejn elohim* korrespondiert im gleichen Vers ein *ejn osseh tōb*: Kein Gott – Keiner, der Gutes tut. *Corrupti sunt* heißt es im Text der Vulgata (V 3). Beklagt wird die allgemeine Korruption, die Verkommenheit des Gemeinwesens. Die an der Macht sind, „verschlingen das Volk" (V 4), fressen alles auf, eignen sich alles an, bedenkenlos. Diese wölfische Willkür (*homo homini lupus*) wird hier als „Gottlosigkeit" angeprangert. Die Korruption der Stadt beginnt im Herzen des einzelnen, der sich sagt: „Es ist kein Gott" (Ps 14,1), „Gott straft nicht. Es gibt keinen Gott" (Ps 10,4), „Gott vergißt es, er verbirgt sein Gesicht, er sieht es niemals" (Ps 10,11). Weil sie nicht „nach Gott fragen" (Ps 14,2), sind sie alle Bedenken los. Gott nicht beherzigen heißt keine Rücksicht mehr kennen, gottlos heißt skrupellos. Gott ist im Raum dieses Psalms eine innere Hemmung der Gewalt und Habgier des Menschen, ihrer Maßlosigkeit. Er ist die beherzigte Thora, ihre innere Stimme, *elohim* ist das *lō* (nicht!), das er im Dekalog (Ex 20) einhämmert: Du sollst nicht! Du sollst nicht!

Im weisheitlichen Denken Israels ist solcherart „Gottesfurcht" keine internalisierte Repression der menschlichen Freiheit und Lebensfreude, sondern Rettung vor der Gewalttätigkeit und Korruption, die vom einzelnen her das Gemeinwesen gefährden. Aus solcher politischen Vernunft heraus kann es dann auch heißen „Die Furcht des Herrn ist der Anfang der Weisheit" (Ps 111,10; Spr 8,10). Und umgekehrt ist der, der „in seinem Herzen sagt: Es ist kein Gott", „ein Tor" (*nabal*), einer der keine Einsicht hat in das, was dem eigenen Wohlergehen und dem Gemeinwohl dient. Gottesleugnung ist in diesem biblischen Kontext eine ganz und gar ethische Angelegenheit, gedacht aus der Perspektive der Unterdrückten. Der 14. Psalm nimmt „Gott" nicht von oben als Legitimation von Herrschaft in Anspruch, sondern von unten als Klage gegen Willkürherrschaft, als Anrufung einer Instanz, die in der allgemeinen Korruption für den Armen noch eine „Zuflucht" (Ps 14,6) bietet, weil sie den irdischen Machenschaften der Menschen entzogen ist: „Der Herr schaut vom Himmel herab auf die Menschenkinder" (Ps 14,2). Die höchste Stelle schlägt sich auf die Seite der Erniedrigten: „Gott ist bei dem Geschlecht der Gerechten". Der hohe ethisch-politische Rang, der der Gottesbeherzigung in Israel zukommt, wird an diesem Psalm exemplarisch deutlich. Gottesleugnung ist Bestreitung der ethischen Substanz des Bundes.

Der „Tor, der sagt: Es ist kein Gott", ist ein beliebter Topos der späteren christlichen Gotteslehre. Anselm und Thomas v. Aquin zitieren ihn im Kontext ihrer Gottesbeweise: „Dixit insipiens in corde suo: non est Deus". Aber hier ist er nicht primär eine ethische, sondern eine ontologische Figur, kein praktischer, sondern ein theoretischer „Atheist". Das

„Deus non est" wird als Existenz- nicht als Relevanzaussage verstanden, und deswegen ist alles Bemühen darauf gerichtet, den Toren mit vernünftigen Gründen zur Einsicht zu bringen: *Deus est.* Die Auseinandersetzung mit den Toren ist nicht Aufbegehren gegen gottlose Willkürherrschaft, sondern Kampf um die Kompatibilität von Glauben und Vernunft. Nur ein Tor kann sagen: Es ist kein Gott. Wer denkt, sagt: *Deus est.* Auf diesen Nachweis sind die Gottesbeweise im Mittelalter und in der Neuzeit gerichtet.

Gottesleugnung hat also in der Überlieferung des Christentums eine doppelte Dimension, eine ethische und eine epistemische, eine politische und eine ontologische. Und auf beiden Feldern ereignen sich im 18./19. Jh. Verschiebungen, die zu dem führen, was man programmatisch „Atheismus"[179] nennen kann, eine nicht bloß partikuläre und temporäre, sondern kollektive und epochale Bestreitung Gottes. Wenn die Religionskritik des 18./19. Jh. Religion als „Priesterbetrug"[180] deklariert, so sind die Verhältnisse des 14. Psalms darin umgekehrt: Die Mächtigen haben Gott für sich in Anspruch genommen, ja geradezu erfunden, um mit dieser höheren, unangreifbaren Hilfe das Volk zu unterdrücken und in Unmündigkeit zu halten. „Gott" ist die Wirksubstanz in jenem Opium, das nach K. Marx die Religion für das Volk ist. Folgerichtig sind es dann die Armen und Entrechteten, die nicht, wie im 14. Psalm, Gott gegen die Gewaltherrschaft anrufen, sondern ihn als deren höchsten Garanten selbst zu stürzen suchen. So klingt es dann in der zur Zeit der Pariser Commune 1871 entstandenen „Internationale": „Es rettet uns kein höh'res Wesen, / kein Gott, kein Kaiser, kein Tribun. / Uns aus dem Elend zu erlösen / können wir nur selber tun"[181]. Da sind in einem Atemzug – „Ni Dieu, ni César, ni tribun" – genannt, was Ps 14 auseinanderhielt. Gott war zu sehr liiert mit Thron und Altar, als daß man noch einen transzendenten Stand im Widerstand hätte suchen können. So wurde die Revolution atheistisch.

Der ethisch-praktische Atheismus verschmolz mit einem theoretischen, der Überzeugung nämlich, daß es menschheitsgeschichtlich mit dem Reden von Gott vorbei sei. Die sich seit Jahrtausenden als die Weisen dünkten, weil sie sagten „Gott ist", geraten seit dem 18. Jh. unversehens in die Rolle der Toren, die dies immer noch sagen. A. Comtes (1798-1857) „Dreistadiengesetz"[182] zufolge entspricht der Entwicklungsgang der Menschheit dem des einzelnen Menschen. Religion in welcher Form auch immer (Fetischismus, Polytheismus, Monotheismus) bildet das Stadium der Menschheitskindheit. Die Philosophie als Metaphysik ist ein unentschiedenes Zwischenstadium, eine Art Gattungspubertät.

Erst mit der positivistischen Weltanschauung der Gegenwart, des 19. Jh. also, ist die Menschheit, jedenfalls in ihren führenden Köpfen, endlich erwachsen geworden: „(...) die grundlegende Revolution, die das Mannesalter unseres Geistes charakterisiert, besteht im wesentlichen darin, überall anstelle der unerreichbaren Bestimmungen der eigentlichen Ursachen die einfache Erforschung von Gesetzen, d.h. der konstanten Beziehungen zu setzen, die zwischen den beobachteten Phänomenen bestehen."[183] Im „Stadium rationaler Positivität (...) verzichtet der menschliche Geist fortan auf absolute Forderungen, wie sie nur seiner Kindheit angemessen waren, und beschränkt seine Bemühungen auf das von da an rasch sich entwickelnde Gebiet der echten Beobachtung, der einzig möglichen Grundlagen der wirklich erreichbaren Bedürfnisse weise angemessenen Erkenntnisse"[184]. Als weise gilt nun die realistische Beschränkung auf lösbare Probleme, auf die Erforschung und Nutzung der empirischen Gesetzmäßigkeiten von Natur und Gesellschaft. Was einst Weisheit hieß, bei Aristoteles wie in der Bibel, ist zur Torheit geworden. Wer in dieser Zeit noch an Gott glaubt oder nach letzten Gründen und Zielen fragt, ist in der Entwicklung zurückgeblieben, hält an infantilen Illusionen fest, statt endlich realistisch erwachsen zu werden. Das neue und endgültige Menschheitsmannesalter ist, Comtes Bekunden zufolge, eigentlich kein „Atheismus" mehr, insofern dieser sich immer noch am Theismus abkämpft. In der wissenschaftlichen Weltanschauung des Positivismus interessiert „Gott" und alles was damit zusammenhängt, schlicht nicht mehr. Man hat anderes zu tun. In diesem Sinne programmiert Comtes „Dreistadiengesetz" den religiösen Indifferentismus der Moderne, die metaphysische Gleichgültigkeit.

Doch sind nicht alle, die Comtes Infantilismus-These beipflichten, der Ansicht, daß „Gott" im Zuge positivistischer Interessensverlagerung sich einfach in nichts auflöst. Die Kindheitsträume der Menschheit bedürfen, damit sie den Fortschritt nicht behindern, sondern befördern, der Rückführung auf ihre im Erwachsenenbewußtsein haltbare Substanz. Solche Reduktionsarbeit unternimmt L. Feuerbach (1804-1872) mit seiner einflußreichen Schrift „Das Wesen des Christentums" (1841).[185] Gott ist nicht nichts, er ist nichts *als*...: „Das göttliche Wesen ist nichts anderes als das menschliche Wesen."[186] „Gott ist das Wesen des Menschen, angeschaut als höchste Wahrheit."[187] „Wie der Mensch denkt, wie er gesinnt ist, so ist sein Gott: So viel Wert der Mensch hat, so viel Wert und nicht mehr hat sein Gott. Das Bewußtsein Gottes ist das Selbstbewußtsein des Menschen, die Erkenntnis Gottes die Selbsterkenntnis des Menschen. Aus seinem Gotte erkennst du den Menschen, und wieder-

12 Ludwig Feuerbach, Stahlstich von A. Weger (1823–1892), Leipzig.

um aus dem Menschen seinen Gott, beides ist eins."[188] Wie die Prädikate, die man Gott zuspricht (Liebe, Weisheit usw.), „Anthropomorphismen (sind), so ist auch das Subjekt derselben ein Anthropomorphismus"[189]. Feuerbach beansprucht Beweiskraft für seinen Verwesentlichungsversuch: „Wir haben bewiesen, daß der Inhalt und Gegenstand der Religion ein durchaus menschlicher ist, bewiesen, daß das Geheimnis der Theologie die Anthropologie, des göttlichen Wesens das menschliche Wesen ist."[190]

Die Religion ist kindlich, weil sie ihr Wesen nicht durchschaut: „Die Religion ist das kindliche Wesen der Menschheit, aber das Kind sucht sein Wesen, den Menschen außer sich – als Kind ist der Mensch sich als ein anderer Mensch Gegenstand."[191] Nun könnten ja die Erwachsenen die Kinder in ihrem schönen Kinderglauben lassen, aber das geht nicht, weil es sich da nicht um eine rührend harmlose Befangenheit handelt. „Es handelt sich (...) im Verhältnis der selbstbewußten Vernunft zur Religion nur um die Vernichtung einer Illusion – einer Illusion aber, die keineswegs gleichgültig ist, sondern viel mehr grundverderblich auf die Menschheit wirkt, den Menschen, wie um die Kraft des wirklichen Lebens, so um den Wahrheits- und Tugendsinn bringt."[192] Feuerbachs Aufklärung ist soteriologisch und missionarisch: die Menschheit muß vor dem Verderben gerettet werden.

Der Glaube an Gott als einen Anderen, die Verehrung dieses Anderen in den Einrichtungen der Religion verdirbt das Wesen der Religion, das praktisch in der Liebe besteht. „Ist das Wesen des Menschen das höchste Wesen des Menschen, so muß auch praktisch das höchste und erste Gesetz die Liebe des Menschen zum Menschen sein. Homo homini Deus est – dies ist der oberste praktische Grundsatz – dies der Wendepunkt der Weltgeschichte."[193] Ist das Wesen der Religion, theoretisch gesehen, Anthropologie, so ist es praktisch gesehen, Philanthropie. Die Befreiung der (christlichen) Religion aus ihrer „gesetzlichen" Gefangenschaft zu einer Religion der reinen Menschenliebe ist das Evangelium, das L. Feuerbach im Bewußtsein einer Zeitenwende verkündet.

Das „Homo homini Deus" übernimmt K. Marx von Feuerbach, wenn er in „Zur Kritik der Hegelschen Rechtsphilosophie" schreibt: „Die Kritik der Religion endet mit der Lehre, daß der Mensch das höchste Wesen für den Menschen sei."[194] Weil dieser Mensch aber primär als soziales und ökonomisches Wesen gesehen wird, ist die praktische Folge der Anthropologisierung der Religion hier nicht der Aufruf zu einem privaten Liebesethos, sondern „der kategorische Imperativ, alle Verhältnisse umzuwerfen, in denen der Mensch ein erniedrigtes, ein geknechtetes, ein verächtliches Wesen ist"[195], also die Weltrevolution.

Marx' rasche Umsetzung zeigt, wie plastisch das „Wesen" des Menschen in dieser Anthropologisierung der Religion bleibt. Die emphatische Proklamation, daß der Mensch dem Menschen das höchste Wesen ist, läßt durchaus offen, was am Menschenwesen das Höchste ist und wohin die Gattung mithin sich wenden soll. Die Anthropologisierung des *summum ens* führt mitnichten geradewegs ins Paradies der Wahrheit und Menschheitsliebe. Kommunismus, Kapitalismus, Rassismus, Faschismus haben zur Genüge gezeigt, was im Namen einer höheren Menschheit mit Menschen alles geschehen kann, unbedingt und bedingungslos.

Die Theologie kann das alles, sofern sie es überlebt, nur wiederum theo-logisch betrachten, d.h. was sich da als dezidiert atheistisch gibt, aus ihrer eigenen Logik heraus, theistisch auslegen. Abwendung vom einen wahren Gott kennt sie aus ihrer eigenen Geschichte vor allem als polytheistischen Götzendienst, und unter dieser Folie entpuppen sich die neuen atheistischen „Weltanschauungen" als „Ersatzreligionen", als mehr oder minder verkappte Idololatrie, Tanz um goldene Kälber, die je nachdem Mammon, Rasse, klassenlose Gesellschaft, Lebensstandard, Gesundheit usw. heißen, wie E.M. Cioran in seinem Tagebuch notiert: „Seit einem Jahrhundert tut man im wesentlichen nichts anderes als Gott zu ersetzen. Alle Majuskeln ersetzen Gott."[196] Der der Religion zugedachte Pfeil der Ideologiekritik wird zurückgelenkt. Der wahre Gott erweist sich in der Enttarnung der Götzen. Da geht die Theologie in der Spur der Propheten.

Doch nicht immer formiert sich der neue Atheismus in solchen kollektiven Kultformen. Der „edle Heide", der sich, wie L. Feuerbach, allein dem Gebot der Menschenliebe verpflichtet weiß, sein „Humanismus ohne Gott"[197] ist von diesen prophetischen Attacken nicht so leicht zu erreichen, scheint er sich doch geradezu vorbildlich an ihre eigenen religionskritischen Maximen zu halten: „Liebe will ich, nicht Schlachtopfer" (Hos 6,6), was Jesus von Nazareth dann ja auch wiederholt: „Barmherzigkeit will ich und nicht Opfer" (Mt 9,12), und der Apostel Paulus bestätigt: „Wer den anderen liebt, hat das Gesetz erfüllt" (Röm 13,8). Die Nähe zu zentralen biblischen Optionen läßt das Problem erkennen, vor das solch ein philanthropischer Atheismus die Theologie stellt. Wo Ideologiekritik nicht verfängt, ist sie den Weg der „transzendentalen Methode"[198] gegangen, die den vermeintlichen Atheismus nicht als Idololatrie, sondern als heimlichen Theismus entlarvt:

> *„Einen in sich beruhigten Atheismus kann es nicht geben, denn auch er lebt von einem impliziten Theismus. (...)*
> *Im besonderen wird sich die Unmöglichkeit eines beruhigten Atheismus aufzeigen lassen auf dem Gebiet der sittlichen Erfahrung, und zwar dort, wo eine absolute sittliche Verpflichtung bejaht wird, eine implizite Bejahung Gottes vorliegt, selbst wenn es dem betreffenden Individuum nicht gelingt, diese zu einem begrifflich ausdrücklichen Theismus zu objektivieren. Denn die existentiell absolute Bejahung einer absoluten Verpflichtung und damit des Bestehens der objektiven Begründung für sie ist (wenn vielleicht auch unausdrücklich) die Bejahung Gottes."*[199]

Karl Rahners transzendentaltheologisches Argument ist kein prophetischer Angriff auf den Atheismus, sondern seine Unterwanderung. Im Absolutum ethischer Verbindlichkeit stimmt der Atheist dem Satz „Gott ist" zu, auch wenn er ihn als solchen nicht sagen kann und will. Und wer diese absolute Verbindlichkeit nicht nur anerkennt, sondern ihr auch praktisch folgt, indem er seinen Nächsten liebt, glaubt nicht nur implizit an Gott, er liebt ihn auch, selbst wenn er davon nichts weiß und wissen will.

In diesem Sinne entwickelt K. Rahner „die epochale Bedeutung der Nächstenliebe für die Gotteserkenntnis des modernen Menschen" in der „neu heraufziehenden Epoche" des „Atheismus"[200]. Das biblische Doppelgebot wird als „Einheit zwischen Gottes- und Nächstenliebe" ausgelegt: „Die kategorial-explizite Nächstenliebe ist der primäre Akt der

Gottesliebe, die in der Nächstenliebe als solcher Gott in übernatürlicher Transzendentalität unthematisch, aber wirklich und immer meint."[201] Das scheint von Feuerbachs „Wesen des Christentums" nicht allzu weit entfernt zu sein, mit jenem kleinen Unterschied, daß hier der Theologe weiß, was der Atheist in Wahrheit glaubt, ohne es zu wissen, wissen zu wollen oder zu müssen. Ob eine solche transzendentale Hermeneutik, die den Theologen bei wachsendem Atheismus gewiß soteriologisch entlastet, den Atheisten, der von Gott nichts weiß und wissen will, zu beunruhigen vermag, steht freilich noch dahin. Er könnte sich vielleicht auch beruhigt sehen, da er ja nun nicht nur der eigenen Überzeugung nach, sondern sogar dem Urteil der Theologen selbst zufolge alles hat, was er zum Heil benötigt, implizit jedenfalls, so daß er die mühsame „Thematisierung" des „unthematisch gegebenen"[202] Gottes in all den Schriften und Einrichtungen der christlichen Religion sich doch auch sparen könnte zugunsten weiterer Werke der Menschenliebe. Wie dies auch immer zu bewerten sei, der pastoral-transzendentaltheologische Weg ist neben dem prophetisch-ideologiekritischen wohl der zweite Hauptweg, auf dem die neuere Theologie den Atheismus theistisch zu bewältigen sucht.

In L. Feuerbachs „Wesen des Christentums" findet sich einmal der Satz: „Nur da, wo der Mensch den Geschmack an Religion verliert, die Religion selbst also geschmacklos wird, nur da wird daher auch die Existenz Gottes zu einer abgeschmackten Existenz."[203] – „Geschmack ist das Beurteilungsvermögen eines Gegenstandes oder einer Vorstellungsart durch ein Wohlgefallen oder Mißfallen, *ohne alles Interesse.* Der Gegenstand eines solchen Wohlgefallens heißt *schön*"[204], lautet Kants Definition in der „Kritik der Urteilskraft". „Geschmack" ist „Organ für das Schöne"[205], „durch keine wissenschaftliche Konventionen oder moralische Interessen bestimmt"[206]. Das „Geschmacksurteil (ist) Ausdruck eines Gefühls der Lust an einem Gegenstande, das nicht auf Privatbedingungen beruht und deswegen allgemein zumutbar ist"[207]. „Der Gegenstand, der eine (...) als Lust empfundene Bewegung der Gemütskräfte hervorruft, wird schön genannt."[208] Kants „Kritik der Urteilskraft" hat primär das Natur-Schöne im Auge und davon abgeleitet das Kunst-Schöne.

Setzt man Kants Begrifflichkeit in Feuerbachs Urteil ein, so scheint ihm zugrunde zu liegen, daß auch Religion schön sein könnte, ja eigentlich zu sein hätte. Aber sie ist es nicht mehr, sie ist lustlos und ausgelaugt, regt nicht mehr an zum „harmonischen Spiel der Erkenntniskräfte"[209]. Feuerbach hat mit seinem Geschmacksurteil die Religion und Theologie seiner Zeit im Auge und findet, daß der Mensch mit dem Verlust des Geschmacks für Religion zwangsläufig auch den für Gott verliert. Die Geschmacklosigkeit der Religion zieht die Abgeschmacktheit der Existenz Gottes nach sich. Daß so, wie es sich mit der Religion verhält, man nun und nimmermehr in den Genuß Gottes kommen kann, scheint Feuerbach geschichtsphilosophisch ausgemacht.

Wer Geschichte nicht für so naturgegeben hält und Religion wie Kunst, bei aller Inspiration, für etwas von Menschen Geformtes, könnte auch denken, daß der Geschmack für Religion wie der für Kunst sich auch wiederbeleben könnte und mit ihm, wenn an Feuerbachs Logik etwas Wahres sein sollte, auch der Sinn für Gott. Das kann man, wie die Kunst, nicht einfach machen, aber vielleicht vorbereiten, damit er uns wachend findet (vgl. Mt 25,1ff).

So etwas hat die Poetische Dogmatik im Sinn. Anders als die ideologiekritischen und transzendentaltheologischen Hauptwege der Theologie, die den Atheismus vornehmlich auf dem Feld der praktischen Vernunft zu stellen suchen, bewegt sie sich auf dem Terrain der „Kritik der Urteilskraft“. Sie beschreibt ihren Gegenstand, die christliche Religion, wie das Geschmacksurteil, „als Schönheit mit einem Anspruch auf jedermanns Beistimmung“.[210] Statt den Feind auf seinem eigenen Feld aufzusuchen und zu entwaffnen, kehrt sie lieber vor der eigenen Tür, d.h. in den „Vorhöfen des Herrn“, daß sie annähernd so „lieblich“ seien, wie der Psalm (Ps 84,2) sie besingt, so daß in ihrem Anblick jemand, der es bisher nicht so tat, sagen könnte: „Nun jauchzen mein Leib und mein Geist dem lebendigen Gott entgegen“ (Ps 84,3).

8. TRANSZENDENZ

archē, apeiron, das Unendliche, das Sein, das Gute, das Eine, jenseits des Seins, hyperousios, das Höchste, Urgrund, Ungrund, unum absolutum, actus purus, ens necessarium, Allmacht, Allwissenheit, Allgegenwart, ens a se, esse ipsum, unermeßlich, unaussprechlich, causa prima, finis ultimus, Sole principle and Source, Être Suprême, die Wahrheit, das Absolute, …

So läuft die Litanei der philosophischen Gottesnamen durch die abendländische Geschichte.[211] Es ist eine bestimmte Art von Begriffsbildung, an der man den metaphysischen Rosenkranz erkennt. Die Familienähnlichkeit scheint grammatisch begründet.

archē ist, so scheint es, das griechische Urwort der ganzen Bewegung. Zu denken ist der Ursprung von etwas, von etwas Vorliegendem zurückzudenken auf etwas, was ihm vorausliegt, zugrundeliegt, aus dem es hervorgegangen ist. *archē* ist ein hodologischer Begriff, der einen Ausgangspunkt annimmt und eine *methodos*, einen Weg, auf dem man von hier nach dort gelangt. Wenn Aristoteles diese *archē* das *kinoun akinēton*, den unbewegten Beweger nennt, wird dies Kinetische direkt namhaft gemacht. Und die *quinque viae* des Hl. Thomas sind der Inbegriff von Bewegung. Der Ursprung, auf den man zurückdenkt, ist zugleich das Ziel, auf das man hindenkt, *principium et finis* in einem.

Gesucht wird nicht der Ursprung von diesem und jenem je für sich, sondern von allem zusammen, der Ursprung des Alls. Und wenn man bei diesem All von allem Einzelnen, Besonderen der Dinge, die es bilden, absieht, bleibt als das Allerallgemeinste dies, daß sie sind, welche Modalität dieses Sein auch immer haben mag. So kommt mit dem All das Sein ins Spiel des philosophischen Redens von Gott. Es geht um *das* Sein, *ta panta*. Und der Grund von allem soll letztlich ein einziger sein, ein Grund, an dem der Weg unhintergehbar an sein Ziel gelangt, der Urgrund eben. Diese metaphysische Grundströmung treibt die Sprache an ihre natürlichen Grenzen, zwingt sie, um dem, was da andrängt, zu entsprechen, zum äußersten.

An erster Stelle steht der Superlativ: *summus, supremus, der Höchste, causa prima, finis ultimus, der tiefste Grund, das letzte Ziel*. Ein Lexem soll bis zu einem Kulminationspunkt gesteigert werden, an dem sich die Steigerung nicht mehr fortsetzen läßt. Wenn es sich dabei nun nicht nur um eine partikuläre Kulmination (*der höchste Berg, der tiefste See* …), sondern um die Kulmination der Kulmination (*der Höchste*), den Gipfel nicht nur dieses oder jenes Anstiegs, sondern des Anstiegs überhaupt handelt, geht es offenbar um eine Regel, der man folgen kann, ohne sie je ganz erfüllen zu können. Diese Superlative provozieren eine unerfüllbare Eskalation.

Den Superlativen benachbart sind All-Attribute: *Allmacht, Allgegenwart, Allwissenheit* etc. In Texten enthalten Allquantoren (alle, ganz, jeder …) die Anweisung, das zuvor Genannte zu resümieren, von ihm keine Ausnahme zu machen.[212] Werden solchen Quantoren zur Bildung von Substantiven und Adjektiven verwandt, wird man angewiesen, das semantische Potential des zugrundeliegenden Lexems vollständig zu resümieren. Das ist keine einfache Operation. Macht, Wissen, Gegenwart sind selbst bereits Ausdrücke mit weitgespannter Bedeutung, deren genauer Sinn gewöhnlich erst durch den jeweiligen Kontext determiniert wird. Konträr dazu wird man hier nun aufgefordert, ihren Gehalt über alle denkbaren Kontexte hinaus zu expandieren, nicht nur die Macht des Staates, die Macht der Liebe, die Macht des Geldes, alle

Macht, Macht über das All, Allmacht. Die Realisierung eines solchen Begriffs überfordert das Vorstellungsvermögen, und eben solche Überforderung ist gemeint. Aber die Gefahr, vorher anzuhalten, ist groß, wie die Redeweise vom allmächtigen Staat, allgegenwärtigen Geheimdienst, allwissendem Computer zeigt. Der Allmächtige kann dann nur ein Diktator sein, der absolute Widerpart menschlicher Freiheit, den man eines Tages stürzen wird. Aber eine Macht, die zu stürzen wäre, wäre ebenso wenig allmächtig, wie eine Macht, die die Freiheit, statt sie selber zu vermögen, als gefährlichen Widerpart hätte. Allmacht im strikten Sinn kann in Ansehung menschlicher Freiheit nur eine Freiheit sein, die alles, auch andere Freiheit, ja alle andere Freiheit vermag und begründet.

Eher den Weg der Reinigung als den der Ausdehnung schlägt ein Ensemble von Begriffen ein, das man unter dem Terminus „Kontraktion" fassen könnte: *das Gute schlechthin*, die *Wahrheit, ipsum esse, actus purus, ens perfectissimum*. Es ist die Bewegung auf das Eine, in dem alles Vielfältige zusammengefaßt ist: *omnia uniter.* Die Singularität kann sich an bestimmte eminente Attribute heften: *das Gute, die Wahrheit, das Sein,* und alles Bedingte, Relative davon abziehen, doch eben so, daß dieser Abzug keine Minderung ist, sondern das, was sonst immer nur gebrochen, gemischt, geteilt und abgeschattet erscheint, in seiner reinen Klarheit und Fülle erscheinen läßt, als Quelle aller Zuteilung. Die Kontraktion kann als höchstmögliche Vereinigung aller positiven Bestimmungen der Wirklichkeit verstanden werden: *ens perfectissimum, das vollkommenste Wesen.* Das Eine ist das Absolute, das alles Relative hinter sich läßt und zugleich begründet.[213] Als *simpliciter perfectum* kann es sogar als *ens necessarium* gedacht werden, zu dessen Vollkommenheit es gehört, daß es mit Notwendigkeit existiert, als nichtseiend überhaupt nicht zu denken ist.

Das im Vorgang der Kontraktion schon mitlaufende Moment der Negation kann selbst explizit gemacht werden, wodurch man zu einer Gruppe von Ausdrücken gerät, die man als apophatisch bezeichnet: *apeiron, infinitus, immensus, incomprehensibilis, unendlich, unbegrenzt, unermeßlich, unveränderlich, unvergänglich, unsagbar, unaussprechlich, unbegreiflich.* Negationsmorpheme wie *nicht, nie, nein, keiner* usw. bilden eine kleine, aber funktionsstarke grammatische Klasse; ja und nein erzeugen binäre Verhältnisse. Generell kann man sagen, „daß die Verneinung immer eine positive Erwartung voraussetzt, die dann verworfen wird"[214]. Wenn Negationsmorpheme statt als Indikatoren im Textverbund zur Bildung selbständiger Adjektive und Substantive gebraucht werden, so setzt das „eine besonders starke Erwartung voraus, wie sie nur bei gewissen Wörtern angenommen werden kann"[215]. Das trifft auf die oben genannten theologi-

13 Dionysius Areopagita, Kupferstich, 17. Jh.

schen Begriffen in hohem Maße zu. Daß die Dinge der Welt, mit denen der Mensch zu tun hat, die er bedenkt und bespricht, endlich, begrenzt, veränderlich, vergänglich sind, daß man sie irgendwie ermessen, aussprechen, begreifen kann, ist zu erwarten. Wird dies negiert, wird die allgemeine Welterwartung gesprengt. Während man sich den Vorgang der Eskalation, Expansion, Kontraktion als langen Weg vorstellt, erscheint die Negation wie ein kurzer Sprung, ein Absprung nur, denn wohin man dabei gelangt, ist ja nur *via negationis* bestimmt.

Als eigener Weg der Gotteserkenntnis formiert sich die *via negationis* im Neuplatonismus.[216] Der Aufstieg des Denkens zum Einen nimmt den Weg der „Apophase". Der christlichen Theologie wird dies vor allem durch Dionysius Areopagita vermittelt. Seine „Mystische Theologie" beschwört die Gestalt des Moses, der den Gottesberg besteigt und im Aufstieg durch alle sichtbaren und unsichtbaren Regionen des Seins in das „Dunkel des Nichtwissens" gelangt, „eingehüllt in das vollkommen Unfaßbare und Unsichtbare".[217] Diese Anabasis ist ein Weg des zunehmenden „Abstreifens"[218], der fortgesetzten Negation. Wie Moses am Fuße des Berges so beginnt dieser Aufstieg in den unteren Seinsregionen, wo die ersten, noch selbstverständlichen Negationen alles Sinnliche von der Gottheit abstreifen:

> *„Sie ist (...) kein Körper, besitzt weder Gestalt noch Form, weder Qualität noch Quantität noch Gewicht. Sie ist nicht auf einen Ort beschränkt, weder Auge noch Tastsinn erreicht sie..."*

Der eigentliche, alle religiösen Konventionen brechende Anstieg der *via negationis* geschieht dann in den höheren Regionen des Intelligiblen:

> *„Noch höher aufsteigend sagen wir von ihr aus, daß sie weder Seele ist noch Geist; ihr ist auch weder Einbildungskraft, Meinung, Vernunft oder Denken zuzuschreiben, noch ist sie mit Vernunft und Denken gleichzusetzen, noch wird sie ausgesagt, noch gedacht. Sie ist weder Zahl noch Ordnung, weder Größe noch Kleinheit, weder Gleichheit noch Ungleichheit, weder Ähnlichkeit noch Unähnlichkeit. Sie hat weder einen festen Stand, noch bewegt sie sich, noch rastet sie. Ihr ist auch weder Kraft zuzuschreiben, noch ist sie mit Kraft identisch, noch mit Licht. Sie ist weder lebendig noch mit Leben identisch. Auch ist sie nicht Sein, nicht Ewigkeit, nicht Zeit. Sie kann aber auch nicht gedanklich erfaßt, noch gewußt werden. Auch ist sie weder mit Wahrheit, noch mit Herrschaft oder Weisheit gleichzusetzen. Sie ist weder eines noch Einheit, weder Gottheit noch Güte. (...) Sie gehört weder dem Bereich des Nichtseienden noch dem des Seienden an. (...) Sie entzieht sich jeder Bestimmung, Benennung und Erkenntnis. Sie ist weder mit Finsternis noch mit Licht gleichzusetzen, weder mit Irrtum noch mit Wahrheit. Man kann ihr überhaupt weder etwas zusprechen noch absprechen."*[219]

Der wahrhaft Denkende kann nicht am Fuße des Berges bleiben, um das Dunkel von Ferne zu verehren, er muß wie Moses den Weg des Aufstiegs gehen, sich auf etwas *via affirmativa* stützen, um sich gleich davon wieder abzustoßen, es hinter sich zu lassen. Die unablässige Negation treibt in die Höhe, an die Grenze der Welt, die die der Sprache ist. Das ganze Gebirge des Seins und alles Sagbaren ist zu durchsteigen *via negationis*, um nicht nur zur Behauptung, sondern zur Erfahrung des Mysteriums zu gelangen, wie es im Eingangsgebet der „Mystischen Theologie", das die Gottheit selbst um das Geleit zum Gipfel bittet, heißt: „Dort liegen ja der Gotteskunde Mysterien im überlichten Dunkel geheimnisvollen Schweigens verborgen."[220] Im Dunkel ist die Welt vergangen wie im Schweigen die Sprache.

Ganz von Ferne berührt sich das mit L. Wittgensteins an der äußersten Grenze seines „Tractatus" formuliertem Satz: „Es gibt allerdings Unaussprechliches. Dies *zeigt* sich, es ist das Mystische."[221] Doch könnte Dionysius auch dieses allerdings noch durchstreichen.

Die neuplatonische *via negationis* hat der *cognitio Dei experimentalis* der christlichen Mystik den Weg vorgezeichnet.[222] Die Sprach- und Denkbewegung der Negation wird zur Existenzbewegung, die alles, die Welt und sich selbst zu lassen, aller Dinge, ja Gottes selbst, wie Meister Eckhart sagt, „ledig" zu werden („Darum bitten wir Gott, daß wir ‚Gottes' ledig werden"...), um in solchem „ledigen Gemüte" und solcher „Gelassenheit" mit dem eins zu werden, der nichts von allem ist.[223] In diesem Sinne heißt es bei Heinrich Seuse: „Der mensche, der in sime ewigen nihte ze nihte ist worden, der wis von unterscheide nût."[224] Nicht nur nichts zu haben und zu halten, sondern selbst zunichte zu werden, ist der Weg, aller Unterscheidung ledig und so mit dem Einen eins zu werden.

Die neuzeitliche Mystik (D. Czepko, Angelus Silesius, G. Tersteegen u.a.) setzte die *via negationis* auf ihrer Weise fort, ihre sprachlogische wie ihre existentielle Tendenz. Die Epigramme des „Cherubinischen Wandersmann"[225] fassen das daran Bewegende bündig zusammen:

> ***„Gott ergreift man nicht***
>
> *Gott ist ein lauter Nichts, ihn rührt kein Nun noch Hier*
> *Je mehr du nach ihm greifst, je mehr entwird er dir."*[226]

Gott ist nicht einfach da, daß man ihn in Raum und Zeit erfassen könnte und doch versucht man es, weil es nicht anders geht, doch er entzieht sich jedem Zugriff, ist, indem er „entwird", bleibt immerzu also „ein lauter Nichts". Und nahezu im Rhythmus der „Mystischen Theologie" klingt es, wenn Angelus Silesius die Negation aller denkbaren göttlichen Attribute dichtet:

Der unerkannte Gott

Was Gott ist, weiß man nicht! Er ist nicht Licht, nicht Geist,
Nicht Wonnigkeit, nicht Eins, nicht was man Gottheit heißt;
Nicht Weisheit, nicht Verstand, nicht Liebe, Wille, Güte,
Kein Ding, kein Unding auch, kein Wesen, kein Gemüte;
Er ist, was ich und du, und keine Kreatur,
Eh wir geworden sind, was er ist, nie erfuhr.[227]

und den kataphatischen mit dem apophatischen Zug der dionysischen Gotteskunde verbindend:

Gott nichts und alles

Gott ist ein Geist, ein Feu'r, ein Wesen und ein Licht,
Und ist doch wiederum auch dieses alles nicht.[228]

Und damit man nicht gleich dieses Nichts wiederum als Etwas hypostasiere, geht es auch über das Nichts noch hinaus:

Die Gottheit ist ein Nichts

Die zarte Gottheit ist ein Nichts und Übernichts:
Wer nichts in allem sieht, Mensch, glaube, dieser sichts.[229]

Das Nichts ist nicht direkt zu ergreifen, man wird seiner nur ansichtig, indem man die *via negationis* durch alles hindurchgeht.

In der modernen Philosophie ist vor allem J. Derrida mit ausdrücklichem Bezug auf Dionysius Areopagita und Angelus Silesius der Spur der negativen Theologie nachgegangen. „Wie nicht sprechen. Verneinungen" heißt eine Schrift und „Außer dem Namen" eine andere.[230] Ihn interessieren daran zuerst und vor allem die sprachphilosophischen Implikationen: „Was man in einem Idiom griech-lateinischer Herkunft ‚negative Theologie' nennt, ist eine Sprache (...), die unaufhörlich die Grenzen der Sprache selbst und insbesondere die der propositionalen, theoretischen oder konstatierenden Sprache auf die Probe stellt ... – Dadurch wäre sie nicht nur eine Sprache und ein Auf-die-Probe-Stellen der Sprache, sondern vor allem die am meisten denkende, die anspruchvollste und unerbittlichste Erfahrung des ‚Wesens' der Sprache."[231] „Gott" wäre somit „die Wahrheit aller Negativität", der der Sprache überhaupt. „Der Name Gottes träfe auf alles zu, was einen Angang, eine Annäherung, eine Bezeichnung nur in indirekter und negativer Weise zuläßt. Jeder negative Satz wäre bereits heimgesucht von Gott oder vom Namen

Gottes."[232] So könnte negative Theologie als frühere Formulierung dessen verstanden werden, was Derrida unter dem Stichwort der *differance* als Wesen und Spur der Sprache überhaupt verfolgt. In „ihrer äußersten Erfahrung" wäre die Sprache selbst eine „Art Gottesbeweis".[233]

So sehr sich solche Affinität nahelegt, sie springt am Ende doch wieder auseinander, weil die negative Theologie, so wie sie bei Dionysius und Angelus Silesius formuliert wird, über diese der Sprachbewegung selbst inhärente Negativität hinauszugehen, d.h. „jenseits jeglicher Verneinung, jenseits gar noch des Seins, irgendeine Überwesentlichkeit, ein Sein jenseits des Seins zurückzubehalten scheint. Dies ist das Wort, von dem Dionysios so oft Gebrauch macht in den *Göttlichen Namen*: *hyperousios, – ôs hyperousiotes.* Gott als Sein jenseits des Seins."[234] Daß das, was am Ende der „Mystischen Theologie" als Nichts von allem erscheint, an deren Anfang angerufen wird: „Dreieinigkeit, erhaben über alles Sein, ..."[235], zeigt, daß das Unaussprechliche ansprechbar gemeint ist. Daß die Sprache nicht nur in der Spur der Negativität läuft, sondern darin einen jenseitigen Adressaten der Rede ausmacht, macht das eklatant Theologische der *theologia negativa* aus, in dem sie sich von Derridas Denken der *différance* und Dekonstruktion scheidet. Ob sie damit hinter die „anspruchvollste und unerbittlichste Erfahrung des ‚Wesens' der Sprache" dann doch wieder metaphysisch zurückfällt oder das Äußerste darin hält, darum geht der Streit.[236] Aber es ist ein Streit auf beiderseits vorgerücktem Posten.

Den Negationen ist in der Tradition der negativen Theologie somit ein bezeichnendes *hyper* mitgegeben, das man nicht, wie die Superlative, als höchste Steigerung, sondern im Sinne eines „darüber hinaus" zu verstehen hat: *hyperousios, epekeina tēs ousias, überseiend.* Die Partikel *über* indiziert die Überschreitung einer Grenze, von diesseits nach jenseits („über den Strom", über's Gebirge"). Wo dies Über-hinaus ein Über-alles-hinaus meint, kann es in ein Substantiv gefaßt werden: *jenseits* wird zu *Jenseits, au-delà* zu *L'àu-delà.* Wird der Übergang in Permanenz selbst zum Ziel, erscheint ein Begriff wie *Transzendenz.* Darin wird das metaphysische Bewegungsmoment selbst zum Begriff. „Transzendenz heißt also hier: im Denken und durch das Denken die Grenze des Denkens, das Undenkbare erfahren."[237]

„Oh du, der Jenseitige von allem – ist dies nicht alles, was man von dir sagen kann?"[238], heißt es in einem dem Neuplatoniker Proklos zugeschriebenen Hymnus. Da geht das Denken in die Anrufung über, der Begriff wird zum Namen eines philosophischen Gebets.[239] Im metaphysischen Vokabular, das in jeder erdenklichen Richtung die Sprache zum

Exzeß treibt, dominieren neutrische Abstrakta, die nicht ohne weiteres zu erkennen geben, daß darin sich eine Person verbergen soll, die anzurufen wäre. Das wird erst nahegelegt, wo all jene divergierenden Sprachbewegungen am Ende religiös gebündelt werden: *quod omnes dicunt Deum* (Sth. 1 q 2 a 3 cp.). Es ist nicht nur dasselbe, worauf all jene Sprachexzesse zielen, es soll derselbe sein, derselbe, den man in der Religion anruft. Die Anrufung unterstellt, daß jene Bewegung der Transzendenz jenseits von allem jemanden erreicht.

An dieser Grenze operieren die Gottesbeweise von Anselm bis Kant. Der linguistische Exzeß des metaphysischen Vokabulars wird zum logischen Beweisgang ausgebaut. Alle Arbeit des Begriffs wird darauf verwandt, nachzuweisen, daß jenes Höchste und Überhöchste nicht bloß eine Sprachfigur oder ein Gedankending ist, daß die Sprache und das Denken es hier also nicht nur mit sich und ihrem eigenen Vermögen zu tun haben, daß sie vielmehr in der Auslotung ihrer äußersten Möglichkeiten sich selbst sprengen, ihre Grenze auf etwas realiter anderes überschreiten. Und immer wieder, schließlich auch gegen Kant, der solche Realität wenigstens als Postulat zu retten suchte, erhob sich der Einwand, daß jeder Versuch dieser Art eine unerlaubte Grenzüberschreitung darstelle. In der logischen Destruktion liegt das Desiderat dann bloß, das in den Gottesbeweisen treibt, es ist der Wunsch nach Realität, das *desiderium naturale ad videndum Deum.*

Es ist eine eigentümliche Sehnsucht, wie ein Küken aus dem Ei, aus dem All herauszukommen in das freie Licht eines ganz Anderen. Religionskritik erklärt dem kindlichen Gemüt, daß es da nie herauskommen wird. Statt weiter aussichtslos an die Schale der Welt zu picken, sei es allein vernünftig, in ihr selbst sich einzurichten. Das könnte irdische Bescheidung sein, epikureisches oder stoisches Glück. Aber so friedlich stillgelegt hat sich das Küken Menschheit nicht. Der vertikale Höhenflug der Metaphysik wurde in die horizontale Dynamik des Fortschritts umgelegt. Das metaphysische Vokabular ist – die Sprache der Werbung verrät es – zum motivischen Motor der Weltproduktion geworden, in der die Menschheit durch progressive Überlistung der Natur die beste aller möglichen Welten selbst hervorzubringen sucht. Der *struggle for life*, der in dieser globalen Dynamik treibt, beglückt, wie die Geschichte der letzten zwei Jahrhunderte zeigt, nicht jedermann, begünstigt schon gar nicht einfachhin die Guten und Gerechten. Aber in Ermangelung eines Jenseits gibt es zu dessen immanenter Prozessualisierung kaum eine Alternative. Dionysos ist, auch wenn er Opfer verlangt, ein euphorischer Gott. Metaphysische Erinnerung, auch wenn sie nur skeptisch ist und sich gar nicht unheilsprophetisch hervorwagt, steht von vornherein im Abseits des Ressentiments.

So wirkt ein Gespräch über das Jenseits eher wie ein etwas altmodisches *entre nous* zwischen der Metaphysik und der Theologie. Die Theologie berührt die Bewegung der Philosophie. Auch das christliche Credo hat eine Art Transzendenz im Sinn. Aber es ist hier nicht der Höhenflug des Geistes über alles hinaus, sondern der Sinkflut der Gottheit in alles hinein: *descendit de coelis.* Die Transzendenz ist Deszendenz. Der Schöpfer der Welt überschreitet von sich aus die von ihm selbst in der Schöpfung gesetzte Grenze und geht in das Fleisch der Welt ein. *Et incarnatus est,* wird ein Individuum, das leidet (*passus*) und, wie alles Fleisch, in die tote Materie eingeht (*sepultus est*). Es ist nicht der Aufstieg zu Gott, sondern der Niedergang Gottes selbst. Aus der toten Materie erhebt er sich aber dann (*resurrexit*) und fährt auf (*ascendit in coelum*) und transzendiert die Welt (*sedet ad dexteram Patris*).

Diese Transzendenzgeschichte des christlichen Glaubens mutet wie die Wiederkehr des Mythos an. Sie ist umständlicher als die des reinen Aufstiegs, den das Denken vollzieht. Ihr erster Gang ist ein Abstieg, ein Entgegenkommen des Jenseits (*de coelis*) ins Diesseits: „den aller Weltkreis nie beschloß, / der liegt in Marien Schoß", „in unser armes Fleisch und Blut / verkleidet sich das ewig Gut".[240] Sollen die Weisen nun hier in die Knie fallen? In diesem „Kindlein in der Wiegen" und in dem, „der an dem Kreuz gehangen", ist das Absolute doch sehr relativ, das *ens necessarium* sehr zufällig, das Höchste sehr niedrig, das Jenseitige erbärmlich immanent, das Unendliche sehr endlich. Sollte hier die auf's Unendliche gepeilte Sonde der Vernunft ans Ziel aller Wünsche gelangen? Könnte sie diese Deszendenz am Karfreitagabend einholen? Wenn da am Grab gesungen wird „Gott selbst liegt tot"[241], könnte das nicht offenbaren, daß Gott, den man so unendlich jenseits von allem gesucht hat, in die Natur eingegangen ist, eins mit ihr, ihrem Werden und Vergehen, immanent den Metamorphosen ihrer Geschichte: *deus sive natura?* Und dieses Grab Gottes wäre nicht nur, wie im Schlußchor der Bachschen Matthäuspassion, „der Seelen Ruhestatt", sondern auch die der Vernunft? Aber der Liedvers lautet: „Oh große Not! / Gott selbst liegt tot". Der christliche Glaube beruhigt sich nicht am Grabe: *et resurrexit tertia die, et ascendit.* Von dieser Grabstelle aus beginnt eine Erhebung und Auffahrt aus der Natur heraus, über sie hinweg, *in coelum,* ein Stück Natur über die Natur hinaus, ein Mensch, nicht nur seine Vernunft, in Gott angekommen. Solche Transzendenz ist kaum zu glauben und noch weniger zu denken.

Das christliche Credo hat die Form des Mythos, aber es ist, jedenfalls in der Fassung des nizänischen Glaubensbekenntnisses, eine Gottesgeschichte, der der Logos der Philosophie nicht unbekannt ist, sie hat ihn einbezogen, in einer Art neuer Mytho-logie das Gespräch mit der Philosophie selbst schon begonnen. Die christliche Theologie hat gemeint, daß dies Entgegenkommen Gottes, das sie Offenbarung nennt, diese eigentümlich in sich bewegte Gegebenheit der Transzendenz, zu beziehen sei auf das, was die Philosophie aus ihrem eigenen inneren Antrieb sucht. Sie hat es für sich bedacht und bedenkt es weiter, weil es im Glauben in der Tat um das Ein und Alles der Welt geht und das Äußerste, was der Mensch zu denken vermag. Ob die Philosophie von sich aus eine solche Gegebenheit der Transzendenz für denkwürdig hält oder als reine Glaubenssache auf sich beruhen läßt, steht dahin.

9. RÜCKSPIEGEL

Rückblickend noch einmal bedenken, begreifen, was man begriffen hat, einzeln Gedachtes aufheben in eine höhere Allgemeinheit – das ist der übliche Begriff von Reflexion. Reflektieren kann aber auch einfach spiegeln bedeuten, den Widerschein von Körpern an einer spiegelnden Fläche. Da ist Reflexion eine Sache der Optik. Die Ausstrahlung von Gegenständen wird aufgefangen. Spiegel können verkleinern oder vergrößern, verzerren, verschärfen, verschwimmen lassen, aber immer halten sie sinnlichen Kontakt zu dem Individuum, das sie auffangen. Ihre Logik ist phänomeno-logisch. Sie spekulieren *in speculo*.

Der Rückblick auf ein Kapitel mit der Überschrift „Begriff" legt Reflexion im erstgenannten Sinne nahe. Ein erster Blick zurück ergibt, daß das, was da bedacht wurde, sehr unvollständig ist, gemessen an dem, was eine Philosophiegeschichte des Gottesbegriffs eigentlich verlangt. Es sind einzelne Anläufe, kein Louvre des absoluten Geistes, eher eine Privatsammlung von Denkbildern mit großen Lücken. Weil bei jeder Station neu auf dem Spiel stand, wie dies Fremde in die Denkform der Poetischen Dogmatik aufzunehmen sei, ergaben sich immer wieder epistemische Schlenker.

Die einzelnen Stücke sind an Namen aufgehängt, Bildnisse sind beigegeben. Das Augenmerk ist nicht auf die Geschichte des Begriffs an sich gerichtet, sondern auf die Emergenz von Gottesgedanken in bestimmten Köpfen. In so einem Kabinett von Denkköpfen müßte man eigentlich, was sie jeweils gedacht, ihrer Physiognomie einschreiben oder ihrem Denken die Figur einer Physiognomie abgewinnen. Aber das sind surrealistische Träumereien. Eine philosophische Galerie ist nicht der Himmelssaal, in dem man von Angesicht zu Angesicht vollkommen erkannt wird (1 Kor 13,12). So bleiben in der Zeit die Köpfe und was in ihnen vorgegangen ist und was sie der Schrift anvertraut haben und was sich folglich beschreiben läßt, nebeneinander stehen, Gesicht und Gedanke ineinander nicht auflösbar.

Was sich so fragmentarisch präsentiert, läßt sich nicht reflexiv summieren. Läßt es sich spiegeln? Wäre am Ausgang dieses Kabinetts ein Rückspiegel denkbar, der von all den betrachteten Denkbildern einen Widerschein auffinge und so anschaulich ineinsbrächte, daß man darin alles noch einmal bedenken könnte? Man müßte ihn finden, erfinden läßt er sich kaum.

Eine Art Gesicht taucht auf, ein Bild, dessen Titel lautet „Grenzen des Verstandes", änigmatisch genug, daß man es als möglichen Spiegel prüfen könnte. Es ist ein Bild von Paul Klee, aus dem Jahre 1927.[242] Bildtitel sind bei Klee keine thematischen Vorgaben, die im Bild dann mimetisch ausgeführt würden. Wie sollte man „Grenzen des Verstandes" auch malen? Aber sie sind auch nicht eine beliebige Beigabe. Wie Klee selbst einmal ausführt, sind Titel für ihn oft poetische Assoziationen, die sich in einer bestimmten Phase der Genese des Bildes einstellen und, wenn sie akzeptiert werden, noch die Anregung zu dieser oder jener das Bild vollendenden Zutat geben.[243] Für den Betrachter werden sie zur Lesehypothese, die sich vielleicht einlöst, wenn er das Bild sorgfältig betrachtet: „Dem gleich einem weidenden Tier abtastenden Auge des Beschauers sind im Kunstwerk Wege eingerichtet."[244]

Das Bild ist mit Bleistift gezeichnet, streng in Linien und Linienbündeln, die sich zu geometrischen Figuren und stereometrischen Körpern fügen. Daß man in diese rein graphische Konstruktion ein Gesicht hineinsieht, liegt an der zentrischen Konzentration des Gebildes. Linsen mit Spektralkegeln erinnern an Augen, angebunden an ein Fadenkreuz, das unten in eine Art Nase ausläuft, (worunter man nun auch einen Mund zu erkennen glaubt) und oben einen Stirnpunkt erreicht, um den sich eine linear zerklüftete Hochgebirgsstirn aufbaut. Das streng geometrisch konstruierte Liniengebilde springt durch diese Zutat um in ein *more geometrico* generiertes Gesicht. Das Gebilde schließt sich nicht in sich ab, die Schädeldecke rundet sich nicht. Vom Stirnpunkt des Gesichtskreuzes geht eine Linie aus, die sich zu einer Leiter vervollständigt, die antennenartig über die Gipfelkette der Stirn in die Höhe des Raums hinaufführt auf ein luftiges Plateau, von dem eine weitere, klei-

14 P. Klee, Grenzen des Verstandes, 1927, 298 (Omega 8); Bleistift, Öl u. Aquarell auf Lwd, 56,2 x 41,5 cm, München, Pinakothek der Moderne

nere Leiter ausgeht, die aber nach sieben Stufen endet auf einem kleinen Absatz, von dem kein Steig weiterführt, man sich also nur abseilen kann auf das untere Plateau, um von dort aus wieder aufzusteigen oder abzusteigen in das Gehäuse des Kopfes; der geradlinige Aufstieg wird zu Rundgängen genötigt.

Auf halber Höhe der unteren Treppe, am Fußpunkt der oberen, geht eine Linie, ein einsamer Denkpfeil steil in die Höhe, wo er auf einen Kreis trifft, die strengste geometrische Figur; das Lineal stößt auf den Zirkel. Der Kreis ist zur dunkelglühenden Kugel ausgemalt, dem vollkommensten Körper. Dies *ens perfectissimum*, geometrisch gesehen, schwebt frei im Raum, es wird von unten berührt, nicht getragen, und in dieser Berührung, so scheint es, gedacht; die Augenlinsen sind unterwegs zu dieser Form, ein Auge, schon geradezu sonnenhaft. Geht die den Kopf übersteigende Bewegung von den denkenden Augen aus, die selber etwas aufgefangen haben, das den Kopf transzendiert? Die wunderbar in sich ruhende Sonne in der Höhe und dieser unruhig zerklüftete Gesichtsbau korrespondieren miteinander im Bildraum, halten einander die vertikale Waage im Weltraum.

Geht man nach dem Blick auf die Schwebe des Ganzen noch einmal ins Detail, steigt man auf den Himmelsleitern noch einmal in die Höhe, so stößt man auf dem höchsten Plateau halbwegs auf eine Linie, die gleichfalls steil in die Höhe führt. Aber sie tangiert den Sonnenball nicht; sie verliert sich im Raum, genauerhin in einem violetten Gewölk, das von einer weiten goldgelben Lichtaura umgeben ist. Ist diese dunkle Wolke ein Schattenreflex der Sonne, oder verbirgt sich dahinter eine andere Sonne, von der man nur eine weiträumige Lichtdiffusion erkennt? Die hier aufsteigende Linie verläßt die Ebene der strengen Geometrie, auf der sich auch noch der gezirkelte Sonnenkreis befindet, und taucht ein in eine mysteriöse Lichtwolke.

Oder taucht sie daraus auf? Wo sie auf das mittlere Plateau auftrifft, ergibt sich die Figur eines von oben auftreffenden Pfeils, der den Aufstieg anhält und umkehrt, und auf einmal liest man dieses von unten nach oben gewagt aufsteigende Liniengestänge als Blitz, der aus eben jenem Gewölk im Hintergrund nach unten fährt, den Kopf trifft, ihn seismisch erschüttert, wenn nicht geradezu erzeugt, eine Genese der Geometrie aus dem geheimnisvollen Licht des Welthintergrunds, dem sie sich dann wieder zurechnet, ohne ihn anders zu erreichen, als in der Annahme eines Blitzes. Dem Kopf erwächst so außer der Sonne, die noch geometrisch zu fassen ist, ein zweites Pendant, eine ebenso mächtige wie unfaßbare Wolkenformation, die den ganzen Raum des Bildes durchleuchtet.

Die Bewegung des Bildes nach oben wird am unteren Bildrand eröffnet mit der Figur einer kleinen Pyramide, die als Echoform dann immer wiederkehrt. Aber die trigonometrische Konstruktion führt zu keinem Turmbau zu Babel, „dessen Spitze bis in den Himmel reicht" (Gen 11,4); es ist alles viel subtiler und labiler zwischen Himmel und Erde. Es gibt Himmelsleitern, aber es ist keine „die mit der Spitze an den Himmel rührte, und die Engel Gottes stiegen daran auf und nieder", wie bei Jakob, als er auf dem Stein in Bethel schlief und träumte (Gen 28,12). Wenn es ein Traum ist, was sich da begibt, so ist es der Wachtraum des Verstandes, der ausfährt, um seine Grenzen zu erfahren.

In dem Maße, in dem man den Spuren folgt, die das Bild selbst legt, offenbart es sich als Metapher seines Titels. Es wird zum Denkbild des Denkens. So bietet es sich an als Rückspiegel. Was die Philosophen von Aristoteles bis Descartes, von Anselm bis Kant gedacht haben über Gott, ist darin nicht zusammengefaßt, aber ein Widerschein von dem, wie sie es zu denken versuchten, leuchtet aus Klees kleinem Bild, vielfältige Denkzüge erscheinen physiognomisch ineinander gespiegelt.

Es ist natürlich nicht, auch nicht abstrakt gesehen das Porträt eines bestimmten Philosophen. Aber ein physiognomisches Detail läßt an einen bestimmten Philosophen besonders denken: die Linsen. Und diese merkwürdige Assoziation hat dazu geführt, neben Klees Bild einen zweiten Rückspiegel am Ausgang dieses philosophischen Kabinetts anzubringen, ein Gedicht. Es stammt von dem polnischen Dichter Zbigniew Herbert (geb. 1924), entnommen seinem Buch „Herr Cogito"[245]:

Die Versuchung Spinozas

Baruch Spinoza
van Amsterdam
begehrte Gott zu erreichen

optische Gläser schleifend
unter dem Dach
durchstieß er plötzlich den Vorhang
und fand sich Auge in Auge

er redete lange
  wenn er so redet
  werden seine Vernunft und Seele
  weiter
er stellte Frage
nach der Natur des Menschen
– Gott strich sich verlegen den Bart

er fragte nach dem ersten Grund
– Gott blickte ins Grenzenlose
er fragte nach dem letzten Grund
– Gott rang seine Finger
räusperte sich
als Spinoza verstummte
sprach Gott

– du redest gefällig Baruch
ich mag dein geometrisches Latein
den klaren Satzbau auch
die Symmetrie der Schlüsse

doch sprechen wir
über die WIRKLICH GROSSEN
DINGE

– betrachte deine Hände
sie sind verletzt und zittern

– dein Augenlicht leidet
im Dunkel

– du ernährst dich schlecht
kleidest dich ärmlich

– kauf dir ein neues Haus
verzeih den venezianischen Spiegeln
daß sie die Oberfläche wiederholen

– verzeih den Blumen im Haar
dem Liedchen der Trinker

– sorge für Einnahmen
wie dein Kollege Descartes

– sei schlau
wie Erasmus

– widme Ludwig XIV.
ein Traktat
er wird's sowieso nicht lesen

– beschwichtige
die rationale Furie
sie macht die Throne stürzen
die Sterne schwarz

– denk

an ein Weib
das dir Kinder schenkt

– siehst du Baruch
wir reden von GROSSEN DINGEN

– ich möchte daß sie mich lieben
die Ungebildeten Ungestümen
sie sind die einzigen
die nach mir wirklich verlangen

da fällt der Vorhang
Spinoza bleibt allein

er sieht keine goldene Wolke
kein Licht in der Höhe

er sieht das Dunkel
er hört das Knarren der Treppe
die abwärts gehenden Schritte

Baruch Spinoza, 1632 im Amsterdamer Judenviertel als Abkömmling sephardischer, aus Portugal vertriebener Juden geboren (gest. 1677)[246], „begehrte Gott zu erreichen". Das trieb ihn früh schon aus der Religion seiner Väter. Die Amsterdamer Synagoge belegte den Vierundzwanzigjährigen mit dem Bann. Der Ausstoß „aus Israel" hatte den Auszug aus dem Geschäft des Vaters und aus der Stadt zur Folge. Das heißt: *van Amsterdam.*

Auf dem Lande, in Rijnsburg bei Leiden, später in Den Haag lebte er privatgelehrt, und wenn man seine Schriften einsieht, die „Ethik" und den „Theologisch-politischen Traktat" vor allem, so ist nicht zu übersehen: *er begehrte Gott zu erreichen.* „Das höchste Gut der Seele ist die Erkenntnis Gottes und die höchste Tugend der Seele Gott erkennen", lautet der 28. Lehrsatz im IV. Teil der „Ethik".[247] Er dachte und schrieb, disputierte und korrespondierte, und „er ernährte sich mit dem Schleifen von Gläsern für Teleskope und Mikroskope"[248], „optische Gläser schleifend". So stellt Z. Herberts Gedicht Baruch Spinoza vor, und aus dem Ineinanderschlag von beidem, von Philosophie und Optik entspringt „unter dem Dach" jene Vision, von der es erzählt: „durchstieß er plötzlich den Vorhang / und fand sich Auge in Auge."

Als *revelatio*, Wegnahme eines Vorhangs (*velum*), Enthüllung (*apokalypsis*) wurde von alters her Offenbarung gedacht. Die Welt reißt wie ein Vorhang auf und Gott erscheint, „von Angesicht zu Angesicht". Wenn es dies war, wohin Baruch Spinoza eines Abends durchgestoßen war, so reagierte er doch nicht wie seine Väter, Patriarchen und Propheten reagierten, wenn Gott sie plötzlich überfiel, fiel nicht zu Boden, in Furcht und Zittern, stumm und geblendet. Wie unbeeindruckt, setzt er fort, was er bei Gott immer getan: er redet, redet weiter, fragt und fragt, nach dem ersten, dem letzten Grund.

Gott nimmt nicht gleich wie sonst, wenn er erscheint, das Wort, er sitzt verlegen da, ein alter Mann, der sich den Bart streicht, mit Augen, Mund und Händen zu erkennen gibt, daß ihm das alles nicht behagt, bis Baruch endlich Ruhe gibt: „als Spinoza verstummte, sprach Gott".

Er lobt Spinozas Rede, den Stil, die klare Logik der Gedanken und findet doch, daß in all den großen Worten von den WIRKLICH GROSSEN DINGEN nicht die Rede sei. Die werden, Spiegelstrich für Spiegelstrich, dann aufgelistet: die unter der Linsenschleiferei leidenden Hände und Augen, die ärmliche Nahrung und Kleidung und Wohnung; um Nachsicht gegenüber der Oberflächlichkeit und den kleinen Vergnügungen der Menschen wird gebeten, ökonomische und politische Klugheit wird angeraten; Descartes und Erasmus, die schon als Denkvorbilder galten, werden als Exempel der Lebensführung empfohlen; König Ludwig XIV. einen Traktat zu widmen, war Spinoza bei einem Besuch der französischen Besatzungsarmee in Utrecht angeboten worden mit dem Versprechen einer lebenslangen Apanage in Paris; er hatte abgelehnt. Die mathematisch strenge Rationalität erscheint als Furie der Revolution, die Staat und Religion unterminiert. Gott bittet da um Mäßigung, wie er zum ruhigen Familienleben rät.

Das also sind für Gott die WIRKLICH GROSSEN DINGE. Es sind die kleinen Dinge, die das Leben schön und erträglich machen. Der alte Mann ist ein freundlicher Gott, der sich um das alltägliche Wohlergehen seiner Kinder kümmert, ihr kleines Glück auf Erden. Nicht zuerst und vor allem liebt er die Philosophen, die ihn mit ihren hohen Gedanken bedrängen, sondern die ungebildeten Kleinen, die es von Herzen tun, direkt und unmittelbar: „die Ungebildeten Ungestümen / sie sind die einzigen / die nach mir wirklich verlangen".

So redete Gott: „da fällt der Vorhang". Die Schau ist zu Ende, die Gottesvorstellung vorbei. „Spinoza bleibt allein / er sieht keine Wolke / kein Licht in der Höhe", nichts von alldem, was Theophanien gewöhnlich begleitet. „Er sieht das Dunkel / er hört das Knarren der Treppe / die abwärts gehenden Schritte." Wer verläßt da heimlich das Haus? Gott oder ein unheimlicher Gast, ein *genius malignus*, wie Descartes ihn fingiert hatte, ein Täuschergeist, der da in der Larve Gottes ein Gaukelspiel vorgeführt hatte, um den einsamen Baruch Spinoza in der Wüste seiner dunklen Dachkammer zu verführen? Der Titel des Gedichts lautet: „Die Versuchung Spinozas".

Eine Versuchung ist eine wahre Versuchung nur, wenn der Teufel Gott zum Verwechseln ähnlich ist. So ist es bei der Versuchung Jesu von Nazareth in der Wüste. Da wird der Sohn Gottes durch Halluzinationen eines Wunderreiches Gottes auf Erden auf die Probe gestellt. Er widersteht der Verführungsrede des Pseudo-Gottes, bis er von ihm abläßt, „und Engel kamen und dienten ihm" (Mt 4,11).

Baruch Spinoza bleibt allein, „sieht das Dunkel". Er hat alles über sich ergehen lassen, nichts entgegnet. Eine Vision kann eine Konversion zur Folge habe, wie es Pascal in jener Nacht des 16. November 1654 geschah: „Gott Abrahams, Gott Isaaks, Gott Jakobs, nicht der Philosophen und Gelehrten". Von solchem Feuer der Bekehrung ist bei Spinoza keine Rede.

Baruch Spinozas ganzes Denken besteht darauf, Anthropomorphie in jeder Hinsicht von Gott fern zu halten, ihm „keine menschlichen Eigenschaften wie Wille, Verstand, Aufmerksamkeit, Gehör usw."[249] zuzuschreiben. Ein Gott als alter Mann mit Bart, wie er da zuhört, redet, dies oder jenes will, ist nie und nimmer jener Gott, den man notwendig zu denken hat. Es ist ein anderer Gott. Ist es ein höherer, der wahre?

Gott ganz nach Menschenart zu denken, ist für Spinoza Theologensache, wie es in einem Brief an Willem van Blyenbergh heißt:

> *„Dann möchte ich Ihnen hier bemerken, daß wir, solange wir als Philosophen sprechen, nicht die theologischen Ausdrucksweisen gebrauchen dürfen. Denn weil die Theologie Gott durchgehends und nicht ohne Grund als einen vollkommenen Menschen vorstellt, so ist es infolgedessen angemessen, daß es in der Theologie heißt, Gott begehre etwas, Gott empfinde Unwillen über das Tun der Gottlosen und freue sich an dem der Frommen. In der Philosophie aber erkennt man klar daß man jene Attribute, die den Menschen vollkommen machen, Gott so wenig zuschreiben und andichten kann, als man das, was den Elefanten und den Esel vollkommen macht, den Menschen zuschreiben wollte; hier haben diese und ähnliche Worte keine Stelle und können hier nicht ohne die vollste Verwirrung unsrer Begriffe gebraucht werden. Um daher philosophisch zu sprechen, darf man nicht sagen, daß Gott von jemandem etwas verlangt und ebensowenig, daß ihm etwas mißfällig oder angenehm ist. Das sind alles menschliche Attribute, die bei Gott nicht Platz haben."*[250]

Mag, so nach Menschenart von Gott zu reden, für Theologen unvermeidlich sein, sie bleiben damit hinter dem zurück, was Gott gebührt, dem wahren Gott, wie ihn die Philosophie zu denken für unerläßlich hält. Spinoza spricht einmal, im Lehrsatz 29 des Teils V seiner „Ethik" von zwei Weisen, die Dinge zu begreifen: „Die Dinge werden von uns auf zweierlei Weise als wirklich begriffen: entweder sofern wir sie als mit Beziehung auf eine gewisse Zeit und einen gewissen Ort existierend begreifen oder sofern wir sie als in Gott enthalten und aus der Notwendigkeit der göttlichen Natur folgend begreifen. Die Dinge nun, die auf diese letztere Weise als wahr oder real begriffen werden, die begreifen wir unter einer Art der Ewigkeit (*sub specie aeternitatis*), und deren Ideen schließen die ewige und unendliche Weisheit Gottes in sich."[251] Die Dinge wie sie auch immer sind, *sub specie aeternitatis,* als in Gott notwendig begründet zu betrachten und so in einem *amor intellectualis* Ruhe und Glück des Geistes zu finden[252], das ist die wahre Art, Gott zu entsprechen. Der Gott jener Dachbodenerscheinung aber hatte sich der ersten Art bequemt, die kleinen Lebensdinge je für sich zu sehen und so einzurichten, daß man darin sein orts- und zeitbedingtes Glück erreicht.

War diese menschenförmig-menschenfreundliche Erscheinung der Gott der Theologen, der im Habit der Offenbarung jener Weise schmeichelte, in der die Menschheit Tag für Tag ihr Glück besorgt? Sprach nicht aus dieser Himmelvater-Maske am Ende nur das Ideal kleinbürgerlich gestimmter Hausväterlichkeit? War, was sich da als Gott gab, nur die blinde Projektion der kleinen Lebenswünsche in den Himmel? War das der Gott der Theologen und der Hl. Schrift?

Der Gott der Bibel hört und spricht, fühlt, sieht und will und handelt. Er ist und nimmt es mit der Welt persönlich. Er ist mit Herzen, Mund und Händen vom Anfang bis zum Schluß anthropomorph gedacht. Und mag es auch verboten sein, Bilder von ihm zu machen, Imaginationen gibt es doch. *Et homo factus est,* das ist das letzte Siegel auf die Anthropomorphie, „hat menschliche Natur angenommen", wozu dann folgerichtig Baruch Spinoza „ausdrücklich bemerkt, daß ich nicht weiß, was sie damit sagen. Ja, offen gestanden, scheint es mir, was sie sagen, gerade so unsinnig, als wenn mir jemand sagen wollte, der Kreis habe die Natur des Quadrats angenommen".[253]

Im Fokus der Spinozaschen Verschärfung erscheint ein Riß, der mehr oder minder sichtbar Gott begleitet, seitdem die Philosophie sich eingemischt hat in den Gottesumgang der Religion: Ist Gott wie wir, Person, oder ist er, wie die Natur, die uns umgibt, unübersehbar und unendlich uns übertreffend, das All, das Sein, Substanz, ein Neutrum, Es, nicht so wie wir, keine Person, nicht Subjekt, Er und Du? Und da ist Baruch Spinoza klar entschieden.

Eritis sicut Deus lautete die Verheißung der Schlange im Paradies; aber die Verlockung zu einem höheren Stand des Bewußtseins führte zum

Fall in einen tieferen. *Est sicut nos homines* lautet die Versuchung im Paradies des Philosophen. Aber der Ruf zu einem höheren Stand der Vernunft führt zum Rückfall in den Mythos, in anthropomorphe Naivität. Die Theologen haben sich bemüht, zu zeigen, daß in diesem Falle nicht die Schlange, sondern Gott selbst es sei, der sich da offenbare: ICH. Wenn es auch Philosophen gab, die, anders als Spinoza, dem zuzustimmen scheinen – „*Freiheit* ist unser und der Gottheit Höchstes", heißt es in Schellings „Philosophie der Offenbarung"[254] – so scheint die Mehrheit, wenn überhaupt, doch eher für „unpersönlich" zu votieren: Gott – ein ontologisches Prinzip oder ein noetisches, eine Regel, ein regulatives Prinzip der Vernunft, ein Horizont, eine Atmosphäre, das Meer des Seins, ein ozeanisches Gefühl, anonym, keine Person.

Irgendwie scheint dies größer und weiter gedacht als, was die Theologen im Sinn und vor Augen haben als „Gott mit uns". „Wir sind naturforschend Pantheisten", notiert Goethe in den „Maximen und Reflexionen" (Nr. 49)[255]. So hat er sich auch in einem Brief vom 9.6.1785 an Jacobi zugunsten Spinozas erklärt: „Du erkennst die höchste Realität an, welche der Grund des ganzen Spinozismus ist, worauf alles übrige ruht, woraus alles übrige fliest. Er beweist nicht das Daseyn Gottes, das Daseyn ist Gott. Und wenn ihn andere deshalb Atheum schelten, so mögte ich ihn theissimum ia christianissimum nennen und preisen."[256] Naturforschende Geister von der Denkart Goethes scheinen von diesem anonymen Wesen der Gottheit eher berührt als von dem Gott der biblischen Geschichte, der allzu großen Nähe dieser Person. Da gibt es sogar heideggerianisch anmutende Seinsgeschickserwartungen, wenn es im Tagebuch des alten Ernst Jünger heißt: „Das Modellexperiment liegt bei den Theologen: Wie kann der persönliche Gott überwunden und durch was kann er glaubwürdig ersetzt werden? Das ist nur zu leisten, wenn die Gottheit von sich aus mitwirkt, das heißt durch Erscheinungen."[257] Ein seltsamer Messianismus, in dem die Gottheit sozusagen selbst sich aus dem Persönlichen ins Unpersönliche überwindet, wird da anvisiert. Hat Gott sich nicht definitiv offenbart? Was sollen da neue Erscheinungen? Ist das die Stimme der Schlange in diesem der Theologie angesonnenen „Modellexperiment"?

Oder ist dieserart Philosophie der Theologie auf Dauer beigesellt, um sie vor dem Götzendienst zu bewahren, vor der Idololatrie eines kleinen kirchlichen Hausgötzen, uns zu passe? Vielleicht hat Simone Weil so etwas im Sinn, wenn sie in ihrem Tagebuch schreibt:

„Man muß den unpersönlichen Gott durch den persönlichen hindurch lieben (und dahinter noch den Gott, der sowohl das eine wie das andere ist, und dahinter noch den Gott, der weder das eine noch das andere ist), und zwar aus Angst davor, so weit zu kommen, daß man ihn als eine Sache begreift, was Spinoza manchmal widerfährt.“[258]

Rückspiegel zeigen nicht nur, was man hinter sich hat, sondern auch, was auf einen noch zukommen kann.

SCHLUSS

1. ABGESANG

In der Synagoge hatte ich den Eindruck, der Gesang moduliere das Wort ‚GOTT', wie um dessen Bedeutung auf äußerste zu spannen.

E. Jabès[1]

Jede Version Gottes ist autobiographisch.

E.M. Cioran[2]

Alle Theologie bleibt ein Scherbenhaufen. Die Scherben sind die zerbrochenen Teile des Absoluten. Indem wir über Gott nachdenken, zerstören wir seine Einheit, seine Schönheit, seine Wahrheit. – Dennoch ist der Agnostizismus keine Tugend.

P. Strasser[3]

2. AUSBLICK

Ein zu Ende gebrachtes Buch gibt seine Kontingenz preis, die Zufälligkeit, daß dieses und jenes besprochen wurde und vieles andere nicht, was man auch oder eher sogar hätte erwarten können, Themen, die die theologische Tradition längst auf die Tagesordnung gesetzt hatte, und unabweisbare Fragen zu Gott in dieser Zeit. Die mit dem Titel „Dogmatik" gegebene Vollständigkeitsverheißung läßt sich von einem einzelnen nur als Experiment erfüllen zu jener Gotteserforschung, die die ganze Theologie zu leisten hat. So wird, was hier vermißt wird, bei anderen zu suchen sein.

Aber es bleibt auch für die eigene Arbeit noch zu tun. Das auffälligste Desiderat ist das der Bilder, die in der Christologie so sehr das Feld beherrschten, daß man die ganze Poetische Dogmatik als eine *teologia per immagini* identifizierten konnte. Die Frage des Gottesbildes, sofern sie axiologisch (Bilderverbot etc.) und ikonographisch über die des Christusbildes hinausgeht, steht somit jedenfalls noch an. Der Komplex der Gottesvorstellung ist, in deutlicher Differenz zu den beiden anderen monotheistischen Religionen, aufs engste verbunden mit dem christlichen Glauben an die Dreifaltigkeit Gottes. Damit kommen auch die beiden über den christologischen Festkreis hinausschießenden Gottesfeste, Pfingsten und das Fest der allerheiligsten Dreifaltigkeit in den Blick, mit ihnen die Suche nach einer poetischen Pneumatologie und Trinitätstheologie. Der neben dem imaginativen für die Poetische Dogmatik kennzeichnende heortologische Zug erhielte so wieder das nötige Gewicht. Dahin treibt also die Sache selbst noch ein Stück weit über den erreichten Stand hinaus.

3. DANK

Dem ersten Band der Gotteslehre konnte im Abstand eines Jahres der zweite folgen. Dem Schöningh-Verlag, insbesondere Herrn Dr. Hans J. Jacobs, danke ich für das anhaltende Interesse. Und wieder – es ist nun schon der sechste Band der Poetischen Dogmatik – kann ich nur Frau Anneliese Geier herzlich danken, daß sie zwischen der Handschrift des Autors und der Druckschrift des Verlags so sorgfältig und geduldig vermittelt hat.

Köln, im März 2005

ABILDUNGEN

ABKÜRZUNGEN

BKAT	Biblischer Kommentar. Altes Testament, Neukirchen 1955ff.
BKV	Bibliothek der Kirchenväter, Hg. von F. X. Reithmayr u. a., 79 Bde., Kempten 1869-1888 und hg. von O. Bardenhewer u.a.,Kempten 1911ff.
DACL	Dictionnaire d'archéologie chrétienne et de liturgie, hg. von F. Cabrol u. H. Leclercq, Paris 1924ff.
DH	H. Denzinger, Enchiridion symbolorum, definitionum et declarationum de rebus fidei et morum. Kompendium der Glaubensbekenntnisse und kirchlichen Lehrentscheidungen. Lateinisch-deutsch, übers. und hg. v. P. Hünermann unter der Mitarbeit von H. Hoping, Freiburg/Brsg. 1991^{37}
EG	Evangelisches Gesangbuch, 1993.
EvTh	Evangelische Theologie, München 1934ff.
Gotteslob	Gotteslob. Katholisches Gebet- und Gesangbuch, hg. von den Bischöfen Deutschlands und Österreichs wie den Bistümern Bozen-Brixen und Lüttich, Stuttgart 1975 (Ausgabe für das Erzbistum Köln).
HWPh	Historisches Wörterbuch der Philosophie, hg. von J. Ritter, Darmstadt 1971ff.
$LThK^2$	Lexikon für Theologie und Kirche, hg. von J. Höfer/K. Rahner, Freiburg/Brsg. 1957ff.
$LThK^3$	Lexion für Theologie und Kirche, hg. von W. Kasper, Freiburg/Brsg. 1993ff.
RAC	Reallexikon für Antike und Christentum, Stuttgart 1941 (1950)ff.
RGG	Die Religion in Geschichte und Gegenwart. Handwörterbuch für Theologie und Religionswissenschaft, hg. von K. Galling, Tübingen 1956^3ff.
RGG^4	Religion in Geschichte und Gegenwart. Handwörterbuch für Theologie und Religionswissenschaft. 4. völlig neu bearbeitete Auflage, hg. von H.D. Betz/D.S. Browning/B. Janowski/E. Jüngel, Tübingen 1998ff.

Sonntags-Schott	Der Grosse Sonntags-Schott, hg. von den Benediktinern der Erzabtei Beuron, Freiburg/Brsg. 1975.
Sth	S. Thomae Aquinatis Summa theologica, ed. Univ. Salmanticensis, Madrid 1955ff.
THWAT	Theologisches Wörterbuch zum AT, hg. von G.J. Botterwerk/H. Ringgren, Stuttgart 1973ff.
ThWBNT	Theologisches Wörterbuch zum Neuen Testament, begr. v. G. Kittel, hg. v. G. Friedrich, 10 Bde., Stuttgart 1933-79
TRE	Theologische Realenzyklopädie, hg. von G. Krause/G. Müller, Berlin/New York 1976ff.

ANMERKUNGEN

EINLEITUNG

1 T. Różewicz, Letztendlich ist die verständliche Lyrik unverständlich, München 1996, 38f.

2 E. Jabès, Vom Buch zum Buch, München 1989, 136.

3 Pseudo-Dionysius Areopagita, Die Namen Gottes, eingel. u. übers. von B.R. Suchla, Stuttgart 1988.

4 Vgl. z.B. J. Feiner/M. Löhrer (Hg.), Mysterium Salutis. Grundriß heilsgeschichtlicher Dogmatik I-IV, Einsiedeln 1965ff; D. Sattler/Th. Schneider, Gotteslehre, in: Th. Schneider (Hg.), Handbuch der Dogmatik 1, Düsseldorf 1992, 51-119.

5 Vgl. A. Stock, Poetische Dogmatik. Gotteslehre 1. Orte, Paderborn 2004.

6 Zur Bedeutung des Gebets für die Gotteslehre vgl. G. Sauter, Reden von Gott im Gebet, in: B. Casper (Hg.), Gott nennen. Phänomenologische Zugänge, München 1981, 219-242; Th. Benner, Gottes Namen anrufen im Gebet, Paderborn 2001.

7 I. Kant, Kritik der Urteilskraft (1790) B 181f., zit. nach I. Kant, Werke in 6 Bänden, hg. von W. Weischedel, IV, Darmstadt 1970.

8 KU B 182.

9 KU B 185.

10 KU B 186.

11 Zuletzt vgl. A. Stock, Demonstratio catholica. Notizen zu einer Poetischen Dogmatik, in: A. Batlogg/M. Delgado/R.A. Siebenrock (Hg.), Was den Glauben in Bewegung bringt. Fundamentaltheologie in den Spuren Jesu (Festschrift K.H. Neufeld), Freiburg/Brsg. 2004, 328-337.

12 H. Hoping, Das Leben Christi im Raum von Liturgie und Kunst. Zur „Poetischen Dogmatik" von Alex Stock, in: IkaZ Communio 33 (2004), 67-71, 68.

13 Rez. Von W. Schmied, in: Zeitschrift für Ästhetik und Allgemeine Kunstwissenschaft 2002.

14 Ebd.

15 S. Dianich, Poesia e Cristologia. La *Poetische Dogmatik* di Alex Stock, in: Vivens homo 12 (2001), 403-421, 420; vgl. auch E. Salmann, Liturgie und Kunst als Loci teologici. Zur Poetischen Dogmatik von Alex Stock, in: Ecclesia orans (Roma) 19 (2002/03), 419-433.

16 Zit. nach: Gespräch mit Emmanuel Lévinas, in: M. Jakob, Aussichten des Denkens, München 1994, 41-54, 41f.

17 H. Jonas, Husserl und Heidegger, in: D. Böhler/J.P. Brune (Hg.), Orientierung und Verantwortung. Begegnungen und Auseinandersetzungen mit Hans Jonas, Würzburg 2004, 17-33, 25.

18 Vgl. H. Gombrich, Aby Warburg. Eine intellektuelle Biographie, Frankfurt/M. 1984, 28.

19 KU B 192f.

20 Dionysius Areopagita, Über die himmlische Hierarchie VI, 2, zit. nach: Pseudo-Dionysius Areopagita, Über die himmlische Hierarchie. Über die kirchliche Hierarchie, eingel. u. übers. von G. Heil, Stuttgart 1986, 42.

A. VOKATIV

1 Vgl. z.B. Art. Gott, in: Wörterbuch der deutschen Gegenwartssprache, hg. von R. Klappenbach/W.Steinitz, Berlin 1969, 1626f.

2 E. Jüngel, Gott – als Wort unserer Sprache, in: EvTh 29 (1969), 1-24, 3.

3 Katholischer Katechismus der Bistümer Deutschlands, Freiburg/Brsg. 1955, 204.

4 Botschaft des Glaubens. Ein katholischer Katechismus, im Auftrag der Bischöfe von Augsburg und Essen, hg. von A. Bauer/W. Plöger, Donauwörth 1978, 319f.

5 Vgl. J. Erben, Deutsche Grammatik, Frankfurt/M. 1970[3], 44.

6 Fr. Kainz, Psychologie der Sprache I, Stuttgart 1967[4], 208.

7 Ebd. 193.

8 Ebd.

9 Ebd. 180.

10 Ebd.

11 Ebd.

12 Ebd. 189f.

13 A. Kremer-Marietti, Michel Foucault – Die Archäologie des Wissens, Frankfurt/M. 1976, 72.

14 M. Buber, Moses, Heidelberg 1952[2], 61f.

15 Vgl. Art. Gott, in: F. Kluge, Etymologisches Wörterbuch der deutschen Sprache, Berlin 1963[19], 265f.

16 F. Heiler, Das Gebet. Eine religionsgeschichtliche und religionspsychologische Untersuchung, München 1969[5].

17 E. Rosenstock-Huessy, Der Atem des Geistes, Moers 1990, 60.

18 Zit. nach K. Marx, Die Frühschriften, hg. von S. Landshut, Stuttgart 1964, 208.

19 Ebd.

20 H. Heine, Deutschland – Ein Wintermärchen Caput I, zit. nach Heines Werke in fünf Bänden, II, Berlin/Weimar 1972, 95.

21 Marx, Frühschriften, 208.

22 Ebd. 216.

23 Ebd.

24 Zit. nach H. Kurzke, Hymnen und Lieder der Deutschen, Mainz 1990, 115.

25 Ebd.

26 Th. Müntzer, Hochverursachte Schutzrede, zit. nach: ders., Die Fürstenpredigt. Schriften, Stuttgart 1967, 116.

27 Ebd. 140.

28 Ders., Von dem getichten Glauben, ebd. 20.

29 E. Bloch, Atheismus im Christentum. Zur Religion des Exodus und des Reichs, Frankfurt/M. 1968, 353.

30 Ebd. 354.

31 B. Brecht, Am Grunde der Moldau, Str. 2, in: Schweyk im Zweiten Weltkrieg, zit. nach ders., Gesammelte Werke 5, Stücke 5, Frankfurt/M. 1967, 1968.

[32] Die folgende Auslegung ist eher durch M. Buber, Moses, Heidelberg 1952² als durch die neuere exegetische Forschung (vgl. z.B. W.H. Schmidt, Exodus, Sinai und Mose, Darmstadt 1983; P. Weimar/E. Zenger, Exodus. Geschichte und Geschichten der Befreiung Israels, Stuttgart 1975) inspiriert worden.

[33] O. Mandelstam, Gespräche über Dante, Gesammelte Essays II, Zürich 1991, 122.

[34] H. Arendt, Vita activa oder Vom tätigen Leben, München 1981², 166; das lateinische Zitat aus Augustinus, De civitate Dei XII, 20.

[35] Ebd. 166.

[36] Vgl. ebd. 180ff.

[37] C. Westermann, Der Psalter, Stuttgart 1967, 30.

[38] Vgl. O. Fuchs, Die Klage als Gebet. Eine theologische Besinnung am Beispiel des Psalms 22, München 1982.

[39] Vgl. dazu A. Stock, Poetische Dogmatik. Christologie 4. Figuren, Paderborn 2001, 75ff.

[40] H. Bone, Herr, sende, den du senden willst, 1847, Gotteslob Nr. 831.

[41] Aus hartem Weh die Menschheit klagt, um 1525, Gotteslob Nr. 109.

[42] O. Michel, Der Brief an die Römer (Krit.-Exeget. Kommentar über das NT, begr. von H.A.W. Meyer), Göttingen 1966⁴, 202.

[43] Ebd.

[44] Ebd. 205.

[45] Vgl. Klage (Jahrbuch für Biblische Theologie 16, 2001), hg. von M. Ebner u.a., Neukirchen-Vluyn 2001.

[46] Clausener Gesangbuch, Trier 1653, Text hier nach: H. Bone, Cantate. Katholisches Gesangbuch 1866⁵; eine siebenstrophige Fassung nach: H. Bone Gotteslob Nr. 886, eine sechsstrophige Neufassung von 1971, die nur noch die Eingangsstrophe des ursprünglichen Textes beibehalten hat, Gotteslob Nr. 306.

[47] Vgl. Art. Trishagion (H.-J. Schulz), in: LThK², 10, 365.

[48] Vgl. A. Stock, Poetische Dogmatik. Christologie 4. Figuren, Paderborn 2001, 262-264.

[49] Vgl. Anm. 46.

[50] Vgl. Poetische Dogmatik. Gotteslehre 1. Namen, Paderborn 2004, 150-163.

[51] O Jungfrau, wir dich grüßen, Münster 1854, zit. nach: Gotteslob. Gesangbuch und Gebetbuch für das Bistum Osnabrück, Osnabrück 1965, Nr. 232.

[52] Milde Königin, gedenke (Refrain), Mitte 19. Jh., nach dem „Memorare", zit. nach: Gotteslob. Gesangbuch und Gebetbuch für das Bistum Osnabrück, Nr. 216.

[53] Maria, breit den Mantel aus, Innsbruck 1640, zit. nach: Gotteslob Nr. 595.

[54] Vgl. Anm. 50.

[55] Wer nur den lieben Gott läßt walten, G. Neumark, 1657, zit. nach: Gotteslob Nr. 295, EG Nr. 369.

[56] F. Spee, Güldenes Tugend-Buch, hg. von Th. G.M. Oorschot. Sämtliche Schriften. Historisch-kritische Ausgabe, Bd. II, München 1968, 162.

[57] Ebd. 164.

[58] Ebd. 168.

[59] Ebd. 170.

[60] Vgl. A. Stock, Bei stiller Nacht, in: H. Becker/A. Franz/J. Henkys/H. Kurzke/Chr. Reich/A. Stock, Geistliches Wunderhorn. Große deutsche Kirchenlieder, München 2001, 207-215.

61 EG Nr. 366. Zur christlichen Spiritualität des Seufzens vgl. F. Wulf, Vom Seufzen im Geist. Zu einem Grundbegriff des christlichen Gebets, in: Geist und Leben 38 (1965), 201-213.

62 G. Lübbe-Grothues, Nachwort, in: Christine Lavant, Gedichte, hg. von G. Lübbe-Grothues, München 1972, 116.

63 Zit. nach ebd. 110.

64 Ebd. 101.

65 Ebd. 14.

66 Vgl. Heiler, Gebet, 95-98.

67 W. Eichrodt, Theologie des Alten Testaments I, Göttingen 1959^{6}, 88.

68 J.A. Jungmann, Missarum sollemnia I, Wien 1958^{4}, 452.

69 Westermann, Psalter, 68.

70 G. Niege, Aus meines Herzens Grunde, um 1586, Gotteslob Nr. 669, EG 443.

71 M. Behm, Lobt Gott in allen Landen, 1606, EG 500.

72 P. Gerhardt, Nun danket all und bringet Ehr, 1647, Gotteslob Nr. 267, EG 322.

73 M. Rinckart, Nun danket alle Gott (Str. 1), 1636, Gotteslob Nr. 266, EG 321.

74 J. Neander, Lobe den Herren (Str. 2/3), 1680, Gotteslob Nr. 258, EG 316/317; vgl. dazu J. Henkys, in: Geistliches Wunderhorn, 310-319.

75 Dein Lob, Herr, ruft der Himmel aus, 1659 (A. Curtz), Gotteslob Nr. 263.

76 V. Triller/M. Luther, Es kam ein Engel hell und klar (Str. 8), 1535, Gotteslob Nr. 138, EG 24 (Vom Himmel hoch, Str. 15).

77 F.G. Klopstock, Preis dem Todesüberwinder, Gotteslob. Bistum Osnabrück Nr. 152 (Str. 1).

78 Vgl. Kurzke, Hymnen und Lieder der Deutschen, 163-194.

79 Vgl. Gotteslob Nr. 257, 258, 267, 266, 265.

80 M.-L. Kaschnitz, aus „Tutzinger Gedichtkreis“, in: dies., Dein Schweigen, meine Stimme. Gedichte 1958-1961, Hamburg 1962.

81 Vgl. Art. Alleluia (F. Cabrol), in: DACL 1, 229-246; Art. Alleluja (H. Engerbeding), in: RAC 1, 293-299; E. Jammers, Das Alleluja in der gregorianischen Messe, Münster 1973.

82 Art. Jubilus (L. Kunz), in: LThK^{2} 5, 1149.

83 Enarratio in ps. 32.8 (vers 3) (PL 36,283).

84 Ebd.

85 Ebd.

86 Sermo 252 in diebus paschalibus, 9 (PL 38, 1176-77).

87 Vgl. E. Peterson, Das Buch von den Engeln. Stellung und Bedeutung der heiligen Engel im Kultus, Leipzig 1935.

88 Enarratio in ps. 21.24 (PL 36,177).

89 B. Stäblein, Alleluja, in: Musikalische Gattungen in Einzeldarstellungen (Edition MGG), Bd. 2: Die Messe, München 1985, 297-311.

90 Art. Alleluja (U. Bomm), in: LThK^{2}, 1, 345f.

91 F. Gennrich, Formenlehre des mittelalterlichen Liedes, Halle 1932, 36.

92 O. Messiaen, Conférence de Notre Dame vom 4. Dez. 1977, in : A. Rößler, Beiträge zur geistigen Welt Olivier Messiaens, Duisburg 1984, 60-70, 61f.

93 O. Messiaen, Rede anläßlich der Verleihung des Praemium Erasmianum am 25. Juni 1971 in Amsterdam, in: Rößler, Beiträge, 39-48, 41.

94 Podiumsgespräch am 11. Juni 1972 im Bachsaal der Johanneskirche, Düsseldorf, in: Rößler, Beiträge, 50-59, 58.

95 F. Spee, Die ganze Welt, 1623, Gotteslob Nr. 219.
96 S. Weil, Cahiers 2, hg. von E. Edl/W. Matz, München 1993, 129.
97 E. Jabès, Die Schrift der Wüste, hg. von F.Ph. Ingold, Berlin 1989, 94.
98 Rupert von Deutz, o.A. zitiert in: Art. Alleluja (U. Bomm), 345.
99 Vgl. Anm. 90.
100 H. Grundmann, Geschichtliche Grundlagen der deutschen Mystik, in: K. Ruh (Hg.), Altdeutsche und Altniederländische Mystik, Darmstadt 1964, 72-99, 87f.
101 Zit. nach ebd. 88.
102 L. Thoma, Der Münchner im Himmel. Satiren und Humoresken, München 1959, 18-20.
103 Ebd. 79-86.
104 Vgl. A. Stock, Poetische Dogmatik. Gotteslehre 1. Orte, Paderborn 2004, 135-150.
105 G.W.F. Hegel, Vorlesungen über die Ästhetik III (Werke in 20 Bänden, 15), hg. von E. Moldenhauer/K.M. Michel, Frankfurt/M. 1970, 530.
106 Angelus Silesius, Cherubinischer Wandersmann (1656), hg. von W.-E. Peuckert, Bremen o.J., II, 32 (44).
107 Cherubinischer Wandersmann I, 239 (Peuckert, 31).
108 Cherubinischer Wandersmann II, 19 (Peuckert, 42).
109 Cherubinischer Wandersmann I, 19 (Peuckert, 3).
110 G. Tersteegen, Gott ist gegenwärtig, 1729, EG Nr. 165.
111 Zit. nach A. Adam (Hg.), Te Deum laudamus. Große Gebete der Kirche, lateinisch-deutsch, Freiburg/Brsg. 1987, 74.

B. NAME

1 Augustinus, Conf. 1,1, deutsche Übers. zit. nach: Des Heiligen Kirchenvaters Aurelius Augustinus Bekenntnisse, übers. von A. Hoffmann (BKV 18), München 1914, 1f. und Aurelius Augustinus, Bekenntnisse, übers. von W. Thimme, Zürich 1950, 31.
2 Ebd.
3 Ebd.
4 Ebd.
5 Ebd.
6 P. Ricoeur, Gott nennen, in: B. Casper, Gott nennen. Phänomenologische Zugänge, München 1981, 45-79, 47f.
7 Art. El (E. Dingermann), in: LThK^2 3, 792.
8 Als religionsgeschichtliche Überblicksdarstellung vgl. M. Eliade, Geschichte der religiösen Ideen 1, Freiburg/Brsg. 1978, 144-154; historisch dedaillierter: D. Kinet, Ugarit-Geschichte und Kultur einer Stadt in der Umwelt des Alten Testaments, Stuttgart 1981.
9 Eliade, Geschichte 1, 145f.
10 Ebd. 152.
11 Vgl. W. Kamlah/P. Lorenzen, Logische Propädeutik, Mannheim 1967, 103-110.
12 E. Zenger, Jahwe und die Götter. Die Frühgeschichte der Religion Israels als eine theologische Wertung nichtisraelitischer Religionen, in: Theologie und Philosophie 43 (1968), 338-359, 342.
13 R. Albertz, Religionsgeschichte in alttestamentlicher Zeit 1, Göttingen 1992, 55.

14 Zenger, Jahwe, 352f.
15 Albertz, Religionsgeschichte, 67.
16 Ebd.
17 W. Eichrodt, Theologie des Alten Testaments 1, Stuttgart 1959^{6}, 115.
18 Vgl. Albertz, Religionsgeschichte, 67.
19 Vgl. A. Stock, Poetische Dogmatik. Gotteslehre 1. Orte, Paderborn 2004, 35-52.
20 Vgl. ebd.
21 Vgl. R. Rendtorff, 'El' als israelitische Gottesbezeichnung, in: Zeitschrift für alttestamentliche Wissenschaft 106 (1994), 4-21.
22 Eichrodt, Theologie, 120.
23 Vgl. J.A. Jungmann, Missarum sollemnia 2, Wien 1958^{2}, 168-170.
24 Vgl. z.B. die Präfation von Weihnachten I, in: Sonntags-Schott, 700.
25 Eichrodt, Theologie, 120; vgl. ebd. 121 Anm. 71.
26 M. Rösel, Adonaj – warum Gott ‚Herr' genannt wird, Tübingen 2000, 6.
27 G. Scholem, Der Name Gottes und die Sprachtheorie der Kabbala, in: ders., Judaica 3, Frankfurt/M. 1973, 7-70, 15.
28 Art. Name Gottes (F. Niewöhner), in: HWPh 6, 389-396, 390.
29 Ebd.
30 Scholem, Der Name, 17.
31 H. Schüngel-Straumann, Der Dekalog – Gottes Gebote?, Stuttgart 1973, 97.
32 Rösel, Adonaj, 55.
33 Art. Gottesnamen (Gottesepitheta) I (B. Gladigow), in: RAC XI, 1202-1238, 1217.
34 Rösel, Adonaj, 177.
35 Ebd. 11.
36 Ebd. 204.
37 Ebd. 192.
38 Ebd. 177.
39 Ebd. 229.
40 Ebd.
41 F. Rosenzweig, „Der Ewige“, in: ders., Der Mensch und sein Werk. Gesammelte Schriften 3, Dordrecht 1984, 801-815, 821f.
42 Ebd. 803.
43 Ebd. 802.
44 Vgl. ebd. 803.
45 Zit. nach ebd. 804.
46 Vgl. Thomas v. Aquin, Sth 1 q 10 a 1-4.
47 St. Mosès, Eros und Gesetz. Zehn Lektüren der Bibel, München 2004, 74.
48 Rosenzweig, „Der Ewige“, 807
49 Mosès, Eros, 74f.
50 Ebd. 77.
51 Ebd. 75.
52 Ebd. 74.
53 Rosenzweig, „Der Ewige“, 814.
54 M. Buber, Zu einer neuen Verdeutschung der Schrift. Beilage zu dem Werk „Die fünf Bücher der Weisung“, Olten 1954, 29f; vgl. ähnlich: ders., Über die Wortwahl in einer Verdeutschung der Schrift, in: ders., Werke II, München 1964, 1111-1130, 1128f.

55 Vgl. H. Weinrich, Sprache in Texten, Stuttgart 1976, 17, 46f, 77, 187.
56 Ebd. 77.
57 Buber, Zu einer neuen Verdeutschung, 28.
58 Ebd. 29.
59 M. Buber, Ich und Du, in: ders., Werke I, München 1962, 77-170, 128; vgl. G. Scholem, M. Bubers Auffassung vom Judentum, in: ders., Judaica 2, Frankfurt/M. 1970, 133-192.
60 Buber, Die Erzählungen der Chassidim, Zürich 1949, 342.
61 Vgl. die Schallplatte Wo ich gehe – Du! Martin Buber liest chassidische Legenden (Ariola-Athena 60190 GW).
62 Buber, Über die Wortwahl in einer Verdeutschung der Schrift, in: ders., Werke II, München 1964, 114f.
63 Zu Bubers synagogaler Praxis vgl. Scholem Judaica 2, 137.
64 Vgl. Art. Name Gottes (F. Niewöhner), 392.
65 Th. Lewandowski, Linguistisches Wörterbuch 1, Heidelberg 1973, 52.
66 K. Kerényi, Antworten der Griechen, in: H.J. Schultz (Hg.), Wer ist das eigentlich – Gott?, Frankfurt/M. 1973, 123-133, 126f.
67 Ebd. 128.
68 Ebd. 129f.
69 Ebd. 129.
70 Ebd. 130f; vgl. A. Stock, Poetische Dogmatik. Gotteslehre. 1. Orte, Paderborn 2004, 118-134
71 L. Wittgenstein, Philosophische Untersuchungen (1958), Frankfurt/M. 1971, 48.
72 Art. Kyrios (W. Foerster), in: ThWBNT III, 1085-1095, 1088; vgl. A. Stock, Poetische Dogmatik. Christologie 1. Namen, Paderborn 1995.
73 Art. patēr A. V (G. Schrenk), in: ThWBNT V 951-959, 951; vgl. G. Bornkamm/H.G. Gadamer/J. Assmann/W. Lemke/L. Perlitt, Das Vaterbild in Mythos und Geschichte, hg. von H. Tellenbach, Stuttgart 1976; H. Tellenbach (Hg.), Das Vaterbild im Abendland I, Stuttgart 1978; ders. (Hg.), Vaterbilder in Kulturen Asiens, Afrikas und Ozeaniens, Stuttgart 1979.
74 P. Ricoeur, Die Vatergestalt – vom Phantasiebild zum Symbol, in: ders., Hermeneutik und Psychoanalyse, 315-353, 338.
75 Vgl. ebd. 333-338.
76 H.J. Kraus, Psalmen 1 (BKAT XV, 1), Neunkirchen 1966, 19.
77 Art. patēr C. IV (G. Schrenk), in: ThWBNT V, 977-981, 979.
78 Vgl. dazu Ricoeur, Die Vatergestalt.
79 Vgl. Art. Perichorese (M. Schmaus), in: $LThK^2$ 8, 274-276.
80 Art. patēr D III, (G. Schrenk), 1005-1016, 1010.
81 Vgl. Ebd. 1008.
82 Platon, Timaios 28, zit. nach: Platon, Sämtliche Werke 3, hg. von E. Loewenthal, Heidelberg 1969^6, 107.
83 Vgl. J. Bommer, Das Vaterunser in der seelsorglichen Praxis, in: M. Brocke/J.J. Petuchowski/W. Strolz (Hg.), Das Vaterunser, Freiburg/Brsg. 1974.
84 Vgl. E. Paul, Die Geschichte der christlichen Erziehung 1. Antike und Mittelalter, Freiburg/Brsg. 1993, passim (s. Register).
85 Zit. nach: Tertullian, Über das Gebet 1, in: Tertullians private und katechetische Schriften, übers. von K.A.H. Kellner (BKV 7), Kempten 1912, 247-273, 249.

[86] Vgl. Art. Vaterunser II. In der Liturgie (J.A. Jungmann), in: LThK² 10, 627-629, 627.

[87] Ebd. 628.

[88] Sonntags-Schott, 626.

[89] Ebd. 666, 678.

[90] Seneca, De clementia II, 3, zit. nach Thomas v. Aquin 2/2 q 157 a 2 s.c. Die Quaestio 157 handelt *de clementia et mansuetudine.*

[91] 1. Hochgebet, Sonntags-Schott, 627.

[92] Regelmäßig im Eingangssatz der Präfationen, vgl. Sonntags-Schott 643, 696-767, – was die deutschen Fassungen z.T. nicht wörtlich „Heiliger Vater" übersetzen –, dann vor allem im 4. Hochgebet, vgl. Sonntags-Schott 670-672.

[93] Vgl. F. Kattenbusch, Verbreitung und Bedeutung des Taufsymbols II, Hildesheim 1962, 522-540.

[94] Sonntags-Schott, 613, 617.

[95] J.N.D. Kelly, Altchristliche Glaubensbekenntnisse, Göttingen 1972, 134.

[96] Ebd. 135.

[97] Ebd. 137.

[98] Vgl. dazu A. Grillmeier, Jesus der Christus im Glauben der Kirche 1, Freiburg/Brsg. 1979; F. Ricken, Das Homoousios von Nikaia als Krisis des altchristlichen Platonismus, in: B. Welte (Hg.), Zur Frühgeschichte der Christologie, Freiburg/Brsg. 1970, 74-89.

[99] Vgl. A. Stock, Poetische Dogmatik. Christologie 1. Namen, Paderborn 1995, 155-159.

[100] Vgl. Anm. 67.

[101] Damit soll sich der nächste Band der Gotteslehre beschäftigen.

[102] Vgl. Paul, Geschichte der christlichen Erziehung 1, 100f.

[103] E. Schüssler Fiorenza, Biblische Grundlegung, in: M. Kassel (Hg.), Feministische Theologie, Stuttgart 1988², 13-44, 26.

[104] F. Preising, Gottesrede, in: I. Leicht/C. Pakel/St. Rieger-Goertz (Hg.), Arbeitsbuch Feministische Theologie, Gütersloh 2003, 85-91, 86f.

[105] Ebd. 85.

[106] Vgl. Chr. Mulack, Die Weiblichkeit Gottes. Matriarchale Voraussetzungen des Gottesbildes, Stuttgart 1983.

[107] Vgl. u.a. V.R. Mollenkott, Gott eine Frau? Vergessene Gottesbilder der Bibel, München 1985; U. Gerber, Die feministische Eroberung der Theologie, München 1987; Kassel (Hg.), Feministische Theologie; M.-Th. Wacker (Hg.), Theologie feministisch, Düsseldorf 1988; H. Schüngel-Straumann, Anfänge feministischer Exegese. Gesammelte Beiträge, Münster/Westf. 2002.

[108] Vgl. das Marienlied „Wunderschön prächtige" in der Fassung des Kölner Diözesananhangs zum Gotteslob Nr. 952, Str. 3.

[109] Schüssler Fiorenza, Biblische Grundlegung, 25.

[110] Vgl. H. Meyer-Wilmes, Vater Gott und Mutter Kirche. Über den Zusammenhang von Theologie und Kirchenerfahrung, in: Wacker, Theologie feministisch, 143-157, 144.

[111] Vgl. Anm. 100.

[112] W. Schapp, Philosophie der Geschichten, Leer 1959, 285.

[113] H. Oosterhuis, Zien soms even, Bildhoven 1972, 14f; deutsche Übers. A.S.; eine andere Übersetzung findet sich in: H. Oosterhuis, Weiter sehen als wir sind, Wien 1973, 14f.

114 Str. 3-5 aus Gedicht Nr. 21, in: Hadewych, Mengeldichten (ed. J. van Mierlo SJ), Antwerpen/Brüssel/Gent/Leuven o. J.,118f; zur Frage der Authentizität vgl. ebd. XXVII-XXIX.

115 vgl. Altjüdisches Schrifttum außerhalb der Bibel, übersetzt und erläutert von P. Riessler, Darmstadt 1966², 13-19.

116 Vgl. Hesiod, Theogonie, V 1ff.

117 Schapp, Philosophie der Geschichten, 180.

118 Ebd.

119 Ebd.

120 Ebd. 183.

121 Ebd.

122 Ebd. 184

123 Vgl. ebd.

124 Ebd. 15.

125 Ebd.

126 Ebd. 19

127 Die Konzilstexte werden hier zit. nach: LThK². Das Zweite Vatikanische Konzil II. Dokumente und Kommentare, Freiburg/Brsg. 1967, 488-495.

128 Vgl. z.B. die Diskussion um die „Jüdische Stellungnahme zu Christen und Christentum. Dabru Emet – Redet die Wahrheit", in: Orientierung 68 (2004), 150-154.

129 Die Texte sind im folgenden zit. aus: G.E. Lessing, Nathan der Weise, in: ders., Dramen, Frankfurt/M. 1962, 198-320; es handelt sich um den 5.-7. Auftritt des 3. Aufzugs. Im vorliegenden Zusammenhang geht es nur um die theologische Mikrologik des Ringparabel-Gesprächs, nicht etwa um eine Erörterung des ganzen Dramas oder der Religionsphilosophie Lessings überhaupt.

130 Art. Nathan der Weise (G. Sautermeister), in: Kindlers Literaturlexikon 15, München 1974, 6633-6635, 6634.

131 Art. amar (S. Wagner), in: ThWAT I, 353-373, 354.

132 D. Lau, Wie sprach Gott „Es werde Licht!"? Antike Vorstellungen von der Gottessprache, Frankfurt/M. 2003, 33.

133 Platon, Apologie des Sokrates 39 E, zit. nach der Übers. von M. Claudius / B. Snell, in: Platon. Sokrates im Gespräch. Vier Dialoge, Frankfurt/M. 1953, 33f.

134 Vgl. Lau, Wie sprach Gott, 72.

135 Ebd. 21.

136 Th. Mann, Joseph und seine Brüder. Die Geschichten Jaakobs (1933), Frankfurt/M. 1991, 11f.

137 Ebd. 11.

138 Vgl. Anm. 114.

139 Th. Mann, Joseph und seine Brüder, 14.

140 M. Buber, Der Glaube der Propheten, in: ders., Werke II. Schriften zur Bibel, München 1964, 231-383, 273.

141 Ebd.

142 H. Oosterhuis, Um Recht und Frieden. Gebete im Jahreskreis, Düsseldorf 1989, 9f.

143 Th. Mann, Joseph und seine Brüder, 100.

144 I. Kant, Der Streit der Fakultäten. 1. Abschnitt. Der Streit mit der Theologischen Fakultät, in: I. Kant, Schriften zur Anthropologie, Geschichtsphilosophie und

Pädagogik (Werke in 6 Bänden, hg. von W. Weischedel), Darmstadt 1970, 333; vgl. auch G. Bachl, An Abraham wegen Isaaks Opferung, in: ders., Der beneidete Engel. Theologische Skizzen, Freiburg/Brsg. 1987, 41-50.

145 Kant, Der Streit der Fakultäten, 333.

146 S. Kierkegaard, Furcht und Zittern. Dialektische Lyrik von Johannes de Silentio (1843), zit. nach der deutschen Übersetzung von L. Richter, in: S. Kierkegaard, Werke III, Reinbek 1964².

147 Ebd. Problem I (S. 49).

148 Ebd.

149 Ebd. Problem II (S. 62).

150 Ebd.

151 Ebd. Problem II (S. 63)

152 Ebd. Problem I (S. 50).

153 Ebd. Problem I (S. 51).

154 Ebd.

155 Vgl. Problem I (S. 52-54).

156 Ebd. Problem I (S. 54).

157 Ebd. Problem I (S. 55).

158 Ebd. Problem II (S. 74).

159 Ebd. Problem II (S. 66).

160 Ebd. Problem II (S. 75).

161 Vgl. Art. Abraham II (K. Berger), in: TRE 1, 372-382; L. Kundert, Die Opferung/Bindung Isaaks Bd. 1. Gen 22,1-19 im Alten Testament, im Frühjudentum und im Neuen Testament, Neukirchen 1998.

162 Zit. nach: Altjüdisches Schrifttum außerhalb der Bibel, hg. von P. Riessler, Darmstadt 1966, 589.

163 TRE 1, 374.

164 E. Lévinas, Zur Lebendigkeit Kierkegaards, in: ders., Außer sich. Meditationen über Religion und Philosophie, München 1991, 74-78, 78.

165 Ebd. 74.

166 Ebd. 78.

167 Ebd. 74f.

168 Ebd. 75.

169 Ebd.

170 Ebd.

171 Ders., Die Spur des Anderen. Untersuchungen zur Phänomenologie und Sozialphilosophie, München 1983, 224.

172 Ebd.

173 Gespräch mit Emmanuel Lévinas, in: M. Jakob, Aussichten des Denkens, München 1994, 41-54, 53.

174 Lévinas, Zur Lebendigkeit, 75.f.

175 G. Steiner, Aschensage, in: ders., Unter Druck. Parabeln, München 1992, 131-148, 139f.

176 Vgl. Kundert, Die Opferung, 90-97-107.

177 G.W.J. Schelling, Philosophie der Offenbarung II (1858), Darmstadt 1966, 121.

178 Ebd. 122.

179 Ebd.

180 Ebd.

181 Ebd. 123.

182 Vgl. O. Michel, der Brief an die Römer (Krit. exeget. Kommentar über das NT), Göttingen 1966[4], 214.

183 Vgl. Kundert, Die Opferung.

184 M. Luther, Genesisvorlesung, hier zit. nach: G. von Rad, Das Opfer des Abraham, München 1971, 46.

185 Vgl. dazu u.a. W.L. Strauss/M. von der Meulen, The Rembrandt Documents, New York 1979, 126; Chr. Brown/J. Kelch/P. von Thiel (Hgg.), Rembrandt. Der Meister und seine Werkstatt, (Ausst.Kat. Berlin/Amsterdam/London), München 1991, 181-183 (Abb. und Lit.); Chr. Tümpel (Hg.), Het Oude Testament in de Schilderkunst van de Gouden Eeuw, (Ausst.Kat. Zwolle/Amsterdam/Jeruzalem), Zwolle/Amsterdam 1991, 218f (Abb. und Lit.); H. Hoekstra (Hg.), Rembrandt and the Bible, Utrecht 1990, 30-33; zur weiteren Bildgeschichte der Szene vgl. A. Stock, Abraham und Isaak. Zur Bildgeschichte von Gen 22, in: A. Franz (Hg.), Streit am Tisch des Wortes. Zur Deutung und Bedeutung des Alten Testaments und seiner Verwendung in der Liturgie, St. Ottilien 1997, 97-130.

186 R. Hamann, Rembrandt, Berlin 1969, 260.

187 Abb. in: Rembrandts Handzeichnungen und Radierungen zur Bibel, hg. von H. Rotermund, Stuttgart 1971[2], 22.

188 Abb. ebd. 29.

189 Im folgenden zit. nach der lat.-deutschen Ausgabe LThK[2]. Das Zweite Vatikanische Konzil. Dokumente und Kommentare II, Freiburg/Brsg. 1967, 497-583.

190 Vgl. Art. Depositum fidei (J. R. Geiselmann), in: LThK[2] 3, 236-238.

191 Zum ganzen hier vorliegenden Komplex vgl. auch A. Stock, Einheit des Neuen Testaments. Erörterung hermeneutischer Grundpositionen der heutigen Theologie, Zürich 1969.

192 G. Steins, Die „Bindung Isaaks" im Kanon (Gen 22). Grundlagen und Programm einer kanonisch-intertextuellen Lektüre, Freiburg/Brsg. 1999, 94.

193 Zur Begriffsgeschichte vgl. Art. Analogia fidei (E. Przywara), in: LThK[2] 1, 473-476; Art. Analogia fidei (L. Scheffczyk), in: Sacramentum mundi I, Freiburg/Brsg. 1967, 133-138; Art. Analogie (G. Söhngen), in: Handbuch theologischer Grundbegriffe I, hg. von H. Fries, München 1962, 49-61; Art. Analogie (J. Track), in: TRE 2, 625-650; Art. Analogie (P.D. Marshall), in: RGG[4] 1, 446-451; Art. Analogia fidei (K.-H. Menke), in: LThK[3] 1, 574-577; B. Gertz, Glaubenswelt als Analogie. Die theologische Analogielehre Erich Przywaras und ihr Ort in der Auseinandersetzung um die analogia fidei, Darmstadt 1969.

194 Michel, Römerbrief, 298.

195 Gertz, Glaubenswelt, 19.

196 Art. Regula fidei (J. Quasten), in: LThK[2] 8, 1102f.

197 Als philosophische Formulierung bei J. Hirschberger, Geschichte der Philosophie I, Freiburg/Brsg. 1957[3], 27.

198 Vgl. E. Przywara, Schriften III. Analogia entis (1932), Einsiedeln 1962[9]; ders., Religionsphilosophie katholischer Theologie, in: ders., Schriften II. Religionsphilosophische Schriften, Einsiedeln 1962, 376-511; ders., Alter Bund und Neuer Bund. Theologie der Stunde, München 1955; ders., Art. Analogia entis II/III, in: LThK[2] 1, 470-473; ders., Analogia fidei, in: LThK[2] 1, 473-476; dazu Gertz, Glaubenswelt; Stock, Einheit des Neuen Testaments, 149-157.

199 LThK[2] 1, 470.

200 Ebd.
201 Ebd. 471.
202 Ebd.
203 Ebd. 472.
204 Ebd. 474.
205 Przywara, Alter Bund, 11.
206 LThK² 1, 475.
207 Przywara, Alter Bund, 11
208 TRE 2, 639.
209 Przywara, Alter Bund, 12.
210 LThK² 1, 475.
211 Vgl. E. Przywaras Programmschrift für das 2. Vatikanische Konzil: Kirche in Gegensätzen, Düsseldorf 1962.
212 Przywara, Alter Bund, 13.
213 J. Miles, Gott. Eine Biographie, München 1996, 33.
214 S. Anm. 213.
215 Ebd. 34f.
216 Ebd. 33.
217 Ebd. 462.
218 Ebd. 37.
219 Untertitel der Besprechung des Buches von J. Roß, in: FAZ 1.10.1996, L 37.
220 Vgl. das Urteil von J. Roß ebd.
221 H. Oosterhuis, Litanie, in: ders., Bid om vrede, Baarn 1966, 140-141. Deutsche Übers. A. Stock; eine andere Übersetzung findet sich in: H. Oosterhuis, Ganz nah ist dein Wort, Wien 1967, 185-187; eine spätere alttestamentlich expandierte Fassung der Litanei in: H. Oosterhuis, Gezongen liedboek, Kampen 1993, 526-529.
222 Vgl. Art. Abraham III (R.P. Schmitz), in: TRE 1, 382-385, 383.
223 Gotteslob Nr. 608.
224 Vgl. Art. Gottesfreunde (R. Egenter), in: LThK² 4, 1104f.
225 B. Gladigow, Gottesnamen und Namen Gottes, in: H. von Stietencron (Hg.), Der Name Gottes, Düsseldorf 1975, 13-32, 19.
226 Ebd. 25.
227 Art. Gottesnamen (Gottesepitheta) I (B. Gladigow), in: RAC XI, 1202-1238, 1230.
228 Ebd. 1223.
229 Vgl. J. van Ess, Der Name Gottes im Islam, in: Stietencron, Der Name Gottes, 156-175; E. Kellerhals, Der Islam, Basel 1956, 143-152.
230 L. Gardet, Islam, Köln 1968, 53.
231 Ebd. 57; vgl. van Ess, Der Name Gottes, 162.
232 Vgl. ebd. 165-170.
233 G. Scholem, Die jüdische Mystik in ihren Hauptströmungen, Zürich 1957, 233.
234 Ebd. 227.
235 G. Scholem, Der Name Gottes und die Sprachtheorie der Kabbala, in: ders., Judaica 3, Frankfurt/M. 1970, 7-70, 50.
236 Augustinus, In Ev. Joh. 13,6, zit. nach: Des Heiligen Kirchenvaters Aurelius Augustinus Vorträge über das Evangelium des Hl. Johannes, übers. von Th. Specht (BKV 8), Kempten 1913, 222f.

237 Dionysius Areopagita, De div. nominibus 1, zit.nach der deutschen Übersetzung, in: Des Heiligen Dionysius Areopagita angebliche Schriften über "Göttliche Namen" (BKV 2/2), München 1933, 28f.

238 Vgl. die „Litanei von der Gegenwart Gottes" (Huub Oosterhuis), Gotteslob Nr. 763 und die etwas gekünstelte Namen-Gottes-Litanei, Gotteslob Nr. 763.

239 Vgl. Gotteslob Nr. 762.

240 Ignaz Franz (1787), in: Gotteslob. Gesangbuch für das Bistum Osnabrück, Osnabrück 1965, Nr. 167.

241 Vgl. Gotteslob Nr. 769.

C. BEGRIFF

1 Als Überblick vgl. Art. Gott (W. Burkert/W.H. Schmidt/H. Groß/G. Mayer/B. Kötting/K. Flasch/P. Padberg/M. Seils/D. Schellong/U. Dierse/F. Wagner/W. Brugger/C.H. Ratschow), in: HWPh 3, 722-814; W. Weischedel, Der Gott der Philosophen 1, München 1979.

2 Vgl. A. Stock, Poetische Dogmatik. Gotteslehre 1. Orte, Paderborn 2004, 136.

3 Vgl. ebd. 84-105

4 M. Heidegger, Einführung in die Metaphysik, Tübingen 1958, 6.

5 Ders., Identität und Differenz, Pfullingen 1957[3], 53.

6 Ebd. 69.

7 Ebd. 51.

8 Ebd.

9 Ebd. 70.

10 Ebd. 71.

11 Vgl. O. Pöggeler, Der Denkweg Martin Heideggers, Pfullingen 1963; H. Danner, Das Göttliche und der Gott bei Heidegger, Meisenheim am Glan 1971.

12 S. Anm. 4.

13 M. Heidegger, Einführung in die phänomenologische Forschung (Gesamtausgabe 17), hg. von F.-W. Herrmann, Frankfurt/M. 1994, 118; vgl. J.M. Fehér, Heideggers Kritik der Ontotheologie, in: A. Franz/W.G. Jacobs (Hg.), Religion und Gott im Denken der Neuzeit, Paderborn 2000, 200-223.

14 M. Heidegger, Phänomenologie und Theologie, in: ders., Wegmarken (Gesamtausgabe 9), hg. von F.-W. Herrmann, Frankfurt/M. 1976, 45-78, 55f.

15 Vgl. G. Ebeling, Luther. Einführung in sein Denken, Tübingen 1964, 79-99 (V. Philosophie und Theologie).

16 Vgl. H. Hoping, Das Leben Christi im Raum von Liturgie und Kunst. Zur „Poetischen Dogmatik" von Alex Stock, in: IkaZ Communio 33 (2004), 67-72, 71.

17 I. Vaticanum, Const. De fide catholica, cp. 2 (DH 3004).

18 P. Strasser, Der Gott alle Menschen, Graz 2002, 23.

19 Justin, Dial c. Tryph. VIII, 1.

20 S. Anm. 3.

21 Aristoteles, Metaphysik A 982b, zit. nach: Aristoteles, Metaphysik, übers. von P. Gohlke, Paderborn 1951, 41.

22 Ebb.

23 Ebd.

24 Metaphys. A 982a (S. 39).

25 Metaphys. A 981b (S. 37).
26 Metaphys. A 982a (S. 39).
27 Metaphys. A 983a (S. 42).
28 Vgl. H. Diels, Fragmente der Vorsokratiker, griechisch und deutsch, 1/2 (1903), Berlin 1951[6]; W. Jaeger, Die Theologie der frühen griechischen Denker, Stuttgart 1953.
29 Metaphys. A 984a (S. 45).
30 Ebd.
31 Metaphys. A 984b (S. 46f).
32 Ebd. (S. 47).
33 Metaphys. A 986a (S. 51).
34 Metaphys. A 986b (S. 52).
35 Vgl. Metaphys. A 987b (S. 55).
36 Metaphys. A 993b (S. 75).
37 Metaphys. Λ 1072a (S. 367).
38 Metaphys. Λ 1071b (S. 364).
39 Ebd.
40 Metaphys. Λ 1072b (S. 368).
41 Ebd. (S. 368f).
42 Ebd. (S. 369).
43 Ebd. (S. 367).
44 Metaphys. Λ 1072a (S. 367).
45 Metaphys. Λ 1072b (S. 369).
46 Heraklit Fragm. 10, in: Diels, Fragmente, 153.
47 W. Beierwaltes, Denken des Einen. Studien zur neuplatonischen Philosophie und ihrer Wirkungsgeschichte, Frankfurt/M. 1985, 41.
48 Ebd. 42.
49 Ebd. 47.
50 Ebd. 64.
51 Ebd. 47.
52 Vgl. W. Beierwaltes, Proklos. Grundzüge seiner Metaphysik, Frankfurt/M. 1979[2]; vgl. auch A. Stock, Poetische Dogmatik. Gotteslehre 1. Orte, Paderborn 2004, 105-118.
53 Augustinus, De civ. Dei VIII, 5, zit. nach: Des heiligen Kirchenvaters Aurelius Augustinus 22 Bücher über den Gottesstaat, übers. von A. Schröder, 1. Bd., Kempten 1911 (BKV), 394.
54 Vgl. W. Jaeger, Das frühe Christentum und die christliche Bildung, Berlin 1963.
55 Vgl. Anselm von Canterbury, Proslogion, Lat.-deutsche Ausgabe von F.S. Schmitt, Stuttgart-Bad Cannstatt 1984, Prooemium (S. 71).
56 Ebd. Prooemium (S. 69).
57 Ebd. 1. Kp. (S. 75).
58 Ebd. 1. Kp. (S. 77).
59 Ebd. 1. Kp. (S. 83f).
60 Ebd. 2. Kp. (S. 84f).
61 Ebd.
62 Ebd.
63 Ebd.
64 Ebd. (Übers. hier nach: H.G. Hubbeling, Einführung in die Religionsphilosophie, Göttingen 1981, 78).

65 Ebd.
66 Ebd.
67 Ebd. 3. Kp. (S. 87).
68 Zur neuzeitl. Wirkungsgeschichte vgl. D. Henrich, Der ontologische Gottesbeweis. Sein Problem und seine Geschichte in der Neuzeit, Tübingen 1960; zur modernen Logik vgl.Hubbeling, Einführung, 80-87, 184-189; Zur theol. Problematik vgl. K. Barth, Fides quaerens intellectum. Anselms Beweis der Existenz Gottes im Zusammenhang seines theologischen Programms (1931), Zürich 1981.
69 Vgl. ScG 1, cp. 10-15; Sth 1 q 2 a 1-3; vgl. Thomas von Aquin, Die Gottesbeweise in der „Summe gegen die Heiden" und der „Summe der Theologie". Text und Übersetzung, Einleitung und Kommentar, hg. von H. Seidl, Hamburg 1982.
70 Ebd. Einleitung, XXIII.
71 Anselm von Canterbury, Prosl., 4. Kp. (S. 89).
72 Vgl. Anm. 68.
73 Vgl. z.B. Hubbeling, Einführung, 184-189; H. Seidl, Beilage V, in ders. (Hg.), Thomas von Aquin, Die Gottesbeweise, 161-184.
74 P. Strasser, Journal der letzten Dinge, Frankfurt/M. 1998, 233.
75 Ders., Der Gott aller Menschen. Eine philosophische Grenzüberschreitung, Graz 2002, 13f.
76 Vgl. Einleitung in: Seidl, Thomas von Aquin. Die Gottesbeweise XI-XL, Beilage 2, 119-125; L.J. Elders, Die Metaphysik des Thomas von Aquin in historischer Perspektive II. Die philosophische Theologie, Salzburg 1987, 13-142; K. Müller, Gottes Dasein denken. Eine philosophische Gotteslehre für heute, Regensburg 2001, 54-63.
77 Die folgenden Textstellen sind alle Sth 1 q 2 a 3 cp. entnommen und folgen dem lateinischen und deutschen Text in: Seidl, Thomas von Aquin. Die Gottesbeweise, 52-59.
78 J. Pieper, Hinführung zu Thomas von Aquin, Freiburg/Brsg. 1958, 127.
79 S. Dianich hat ihr Verfahren mit der *haecceitas* des Duns Scotus in Verbindung gebracht, vgl. ders., Poesia e Cristologia. La *Poetische Dogmatik* di Alex Stock, in: Vivens homo 12 (2001), 2, 403-421, 419f.
80 R. Descartes, Meditationen über die erste Philosophie (1641), hg. von E.Chr. Schröder, Hamburg 1956, Widmung 2 (S. 3).
81 I. Kant, Kritik der reinen Vernunft, 1. Aufl. (1781), Einleitung B 7, zit. nach: Immanuel Kant, Werke in sechs Bänden, hg. von W. Weischedel, II, Darmstadt 1966, 49.
82 Descartes, Meditationen, Widmung 11 (S. 11).
83 W. Schulz, Der Gott der neuzeitlichen Metaphysik, Pfullingen, 1957[3], 31.
84 Ebd. 34.
85 R. Descartes, Principia philosophiae I, 7. (Oeuvres de Descartes, hg. von C. Adam und P. Tannery VIII, 1, Paris 1905, 7).
86 Schulz, Der Gott, 32.
87 Descartes, Meditationen 3, 2.
88 Ebd. 3, 13.
89 Schulz, Der Gott, 34.
90 Ebd. 35.
91 Descartes, Meditationen, 3, 22.
92 Ebd.

93 Ebd.
94 Ebd., 3, 24.
95 Ebd.
96 Ebd.
97 Ebd. 3, 37.
98 Ebd. 3, 38.
99 Ebd. 3, 30.
100 Schulz, Der Gott, 39.
101 Descartes, Meditationen 3, 39.
102 Ebd.
103 Vgl. Henrich, Der ontologische Gottesbeweis.
104 B. Pascal, Über die Religion und einige andere Gegenstände (Pensées), Frgm. 77, zit. nach der Übersetzung von E. Wasmuth, Heidelberg 1963, 52f.
105 Ebd. Frgm. 556 (S. 251).
106 Ebd. Frgm. 556 (S. 253).
107 Ebd. S. 248.
108 E. Jüngel, Gott als Geheimnis der Welt, Tübingen 1977², 146f.
109 Ebd. 161.
110 Ebd.
111 Vgl. ebd. 167-203.
112 Ebd. 161.
113 Ebd. 204.
114 Ebd. 205.
115 Ebd.
116 Ebd. 206.
117 Vgl. 205.
118 Ebd. 205f.
119 Ebd. 163, Anm. 52.
120 KrV B 7.
121 I. Kant, Kritik der praktischen Vernunft Beschluß A 288, zit. nach I. Kant, Werke in 6 Bänden, IV, hg. von W. Weischedel, Darmstadt 1970.
122 KpV A 289.
123 KpV A 289.
124 KpV A 289.
125 KpV A 290.
126 KrV Vorrede A XI.
127 KrV Vorrede A XII.
128 KrV Einleitung VII B 25.
129 KrV B 659.
130 KrV B 659f.
131 KrV B 620.
132 KrV B 647.
133 KrV B 653f.
134 KrV B. 651f.
135 KrV B 652.
136 KrV B 653.
137 KrV B 654.
138 KrV B 655.

139 I. Kant, Kritik der Urteilskraft (1790) B 411, zit. nach I. Kant, Werke in 6 Bänden, hg. von W. Weischedel, Bd. V, Darmstadt 1970.
140 I. Kant, Grundlegung zur Metaphysik der Sitten (1785) B 36, zit. nach I. Kant, Werke in 6 Bänden, IV, hg. von W. Weischedel, Darmstadt 1970.
141 GMS B 37.
142 GMS B 39.
143 GMS B 42.
144 GMS B 43.
145 GMS B 46.
146 GMS B 43.
147 GMS B 52.
148 GMS B 52.
149 GMS B 87.
150 GMS B 78.
151 GMS B 66f.
152 KpV A 199.
153 KpV A 198.
154 KpV A 199.
155 KpV A 224.
156 KpV A 224.
157 KpV A 225.
158 KpV A 225f.
159 KpV A 233.
160 KrV B 664.
161 I. Kant, Die Religion innerhalb der Grenzen der bloßen Vernunft B VIIIf., zit. nach I. Kant, Werke in 6 Bänden, IV, Darmstadt 1970.
162 Rel B 260.
163 Rel B 264f.
164 Rel B 265.
165 G. Schönrich, Für eine Postulatenlehre ohne Gott, in: A. Franz/W.G. Jacobs (Hg.), Religion und Gott im Denken der Neuzeit, Paderborn 2000, 64-81.
166 Ebd. 75.
167 Ebd. 78.
168 Ebd. 77f.
169 KpV A 227.
170 KpV A 202.
171 KpV A 228.
172 KpV A 228f.
173 KpV A 229f.
174 KpV A 230 (Anm.)
175 J. Habermas, Legitimationsprobleme im Spätkapitalismus, Frankfurt/M. 1973, 165.
176 Vgl. H. Peukert, Wissenschaftstheorie – Handlungstheorie – Fundamentale Theologie, Düsseldorf 1976. H. Peukerts theologische Auseinandersetzung mit Habermas könnte auch als Wiederaufnahme der Kantschen Postulatenlehre im Hinblick auf die kommunikationstheoretisch operationalisierte Kantsche Ethik gelesen werden. Die in die Reformulierung der Kantschen „Glückseligkeit“ aufgenommene politisch-theologische Forcierung der Theodizefrage führt dann zu

einem radikal eschatologischen Konzept der Theologie: Gott ist der, „der die Toten auferweckt".

177 Vgl. z.B. R. Schaeffler, Kritik und Neubegründung der Religion bei Kant, in: Franz/Jacobs (Hg.), Religion und Gott, 39-63; F. Ricken/F. Marty (Hg.), Kant über Religion, Stuttgart 1992.

178 KU B 417.

179 Vgl. Art. Atheismus I, 2/II (M. Schmidt/G. Rohrmoser/H.G. Hubbeling/W. Müller-Lauter), in: TRE 1, 351-436.

180 Vgl. K. Lenk (Hg.), Ideologiekritik und Wissenssoziologie, Neuwied 1964², 22f.

181 Text und Kommentar, in: H. Kurzke, Hymnen und Lieder der Deutschen, Mainz 1990, 109-125.

182 A. Comte, Rede über den Geist des Positivismus (1844), zit. nach: Atheismus. Profile und Positionen der Neuzeit, hg. von A. Esser, Köln 1971, 111.

183 Ebd. 122.

184 Ebd. 121.

185 Im folgenden zit. nach: L. Feuerbach, Das Wesen des Christentums (1841/1849³), Stuttgart 1969.

186 2. Kp., ebd. 54.

187 2. Kp., ebd. 62.

188 2. Kp., ebd. 52f.

189 2. Kp., ebd. 59.

190 28. Kp., ebd. 400.

191 2. Kp., ebd. 53.

192 28. Kp., ebd. 406

193 28. Kp., ebd. 401.

194 K. Marx, Zur Kritik der Hegelschen Rechtsphilosophie Einl., zit. nach K. Marx, Die Frühschriften, hg. von S. Landshut, Stuttgart 1964, 216.

195 Ebd.

196 E.M. Cioran, Schopenhauer, Nietzsche und ich: Aus den Cahiers 1957-1972, in: Akzente 51 (2004), 570-575, 572.

197 Vgl. H. de Lubac, Die Tragödie des Humanismus ohne Gott, Salzburg 1950; ders., Über die Wege Gottes, Freiburg/Brsg. 1958.

198 Art. Atheismus II/III (K. Rahner), in: LThK² 1, 983-989, 984.

199 Ebd. 987f.

200 K. Rahner, Über die Einheit von Nächsten- und Gottesliebe, in: ders., Schriften zur Theologie VI, Einsiedeln 1965, 277-298, 296f.

201 Ebd. 295.

202 Ebd. 294f.

203 Feuerbach, Das Wesen des Christentums Kp. 2, 57.

204 KU B 16

205 F. Gniffke, Über den Geschmack kann man streiten – Ästhetisches Urteil und Genie bei Kant, in: W. Beierwaltes u.a., Die Kunst gibt zu denken. Über das Verhältnis von Philosophie und Kunst, Münster 1981, 32-53, 47.

206 Ebd. 37.

207 Ebd.

208 Ebd. 38.

209 Ebd. 37.

210 KU B 136.

211 Vgl. Art. Gott, in: HWPh 3, 721-814.
212 Zur Logik von Allquantoren vgl. H. Weinrich, Sprache in Texten, Stuttgart 1976, 215-217.
213 Vgl. Art. Absolut, das Absolute (R. Kuhlen), in: HWPh 1, 12-31.
214 H. Weinrich, Über Negation in der Syntax und Semantik, in: H. Weinrich (Hg.), Positionen der Negativität (Poetik und Hermeneutik VI), München 1975, 39-63, 55.
215 Ebd. 59.
216 Vgl. W. Beierwaltes, Proklos. Grundzüge seiner Metaphysik, Frankfurt/M. 1979², passim; ders., Denken des Einen, Frankfurt/M. 1985, passim; Art. Nichts. Nichtseiendes (Th. Kobusch), in: HWPh 6, 805-836.
217 Über die Mystische Theologie I, 3, zit. nach Pseudo-Dionysius Areopagita, Über die Mystische Theologie und Briefe, eingel. u. übers. von A.M. Ritter, Stuttgart 1994, 75f.
218 Myst. Theol. II (77).
219 Myst. Theol. IV, 1 (79).
220 Myst. Theol. I, 1 (74).
221 L. Wittgenstein, Tractatus logico-philosophicus 6.5222, Frankfurt/M. 1969; vgl. dazu W. Schulz, Wittgenstein. Die Negation der Philosophie, Pfullingen 1967.
222 A.M. Haas, Mystik als Aussage, Frankfurt/M. 1996, passim; ders., Mystik im Kontext, München 2004, passim.
223 Vgl. Meister Eckehart, Reden der Unterweisung, in: Meister Eckehart, Deutsche Predigten und Traktate, hg. von J. Quint, München1979, 53-100; vgl. auch Meister Eckhart, alles lassen – einswerden. Mystische Texte – Reden der Unterweisung und Predigten, übers. u. kommentiert von G. Stachel, München 1992, 59-113
224 H. Seuse, Büchlein der Wahrheit VI, in: ders., Deutsche Schriften, hg. von K. Bihlmeyer, Stuttgart 1961, 353, 21.
225 Zit. nach: Angelus Silesius, Cherubinischer Wandersmann, eingel. von W.-E. Peuckert, Bremen o.J.
226 Cherubinischer Wandersmann I, 25 (4).
227 IV, 21 (111).
228 IV, 38 (113).
229 I, 111 (15).
230 J. Derrida, Wie nicht sprechen. Verneinungen (Comment ne pas parler. Denégations), Wien 1989 ; ders., Außer dem Namen (Sauf le nom), in: ders., Über den Namen. Drei Essays, Wien 1993, 63-121.
231 Außer dem Namen, 84.
232 Derrida, Wie nicht sprechen, 14.
233 Ebd. 15.
234 Ebd. 17.
235 Myst. Theol. I, 1.
236 Vgl. die Auseinandersetzung mit J.L. Marion, in: Wie nicht sprechen, 111ff.
237 Schulz, Wittgenstein, 40f.
238 Zit. nach: de Lubac, Wege Gottes, 196.
239 Vgl. Beierwaltes, Proklos, 391-394.
240 Zit. aus M. Luthers Weihnachtslied „Gelobet seist du, Jesu Christ", Str. 2/3; vgl. dazu A. Stock, Gelobet seist du, Jesu Christ, in: H. Becker/A. Franz/J. Henkys/H. Kurzke/Chr. Reich/ A. Stock, Geistliches Wunderhorn. Große deutsche Kirchenlieder, München 2001, 69-75.

241 Vers aus der 2. Str. des Passionsliedes „O Traurigkeit, O Herzeleid“ in der Fassung von J. Rist (Urfassung von 1641); vgl. dazu: A. Stock, O Traurigkeit, o Herzeleid, in: Becker u.a., Geistliches Wunderhorn, 193-199.

242 P. Klee, Grenzen des Verstandes, 1927, 298 (Omega 8) Bleistift, Öl u. Aquarell auf Lwd., 56,2 x 41,5 cm., München, Pinakothek der Moderne; vgl. C. Klingsöhr-Leroy, Paul Klee in der Pinakothek der Moderne. Bestandskataloge zur Kunst des 20. Jahrhunderts Bd. 2, hg. von der Pinakothek der Moderne. Bayer. Staatsgemälde-Sammlungen, München 1999, Nr. 16 u. S. 150-159, 163.

243 Vgl. P. Klee, Über die moderne Kunst (Vortrag 1924), Bern 1945, zit. nach: W. Hess, Dokumente zum Verständnis der modernen Malerei, Reinbek 1964[8], 83.

244 P. Klee, Schöpferische Konfession, Berlin 1920, zit. nach Hess, Dokumente, 83.

245 Z. Herbert, Herr Cogito. Gedichte, übers. von K. Dedecius, Frankfurt/M. 1974, 55-58.

246 Vgl. Th. De Vries, Baruch de Spinoza in Selbstzeugnissen und Bilddokumenten, Reinbek 1976[2]; H.G. Hubbeling, Spinoza, München 1978.

247 Zit. nach: Baruch de Spinoza, Die Ethik nach geometrischer Methode dargestellt, übers. von O. Baensch (Sämtl. Werke in sieben Bänden, hg. von C. Gebhardt, Bd. 2), Hamburg 1976, 211.

248 Hubbeling, Spinoza, 27.

249 Zit. nach: Baruch de Spinoza, Briefwechsel, übers. von C. Gebhardt (Sämtl. Werke in sieben Bänden, hg. von C. Gebhardt, Bd. 6), Hamburg 1977, 54. Brief (S. 219).

25 23. Brief, ebd. 124.

251 Spinoza, Ethik V, 29 (S. 285).

252 Vgl. Hubbeling, Spinoza, 60.

253 Spinoza, Briefwechsel, 73. Brief (S. 276).

254 F.W.J. Schelling, Urfassung der Philosophie der Offenbarung, hg. von W.E. Ehrhardt, 1. Bd., Hamburg 1992, 79; vgl. W.E. Ehrhardt, Schellings Gottesbegriff, in: A. Franz/W.G. Jacobs (Hg.), Religion und Gott im Denken der Neuzeit, Paderborn 2000, 126-135.

255 Zit. nach: Goethes Werke (Hamburger Ausgabe), Bd. XII, Hamburg 1956[2], 372.

256 Zit. nach: Goethes Briefe (Hamburger Ausgabe), Bd. I, Hamburg 1962, 475.

257 E. Jünger, Siebzig verweht I, Stuttgart 1995[3], 593.

258 S. Weil, Cahiers 2, München 1993, 206.

SCHLUSS

1 E. Jabès, Die Schrift der Wüste, Berlin 1989, 94.

2 E.M. Cioran, Von Tränen und Heiligen, Frankfurt/M. 1988, 53

3 P. Strasser, Der Gott aller Menschen, Graz 2002, 62.

REGISTER